大學用書（修訂七版）

國父思想

七次修憲條文逐條分析

周世輔
周陽山　著

三民書局

國家圖書館出版品預行編目資料

國父思想 / 周世輔,周陽山著. ——修訂七版二刷.
——臺北市：三民，2008
面；　公分

ISBN 978-957-14-4637-0　(平裝)

1. 孫文主義

005.18　　96003619

© 國父思想

著作人	周世輔　周陽山
發行人	劉振強
著作財產權人	三民書局股份有限公司
發行所	三民書局股份有限公司 地址　臺北市復興北路386號 電話　(02)25006600 郵撥帳號　0009998-5
門市部	(復北店) 臺北市復興北路386號 (重南店) 臺北市重慶南路一段61號
出版日期	初版一刷　1968年1月 修訂七版二刷　2008年9月
編號	S 000070

行政院新聞局登記證局版臺業字第〇二〇〇號

ISBN　978-957-14-4637-0　(平裝)

http://www.sanmin.com.tw　三民網路書店

修訂七版序

周世輔教授的《國父思想》一書，自民國五十六年出版以來，已成為是類著作中最受重視的一本典範。近四十年間，本書迭經再版，參考、閱讀者無數，雖然內容多有增添，但基本結構不變。唯因教育部課程大綱變更之關係，自民國八十四年起，依據新的課程大綱做較大幅度之調整，並重新排版，以利讀者閱讀。

由於周世輔教授已於民國七十七年十一月辭世，本局乃央請其哲嗣，臺大新聞研究所周陽山教授擔任改編工作。但為了讓本書儘量保留原貌，除了章節次序之調整及有關憲政改革之新內容外，本書並未增添太多新的素材，旨在保留原書之精髓。至於在時空環境轉變後三民主義之研究新成果，則由周陽山教授另行編著《中山思想新詮》(已由本局出版)，讀者若有興趣，可另行參考該書。讀者先進若對本書有任何寶貴意見，亦請賜告本局編輯部，以利改進，是所至禱。

三民書局編輯部

民國九十六年九月

自序

自民國五十三年，教育部通令改大學「三民主義」為「國父思想」後，各校教師需要此項教本應用，著者本欲著手，乃因事忙未果。四年前，三民書局劉振強先生就此課程約稿，曾因無法分身婉辭。本年暑期工作稍閒，劉先生再行面約，乃將歷年文稿，加以整理，完成本書。

民國五十六年十月二十五日，教育部頒布大專院校「國父思想講授大綱」，共分為六篇二十五章。本書遵照部令分篇，唯章節稍有增加，計第一篇「緒論」內分四章：一為論本課程的範圍，二為國父傳略，三為論國父思想之淵源，四為論國父思想之演進。內一、四兩章係著者所增。

第二篇「民生思想」（經濟思想），計分七章：一為民生思想概說，二為民生主義與社會主義（共產主義），三為民生主義的實施辦法（平均地權與節制資本），四、五為實業計劃上、下，六為食衣問題（穿衣與吃飯），七為育樂問題。內第一章及第五章內之錢幣革命為著者所增。

第三篇「民權思想」（政治思想），計分六章：一為民權思想概說，二為論自由與平等，三為民權之發展與趨勢（內含革命民權），四為權能區分的原理（內含直接民權與間接民權），五為民權初步與地方自治，六為建國大綱與五權憲法。

第四篇「民族思想」內分六章：一為民族思想概說，二為民族主義消失的原因，三為民族主義與世界大同，四為中華民族復興的途徑，五為中國存亡問題，六為大亞洲主義。

第五篇「哲學思想」亦分六章：一為知行學說（知難行易），二為倫理觀，三為人生觀，四為民生史觀，五為心物合一論，六為宇宙進化論與人類進化論。內倫理觀一章及宇宙進化論一節為著者所增。

第六篇「結論」未分章，計列兩大項：一為國父思想與中西文化，二為國父思想與人類前途。

本書本無特點可言，勉強言之，約有三點：一、本書或可算是遵照部令規定編著而最早出版的大學「國父思想」用書，因為部令未頒布以前，本書已遵照其大綱草案起草，付印半月之後，適部令公布，乃於校對時稍加修改，即合規定。其他各家之書，合乎規定者多編排於部令公布之後，其付印於前者，則又與規定有所出入。二、本書講國父思想淵源及其演進時，各就民族、民權、民生、哲學思想四項加以分析，過去編此類書者只講前面三項。三、本書對於中西學說與國父思想之比較，似較他書為多，尤其是經濟與哲學思想方面。

本書共計二十九章，結論在外，約三十餘萬言，如擇要講授，斟酌損益，可供兩學期之用。內有數章，講授時應照國父原著加以補充。至於附註與特載，講授與否可自行斟酌。

本書積稿雖久，但整理為時甚暫。書中錯誤，在所難免，尚希授課教師、聽課同學及一般讀者，不吝指教！

本書承張亞澐先生審閱民權思想一部分，並補充若干材料，又承賞生啟新、曹生興仁商量章節，供給資料；楊逢泰先生、汪鑑先生、劉養吾先生、林伯英小姐、劉生象文、唐生林泉，各校閱一部分，古生天煇繕寫數章，均在此誌感。至於整理章節，校對原文，多由吾弟文湘負責，至為辛苦。又小女中英、小兒南山、玉山亦曾參加繕校，附誌於此。

周世輔

序於國立政治大學

國父思想 目錄

第二篇　民族主義

第三篇　民權主義

第四篇　民生主義

第一篇　導　論

第一章　國父孫中山先生的生平

第一節　家世

一、名號

國父孫先生，名文，幼名德明，字帝象，稍長，號日新，又號逸仙。又嘗自署載之，或公武。三十二歲時，旅居日本，曾署中山樵，世人遂稱中山先生。

二、故鄉

國父於清同治五年（一八六六年）十月初六誕生於廣東省香山縣（今稱中山縣）。該縣位在珠江三角洲的南端，是一個炎風暑雨的熱帶地方。有著「草經冬而不枯，花非春而亦放」四季如春的天氣，香山二字就是由於地多芬芳花草而得名。

國父故里叫翠亨村，在省城廣州之南一百二十里，三面環山，一面臨海，風景秀麗，居民受了海國環境的影響，富於冒險遠遊積極進取的精神。國父曾自述其故鄉有云：「文鄉居香山之東，負山瀕海，地多砂磧，土質磽劣，不宜於耕。故鄉之人多遊賈四方，通商以後，頗稱富饒」（〈倫敦被難記〉）。村中有一百多戶人家，不是種田捕魚，就是在海外經商，國父家人的一部分就僑居在檀香山。

中山縣在南宋以前，原是東莞縣的香山鎮，地位頗為重要，天主教士利瑪竇來華，始居澳門（後來為葡萄牙的租借地）即位在香山境內，距翠亨村七十里。加之，香山適居珠江口外，與被英人割占的香港隔海相望，由於這種山川形勢，所以才引起了國父蓬勃的愛國心與民族思想。

三、家世

香山孫氏本是中原世族，唐末之亂，渡江南徙，子孫散布於贛南、閩南與粵省各地。晚唐僖宗時，河南陳留有孫誗者，因黃巢之亂，遷居江西寧都。越五傳有承世公者，復遷福建長汀之河田。至明初永樂年間有友松公者，再遷廣東省東江上流紫金縣之忠壩，是為國父上代入粵始祖。又十二傳有連昌公者，以累世參與反清義師，兵敗流散，於康熙年間自紫金遷居增城，又過了兩代，再遷至香山縣涌口門村。這是國父一族遷居本縣之始。又兩代有殿朝公自涌口門村遷居翠亨村，就是國父的高祖。從友松公到國父已經有十八代，從遷到翠亨村算起，也有了五代（羅香林，〈國父家世源流考〉）。國父上世自中原輾轉南遷，均與政治的變動有關。國父胞姐妙西謂其家先人在清朝從無應舉做官者。孫氏家人，民族意識之強烈，由來已久。

中山先生之父達成公，一名觀林，生於嘉慶十八年（一八一三年），卒於光緒十四年（一八八八年），壽七十有六。達成公純樸忠厚，有長者風度，善排難解紛，為村民所敬仰。少時家道艱困，曾赴澳門業縫工，壯歲返里，御粗布服，耕田牧豕，兼營商販，終歲勤勞，未得休息。娶同邑隔田鄉楊騰輝公之女，稱賢內助。國父狀貌甚似其母，其豁達大度，志切上進，受雙親之薰陶和鼓勵至大。達成公四十二歲生長子德彰，自是長女金星，次子德佑，次女妙西，皆遞隔三歲而生。五十四歲生國父，時楊太夫人年三十九，又五年生季女秋綺。國父係同治五年（一八六六年）十月初六生（〈國父家譜〉）。民國成立後，以公曆推算乃規定每年十一月十二日為國父誕辰紀念日。

國父長兄德彰，原名眉，字壽屏，多才藝，善經營。楊太夫人之弟文納，由檀香山返粵，達成公命德彰從其舅父赴檀謀生。時檀島尚係獨立國，為土人君主制。德彰以舅氏之助，租得茂宜島荒地千數百畝，廣事畜牧墾殖。又在茄荷雷埠設一商肆，銷售農場出品，漸致富厚。光緒三年（一八七七年），德彰於回粵娶婦之便，招徠鄉人數百名出國，大興墾務。翌年國父隨楊太夫人至檀島，時年十三。德彰對於胞弟友愛備至，不僅國父求學由其資助，其後奔走革命之一切費用，亦多賴其接濟。當國父革命失敗時，德彰常慰勉有加，囑其再接再厲。及民國成立以後，國父力勸其兄勿預政事，息影林泉以娛暮景。當時國父電覆粵省各界，解釋不能委任乃兄為廣東都督的理由，謂愛之適足以害之，辭極剴切，其公私分明有如此者。德彰公於民國四年卒於澳門，年六十有三。

第二節　求學

一、少年時代

國父七歲入學，在家塾讀中文經典，歷時五年。十一歲時聞洪楊故事，慨然有光復漢族之志願。「十二歲畢經業」。十三歲隨母往檀香山，「始見輪舟之奇，滄海之闊」，有超然遠舉之意。是年太夫人歸國，國父留檀島依兄。先入英國教會所辦之意奧蘭尼書院 (Iolani College) 凡三年，英文成績冠於全校，夏威夷王（當時尚未屬於美國）親加獎賞，華僑引為殊榮。再入美國教會所辦之阿湖書院 (Oahu College)，這是島上的最高學府。國父原意欲俟畢業後留學美國，更求深造，兄德彰恐其出國太久，切慕西學過深，為親督責，令其返回本國求學。時在光緒九年（一八八三年），國父年十八歲。歸國後，居鄉數月，即往香港，再習英文。先入拔萃書室，數月之後，轉入香港皇仁書院 (Queen's College)，又數月應兄德彰之召，再赴檀島，數月而回。是年值中法戰爭發生，國父鑒於國勢積弱，政治腐敗，致召外侮，決志致力革命，復興祖國。此時國父除西學外，更鑽研本國經史之學，探究文化淵源。

二、大學時代

二十一歲起，國父攻習西醫。先入廣州省會美教士所設立之博濟醫院 (Canton Hospital) 肄業。國父以為醫術既可濟世，又可廣交遊，故課餘之暇，常談論國事，及救亡之策。二十二歲轉入香港新創之西醫書院，五年畢業，這一段求學歷程，對國父事業影響至大，蓋需對於自然科學先有深厚修養，方可進而研究醫學。國父肄業醫科，故於生理衛生之學頗有心得，《孫文學說》中關於「生元有知」的學說，即由研究生理學所引發。國父又以中國立國，與農業發展關係最鉅，故於學醫時特留心農事，好讀與農業有關的書籍，探求農業專門知識。

國父肄業西醫書院，是以研究學術與鼓吹革命為職志，故其交遊亦兩者並重。在校屢稱洪秀全為漢族英雄，且於群眾中倡言革命，聞者多掩耳而走，唯陳少白、尢烈、楊鶴齡三人常在香港，朝夕往還，相依最密，非談革命則無以為歡，意氣激昂，數年如一日。親友咸戲呼國父與陳、尢、楊三氏為清廷四大寇。

光緒十八年（一八九二年）七月，國父自西醫書院畢業，計自入院以來已歷五年有半。各科學業成績大部都是滿分，書院當局特地舉行了一次會議，認為他是全校中最好的學生，給他一個榮譽獎狀。國父成績之優，不但在當時是冠於全校，即至書院歸併到香港大學為止，前後二十八年，總共一百二十八位畢業生中，也都沒有能夠比得上國父的。

作業

1. 請簡述國父家世。
2. 試簡述國父求學的經過。

第二章　國父革命的時代背景

第一節　興中會時期

一、興中會成立

興中會是國父革命的第一個組織，於一八九四年（光緒二十年）十一月二十四日成立於檀香山。當時檀島華僑約四萬人，而國父胞兄德彰居茂宜島，有牛數千頭，田數百頃，疏財仗義，貢獻殊多。興中會以「振興中華」為號召，誓詞有云：「驅除韃虜，恢復中華，創立合眾政府，倘有貳心，神明鑒察」。

二、第一次起義

光緒二十一年春，以香港為中心的興中會即議決了反清起義的軍事計劃，擬結合會黨三千人，由香港遣送至廣州，謀一舉而襲取廣州，作為革命的基地。由陸皓東創製青天白日旗，這便是革命軍旗，亦為黨旗和國旗的起源。

是年九月九日為國父領導革命第一次起義，不料時機不密，陸皓東等五位志士被捕就義。

三、倫敦蒙難

廣州事敗，國父為香港政府放逐五年，旋赴歐美，繼續奮鬥。光緒二十二年（一八九六年），抵倫敦，為清駐英公使館誘捕，秘密幽禁，準備專送回國，幸得前香港西醫書院業師，時息居倫敦之康德黎 (James Cantlie) 先生竭力營救，加之英國政府及新聞界之主持正義，被禁十二日，卒獲釋放。國父由是聲名大張，各國獲知中國革命之真象。乃乘機在英、德、法等國考察旅行，對各國政治、社會作深入之研究，國父自說：「倫敦脫險後，則暫留歐洲，以實行考察其政治風俗，並結交其朝野賢豪，兩年之中，所見所聞，殊多心得。始知徒致國家富強，民權發達，如歐洲列強者，猶未能登斯民於極樂之鄉也。是以歐洲志士，猶有社會革命之運動也。予欲為一勞永逸之計，乃採取民生主義，以與民族、民權問題，同時解決，此三民主義之主張所由完成也」。由此可知，民生主義思想之發生，與三民主義思想之完成，乃在倫敦蒙難以後。這真可以說「塞翁失馬，焉知非福？」

四、惠州起義

戊戌政變，康有為、梁啟超等，逃亡海外，組織保皇黨，華僑社會頗受其影響，對革命運動，打擊甚大。及庚子（光緒二十六年，一九〇〇年）拳亂發生，國父以時機不可失，於是命日人宮崎寅藏赴新加坡說服康有為合作。康黨以其來自廣州，竟控為李鴻章所遣之刺客，宮崎被捕下獄。國父聞訊，即自西貢馳救，獲釋後，乃與宮崎及英人摩根乘佐渡丸號輪船，於六月中旬回港。於船中會議軍事，謀二次舉義於惠州，發難之全權授鄭士良，並親至臺灣策應。士良以惠州歸善縣之洲田為根據地，連敗清軍，轉戰月餘，眾寡懸殊，而國父在臺，原定策應計劃，因日本內閣改組，新總理伊藤博文不同情中國革命，人員武器，均未能及時支援，致未成功。

是為國父革命起義第二次失敗。

第二節　同盟會時期

一、同盟會成立

光緒三十一年春，國父再赴歐洲，先後在比、德、法召集留學生開會，宣誓加入革命者七、八十人。是年七月返日，留日學生舉行盛大歡迎會，到會千餘人，國父發表演說，闡揚革命義理，精闢動人，在場者無不感奮，掌聲如雷，當即成立籌備會，統一革命組織，定名為中國同盟會。八月二十日開成立大會，會中通過推國父為總理，宣言以「驅除韃虜，恢復中華，建立民國，平均地權」為綱領，並確定「中華民國」之名稱。加盟者三百餘人，就省別言，全國十八省，除甘肅省因無留日學生，無代表參加外，其餘各省均有代表參加，革命聲勢之浩大，前所未有，故國父謂：「同盟會成立之日，吾始信革命大業，可及身而成矣」。不一年，會員達萬餘人，支部遍各省。

二、歷次革命

同盟會成立後，七年之間，舉事八次，連前合計為十次，茲簡述如下：

時間	地點	主事人	重大事蹟
光緒二十一年九月	廣州	陸皓東等	事機不密被破壞
光緒二十六年八月	惠州	鄭士良	攻克沙灣、新安等處
光緒三十三年四月	黃岡	余丑、許雪秋	占協署，克黃岡
同右	惠州（七女湖）	鄧子瑜	混戰十日，惠州震動
光緒三十三年七月	欽州、防城	黃興	占防城，逼欽州
光緒三十三年十月	鎮南關	國父親率黃興、胡漢民等	占鎮南關三要塞，戰七晝夜
光緒三十四年二月	欽、廉、上思	黃興	轉戰數月，黃興威名大振
光緒三十四年三月	河口	黃明堂	占河口，守月餘
宣統二年一月	廣州	倪映典	率新軍攻省城
宣統三年三月	廣州	黃興	攻入督署，黨內精英，犧牲慘重，死後叢葬黃花岡者七十二人

以上十次義舉，以最後一次黃花岡七十二烈士之役，意義最為重大。國父自述其事曰：「是役也，碧血橫飛，浩氣四塞，草木為之含悲，風雲因而變色，全國久蟄之人心，乃大興奮，怨憤所積，怒濤排壑，不可遏止，不半載，而武昌之大革命以成，即斯役之價值，直可驚天地，泣鬼神，與武昌革命並壽」。

三、辛亥革命

辛亥三月，廣州之役，黨人死傷慘重，以為革命再舉，尚在數年之後。及鐵路風潮發生，武漢黨人認為機不可失，急欲發動。原定八月十五日發難，因消息外洩，總督瑞澂嚴加戒備，加以準備未妥，改期八月二十五日。不料八月十八日午後，黨人孫武在漢口俄租界，因製造炸彈失慎，火藥爆炸，巡捕聞聲而來，捕去黨人二名，搜去黨員名冊，人人自危。工程營黨人熊秉坤，倡議即時發難，遂於十九日（一九一一年十月十日）起事，砲隊馬隊同志響應，會攻督署，總督瑞澂先遁，新軍統制張彪亦逃，武昌遂為革命軍所有。未幾，下漢口、漢陽，各省先後響應，清帝退位，國父推翻滿清的志願，於焉完成。

第三節　民國時期

一、民國成立

武昌起義時，國父適行抵美國，本欲由太平洋歸國，但深以為外交問題的重要性不下於軍事。於是決定先致力於外交工作，然後回國。國父分析，當時「可以舉足輕重為我成敗存亡所繫者厥為英國」，於是逕赴倫敦，向英政府提三點要求：(1)停止清廷一切借款；(2)制止日本援助清廷；(3)取消各地英屬政府之放逐令，以便取道回國。英政府完全答應，國父遂於十一月六日，返抵上海。十日國父當選為臨時大總統。於十三日（即民國元年一月一日）抵南京，就任臨時大總統之職。

二、討袁與護法

國父就任臨時大總統後，即決心讓位於袁世凱，以期功成身退。乃於四月辭臨時大總統職，由袁繼任，自回中山縣休息。八月應袁邀入京，適國民黨成立，被推為理事長。旋受任全國鐵路總督辦，本欲專心致力於鐵路建設。不料民國二年三月宋教仁被刺，乃由日回滬籌劃討伐袁世凱。七月江西、江蘇、安徽、廣東、福建等省舉兵討袁。八月相繼失敗。十一月率同志自上海經臺北赴日本。民國三年六月組織中華革命黨於東京。九月發表《中華革命黨宣言》，制定中華革命黨革命方略，定青天白日滿地紅旗為國旗。民國四年蔡鍔在雲南起義討袁，國父一面令李烈鈞參加，另一面發動各省同志響應。民國五年六月袁氏憂憤而死，黎元洪繼任總統。民國六年五月督軍團叛變，國父在滬電西南各省討逆救國。七月自上海抵廣州，倡導護法，主張恢復舊國會及民元約法。九月當選為中華民國軍政府海陸軍大元帥。

民國七年辭大元帥，軍政府改組，被選為七總裁之一，乃離粵赴滬，從事著述，十二月發表《孫文學說》。

民國八年二月發表宣言，南北議和必須以恢復國會為先決條件。八月創辦《建設》雜誌於上海，將《實業計劃》內容分期發表，十月改中華革命黨為中國國民黨。

民國九年三月著《地方自治開始實行法》。六月與唐紹儀、伍廷芳、唐繼堯共同宣言，否認民七改組之廣東軍政府。十月粵軍克廣州。十一月自上海抵粵，恢復民六軍政府。

三、北伐討賊

民國十年四月軍政府取消，改設中華民國政府，五月國父就任非常大總統。六月討伐廣西軍閥陸榮廷，九月全省底定。十一月抵桂林，籌備北伐，對北伐軍講〈軍人精神教育〉。十二月蘇俄代表馬林來見，談及國父思想的淵源，並商中蘇合作，未有結果。

民國十一年三月自桂林回師，五月赴韶關督師，北伐軍入江西，六月自韶關回廣州。陳炯明唆使部下叛變，砲轟觀音山，國父督艦討伐，並命北伐軍回師。蔣公中正自浙來粵至白鵝潭赴難。八月因北伐軍回師失利，離粵赴滬。蘇俄代表越飛派人來見，再商中蘇合作，不久發表與越飛聯合宣言。

民國十二年一月發表《中國國民黨宣言》，宣布世局主張，及民族、民權、民生政策。適滇桂軍克廣州，陳炯明敗走惠州。二月自上海抵粵，設大元帥府。任命蔣公中正為大本營參謀長。時值曹吳賄選，乃聯絡西南各省領袖通電聲討，任命譚延闓為北伐討賊軍總司令，進行北伐。

民國十三年一月召開中國國民黨第一次全國代表大會，並在廣東高等師範學校開始講《三民主義》。四月公布《國民政府建國大綱》。五月任命蔣公中正為陸軍軍官學校校長兼粵軍參謀長。九月赴韶關督師北伐，發表宣言，討伐直系軍閥。時值北京政變，馮玉祥倒戈，曹吳垮臺，段祺瑞任臨時執政，電請國父共商國是。國父乃率同志離粵北上，主張召開國民會議及廢除不平等條約，過日本講「大亞洲主義」。十二月抵天津，扶病至北京。

民國十四年一月病勢加重，入協和醫院受手術。二月自協和醫院移居行轅。三月十一日簽字於遺囑，十二日上午九時三十分不幸逝世於北京。大星遽殞，舉世同哀！

作業

1. 國父於何時立志推翻清廷？何時成立興中會、同盟會及中華革命黨？何時改中華革命黨為中國國民黨？中國國民黨於何時召開第一次全國代表大會？試分別答之。

2. 請簡述國父的重要著述。

第三章　國父的思想淵源與內涵

國父在《中國革命史》中說：「余之謀中國革命，其所持主義，有因襲吾國固有之思想者，有規撫歐洲之學說事蹟者，有吾所獨見而創獲者」。現在的研究且分下列三方面：(1)有關吾國固有思想者；(2)有關歐美學說事蹟者；(3)有關國父的獨見與創獲者。

第一節　有關吾國固有思想者

國父的民族思想、政治思想（民權思想）、經濟思想（民生思想）、哲學思想與哪些固有思想發生關係，或可以作為其理論基礎或思想淵源呢？茲試分別述之。

一、與國父民族思想有關者計有

1. 孔子著《春秋》，嚴夷夏之防，重視民族大義。《公羊傳》有張三世之說，且有內諸夏而外夷狄之主張。

2. 管仲相桓公，霸諸侯，一匡天下，尊周攘夷，重視民族主義。故孔子說：「微管仲，吾其被髮左衽矣」。

3.〈禮運大同篇〉講天下為公，世界大同，為國父民族主義的終極理想。

4.孔子著《春秋》反對強凌弱，眾暴寡，〈樂記〉亦有同樣主張。這與國父扶弱抑強說相似。

5.《中庸》講「懷諸侯」、「柔遠人」，即重視王道主義；又講「興滅國、繼絕世」，可以視為國父「濟弱扶傾」政策的思想淵源。但此項政策，亦與齊桓公稱霸有關。

6.孟子所講王道主義與霸道主義，國父引以言民族與國家的區別。孟子又說：「吾聞用夏變夷者，未聞變于夷者也」。前句有民族同化之意，後句有民族自尊之意。

7.賈捐之「棄珠崖議」的和平主義，曾為國父在民族主義所稱許。墨子的反侵略（非攻）運動，亦嘗為國父所採用。

8.國父在民族主義中所講恢復民族固有知識，即指《大學》八目而言。

9.明太祖與洪秀全的民族思想，給予國父莫大的影響。

10.會黨的反清復明思想，與國父的民族思想亦有關係。

民族主義與吾國固有文化思想，關係至為密切，故國父自云：「余之民族主義，特就先民所遺留者，發揚而光大之，並改良其缺點」（《中國革命史》）。所謂改良其缺點，大致是就下列各事而言：(1)對內主張中國境內各民族一律平等，即對滿清亦不以復仇為事；(2)對外拋棄勤遠略的侵略政策與帝國主義，而提倡扶弱抑強與濟弱扶傾；(3)放棄閉關主義與夜郎自大的作風，迎頭趕上西洋科學與吸收世界文化，而發揚光大之，以期共躋於大同。

二、與國父民權思想有關者計有

1. 堯舜禪讓含有民主思想。國父在民權主義中認為堯舜禪讓，名為君主，實乃民主。
2. 《書經》云：「天視自我民視，天聽自我民聽」。又云：「民為邦本，本固邦寧」。這種民本思想，國父在民權主義中曾予以讚美。
3. 古代發明家被推為皇帝，國父用以論政府有能的權能區分學說的例子。
4. 吾國古代的先民自由歌，影響國父的論自由。
5. 吾國古代的五等爵位，影響國父的論平等。
6. 〈禮運大同篇〉的「選賢與能」，亦與民權主義有關。
7. 中國固有的考試與監察權獨立，為國父發明五權憲法的兩個重要環節。
8. 伊尹訓政，為國父論訓政時期的理論基礎。
9. 孟子認為湯武革命，不是弒君，只是誅「一夫」（獨夫）。又謂「民為貴，社稷次之，君為輕」，都含有民主思想。
10. 諸葛亮輔阿斗，為國父權能區分學說的有力佐證。

三、與國父民生思想有關者計有

1. 《書經》說：「政在養民……正德利用厚生」，可作民生主義的思想淵源。
2. 成湯「子惠困窮」，文王發政施仁，必先鰥寡孤獨，乃最早的民生政治。
3. 管子的「倉廩實而後知禮節」說，孔子的「先富後教」說，同為民生主義的基本精神。

4.管子提倡「官山海」以興漁鹽之利，桑弘羊提倡公賣制度，都與國父提倡國營事業不謀而合。

5.孔子的「不患寡而患不均」說，曾為國父引而論平均地權（《手著本三民主義》）。管子的均地主義，亦與平均地權有關。

6.孟子認為賢君制民之產，必以滿足食、衣、住、用為目的，與民生主義的施行辦法完全相符。

7.就井田制論，國父自認為平均地權，乃師井田制之遺意。

8.就「王田」制及「新法」論，國父認為王莽的井田方法（即王田制），王安石的新法，都是民生主義的事實（〈打破舊思想要用三民主義〉）。

9.洪秀全所訂的經濟制度，頗為國父所注意。

10.〈禮運大同篇〉的經濟思想，為國父所重視。

四、與國父哲學思想有關者計有

1.孔孟提倡忠孝仁愛信義以及「和為貴」等倫理哲學，實際就是國父提倡八德的思想淵源。

2.墨子提倡「兼愛」、「非攻」、「貴義」，亦與國父所提倡之仁愛、信義、和平有密切關係。

3.《中庸》講三達德（智仁勇），國父據以講〈軍人精神教育〉。

4.韓愈說博愛之謂仁（〈原道〉），國父引以作仁的定義。

5.孟子講到「以大事小」，國父提倡服務的人生觀，便主張「以巧事拙」。

6.孟子講「出入相友，守望相助」，墨子提倡「兼相愛」、「交相利」，這與國父提倡互助道德與互助進化論不無關係。

7. 范縝講「神形合一」，王陽明講「身心合一」，都可看作國父提倡「心物合一」的思想淵源。

8. 孔子的「民可使由之」說，及孟子的「終身由之而不知其道」說，可視為知難行易學說的理論基礎。而傳說的知易行難說則為國父所批評。

9. 國父講民生史觀時說「民生」是政治的中心，這句話可能受了中國古代民生政治的影響。

10. 孔子講「殺身成仁」，孟子講「舍生取義」，國父引以講成仁取義的人生觀。

11. 王陽明的「知行合一」及「致良知」學說，一方面為國父所反對，另一方面亦為國父所採用。

第二節　有關歐美學說事蹟者

歐美學說事蹟影響國父的民族思想、民權思想、民生思想及哲學思想者，可分別列舉如下：

一、與國父民族思想有關者計有

1. 希臘斯多噶派 (Stoics) 倡世界主義，羅馬時代更為盛行，近代亦有人提倡世界主義或國際主義，有的國父已在民族主義中提及。

2. 國父自認為羅馬帝國亡，民族主義興，就是西方民族主義的起源。又謂民族主義發達於十九世紀，盛行於二十世紀，可知民族獨立運動之興起，乃影響到國父提倡民族主義。

3. 一八六七年「日本維新」，增進了國父提倡民族主義的信心。

4. 第一次世界大戰發生，威爾遜倡「民族自決」說，更增進了國父提倡「中國境內各民族一律平等」、「中華民族自求平等」、「世界各民族一律平等」之勇氣。

5.對於西洋科學，主張要迎頭趕上。

二、與國父民權思想有關者計有

1.盧梭著《民約論》，提倡天賦人權與天賦平等，反對君主專制，提倡民主主義。國父雖反對其天賦人權說，卻接受了其民主思想。

2.彌勒曾著《自由論》，其所下自由的定義，曾為國父所引用。

3.洛克提倡個人自由，保護個人利益，重視人民權利。與國父提倡民權主義亦有關係。

4.孟德斯鳩亦提倡個人自由，並提倡三權分立的政治制度，國父則進一步提倡五權憲法。

5.威爾確斯著《全民政治》，提倡直接民權，這與國父提倡「全民政治」有直接關係。

6.美國巴直著《自由與政府》，讚賞中國的彈劾權是自由與政府中間的一種最良善的調和方法。

7.美國哥倫比亞大學教授喜斯羅著《自由》一書，主張在三權之外，加一彈劾權，成為四權並立。

8.美國丁韙良主張用考試方法，以防選舉的流弊。

以上三人，對於國父提倡五權憲法，給予相當的啟示。

9.英國的民主運動、美國的獨立運動、法國的大革命，對國父提倡民權主義有莫大的影響。

10.瑞士推行創制、複決各權，美國西北各州邦更推行罷免權，促進了國父提倡四權的決心。

三、與國父民生思想有關者計有

1.李士特主張以國家的基礎，建設鐵路與運河。與國父所著《實業計劃》，用國家力量發展實業，主旨相同。

2. 聖西門、巴枯寧等倡社會主義，國父則以民生主義代替社會主義。

3. 俾士麥推行國家社會主義，一面實施大企業國營，一面注重勞工福利，國父在民國元年曾一再說民生主義就是國家社會主義。

4. 馬克思著《資本論》，主張資本公有，提倡共產主義，國父不採其主張，只提倡節制資本。

5. 英國韋伯夫婦等組織費邊社，推行溫和的社會主義（費邊主義），國父的民生主義，大致與費邊主義同其趨向。

6. 美國亨利佐治著《進步與貧困》，主張土地單一稅，國父因之而倡土地國有與平均地權。

7. 彌勒提倡土地增值稅與照價收買，與國父提倡平均地權之辦法相似。

此外，(1)第一次世界大戰時，各國實施運輸交通收歸公有；(2)英國首創合作社與配給制；(3)歐美各國實行累進直接稅與社會安全制度等等；(4)澳洲等地實施土地改革。以上各項，都與民生主義的實施辦法發生關係。

四、與國父哲學思想有關者計有

1. 美國威廉著《社會史觀》，批判唯物史觀，國父吸收其理論，在民生主義中批評馬克思主義。

2. 《孫文學說》中所講的生元論，以法國圭哇里學說為依據。

3. 《孫文學說》中所講的進化論，以糾正達爾文學說，融會克魯泡特金學說為主旨。

4. 《實業計劃》所講的互助論，是指克魯泡特金的思想而言。

5. 國父的心物合一論，乃針對西洋的唯心論、唯物論及心物二元論而發，其目的是要矯正這三派的主張。

6. 國父提倡博愛，是受了基督教義的影響。又自稱他所提倡服務道德乃由西洋新道德思潮而來。

以上一、二、三、四，乃是分別就國父的民族、民權、民生、哲學四種思想的淵源來說的；如果合起來說：

1.林肯的民有、民治、民享說，及法國大革命時的自由、平等、博愛三個口號，與國父的民族、民權、民生思想有其密切關係。

2.堯、舜、禹、湯、文、武、周公、孔子的正統思想，是國父民生哲學的基礎（戴季陶，《孫文主義之哲學的基礎》）。

第三節　有關國父的獨見與創獲者

這裏要先說明的是，所謂創見或獨見與創獲，乃含有對各種學說思想之推陳出新而言，或融會貫通之後另有新見而言，不是就「無中生有」，或空穴來風而言。知此而後可以談國父的獨見與創獲。

一、有關民族思想者

1.以民族主義作世界主義的基礎：解決了民族主義與世界主義之矛盾。

2.濟弱扶傾說：國父的特見是被外人壓迫時，要反抗侵略，打倒帝國主義；恢復民族地位之後，不侵略他人，不作帝國主義。

3.人口壓迫說：政治壓迫與經濟壓迫說，他人曾講過；人口壓迫說，則為國父的獨見。

此外，國父在五四運動打倒舊文化之後，能提倡恢復固有道德，亦算是一種特見。

二、有關民權思想者

1. 革命民權：國父創「革命民權」，以批評盧梭的「天賦人權」。
2. 權能區分：國父創權能區分學說，以解決政府與人民的權力爭執問題。
3. 五權憲法：融合孟德斯鳩的三權分立與中國固有的考試、監察權，而創立五權憲法。
4. 均權制：不偏於中央集權或地方分權。

三、有關民生思想者

1. 平均地權包含耕者有其田及土地國有。
2. 節制資本：節制私人資本，發達國家資本。
3. 社會價值說：因反駁馬克思的剩餘價值說，而創立社會價值說。
4. 經濟利益調和論：國父認為經濟利益相調和是社會進化的原因，階級鬥爭不是社會進化的原因。
5. 《實業計劃》為國父的創著，錢幣革命為國父的創見。

四、有關哲學思想者

1. 知難行易學說：國父創此學說以破「知易行難」說，而鼓勵國人實踐力行。
2. 人類互助的進化論（或稱社會互助論）：達爾文提倡生存競爭論，克魯泡特金提倡生存互助論，國父說：「物種進化以競爭為原則，人類進化則以互助為原則」，可稱為社會互助論。
3. 心物合一論：國父認為心物二者本合為一，不可分離，蔣公名此為心物合一論。
4. 民生史觀：國父倡民生史觀，以駁唯物史觀。

5.革命的人生觀：蔣公把國父「以吾人數十年必死之生命，立國家億萬年不死之根基」這一段話（〈軍人精神教育〉），名之為革命的人生觀。

作業

1. 試略述民族主義在中西學說中（不含事蹟）的思想淵源。
2. 民權主義與先秦學說文化有何關係？試述其要。
3. 歐美民主主義運動與民權主義有何關係？試略述之。
4. 略述民生主義與中國學說文化之關係。
5. 略述民生主義與西洋學說文化之關係。
6. 國父在三民主義中有何創見？試列舉之。

第二篇　民族主義

第一章　民族的起源與構成

第一節　民族構成的要素

普通研究三民主義把五大要素作為民族構成的客觀要素，而民族意識則作為民族構成的主觀要素，下面分別研述：

一、構成民族的五大要素

1. 五大要素：國父在演講本三民主義的〈民族主義第一講〉中，指出民族構成的要素有五：

(1)血統：世界各民族的主要區別由於血統。國父說：「中國人黃色的原因，是由於根源黃色血統而成。祖先是什麼血統，便永遠遺傳成一族的人民。所以血統的力量是很大的」。

(2)生活：相同的生活方法，可以形成相同的文化。國父說：「謀生的方法不同，所結成的民族也不同。像蒙古人逐水草而居，以游牧為生活，什麼地方有水草，便游牧到什麼地方，移居到什麼地方。由這種遷居的習慣也可結合成一個民族，蒙古之所以能夠忽然強盛，就本於此。……蒙古民族之所以能夠那樣強盛的原因，是由於他們人民的生活是游牧，平日的習慣便有行路不怕遠的長處」。

⑶語言：共同的語言，亦可以造成共同的文化。所以國父說：「如果外來民族得了我們的語言，便容易被我們同化，久而久之，遂同化成一個民族。再反過來，若是我們知道外國語言，也容易被外國人同化。如果人民的血統相同，語言也同，那麼同化的效力，便更容易。所以語言也是世界上造成民族很大的力量」。

⑷宗教：很多民族由於有共同的宗教而結合。國父說：「大凡人類奉拜相同的神，或信仰相同的祖宗，也可結成一個民族。宗教在造成民族的力量中也很強大。像阿拉伯和猶太兩國已經亡了許久（民國十三年語），但是阿拉伯人和猶太人至今還是存在。他們國家雖亡，而民族之所以能夠存在的道理，就是因為各有各的宗教。大家都知道現在的猶太人，散在各國的極多，……猶太民族的天質是很聰明的，加以宗教之信仰，故雖流離遷徙於各國，猶能維持其民族於永久。阿拉伯人所以能夠存在的道理，也是因為他們有謨罕墨德的宗教」。

⑸風俗習慣：風俗習慣對於民族的影響甚大。國父說：「如果人類中有一種特別相同的風俗習慣，久而久之，也可以自行結合成一個民族」。

2. 八種特點：西洋學者對於民族構成的要素，有各種不同的見解，內中以伯倫智理的主張與國父的看法最為接近。伯倫智理認為民族的特點有八：

⑴其始也同居一地。

⑵其始也同一血統。

⑶同其肢體形狀。

(4)同其語言。

(5)同其文字。

(6)同其宗教。

(7)同其風俗。

(8)同其生計。

有此八者，則不識不知之間，自與他族日相隔閡，造成一特別之團體，固有之性質，以傳諸其子孫，是之謂「民族」（梁啟超，〈政治學大家伯倫智理之學說〉）。國父講五大要素，實際上包括了上列八項。

3.民族意志：又國父在《手著本三民主義》講民族主義的範圍（按此地所謂範圍與要素同義）時說：「民族主義之範圍，有以血統宗教為歸者，有以歷史習尚為歸者，有以語言文字為歸者，敻乎遠矣。然而最文明高尚之民族主義範圍，則以意志為歸者也」。如瑞士之民族，則合日耳曼、義大利、法蘭西三國之人民而成者也。這裏要注意兩點：(1)國父在此除講血統、宗教、習尚、語言外，還講到文字和民族意志；(2)有人以此民族意志，稱為民族意識，指為國父曾講民族意識之根據。其實此處所講民族意志是否與民族意識同義，還是值得研究的問題。

4.其他見解：此外，西洋學者對於民族構成的要素，還有不少的見解。如地理學派的社會學者，如法國的斯濯夫斯基、英國的吉本斯，恆以為地理環境是構成民族的唯一因素。德國莫勒泊勒雪說：「民族為血統同胞的總體」，麥獨孫、皮爾斯堡等，認為民族是心靈的共同體，是個人主觀上由自我意識而發現的團體。費西特格里門等，都認為語言是構成民族的重要因素。海士謂：「民族為共同語言，共同習慣，共同文化的人群」（劉脩如，《三民主義教程》)。

就上列見解論，除地理要素外，國父多已談到。至於「自我意識」，則詳下面「民族意識」項內。

二、民族意識

1.何謂民族意識？國父講民族構成的要素時，雖然並未講民族意識，但他說過：「迨中國同胞發生強烈之民族意識並民族能力之自信，則中國之前途可永久適存於世界」(〈中國之鐵路計劃與民生主義〉)。

如果我們要問何謂民族意識？先問何謂意識？按意識這個名詞乃係英文 Consciousness 的譯名。Consciousness 可譯為意識，亦可譯為自覺、覺悟、覺醒，其意思是感覺得到，或簡稱覺得。所謂民族意識 National Consciousness，就是指民族自覺、民族覺悟，或民族覺醒而言。倘若一個民族有了民族意識，或民族覺醒，就對內言，他們就認識了個人與民族的密切關係，同民族間的分子與分子間的密切關係；就對外言，亦認識自己民族與其他民族的區別，以及誰是友好民族？誰是敵對民族？

2.民族意識與民族主義：民族意識與民族主義有何關係呢？國父在〈民族主義第六講〉中說：「從前失去民族精神，好像是睡著覺，現在要恢復起來就要喚醒起，醒了之後，才可以恢復民族主義」。這就是說，要恢復民族主義，先要喚醒民族意識；換句話說，民族意識就是恢復民族主義的先決條件。

3.民族意識與五大要素：民族意識與民族構成的五大要素，關係至為密切。因為同血統、同生活、同語言、同宗教、同風俗習慣的人，可以產生民族意識，反過來說，因為有了民族自覺（民族意識），更會找到同血統、同生活、同語言、同宗教、同風俗習慣的民族，團結起來，共禦外侮。有人說，民族意識是構成民族的主觀條件，五大要素是構成民族的客觀條件。著者則以為民族意識是構成民族的主觀原因，五大要素是民族構成的客觀原因（周世輔、熊惠民，《三民主義》課本）。

第二節　民族與國家（國家起源論）

一、民族與國家的區別

1.自王道霸道方面（造成的原因方面）來區分：國父說：「英文中民族的名詞是『哪遜』Nation。『哪遜』這個字有兩種解釋；一是民族，一是國家……本來民族與國家，相互關係很多，不容易分開；但是當中實有一定界限。我們必須分別，什麼是國家？什麼是民族？」用什麼方法來分別呢？國父接著說：「最適當的方法，是民族和國家根本上是什麼力造成的。簡單的分別民族是由於天然力造成的，國家是用武力造成的。用中國的政治歷史來證明，中國人說，王道是順乎自然，換句話說，自然力便是王道，用王道造成的團體，便是民族。武力就是霸道，用霸道造成的團體，便是國家」（〈民族主義第一講〉）。

現在我們要追問的是：何謂王道主義？何謂霸道主義？

孟子說：「以力假仁者霸，霸必有大國。以德行仁者王，王不待大，湯以七十里，文王以百里。以力服人者，非心服也，力不贍也；以德服人者，中心悅而誠服也，如七十子之服孔子也」。照孟子的看法，王道尚德，霸道尚力；王道重仁義，霸道重功利；王道純乎自然，霸道則不免涉及「勉強」。

這裏還要補充說明的是：孟子與管子及荀子同是講王道主義與霸道主義，而內容稍有不同。

管子〈兵法篇〉云：「明一者皇，察道者帝，通德者王，謀得兵勝者霸」。這裏論王霸，固與孟子的看法相同；但他相桓公，霸諸侯，主張存亡國，繼絕世，使天下諸侯，皆服桓公，「喜其愛而貪其利，信其仁而畏其武」。故管子的霸道主義是恩威並施，德力並顧的。

荀子〈大略篇〉云：「君人者隆禮尊賢而王，重法愛民而霸，好利多詐而危」。〈王制篇〉又云：「臣諸侯者王，反諸侯者霸，敵諸侯者亡」。認為知霸道者，必能「存亡繼絕，衛弱禁暴」。他所講的霸道主義與管子相似，與孟子稍異，而國父論王霸，則以孟子學說為準則。

2. 自要素方面來區分：構成民族的要素有二：一為血統、生活、語言、宗教和風俗習慣，二為民族意識。至於構成國家的要素普通列為三項：一、人民，二、土地，三、主權。國父亦有此見解。他說：「國家以三種之要素而成立：第一為領土。國無論大小，必有一定之土地為根據，此土地即為領土。第二為人民。國家者，一最大之團體也；人民即為其團體員，無人民而僅有土地，則國家亦不能構成。第三為主權。有土地矣，有人民矣，無統治之權力，仍不能成國。此統治權力，在專制國則屬於君主一人；在共和國，則屬於國民全體也」（〈軍人精神教育〉）。

二、國家起源問題

關於國家起源問題，計有自然創造說（互助說）、社會契約說、武力征服說等等：⑴亞里斯多德認為人是社會的動物，亦是政治的動物，生下來就需要互相結合，組織社會，營共同的生活，故由夫婦而家庭，由家庭而村落，由村落而城市，便組成了國家。他說：「國家是自然的創造」（亞著《政治學》第一篇）；⑵霍布士認為原始時代，人民因私慾發達而常起鬥爭，後來為防止鬥爭，大家立契約共同遵守，於是產生了國家；⑶休謨認為武力是產生國家的原因，現在繼續存在的國家，不是由篡奪而來，就是由征服而來，絕沒有由人民自己同意而來的，因此他反對社會契約說；(4)管子謂「國之所以為國者，體民以為國」。何謂體民以為國？指禁暴安良，興利除害而言；(5)韓愈認為聖人出而擔負保民養民教民的工作，便組成了國家（〈原道〉）。

國父對於國家起源的見解有四：(1)〈民族主義〉中說：「民族是自然力（王道）造成的，國家是武力（霸道）造成的」；(2)《中國存亡問題》中說：「論國家的起源，大抵以侵略人之目的，或以避免人侵略之目的而為結合，其侵略固為戰爭，即欲避免人之侵略，亦決不能避去戰爭」；(3)《孫文學說》中稱：「物種進化以競爭為原則，人類進化則以互助為原則」。「社會國家者，互助之體也，道德仁義者，互助之用也」。如就避免或抵抗人之侵略言，亦離不開互助；(4)〈民權主義〉中說：「人同獸爭的野蠻時代，國家的組織沒有完全，人民聚族而居，靠一個有能的人來保護。在那個時候人民都怕毒蛇猛獸來侵害，所以要奉一個有能的人，負保護的責任。……能夠打毒蛇猛獸的人，就是當時很有能幹的人，……大家便奉他做皇帝」。我們推而言之，凡是能除害興利的人，大家就奉他為皇帝，以完成國家的組織。除害興利，除會打的外，國父認為「對人民能服務而有功勞的人，大家亦奉他做皇帝，如燧人氏能發明火食，神農氏能發明醫藥，有巢氏能發明造屋，軒轅氏能發明製衣等」。

由上面四項來看，國父所謂民族是由自然力造成的，近乎亞里斯多德的自然創造說；所謂以互助化競爭，近乎霍布士的社會契約說，亦與亞里斯多德互助說發生關係；所謂國家是武力造成的，與休謨的武力說相似；至於國父以保民養民作為國家起源的因素，乃受了中國傳統學說的影響，與管子的「體民以為國」，亦與韓愈在〈原道〉中所講的養民教民保民說有關。

這裏要強調的是，西洋提倡國家武力說者，多贊成武力征服，國父則反對侵略，反對帝國主義，只贊成自願的民族同化，二者之區別，必須釐清。

作業

1. 民族構成的要素有哪些？試申其義。
2. 何謂民族意識？試申述之。
3. 民族與國家有何異同？
4. 構成民族的原因有幾？試就國父見解與伯倫智理見解以比較之。
5. 民族與國家有何區別？試述其要。

第二章　民族主義的意義

第一節　民族主義的定義和目的

一、民族主義的定義

民族主義是什麼？這裏有幾個答案：

1.民族主義就是國族主義：國父說：「什麼是民族主義呢？按中國歷史上社會習慣諸情形講，我可以用一句簡單話說，民族主義就是國族主義」。又說：「民族主義就是國族主義，在中國是適當的，在外國便不適當」。何以如此說？「因為中國自秦漢而後，都是一個民族造成一個國家，外國有一個民族造成幾個國家的，有一個國家可以包括幾個民族的」。並舉英國為例，證明一個國家可以包括幾個民族。

2.民族主義即民族之正氣之精神：國父說：「中華民族者，世界最古之民族，世界最大之民族，亦世界最文明而最大同化力之民族也，然此龐然一大民族則有之，而民族主義則向所未有也。何謂主義（著者按：疑係何謂『民族主義』之誤）？即民族之正義之精神也。惟其無正義，無精神，故一亡於胡元，再亡於滿清，而不以為恥，反謂他（疑漏一『人』字）父，謂他人君，承命為謹，爭事之恐不及，此有民族而無民族主義者之所謂也」（《手著本三民主義》）。

3.民族主義是國家圖發達和種族圖生存的工具：國父說：「我們鑒於古今民族生存的道理：要救中國，想要中國民族長遠存在，必要提倡民族主義」。「如果再不提倡民族主義，中國便有亡國滅種之憂」。故說：「民族主義是國家圖發達和種族圖生存的寶貝」。這救亡圖存的民族主義，不僅能行於中國，亦可施之於世界。故又說：「民族主義是人類圖生存的寶貝」或「人類生存的工具」（〈民族主義第三講〉）。

4.民族主義是求中國自由平等的主義：國父說：「什麼是民族主義呢？就是要中國和外國平等的主義，要中國和英國、法國、美國那些強盛國家都是一律平等的主義」（〈女子要明白三民主義〉）。又說「民族主義是對外打不平的」（〈救國救民之責任在革命軍〉）。又認為要恢復國家自由，必須實行民族主義。所以林森先生說：「民族主義是求中國自由平等的主義」（〈民族主義的真義〉）。

5.民族主義是求世界各種族平等的主義：國父說：「民族主義即世界人類各種族平等，一種族不為他種族所壓制」（〈要改造新國家當實行三民主義〉）。林森先生認為「三民主義的民族主義，則為天下大同主義，而非狹隘的國家主義，內求中國之自由平等，外求一切被壓迫民族的解放」（同上）。

合起來說，民族主義就中國說，就是國族主義，是求中國自由平等的主義；一般說來，民族主義是民族之正義與民族之精神，民族主義是國家圖發達和種族圖生存的寶貝，是人類求生存的工具，是求世界各種族平等的主義。

二、民族主義的目的

民族主義的目的是什麼？簡答之，在求中國之國際地位平等，詳言之，可分為：(1)消極的目的與積極的目的；(2)對內的目的與對外的目的及對國際的目的；(3)初步的目的與終極的目的。

1. 關於消極目的與積極目的者：什麼是消極目的和積極目的呢？消極的目的在於推翻滿清；積極的目的在於各族同化。國父在《手著本三民主義》中說：「夫漢族光復，滿清傾覆，不過只達到民族主義之一消極目的而已。從此當努力猛進，以達到民族主義之積極目的也。積極目的為何？即漢族當犧牲其血統，歷史，與夫自尊自大之名稱，而與滿蒙回藏之人民，相見以誠，合為一爐而冶之。以成一中華民族之新主義。如美利堅之合黑白數十種之人民，而冶成一世界之冠之美利堅民族主義，斯為積極之目的也」。

2. 關於對內對外對國際之目的者：民族主義對內的目的，在求中國境內各民族一律平等，對外中國民族自求解放，即求中國之自由獨立，對國際求世界各國之國際地位平等。自另方面看，對國內言，各民族一律平等，而不為他族所壓迫；就對外言，所謂中國民族自求解放，即應打倒帝國主義，解除不平等條約的束縛；就對國際言，打破各民族間的不平，世界各被壓迫民族全體解放。

(1)就對內對外的目的言：《中國國民黨第一次全國代表大會宣言》有云：「民族主義有兩方面之意義：一則中國民族自求解放，二則中國境內各民族一律平等」。這兩個意義，可視之對內對外的兩個目的。單就對中國言，所謂中國民族自求解放，就是求中國之自由獨立。

《建國大綱》第四條載：「其三為民族。故對國內之弱小民族政府當扶植之，使之能自治；對於國外強權侵略，政府當抵禦之」。亦可視為對內對外的兩個目的。就對國內言，要扶助各少數民族，使之自治，而平等相處；就對外言，所謂抵禦強權，就是要打倒帝國主義。

⑵就對國際的目的言：國父是主張世界上各民族一律平等。各弱小民族一律解放。國父說：「民族主義即是掃除種族的不平」。戴季陶先生認為「國父所主張的被壓迫民族的聯合，在理論上，並不限於亞洲，是包括全世界的弱小民族而言」。戴先生又在「民生哲學系統表」中之民族主義項下列了三條：①中國民族自求解放；②中國境內各民族一律平等；③世界被壓迫民族全體解放。他所增第三條是就對國際而言。

3. 關於初步目的與終極目的者：國父認為三民主義能促進中國之國際地位平等，政治地位平等，經濟地位平等。所謂中國之國際地位平等或中國之自由獨立，就是民族主義的初步目的。

《中國革命史》中稱，「對於世界諸民族，務保持吾民族之獨立，發揚吾國固有之文化，且吸收世界之文化而光大之，以期與諸民族並驅於世界，以馴致於大同」。所以世界大同是民族主義的終極目的。

4. 民族自決為民族主義的目的：威爾遜提倡民族自決，國父亦提倡民族自決。按民族自決為民族主義的目的，這種目的可在各方面運用：①對內求中國境內各民族一律平等，即求國內之民族自決；②對外中國民族自求解放，即求整個中國民族之民族自決；③對國際求全世界各被壓迫民族之全體解放，即求世界各弱小民族之民族自決。

第二節　民族同化與民族自決

一、民族同化

1.何謂民族同化：儒家認為「諸侯用夷禮則夷之，夷狄進於中國則中國之」。孟子雖然只主張「用夏變夷」，不主張「夏變於夷」，但就所謂「諸侯用夷禮則夷之」來看，就是說用夷禮的諸侯則變為夷狄了；就所稱「夷狄進於中國則中國之」看，就是說夷狄用中國禮的就變為中國人了。這裏的「禮」，可看作禮儀、禮節、法規、生活方式及風俗習慣等。簡稱之，也就是文化。中國人採用夷狄文化，則為夷狄所同化，夷狄採用中國文化，則為中國所同化，這就叫民族同化。進一步來看，所謂民族同化，簡稱之，可說是同其禮俗，詳言之，可分為血統的溝通（通婚），宗教的傳布，風俗習慣（歷史習尚）與生活方式的互換，語言文字的交流，以及民族意志的發展等。

2.國父對於民族同化的見解：民國元年，《國民黨宣言》所宣布的政綱，第三項即為「力行種族同化」。民國八年國父《手著本三民主義》，指出民族主義之目的有二：一為消極目的，即推翻滿清；二為積極目的，即民族同化。並舉瑞士、美利堅為例，以證明各族人民可以同化為一個較大的民族。民國元年《臨時大總統宣言》主張，「合漢滿蒙回藏苗諸地為一國，合漢滿蒙回藏苗諸族為一人，是曰民族之統一」。可見國父提倡民族同化的目的，在於形成一個統一的中華民族。

3.蔣公對民族同化的見解：蔣公認為我們中華民族是多數宗族（指民族言）融合而成的，這融合的力量是文化的同化，不是武力的征服。故國父曾指出中華民族是最富有同化力之民族（《手著本三民主義》）。過去同化了四夷五胡，今後合漢、滿、蒙、回、藏、苗於一爐而治之，當然沒有問題。

4.蔣公論中華民族同化之經過：蔣公在《中國之命運》中說：「秦漢時代……中國西北沙漠草原地帶的宗族，於其侵犯則禦以武力，於其歸順，則施以文治。同時由於生活的互賴與文化的交流，各地的多數宗族，到此早已融合為一個中華大民族了」。西晉遭五胡之亂，「黃河流域為匈奴、鮮卑諸族所割據，……但莫不襲中國的衣冠，行中國的政教，隋唐大一統的局面，實為魏晉南北朝四百年間，民族融合的總收穫」。宋代北方的「契丹（遼）和女真（金）都是中國北部與東北方面生活未能完全同化的宗族……他們雖先後入據中原，但他們仍先後浸潤於中原文化之中。蒙古的興起，與契丹女真事同一例。……因而自忽必烈以下的宗支，亦同化於中華民族之內，漢族入據中原，其宗族之同化與金相同。故辛亥革命以後，滿族與漢族實已融為一體，更沒有歧異的痕跡」。

二、民族自決

1.何謂民族自決：一個民族的對內對外一切主張和行動，不受外人干涉，叫做「民族自決」；一個殖民地要求自由獨立，解除其他民族的約束和控制，亦叫「民族自決」。賈捐之「棄珠崖議」說：「欲與聲教，則治之；不欲與者，不強治也」。這亦含有讓各小民族自決的意思。

2.國父對於民族自決的見解：國父是最重視民族自決的。他認為威爾遜總統在第一次世界大戰時提倡民族自決，各弱小民族大表歡迎，但戰後召開和平會議，英、法、義等國，用種種手段，騙去威爾遜的主張，各弱小民族不能自決，而且較以前更受壓迫（〈民族主義第四講〉）。

民族自決與民族主義的關係，前已言之。所謂中國境內各民族一律平等，就是對內求弱小民族的自決；所謂中國民族自求解放，是對外求民族自決，所謂全世界各弱小民族一律解放，就是求世界各弱小民族之民族自決。由此，可知威爾遜提倡民族自決，國父亦提倡民族自決。

三、民族同化與民族自決有無衝突

國父的見解：或許有人以為國父一面提倡民族自決，一面提倡民族同化，雖免不無衝突之處。其實不然，因為民族同化是文化的融合，不是武力的征服；是自願的，不是勉強的。在民族自決的原則下，實行民族同化，是並不矛盾的。如夏威夷、阿拉斯加之參加美利堅合眾國，乃是自願的，不是勉強的。故《中國國民黨第一次全國代表大會宣言》稱：「國民黨敢鄭重宣言承認中國內各民族之自決權，於反對帝國主義及軍閥之革命獲得勝利後，當組織自由統一之中華民國」。

第三節　中華民族的成長和發展

一、中華民族的來源

1. 國父論中華民族的來源：中華民族哪來的呢？國父說：「百姓民族（中國民族）是由西北方搬進來的，過葱嶺到天山，經新疆以至於黃河流域。照中國文化的發源地說，這種議論似乎是很有理由的，如果中國文化不是由外國傳來，是由本國發生的，那麼照天然的原則來說，中國文化應該發源於珠江流域，不應該發源於黃河流域。因為珠江流域氣候溫和，物產豐富，人民很容易謀生，是應該發生文明的。但是考究歷史，古時候的堯舜禹湯文武，都不是生在珠江流域，都是生在西北。珠江流域在漢朝還是蠻夷，所以中國文化是由西北方來的，是由外國來的。中國人說人民是百姓，外國人說西方古時有種百姓民族，後來遷移到中國，把中國原來的苗子民族或消滅或同化，才成為中國今日的民族」（〈民族主義第三講〉）。

國父上面的見解，受了誰的影響呢？可說是受了法國學者拉克伯里的影響。

拉克伯里 (Terrien Lacouperie) 研究中國文化來源，寫了一本《中國古代文明西源論》(*Western Origin of the Early Chinese Civilization* ,1894)，斷言中華民族乃自西亞細亞的巴比倫遷至中土。他認為中國古代文化係從巴克族 (Bak) 傳來，巴克族便是後來的漢族。這族最初的酋長名叫奈亨臺 (Nokunte)，即漢音「乃黃帝」。奈亨臺在西元前二三〇〇年左右，曾率領族人進入新疆，更沿塔里木河，崑崙山脈進入甘陝交界地帶。並且中國「百姓」的「百」字，即由巴克族的「巴」字音轉而來。這學說一出，當時中外學者多一致贊同，而且在中國已成為清末民初一種最流行的解說。國父於民國十三年講演民族主義，那時「北京人」的化石尚未發現，國父接受「西來說」的論證，乃是極為自然的事。這實因受當時學術研究發展的進度所限制的緣故。

2.北京人與中華民族：民國十八年（一九二九年），我國學者在北京附近房山縣周口店所發現的原始人頭蓋骨化石，幾經研究，知道它是約在五十萬年前左右的遺骨，係介乎人與猿之間的一種原始型的人類祖先。學者稱這種原始人為中國猿人北京種，簡稱為「北京人」。這就是說，在五十萬年以前，中土已有原始人的存在，而這種原始人，就是在中國本土發祥的。自從周口店發現原始人頭蓋骨化石之後，不久又在該地的山洞，發現舊石器時代初期的遺物和真人的骨骼化石，年代約在七、八萬年前左右，這可說是「北京人」後裔的遺蹟。而在周口店「北京人」發現的前後；在察哈爾的宣化、陝西的榆林、黑龍江的海淖拉、廣西的武鳴等地，都有舊石器時代遺蹟的發現，其所代表的年代，為一、二萬年前至五、六萬年前不等。至於新石器時代遺蹟的發現，則更為普遍了。總之，由「北京人」時代，而舊石器時代，而新石器時代，從其遺蹟遺物加以分析，都可證明與中國古代的器物和人類，是有其傳演淵源的，雖說仰韶的彩繪陶器，有點和中西亞的史前陶器相彷彿，只能說明中西文化很早就有交流的關係。事實上，由「北京人」時代，以至舊石器時代，新石器時代，乃至於有史時期，在中國本土之內，都有人類，由發祥而擴展，而生生不息的在演進，這就是中華民族的人類來源。從以上的分析，可知中華民族的先代，乃發源於中國本土，並非遠從西方的西亞細亞遷徙來。因此所謂「西來說」根本發生動搖。國父於民國十三年講演民族主義時，贊成「西來說」，那是因為「北京人」與山頂洞人的骨頭，以及新舊石器時代的遺蹟遺物，根本尚未發現。國父係於民國十四年三月十二日逝世，距「北京人」的發現尚有四年，因此亦無修改其意見的機會。自「北京人」以及新舊石器時代許多遺物相繼在中土發現之後，於是一般學者均相率放棄西來說。如羅素在所著《中國文化論》一書內，即指出「中華民族實發源於本土，非外來之民族」。德國著名的中國研究家赫特霍芬於其名著《中國》一書中，亦認為「新疆塔里木盆地，為中國民族的發源地」（涂子麟，《民族主義研究》）。

二、中華民族的成長與發展

1. 古代中國民族的構成：蔣公在《中國之命運》一書中指出：「就民族成長的歷史來說：我們中華民族是多數宗族融合而成的。融合於中華民族的宗族，歷代都有增加，但融合的動力，是文化而不是武力，融合的方法，是同化而不是征服。在三千年前，我們黃河、長江、黑龍江、珠江諸流域，有多數宗族分布於其間。自五帝以後，文字記載較多，宗族的組織，更斑斑可考。四海之內，各地的宗族若非同源於一個始祖，即是相結以累世的婚姻。《詩經》上說：『文王孫子，本支百世』，就是說同一血統的大小宗支。《詩經》上又說：『豈伊異人，昆弟甥舅』，就是說宗族之間，血統相維之外，還有婚姻的聯屬。古代中國的民族就是這樣構成的」。這裏所講的宗族，是指國內各民族而言。

2.各族融合與發展：正因為融合的動力是文化而不是武力，融合的方法是同化而不是征服，故各族自然而然化除民族界限而歸於一體。如蒙古，由周代的玁狁，秦漢的匈奴，已開內附與同化之端。自此以後，突厥之在初唐，契丹之在晚唐與兩宋，蒙古之在明清，皆迭有內附與同化的歷史。新疆則春秋時代，秦國稱霸西戎，繼之以漢代之通西域。唐代之定天山，而成之以元清兩代的開拓。這兩個區域，歸化中國的期間，皆綿亙至二千餘年之久。西藏則自吐蕃改宗佛教，內向隋唐以來，元代則隸於宣政院，清代則隸於理藩院，其同化亦超過一千三百年以上。至於東北，則比其他邊區之內向更早，肅慎的內附，始於周代，漢族的開發，盛於兩漢，中經隋唐宋元明，都是漢族與東胡共存的區域。迄於清代，則農工商業的經營，更全賴漢族的努力，即滿族亦同化於中華民族之中。因此，能維繫中華民族五千年歷史於不墜，而成為世界人口最多的國家。即就領土論，亦居世界之亞。尤其是最強盛的時代範圍更大。故國父說：「中國最強盛時代，領土是很大的，北至黑龍江以北，南至喜馬拉雅山以南，東至東海以東，西至葱嶺以西，都是中國的領土」（〈民族主義第二講〉）。

三、中華民族構成的基礎

蔣公指出在中國領土之內，各宗族的習俗，各區的生活，互有不同。然而合各宗族的習俗，以構成中國的民族文化，合各區域的生活，以構成中國的民族生存，為中國歷史上顯明的事實。這個顯明的事實，基於地理的環境，基於經濟的組織，基於國防的需要，基於歷史上命運的共同。

1.以地理的環境而論：中國的山脈河流，自成完整的系統。試由西向東，加以鳥瞰：由亞洲屋脊之帕米爾高原，北路沿天山阿爾泰山脈以至於東三省，中路沿崑崙山脈以至於東南平原，南路沿喜馬拉雅山脈以至於中南半島。在三大山脈之間，有黑龍江、黃河、淮河、長江、珠江諸流域。中華民族的生存發展，即在這幾個流域之間，沒有一個區域可以割裂，可以隔離，故亦沒有一個區域可以自成一個孤立的局面。

2.以經濟的組織而論：在上述的完整山河系統之下，各個區域各有其特殊的資源與特有的土壤，所以各區域的生活，或為狩獵，或事游牧，或進於農工，或宜於礦冶，或專於漁鹽，其分工基於自然的條件，其交易出於生活的必需。故遠在鐵路輪船發明使用之前，彼此之間，商業往來，即至為繁密。此經濟共同生活，亦即為政治統一以至於民族融合的基礎。

3.以國防的需要而論：上述的完整山河系統，如有一個區域受異族的占據，則全民族全國家，即失其自衛上天然的屏障。河淮江漢之間，無一處可以作鞏固的邊防。所以臺灣、澎湖、東北四省、內外蒙古、新疆、西藏，無一處不是保衛民族生存的要塞。這些地方的割裂，即為中國國防的撤除。更由立國的資源來說，東北的煤鐵與農產，西北的馬匹與羊毛，東南的鋼鐵，西南的鎢錫，無一種不是保衛民族生存的要素。這些資源的喪失，亦即為國基的毀損。

4.以共同的命運論：至於各宗族歷史上共同的命運之造成，則由於我們中國固有的德性，足以維繫各宗族內向的感情，足以感化各宗族固有的特性。四鄰的「朝貢」，中國常答以優厚的賜與，從沒有經濟侵略的企圖。四鄰的戰爭，中國常保持「繼絕世、舉廢國」的大義，從沒有乘人之危以併吞其領土的政策。所以四鄰各宗族，其入據中原部分，則感受同化。其和平相處的部分，則由朝貢而藩屬，由藩屬而自治，各以其生活的需要與文化的程度為準衡。

作業

1. 略述民族主義的定義。
2. 民族主義的目的何在?試簡答之。
3. 國父對於民族自決有何見解?試略述之。
4. 國父對於民族同化有何見解?試略述之。
5. 蔣公對於民族同化有何見解?試略述之。
6. 民族自決與民族同化有無衝突?試述所見。
7. 對於中華民族的來源有何見解?試略言之。
8. 今日的中華民族是融合哪些民族而成?試簡答之。

第三章　三民主義的民族主義

第一節　三大壓迫

我們中華民族的危險，究竟在什麼地方呢？國父於民國十三年講演三民主義時指出了下列三種壓迫：⑴人口（天然力）壓迫；⑵政治壓迫；⑶經濟壓迫。

國父警告我們說：「此後中國的民族，同時受天然力，政治力，和經濟力的三種壓迫，便覺得中國民族生存的地位非常危險」。

一、人口壓迫

1. 人口壓迫的危險：國父曾對劉成禺先生說：「政治壓迫與經濟壓迫，他人或已談到，人口壓迫為我的特見」。〈民族主義第一講〉中稱：「我們現在把世界人口的增加率，拿來比較比較；近百年之內，在美國增加十倍，英國增加三倍，日本也是三倍，俄國是四倍，德國是兩倍半，法國是四分之一」。

我們的人口到今日究竟有多少呢？「從前有一位美國公使，叫做『樂克里耳』，到中國各地調查，說中國的人口最多不過三萬萬。我們的人口到底有多少呢？在乾隆的時候，已經有了四萬萬，若照美國公使調查則已減少四分之一，就說是現在還是四萬萬，以此類推，則百年之後中國的人口恐怕仍是四萬萬」。

人口不增加有什麼危險呢？國父說：「到一百年以後，如果我們的人口不增加，他們的人口增加到很多，他們使用多數來征服少數，一定要吞併中國。到了那個時候，中國不但是失去主權，要亡國，中國人並且要被他們民族所消化，還要滅種」。

2.國父對於馬爾薩斯之批評：講到人口問題，不得不講馬爾薩斯的人口論。

按馬爾薩斯為英國之著名經濟學家，於一七九八年發表《人口論》，謂人口的增加為幾何級數（一、二、四、八、十六……），糧食的增加為算術級數（一、二、三、四、五、……）每二十五年增加一倍，假定自一九〇〇年算起，有一個國家人口數為千萬人，糧食剛好夠用，算至一九七五年，人口增至八千萬人，而糧食只夠四千萬人食用，另四千萬人即有挨餓之虞，因此他主張限制人口的出生。後來山額夫人提倡節育，更主張用各種人為方法去減少生育。

國父對於馬爾薩斯學說的人口論有什麼批評呢？〈民族主義第一講〉稱：百年前有一個英國的學者，叫做馬爾薩斯。他因為憂慮世界上的人口太多，供給的物產有限，主張減少人口，曾創立一種學說，謂：「人口增加是幾何級數，物產增加是算術級數」。法國人因為講究快樂，剛合他們的心理，便極歡迎馬氏的學說，主張男子不負家累，女子不要生育。他們所用減少人口的方法，不但是用種種自然方法，並且用許多人為的方法……因為馬爾薩斯的學說宣傳到法國之後，很被人歡迎，人民都實行減少人口，所以弄到今日（按：此係民國十三年語）受人少的痛苦，都是因為中了馬爾薩斯學說的毒。由此可知，國父對馬爾薩斯人口政策的主張便不贊成在中國實行。

二、政治壓迫

1. 政治壓迫與失地概況：國父指出我國近百年來，受了列強的政治壓迫，以致失地甚多，舉其要者，計有：

(1)黑龍江、烏蘇里江。

(2)伊犁河流域、霍罕和黑龍江以北諸地。

(3)安南、緬甸。

(4)高麗、臺灣、澎湖列島。

(5)威海衛、旅順、大連、青島、九龍、廣州灣。

此外上海、天津、漢口、九江、廣州、鎮江、廈門、營口等處，還有租界。

至於其他影響主權的損失，尚有領事裁判權，關稅協定權，軍艦行駛停泊權，海關稅務管理權，內河航行權，沿海貿易權等。

2. 政治壓迫的手段：政治壓迫亦叫政治侵略，其侵略「有兩種手段：一是兵力，一是外交」。國父認為列強用兵力隨時可以亡中國，依他估計：日本在十天以內，便可以亡中國，美國在一個月之內，英國、法國在兩個月之內，都可以亡中國。如此說來，「世界上無論哪一個強國，都可以亡中國，中國到今還能夠存在的理由，不是中國自身有力可以抵抗，是由於列強都想亡中國，彼此都來窺伺，彼此不肯相讓，各國在中國的勢力，成了平衡狀態，所以中國還可以存在」。他們如用外交力量，「只要用一張紙和一枝筆，彼此妥協，便可以亡中國。

至於用妥協的方法，只要各國外交官，坐在一處，各人簽一個字，便可以亡中國。如果英、法、美、日幾個強國，一朝妥協之後，中國也要滅亡」（〈民族主義第五講〉）。所以中國此時是「國際中最低下的地位，人為刀俎，我為魚肉，我們的地位在此時最為危險」（〈民族主義第一講〉）。這是就民國十三年的情形而說的，亦是國父用心至苦的警惕語。以後我們自知發憤圖強，整軍經武，與日本打了八年，還沒有失敗，反之倒使日本無條件投降，這是提倡民族主義，振起民族精神的效果。

三、經濟壓迫

1. 經濟壓迫的方法：經濟壓迫亦可叫經濟侵略。其侵略的方法，可分為多種，如以低價進入洋貨（實行關稅協定，不讓我國行保護稅），吸收原料，在中國開設銀行，發行紙幣，吸取低利存款，以高利貸放，辦理國際匯兌，利用航行權，取得出入口運費，在租界及割讓地收取各種賦稅，地租，操縱地價，利用權力作特種營業（如設南滿鐵路公司等），投資投機事業（如樹膠的投機，馬克的投機等）。此外，尚有戰敗賠款（如甲午賠款於日本者二萬萬五千萬兩，庚子賠款於各國者九萬萬兩），尚有藩屬之利益之被剝削，僑民之利益之被剝削，更是屈指難數。

2. 經濟損失的統計：國父在〈民族主義第二講〉中指出，我國近百年來受到列強的經濟壓迫，損失甚大，估計如下表：

(1)海關損失……………………每年五萬萬元。

(2)由於外國銀行的損失……………每年一萬萬元。

(3)航權損失（中國的運費）…………每年一萬萬元。

⑷租界割地的賦稅地租地價……………………………………每年四至五萬萬元。

⑸特權營業……………………………………………………每年一萬萬元。

⑹投機事業及其他……………………………………………每年幾千萬元。

合計每年損失在十二萬萬元以上。

國父當時警告我們說：「此每年十二萬萬元之大損失，如果無法挽救，以後只有年年加多，斷沒有自然減少之理。所以今日中國已經到了民窮財盡之地位了，若不挽救，必至受經濟之壓迫，至於國亡種滅而後已」（〈民族主義第二講〉）。

3.經濟壓迫與政治壓迫之比較：經濟壓迫與政治壓迫那樣厲害呢？國父認為「經濟較政治壓迫力厲害」。因為政治壓迫力是有形的，看得見的，容易見得痛癢而引起反抗。經濟力的壓迫是無形的，不易生感覺，不覺痛癢。

4.次殖民地與三種壓迫：國父講經濟壓迫時，發明了一個新名詞，就是「次殖民地」。何謂「次殖民地」？照一般人的看法，以為我國自清末到民初，受到列強的壓迫，已經成了「半殖民地」。國父認為這個「半殖民地」的名詞，是自己安慰自己而已。其實中國所受過的列強經濟力的壓迫，不只是半殖民地，比較全殖民地還要厲害。比方高麗是日本的殖民地，安南是法國的殖民地，高麗人做日本的奴隸，安南人做法國的奴隸。我們動以亡國奴三字譏誚高麗人、安南人，我們只知道他們的地位，還不知道我們自己所處的地位，實在比不上高麗人、安南人。這是說我們比殖民地還不如，哪能叫半殖民地呢？

國父接著說：「故叫中國做半殖民地是很不對的，依我定一個名詞應該叫做『次殖民地』。這個『次』字是由於化學名詞中得來的，如次亞燐是。藥品中有屬於燐質而低於一等者名為亞燐，更低於亞燐者為次亞燐。……

中國人從前只知道是半殖民地，便以為恥辱，殊不知實在的地位，還要低過高麗、安南，故我們不能說是半殖民地，應該說是次殖民地」。

國父講完了三種壓迫之後，警告我們說：「我們同時受這三種力的壓迫，如果再沒有辦法，無論中國領土是怎麼樣大，人口是怎麼樣多，百年之後，一定是要亡國滅種的……因為中國幾千年以來，從沒有受過這三個力量一齊來壓迫的。故為中國民族的前途著想，就應該設一個什麼方法，去打消這三個力量」。用什麼方法來打消呢？就是要振起民族精神，防止人口銳減，加強政治建設與經濟發展，以求自力更生，後來居上。換言之，就是要求三民主義之實現。

第二節　中國民族主義消失的原因

嚴格一點說，在國父以前，中國人很少講民族主義，但如就民族思想與民族大義言，中國人亦富有這種思想。如管子尊王攘夷，孔子著《春秋》，嚴夷夏之防，孟子主張用夏變夷，不主張用夷變夏，以及周防玁狁，漢討匈奴，唐逐突厥，宋禦金遼，朱元璋反元，鄭成功抗清，洪秀全起義，都是富有民族思想之明徵。唯此項民族思想，未能匯為凝固堅強之民族主義，一遇其他思想與理論之侵襲，即潰不成軍，致無法收拾。

國父在〈民族主義第三講〉沈痛的指出，「依我的觀察，中國的民族主義是已經失去了，這是很明白的，並且不只失去了一天，已經失去了幾百年。試看我們革命以前，所有反對革命很厲害的言論，都是反對民族主義的。再推想到幾百年前，中國的民族思想，完全沒有了」。並列舉很多事實，如幾百年來的書籍，都是對滿清的歌功頌德，保皇黨的保護大清皇帝，反清復明的會黨，亦變成了擁清保皇的組織，來證明「中國的民族主義完全亡了」。

依國父的看法，民族主義的消失，計有下列三種原因：⑴被異族所征服；⑵講世界主義太早（或稱世界主義的影響，又稱世界主義的流毒）；⑶會黨被人利用。除以上三項外，有人更加上⑷家族與宗族觀念過於發達；⑸中國人民不能團結（是一盤散沙），現在依國父見解，只講三項：

一、被異族所征服

國父說：「中國的民族主義既亡，今天就把亡的原因拿來說一說。此中原因是很多的，尤其以被異族征服的原因為最大。凡是一種民族征服別種民族，自然不准別種民族有獨立的思想。好比高麗被日本征服了，日本現在就要改變高麗人的思想，所以高麗學校裏的教科書，凡是關於民族思想的話都要刪去。由此三十年後，高麗的兒童，便不知有高麗了，便不知自己是高麗人了。從前滿洲對待我們也是一樣。所以民族主義滅亡的頭一個原因，就是被異族征服。征服的民族，要把被征服的民族所有寶貝，都要完全消滅。滿洲人知道這個道理，從前用過了很好的手段」（〈民族主義第三講〉）。

究竟用過哪些手段呢？

1. 開博學鴻詞科：康熙入中國，知道「馬上得天下，不可馬上治天下」。於是除普通科舉外，又開博學鴻詞科，把明朝有智識學問的分子，幾乎都網羅到滿洲政府之下，做了滿洲政府的順臣。

2. 著《大義覺迷錄》：國父稱「在康熙、雍正時候，明朝遺民排滿之風還是很盛，所以康熙、雍正時候便出了多少書，如《大義覺迷錄》等，說漢人不應該反對滿洲人來做皇帝。他所持的理由，是說：『舜是東夷之人，文王是西夷之人，滿洲人雖是夷狄之人，還可以來做中國的皇帝』」。由此便可見康熙、雍正是想用勸導和宣傳的方法去消除漢滿界限。

3.大興文字獄：國父認為「康熙、雍正，還忠厚一點。到了乾隆時代，連滿漢兩個字都不准人提起了，把史書都要改過，凡是當中關於宋元歷史的關係和明清歷史的關係，都通通刪去。所有關於記載滿洲、匈奴、韃靼的書，一概定為禁書，通通把它消滅，不准人藏，不准人看。因為當時違禁的書，興過了好幾回文字獄之後，中國的民族思想，保存文字裏頭的，便完全消滅了」（〈民族主義第三講〉）。

按照《講演本三民主義》原文，滿清的手段，只有上列各項，但亦有人把滿清的手段分為下列四項：

1.鎮壓手段，如大興文字獄。

2.籠絡手段，如開科舉和特科（博學鴻詞科）。

3.欺騙手段，如刪改和焚燬民族思想的書籍。

4.麻醉手段，如宣傳世界主義。

二、講世界主義太早

中國古代學者多講世界主義，而不講民族主義，如《禮記・禮運篇》講大同，講天下為公，《大學》講平天下，《中庸》講懷諸侯，《孟子》講達則兼善天下，《春秋》講「遠近大小若一」（不分夷夏）。國父說：「中國在沒亡國以前是很文明的民族，很強盛的國家。所以常自稱為堂堂大國，聲教文物之邦，其他國家都是蠻夷。以為中國居世界之中，所以叫自己的國家做中國，向稱大一統，所謂『天無二日，民無二王』所謂『萬國衣冠拜冕旒』，這都是由於中國在沒有亡國以前已漸由民族主義，而進於世界主義」。因此康熙認為舜是東夷之人，文王是西夷之人，東西夷之人都可來中國做皇帝，滿清人自然亦可以做中國的皇帝。這是他的世界主義，而擁護滿清的人，便夷夏不分了，洪承疇是這樣，曾國藩是這樣，康有為梁啟超亦是這樣。

三、會黨被人利用

清代的會黨，本以「反清復明」為宗旨，後來被人利用，便變為擁護滿清的集團了，茲將會黨的源流及演變和被利用分述如下：

1. 會黨的起源：會黨如何興起呢？國父說：「康熙末年以後，明朝遺民，逐漸消滅。當中一派是富有民族思想的人，覺得大勢去矣，再沒有能力和滿洲抵抗，就觀察社會情形，想出方法來結合會黨。他們的眼光是很遠大的，思想是很透徹的，觀察社會情形也是很清楚的。他們剛才結合成種種會黨的時候，康熙開博學鴻詞科，把明朝有智識學問的人，幾乎都網羅到滿清政府之下。那些有思想的人，知道了不能專靠文人去維持民族主義，便對下流社會，和江湖上無家可歸的人，收羅起來，結成團體，把民族主義放到那種團體內去生存」（〈民族主義第三講〉）。

會黨起源的原因和時間，已經國父明白指出。至於起源於何處，由何人創始呢？則傳說不一。有謂起於少林寺者，有謂起於洪鈞老祖廟者。近人在臺研究會黨之起源，有謂起於鄭成功之大將軍陳永華者，他們解釋洪門之洪字，謂含有「漢失中土」之意。因為漢失中土，志在恢復中原，故設立洪門會以反清復明為宗旨。在洪門會中所謂香主陳近南，就是陳永華。又洪門中的大哥，即暗指鄭成功。鄭成功焚掉儒衣，集眾起義，是經過一番「歃血為盟」的手續，陳永華創設洪門會，亦仿照此項手續進行。

2. 會黨的流傳：會黨興起後，在下層社會，不脛而走。流傳在珠江流域的叫三合會，流傳在長江流域的叫哥老會，流傳在軍隊的叫青幫與紅幫，流傳在海外華僑社會的叫洪門會，即致公堂。

三合會原名天地會，起事時名其軍為三合軍，天地會失敗後，三合會起，臺灣林爽文以天地會（三合會）領袖率眾起義，光復彰化諸郡，不幸為福康安所敗。哥老會亦稱哥弟會，內有紅幫青幫之分，紅幫以湘軍為中心（湘軍解散後，退役者無所歸更多參加紅幫）；青幫以安慶道友為基礎，其黨徒皆以漕運（運糧）為業，又稱糧船幫。上海有租界後，青幫在租界的勢力最為雄厚。洪門會在海外，如南洋、美洲，到處有會員，在華僑社會勢力至大。

3.會黨與洪秀全的關係：或許有人以為洪門會起於洪秀全，實則不然。不過洪門會與洪秀全頗有共同反清的關係。國父說：「到了清朝中葉以後，會黨中有民族思想，只有洪門會黨。當洪秀全起義之時，洪門會黨多來響應，民族主義就復興起來，洪秀全失敗以後，民族主義流傳到軍隊，流傳到流民。那時的軍隊如湘淮軍多屬會黨」。洪秀全起義時，除會黨群眾附和外，還有會黨領袖洪大全來歸，可惜洪秀全未能好好運用，致被清軍捕去，這是洪秀全與洪門會的共同損失。

4.會黨的被利用：這裏所謂會黨被人利用，是指左宗棠利用湘軍淮軍中的哥老會的力量，為滿清打新疆，並自任大龍頭，破壞其碼頭，消滅其組織，因之會黨「反清復明」的民族主義思想亦喪失了。

國父說：「當時左宗棠帶兵去征新疆，由漢口起兵到西安——帶了許多湘軍、淮軍，經過長江，那時會黨散在珠江流域的，叫做三合會；散在長江的叫哥老會，哥老會的頭目叫做大龍頭。有一位大龍頭在長江下游犯了法，逃到漢口，那時清朝的驛站通消息固然很快，但是哥老會的碼頭通消息更快。左宗棠在途中有一天忽然看見他的軍隊自己移動集中起來，排起十幾里的長隊，便覺得非常詫異。不久接到一件西江總督的文件，說有一個很著名的匪首，由漢口逃往西安，請他拿辦。左宗棠當時無從拿辦，只算是官樣文章，把這件事擱起來。後來看見他的軍隊移動得很厲害，排的隊更長，個個兵士都說去歡迎大龍頭，他還莫名其妙。後來知道了兵士要去歡迎大龍頭，就是兩江總督要拿辦的匪首，他便慌起來了。當時問他的幕客某人說：『什麼是哥老會呢？哥老會的大龍頭和這個匪首有什麼關係呢？』幕客便說：『我們軍中自士兵以至將官，都是哥老會，那位拿辦的大龍頭就是我們軍中哥老會的首領』。左宗棠說：『如果是這樣，我們的軍隊怎麼可以維持呢？』幕客說：『如果要維持這些軍隊，便要請大帥也去做大龍頭，大帥如果不肯做大龍頭，我們便不能去新疆』。左宗棠想不到別的方法，又要利用那些軍隊，所以便贊成幕客的主張，也去開山堂，做起大龍頭來，把那些會黨都收為部下。由此便可見左宗棠後來能夠平定新疆，並不是利用清朝的威風，還是利用明朝遺老的主張。中國的民族主義，自清初以來，保存很久。從左宗棠做了大龍頭之後，他知道其中的詳情，就把碼頭破壞了，會黨的各機關都消滅了」。

第三節　怎樣恢復民族主義

怎樣恢復民族主義？國父在《三民主義》一書指出了兩項：一為恢復民族主義的方法，二為抵抗外國侵略的方法，有些人常忽略後者。

一、恢復民族主義的方法

中國民族主義既喪失了，我們要救亡圖存，就先要恢復民族主義。怎樣恢復民族主義？國父認為「能知與合群，便是恢復民族主義的方法」。崔書琴先生稱之為「喚起人民的民族意識與促成民眾的團結」，雖與「能知與合群」相似，但畢竟不是國父所講的原文。

1.能知：所謂能知，是指知道中國民族的危機而言。國父說：「恢復民族主義的方法有兩種，頭一種方法是要令四萬萬人皆知我們現在所處的地位，我們現在所處的地位是生死關頭，在這生死關頭須要避禍求福，起死求生。要怎樣能夠避禍求福，起死求生呢？須先知道很清楚了，便自然要去行」，要去救亡，這就是「知難行易」的道理。「中國從前因為不知道要亡國，所以國家便亡，如果預先知道，或者不至於亡。古人說：『無敵國外患者國恆亡』，又說：『多難可以興邦』，……頭兩句……是自己心理上覺得沒有外患，自以為很安全，是世界中最強大的國家，外人不敢來侵犯，可以不必講國防，所以一遇外患，便至亡國」（〈民族主義第五講〉）。反過來說，何以說多難可以興邦呢？因為知道國難嚴重，自然發憤為雄，努力圖強，便可以興國。如果我們知道有不平等條約的束縛，便會想廢除不平等條約；如果我們知道受到三大壓迫，便會想解除這三種壓迫。

2.合群：所謂合群就是指加強團結健全組織而言。國父說：「我們既然知道了處於很危險的地位，更要善用中國固有的團體，像家族團體和宗族團體，大家聯合起來，成一個大國族的團體。結成了國族團體，有了四萬萬人的大力量共同去奮鬥，無論我們民族是處於什麼地位，都可以恢復起來」（〈民族主義第六講〉）。

除宗族團體外，還有同鄉觀念亦為國父所重視。他說：「我們失了的民族主義，要想恢復起來，便要有團體，要有很大的團體。我們要結成大團體，便先要有小基礎，彼此聯合起來，才容易做成功。我們中國可以利用的小基礎，就是宗族團體。此外還有家鄉基礎。中國人的家鄉觀念，也是很深的，如果是同省同縣同鄉村的人，總是特別容易聯絡。依我看起來，若是拿這兩種好觀念做基礎，很可以把全國的人都聯絡起來」。

比較起來說，國父認為中國人要恢復民族主義，比外國人容易。因為外國人以個人為單位，聯絡起來比較困難；中國人在個人之外，還有家族和宗族，聯絡起來，自然容易。

這裏不要誤會，以為國父具有宗法思想和封建思想，而提倡宗族主義與同鄉觀念；我們要知道國父講這些話的意思，是主張擴充宗族主義為民族主義，擴充同鄉觀念為國家觀念。

二、抵抗外國侵略的方法

合群的目的是什麼？在於禦侮，在於救亡圖存。國父認為抵抗外國的方法有兩種：

1.積極的方法：要振起民族精神，求民權民生之解決，以與外國奮鬥。這是說只要三民主義能實行於中國，便可以抵抗外國的侵略。

2.消極的方法：就是不合作的消極抵制，使外國的帝國主義減少作用，以維持民族的地位，免致滅亡。

這裏要說明的是，講到「不合作」，便聯想到甘地。

印度被英國所統治後，對於政治壓迫，沒有辦法，對於經濟壓迫，便有甘地主張的「不合作」運動，什麼是不合作呢？「就是英國人所需要的，印度人不供給；英國人所供給的，印度人不需要。好比英國人需要工人，印度人便不去和他們工作，英國人供給印度很多洋貨，印度人不用他們的洋貨，專用自製的土貨，甘地這種主張，初發表的時候，英國人以為不要緊，可以不予理會。但是久而久之，印度便有許多不合作的團體出現，英國經濟一方面，便受極大的影響」。國父對甘地實行經濟絕交的不合作主張，備加讚揚，認為值得效法；「至於不做外國人的工，不去當洋奴，不用外來的洋貨，提倡國貨，不用外國銀行紙幣，專用中國政府的錢，實行經濟絕交，是很可做得到的」（〈民族主義第五講〉）。我們在對日抗戰以前，曾多次抵制日貨，亦收到「不合作」

的效果。

第四節　怎樣恢復民族地位

在講恢復民族地位的方法以前，先要問恢復民族精神與恢復民族地位有何關係？有人將「恢復民族精神」列為「恢復民族地位」的方法之一，其實「恢復民族地位」的方法只有四項（詳後），「恢復民族精神」不在其內。不信，且看國父自己的講詞：「我們今天要恢復民族的地位，便先要恢復民族的精神，我們想要恢復民族的精神，要有兩個條件：第一個條件，是要我們知道現在處於極危險的地位。第二個條件，是我們既然知道了處於很危險的地位，便要善用中國固有的團體，像家族團體和宗族團體，大家聯合起來，成一個大國族團體。結成了國族團體，有了四萬萬人的大力量共同去奮鬥，無論我們民族是處於什麼地位，都可以恢復起來。所以能知與合群，便是恢復民族主義的方法，……到民族主義恢復了之後，我們便可以進一步，去研究怎麼樣才可以恢復我們民族的地位」。

由上面這段話，我們知道下列各項：⑴就恢復民族精神的兩個條件（能知與合群）看，恢復民族精神，與恢復民族主義同義；⑵就喚醒民族精神才可以恢復民族主義看，可說恢復民族精神乃是恢復民族主義的前提（或先決條件）；⑶就恢復民族主義之後才可以研究怎樣恢復民族地位看，恢復民族精神最多只可說是恢復民族地位的前提（或先決條件）。就以上三項看來，都可證明「恢復民族精神」不可列為恢復民族地位的方法之一。

恢復民族地位的方法，究竟有哪幾項呢？

國父在講演三民主義中指出恢復民族地位的方法，計有下列四項：⑴恢復民族固有道德；⑵恢復民族固有智識；⑶恢復民族固有能力；⑷學習歐美長處（迎頭趕上西洋科學），崔書琴先生在所著《三民主義新論》中將⑵、⑶兩項併為恢復固有智能與國父原先講法有異。

一、恢復民族固有道德

這裏要研究的是：第一是為什麼要恢復固有道德？第二是提倡新文化應否廢棄舊道德？第三是應該恢復什麼舊道德？

1.為什麼要恢復固有道德：國父認為一個國家要長治久安，必須有很好的道德，一個國家要能起死回生，轉亡為存，亦有賴於道德。如元朝極盛時期，「全歐洲幾乎被蒙古人吞併，比起中國最強盛的時候，還要強盛得多；但是元朝的地位，沒有維持很久。從前中國各代的國力，雖然比不上元朝，但是國家的地位，各代都能夠長久，推究當中的原因，就是元朝的道德，不及中國其餘各代的道德那樣高尚」。

國父又說：「從前中國民族的道德，因為比外國民族的道德高尚得多，所以在宋朝，一次亡國到外來的蒙古人，後來蒙古人還是被中國人所同化；在明朝，二次亡國到外來的滿洲人，後來滿洲人也是被中國人所同化。因為我們民族的道德高尚，故國家雖亡，民族還能夠存在，不但是自己的民族能夠存在，並且有力量能夠同化外來的民族。所以窮本極源，我們現在要恢復民族的地位，除了大家聯合起來做成一個國族團體以外，就要把固有的舊道德先恢復起來。有了固有的道德，然後固有的民族地位，才可以圖恢復」。

2.提倡新文化應否廢棄舊道德：自五四救國運動發生之後，興起了一種文化運動，普通叫新文化運動。這種新文化運動，乃以陳獨秀、胡適、李大釗、吳虞等為首，對西洋文化以吸收民主、科學為號召，對固有文化以打倒孔家店，破壞舊宗教、舊道德（倫理）為對象。換言之，他們大多反對復古，提倡全盤西化為主旨。

國父對於「五四」後的新文化運動，就其新思想部分言，比較贊成；就其排斥舊道德部分言，則表示反對。〈民族主義第六講〉稱：「現在受外來民族的壓迫，侵入了新文化，那些新文化的勢力，此刻橫行中國，一般醉心新文化的人，便排斥舊道德，以為有了新文化，便可以不要舊道德。不知道我們固有的東西，如果是好的，當然是要保存，不好的才可以放棄」。

3. 應該恢復什麼舊道德：中國的舊道德甚多，儒墨道法各家的主張亦很不一致，究竟應恢復哪些舊道德呢？國父講民族主義時，認為應恢復的舊道德為「忠孝仁愛信義和平」。普通將以上諸德稱為八德，但亦有人稱為六德。如劉脩如先生著《三民主義教程》，將忠孝仁愛信義和平八個字按字分別解釋，是謂八德；又如任卓宣先生著《三民主義概論》，將仁愛與和平作兩德解釋，唯忠孝信義則按字分別解釋，故只稱六德，但習慣稱八德者較多，我們這裏從眾，從習慣仍稱為八德。

二、恢復民族固有智識

我們應恢復什麼固有智識呢？應從何處著手呢？下面分別研述。

1. 應恢復什麼固有智識：這裏所說固有智識，是指《大學》八目而言。《大學》第一章云：「大學之道，在明明德，在新民（親民），在止於至善。……是故欲明明德於天下者，先治其國；欲治其國者，先齊其家；欲齊其家，先修其身；欲修其身者，先正其心；欲正其心者，先誠其意；欲誠其意者，先致其知；致知在格物。物格而後知至，知至而後意誠，意誠而後心正，心正而後身修，身修而後家齊，家齊而後國治，國治而後天下平」。「自天子以至庶人，壹是皆以修身為本」。以上八項朱子叫八條目，就哲學眼光看，格物致知可稱為智識論；誠意正心修身可稱為道德觀，齊家治國平天下可稱為政治觀。如就「壹是皆以修身為本」言，則整個八條目應屬於道德哲學的範圍。

國父認為中國有什麼固有的智識呢？就人生對於國家的觀念，中國古時有很好的政治哲學。我們以為歐美的國家，近來很進步，但是說到他們的新文化，還不如我們政治哲學的完全。中國有一段最有系統的政治哲學，在外國的大政治家還沒有見到，還沒有說到那樣清楚的，就是《大學》中所說的「格物，致知，誠意，正心，修身，齊家，治國，平天下」那一段的話。

蔣公認為倫理為政治的基礎，八條目就是以倫理為政治的先決條件。

國父又說：「這種誠意，正心，修身，齊家的道理，本屬於道德的範圍，今天要把它放在智識範圍內來講，才是適當。我們祖宗對於這些道德上的工夫，從前雖然是做過了的，但是自失了民族精神之後，這些智識的精神，當然也失去了」。

我們今天要恢復民族地位，必須恢復這種固有智識，即由內而外，精微開展，無論外國什麼政治哲學家，都未見到，都未說出的獨有寶貝。

2.應從修身做起：《大學》云：「壹是皆以修身為本」，國父對於這句話非常重視。他說：「普通外國人總說中國人沒有教化，是很野蠻的。推求這個原因，就是大家對於修身的工夫太缺乏，大者勿論，即一舉一動，極尋常的工夫，都不講究。譬如中國人初到美國時候，美國人本來是平等看待，沒有什麼中美人的分別，後來美國大旅館，都不准中國人住，大的酒店都不許中國人去吃飯，這就是由於中國人沒有自修的工夫」。因此，國父以為我們要能齊家治國，根本不受外國壓迫，便要從修身做起，把中國固有的政治哲學先恢復起來，然後民族精神和民族地位，才可以恢復。

三、恢復民族固有能力

所謂固有能力，是指創造力而言。國父認為我們除了智識之外，還有固有的能力，即創造力，亦要加以恢復。現在中國人的能力當然不及外國人，但是從前中國人的能力，還要比外國人大得多。

從前中國人有什麼能力呢？一為三大發明，二為有關食衣住行等發明。

1. 三大發明：國人最有名的發明計有下列三項：

(1)指南針：相傳黃帝戰蚩尤，迷霧，乃造定方向之指南車。後世所用之羅盤，即本此原理造成。國父說：「比如指南針，在今日航業最發達的世界，幾乎一時一刻都不能不用它，推究這種指南針的來源，還是中國人幾千年以前發明的。如果從前的中國人沒有能力，便不能發明指南針。中國人老早有了指南針，外國人至今還是要用它，可見中國人固有的能力，還是高過外國人」（〈民族主義第六講〉）。

(2)印刷術：我國五代時馮道發明刻版印書，但仍覺笨重而不方便，宋時畢昇創印字活版法，其法用膠泥刻字，每字為一印，用時各個採集，排比成版，用畢拆散還原，仍為活字。此種印刷術後傳至歐洲，經改良而成今日之活字印刷術。國父說：「在人類文明中最重要的東西，便是印刷術。現在外國改良的印刷機，每點鐘可以印幾萬張報紙，推究它的來源，也是中國發明的」。

(3)火藥：國父又說：「近來世界戰爭用到無煙火藥，推究無煙火藥的來源，是由於有煙黑藥改良而成的，那種有煙黑藥也是中國發明的。中國發明了指南針、印刷術和火藥這些重要的東西，外國今日知道利用它，所以他們能夠有今日的強盛。」

2.有關食衣住行的發明：國父認為「人類所享衣食住行的種種設備，也是我們從前發明的」。

(1)就飲料方面說：中國人發明了茶葉，至今世界文明各國皆爭用之。

(2)就衣著方面說：外國人視為最貴重的絲織品，就是中國人發明的。按黃帝夫人嫘祖發明養蠶造絲，是中國最古的一種發明。

(3)就住的方面說：現在外國人建洋房，自然很進步，但是造屋的原理和房屋中的各重要部分，仍是中國人發明的。譬如「拱門」就是中國最早的發明。所謂拱門是柱與柱間或牆與牆間之上端，作成弧形式樣的門。現代洋房的拱門用鋼骨水泥造成，橫樑可以不用拱門，過去用磚石造屋非用拱門不可。

(4)就行的方面說：國父講到「外國人現在所用的吊橋便以為是極新的工程，很大的本領；但是外國人到中國內地來，走到川邊西藏，看見中國人經過大山，橫過大河，多有用吊橋的。他們從前沒有看見中國的吊橋，以為這是外國先發明的，及看見了中國的吊橋，便把這種發明歸功到中國」。

吊橋可分為兩種：一種是城壕上所設之吊橋，係用滑輪原理裝設，若遇敵人進攻，則由城樓上將吊橋挽起，以斷敵進路。另一種是鐵索橋，在深谷之上，懸鐵索作橋以通行人，亦叫吊橋，四川、雲南、貴州、西藏多有此種吊橋。

此外，中國人發明的東西，國父在〈民族主義第六講〉還講到磁器，在〈民權主義第五講〉又講到燧人氏發明火食，神農氏發明醫藥，軒轅氏發明營造宮室（也發明舟車）。又在《孫文學說》中講到製豆腐，造硃砂，以及道家燒煉術等等。「由此可見中國古時不是沒有能力的，因為後來失了那種能力，所以我們民族的地位，也逐漸退化。現在要恢復固有的地位，便先要把我們固有的能力一齊都恢復起來」（〈民族主義第六講〉）。

四、學習歐美長處（迎頭趕上西洋科學）

國父不是復古論者，他不是主張恢復民族固有的道德，智識和能力了事，而且要學習西洋長處，對西洋科學要迎頭趕上。

1. 學人所長：人家的長處能否學到呢？國父的答覆是肯定的。〈民族主義第六講〉稱：「恢復我一切國粹之後，還要去學歐美之所長，然後才可以和歐美並駕齊驅。如果不學外國的長處，我們仍要退後」。我們要學外國，到底是難不難呢？國父答：「中國人向來以為外國的機器很難，是不容易學的，不知道外國所視為最難的，是飛上天，他們最新的發明是飛機。現在我們天天看見大沙頭（廣州市東堤附近之一島嶼）的飛機飛上天，飛上天的技師是不是中國人呢？中國人飛上天都可以學得到，其餘還有什麼難事學不到呢？因為幾千年以來，中國人有了很好的根柢和文化，所以去學外國人，無論什麼事都可以學得到，用我們的本能，很可以學外國人的長處（科學）」。

2. 迎頭趕上：我們學習外國的長處，要怎樣學法呢？國父指示說：「我們要學外國，是要迎頭趕上去，不要向後跟著他。譬如學科學，迎頭趕上去，便可以減少兩百多年的光陰」。譬如美國人從前用煤作動力，現在要用電作動力，我們便要迎頭趕上用電力。又如日本人學歐美文化，不到幾十年，便成了世界五強之一（民國十三年語），我們亦要仿效日本去學歐美的長處。

第五節　民族地位恢復以後——濟弱扶傾

要講濟弱扶傾，先從它的反面侵略弱小講起：

一、侵略弱小

民族與國家有時不易分開，民族主義與國家主義有時亦被人混為一談。因為民族主義的目的是求中國之自由平等，要打倒帝國主義；國家主義的目的，在內求獨立（或說內除國賊），外抗強權。故在民族地位未恢復前，兩者的目的是相同的；但在民族地位恢復以後，一般的（狹隘的）國家主義便和國父所提倡的民族主義截然不同了。誠如林森先生所說：「我們要注意的就是總理所主張的民族主義與世界各強國的民族主義是不相同的。因為列強在民族主義完成以後，就要對弱小民族為各方面的侵略，而三民主義的民族主義，則為天下大同主義，而非狹隘的國家主義」。三民主義的民族主義的目的何在？林森先生指出是在「內求中國民族之自由平等，外求一切被壓迫民族的解放」（〈民族主義的精義〉）。這裏可以說國父的民族主義與狹隘的國家主義不同，亦與列強的民族主義不同；更可以說列強的民族主義，就是狹隘的國家主義。胡漢民先生認為「國家主義在求國家之自由獨立這一個目的上，固然可以牽合到民族主義的底下，但它不是民族主義的全體。何況事實上發展到德意志，義大利和日本那種國家主義，就成了帝國主義的代表。所以國家主義，一行到國際上頭去，便發生毛病」（〈三民主義之認識〉）。發生什麼毛病呢？就是侵略弱小，就是走帝國主義的老路。

二、濟弱扶傾

國父在〈民族主義第六講〉特別強調，我們在民族地位恢復以後，要對世界負一個大責任。負什麼責任呢？他說：「我們要先決定一種政策，要『濟弱扶傾』才是盡我們民族的天職。我們對弱小民族要扶持他，對於世界的列強要抵抗他。如果全國人民都立定這個志願，中國民族才可以發達。」「我們民族主義的目的，在完成大同之治，我們要將來能夠治國平天下，便先要恢復民族主義和民族地位，用固有的道德和平做基礎，去統一世界成一個大同之治，這便是我們四萬萬人的大責任。諸君都是四萬萬人的一分子，都應該擔負這個責任，便是我們民族的真精神！」

對於「用固有的道德和平做基礎，去統一世界成一個大同之治」，林森先生解釋說：「所謂固有道德，就是忠孝仁愛信義和平，這固然是中華民族的好道德，而和平則更是中華民族特別愛好的道德，也就是民族主義的基本精神。總理平日常主張王道，他要我們將國家民族的一切行動，都要以王道為基礎，所以對內只以服務為目的，而不講奪取；對外講博愛和平，而不講報復。王道不尚武力，注意和平的，所以和平更是實行王道的方法，但是所謂和平，是具有兩方面的意義：一方面是不願意他人侵害我們，一方面是自己不肯侵害他人」（〈民族主義的精義〉）。由林森先生的詮釋，我們聯想到王道主義與濟弱扶傾的關係，也可以說王道主義是濟弱扶傾的本質，世界大同是濟弱扶傾的目的。

作業

1. 人口壓迫有何危險？試就國父見解以答之。
2. 國父在世時，中國失掉哪些領土？試列舉之。
3. 經濟壓迫損失情形如何？試就國父見解以答之。
4. 何謂次殖民地？試申論之。
5. 不平等條約對於社會、倫理有何影響？試分別述之。
6. 民族主義喪失的原因可分為哪幾項？試略述之。
7. 會黨是如何起源的？試抒所見。
8. 試略述恢復民族主義的方法。
9. 怎樣抵抗外國侵略？試述其要。
10. 恢復民族地位的方法有幾？試述所見。
11. 民族地位恢復以後，我們應負何種責任？試抒所見。

第四章　三民主義的世界主義

本章要研究的問題是：一為帝國主義與民族主義，二為世界主義與民族主義（世界大同以民族主義為基礎）。

第一節　帝國主義與民族主義

一、何謂帝國主義

何謂帝國主義？因人因時而有不同的看法，現在就列寧的看法、國父的看法，及我們今天應有的看法加以比敘。

1.列寧的看法：列寧著有《帝國主義論》，他從資本主義出發，下帝國主義的定義，認為帝國主義是資本主義的最後階段。何以這樣呢？他認為資本主義發展到了最高峰，要向國外找原料，要向國外推銷商品，便要侵略弱小民族，把弱小民族做殖民地，便變成帝國主義了。這種專從經濟侵略下帝國主義定義的看法，對與不對，是值得研究的問題。

2.國父的看法：什麼是帝國主義？國父的答覆是：「用政治力去侵略別國的主義，即中國所謂勤遠略。這種侵略政策，現在名為帝國主義」。從前我們中國雖沒有用經濟力去侵略弱小民族，但不免亦有用政治力去侵略弱小民族的事實。可是我們的文化進步甚早，政治思想甚高，到了漢代就有反對走帝國主義的老路，其中最有名的「棄珠崖議」，就是漢元帝時賈捐所提。賈氏以為海南島（珠崖）人民，「欲與聲教則治之，不欲與者不必治也」。這就是反對用政治和軍事的力量，去侵略弱小民族的明證。

3.帝國主義的種類和定義：列寧分帝國主義為羅馬式的帝國主義、封建式的帝國主義、資本主義式的帝國主義，而視共產主義為反帝國主義的先鋒。時至今日，我們對於列寧的看法要加以修正，而且要從史實上找出帝國主義的種類。

(1)羅馬式的帝國主義：採用軍事力量和外交力量。

(2)封建式的帝國主義：採用軍事力量和外交力量。

(3)資本主義式的帝國主義：採用經濟力量和政治力量。

(4)法西斯式的帝國主義：採用軍事力量和特務力量。

(5)共產主義式的帝國主義（大斯拉夫主義）：採用文化力量（思想戰）和特務力量。

從以上各種史實，我們對於帝國主義，可以下一個新的定義，就是無論用軍事（武力）、政治（外交）、文化、經濟或特務力量去侵略他人國家，攫取殖民地的都叫帝國主義。

二、歐洲民族與帝國主義

1.歐洲民族與帝國主義及世界戰爭：歐洲民族往往視弱肉強食為天演公例，視強權即公理，重視霸道，忽視王道，故常常走向帝國主義，而引起世界戰爭。國父說：「歐洲民族都染了這種主義（指帝國主義），所以常常發生戰爭，幾乎每十年中必有一小戰，每百年中必有一大戰。其中最大的戰爭，就是前幾年的歐戰（第一次世界大戰），這次戰爭可以叫做世界的大戰爭。何以叫做世界的大戰爭呢？因為這次戰爭擴充，影響到全世界，各國人民都捲入漩渦之中」（〈民族主義第四講〉）。

第一次世界大戰為什麼會發生呢？第一是帝國主義（列強）互爭雄長，第二是要解決殖民地問題。國父說：「這次大戰爭所以構成的原因，一是撒克遜民族和條頓民族互爭海上的霸權。因為德國近來強盛，海軍逐漸擴張，成為世界上第二海權的強國，英國要自己的海軍獨霸全球，所以要打敗第二海權的德國。英德兩國都想在海上爭霸權，所以便引起戰爭。二是各國爭領土。東歐有一個弱國叫土耳其（即突厥）。土耳其百年以來世人都說他是近東病夫，因為內政不修明，皇帝很專制，變成了很衰弱的國家。歐洲各國都要把他瓜分，百餘年來不能解決。歐洲各國要解決這個問題，所以發生戰爭，故歐戰的原因，第一是白種人互爭雄長，第二是解決世界的問題」。

2. 美國參戰與民族主義：歐戰為何發生呢？美國為何參加戰爭呢？

歐戰的發生是由於西元一九一四年六月二十八日，奧國太子斐迪南夫婦在波士尼亞首府塞拉耶佛為塞爾維亞人所暗殺。奧政府認為此事件為塞國政府所指使而提出許多苛刻的要求，但因為沒有得到滿意的答覆，就在七月二十八日正式對塞宣戰。第一次世界大戰便因此爆發了。此次戰爭，形成兩大集團：一方叫做協約國，一方叫做同盟國。在同盟國之中，初起時有德國、奧國，後來加入土耳其、保加利亞；在協約國之中，初起時有塞爾維亞、法國、俄國、英國及日本，後來加入義大利及美國。美國為什麼參戰呢？國父認為這全是一個民族問題。「因在戰爭之頭一、二年，都是德、奧二國獲勝，法國的巴黎和英國的海峽都幾乎被德、奧二國軍隊攻入，條頓民族便以為英國必亡。英國人便十分憂慮，見得美國的民族是和他們相同，於是拿撒克遜民族的關係去煽動美國。美國見得和自己相同民族的英國，將要被異族的德國滅亡，也不免物傷其類，所以加入戰爭去幫助英國，維持撒克遜人的生存」。可見第一次世界大戰本可視為民族主義的戰爭，撒克遜民族與條頓民族的民族戰爭，但他們的民族主義已走向帝國主義，所以仍叫帝國主義的戰爭。

三、歐洲大戰與民族自決

1.威爾遜提倡民族自決：歐戰發生之初，各弱小民族認為是帝國主義的戰爭，都存觀望態度，不願捲入漩渦，美國威爾遜總統為了引起弱小民族的興趣，便大聲疾呼，提出《十四點宣言》，並強調「民族自決」，他說將來消滅德國的強權，世界各弱小民族，都有自由自主的機會。這種主張，馬上被世界各弱小民族所歡迎。「所以印度雖然被英國滅了，普通人民是反對英國的，但是有好多小民族，聽見威爾遜說這回戰爭是為弱小民族爭自由的，他們便很喜歡去幫英國打仗。安南雖然是被法國滅了，平日人民痛恨法國的專制，但當歐戰時仍幫法國去打仗，也是因為聽到威爾遜的主張是公道的原故。他若歐洲的弱小民族像波蘭、捷克斯拉夫、羅馬尼亞，一齊加入協約國去打同盟國的原因，也是因為聽見了威爾遜所主張的『民族自決』那一說」(〈民族主義第四講〉)。

如果沒有威爾遜的號召，世界各弱小民族不會參加協約國這一面去打德國的，可見民族自決這個口號，是多麼動人，多麼為弱小民族所歡迎。

2.帝國主義不容許民族自決：威爾遜的主張如能實現，真是弱小民族之福，也是世界人類之幸。不幸的是，當戰爭進行尚未結束的時候，英國、法國都贊成「民族自決」這個富有號召性的主張，可是等到德國被打敗了，

「英國、法國和義大利覺得威爾遜所主張的民族開放，和帝國主義的利益衝突太大，所以到要開和議的時候，便用種種方法騙去威爾遜的主張，弄到和議結局所定的條件，最不公平。世界上的弱小民族不但不能自決，不但不能自由，並且以後所受的壓迫，比從前更要厲害」（〈民族主義第四講〉）。

四、帝國主義與民族主義

巴黎和會雖不容許「民族自決」，很多殖民地雖然仍然無法解放。但各弱小民族卻自求解放，自己要求「民族自決」，如國父所說：「安南、緬甸、爪哇（印尼）、印度、南洋群島以及土耳其、波斯（伊朗）、阿富汗、埃及與夫歐洲的幾十個弱小民族，都大大的覺悟……不約而同，自己去實行民族自決」。所以第一次世界大戰，尤其是第二次世界大戰以後，各弱小民族紛紛獨立，民族解放之怒潮，洶湧澎湃，無法遏止。

國父認為自羅馬帝國亡，民族主義興，此一偉大潮流，到了十九世紀，更無人可以阻擋，於是提倡民族主義，積極方面，一則求中國民族之國際地位平等（自求解放），二則求世界各民族之國際地位平等（世界各被壓迫民族全體解放）；消極方面打倒帝國主義，打破民族間的不平。所以帝國主義是民族主義的死敵，民族主義是帝國主義的喪鐘。

第二節　世界主義與民族主義

一、世界主義的種類

何謂世界主義？大別之，可分為下列兩種：⑴侵略性的世界主義，或帝國主義式的世界主義；⑵和平性的世界主義，或大同主義式的世界主義。詳分之，可分為：⑴羅馬式的世界主義；⑵資本主義式的世界主義；⑶法西斯蒂式的世界主義；⑷共產主義式的世界主義；⑸國際聯盟式或聯合國式的世界主義；⑹大同主義式的世界主義。這裏只分述資本主義式的世界主義，共產主義式的世界主義及大同主義式的世界主義。

1. 資本主義式的世界主義：資本主義發達的結果，既要向他國尋找原料，亦要向他國推銷商品，故提倡世界自由，要求各國撤銷關稅壁壘，以便他實行經濟侵略，因此可以說，資本主義式的世界主義也是變相的帝國主義。

2. 共產主義式的世界主義：馬克思提倡國際共產主義，反對民族主義，所以說「工人無祖國」。列寧等於一九一七年召集社會主義者開會於斯德哥爾摩，成立第三國際（共產國際）。其總部設於莫斯科，為指揮世界共產黨的司令臺。以階級鬥爭為手段，以赤化世界為目的。在第二次世界大戰末期，史達林雖然宣布取消第三國際，但他們仍然提倡國際主義，他們雖亦提倡民族自決，口口聲聲反對帝國主義，反對侵略主義，然而事實上他們是要以共產主義的國際主義取代資本主義的世界主義；要將資本主義的殖民地轉變為蘇俄共產主義的附庸。故在本質上仍是帝國主義，仍是侵略主義。

3. 大同主義式的世界主義：何謂大同主義式的世界主義？如《禮記・禮運大同》載：「大道之行也，天下為公，……故人不獨親其親，不獨子其子，使老有所終，壯有所用，幼有所長，矜寡孤獨廢疾者皆有所養……貨惡其棄於地也，不必藏於己，力惡其不出於身也，不必為己……故外戶而不閉，是謂大同」。這種大同主義，就是和平性的世界主義。國父所提倡的民族主義，以世界大同為目標，以帝國主義作敵人，就是要扶助弱小民族打倒帝國主義，以求民族自決，以進世界大同。

二、世界主義與帝國主義

從表面上看來，世界主義是救世救民的，帝國主義是害世害民的，但這只是就和平性或大同主義式的世界主義而言。如就侵略性的世界主義言，那麼，世界主義就是帝國主義。國父說：「世界上的國家，拿帝國主義把人征服了，要想保全他的特殊地位，總想站在萬國之上，做全世界的主人翁，便提倡世界主義，要全世界都服從」（〈民族主義第三講〉）。如從前的英國和俄國都提倡世界主義，後來的共產黨亦高唱其國際主義。又如滿清入關之初，怕漢人講民族主義，便宣揚世界主義。這種世界主義，就是變相的帝國主義，變相的侵略主義。

三、世界主義與民族主義

撇開侵略性的世界主義不談，單就和平性和大同主義式的世界主義言，也不能丟掉民族主義，空談世界主義。國父說：「現在的英國和以前的俄國、德國及中國現在提倡新文化的新青年，都贊成這種主義，反對民族主義。我常聽見許多新青年說：『國民黨的三民主義，不合現在世界的新潮流，現在世界上最新最好的主義是世界主義』。究竟世界主義是好是不好呢？如果這個主義是好的，為什麼中國一經亡國，民族主義就要消滅呢？」（〈民族主義第三講〉）

國父為了說明世界主義與民族主義的關係，講了一個香港碼頭工人，把呂宋彩票裝入竹槓之內，聽到中彩了，以為發大財了，便把竹槓拋入大海，不知竹槓拋掉了，彩票也中不到了，比方民族主義拋掉，世界主義的利益也得不到了。

國父認為先要恢復民族自由平等地位後，才可講世界主義，決不可丟掉民族主義，空喊世界主義。如香港碼頭工人丟掉藏彩票的竹槓，還想中彩票一樣。國父說：「我們要知道世界主義是從什麼地方發生出來的呢？

是從民族主義發生出來的。我們要發達世界主義，先要把民族主義鞏固了才行，如果民族主義不能鞏固，世界主義也就不能發達」。故可以說民族主義才是世界主義的基礎。國父對此分析得很透徹：「中國人的心理，向來不以打得勝為然，以講打的就是野蠻，這種不講打的好道德，就是世界主義的真精神。我們要保守這種精神，擴充這種精神，是用什麼做基礎呢？是用民族主義做基礎……所以我們以後要講世界主義，一定要先講民族主義，所謂欲平天下者先治其國，把從前失去了的民族主義，重新恢復起來；更要從而發揚光大之，然後才有實際，再去談世界主義。」（〈民族主義第四講〉）如單就和平性的世界主義（大同主義）言，世界主義是民族主義的目標，民族主義是世界主義的基礎。亦如胡漢民先生所說：「世界主義是民族主義的理想，民族主義是世界主義的實行」，所以要講世界主義，先要恢復民族主義。

作業

1. 歐洲民族受了帝國主義的影響，曾產生何種結果？
2. 第一次世界大戰與民族自決的關係如何？試述其經過。
3. 何謂帝國主義？試就史實以說明之。
4. 何謂資本主義式的世界主義？試述其要。
5. 何謂共產主義式的世界主義？試略述之。
6. 民族主義與世界主義（大同主義）有何關係？試申言之。

第五章　大亞洲主義

國父於民國十三年十一月二十八日，應日本神戶商業會議所等團體的邀請，講演大亞洲主義，因聽眾都是日人，故對日本獨立自主與戰勝俄國，備加讚揚，譽為亞洲民族復興的起點。並諄諄勸戒日本，要行王道文化，不可走霸道主義的道路。本章研究的內容，分為下列三個重點：⑴日本與亞洲；⑵歐洲文化與東方文化；⑶大亞洲主義與世界主義。

第一節　日本與亞洲

一、亞洲是最古文化發祥地

中國、印度、巴比倫及埃及，是世界文化四大古國，除埃及外，均在亞洲地區，可見亞洲是最古文化的發祥地。國父在大亞洲主義中首先指出：「我想我們亞洲就是最古文化的發祥地，在幾千年以前，我們亞洲人便已經得到了很高的文化。就是歐洲最古的國家像希臘、羅馬那些古國的文化，都是從亞洲傳過去的。我們亞洲從前有哲學的文化，宗教的文化，倫理的文化，和工業的文化，這些文化都是亙古以來，在世界上很有名的。推到近代世界上最新的種種文化，都是由於我們這種老文化發生出來的」。國父這一段話，說明了三個史實：(1)亞洲是最古文化發祥地；(2)希臘羅馬古代的文化，是由亞洲傳過去的；(3)近代新文化亦是由老文化發生出來的。

二、日本獨立是亞洲復興的起點

自歐洲文化進步，科學發達，和各國強盛之後，其勢力便侵入東洋，使亞洲各國失其自由，甚至亡國，沒有一個完全獨立的國家。直到日本發憤為雄，獲得獨立後，給予亞洲各國的莫大鼓勵，從此各為其國家從事復國與獨立運動，要做亞洲的主人翁。國父在講詞中說：「亞洲衰弱，到三十年以前，又再復興，那個起點是在什麼地方呢？就是在日本當三十年以前，廢除了和外國所立的一些不平等條約！日本廢除不平等條約的那一天，就是我們全亞洲民族復興的一天。日本自從廢除了不平等條約之後，便成了這個極端，便另外發生一個轉機，那個轉機就是亞洲。……自日本在東亞獨立了之後，於是亞洲全部的各國家和各民族，便另外生出一個大希望，以為日本可以廢除不平等條約來獨立，他們也當然可以照樣，便從此發生膽量，做種種獨立運動，要脫離歐洲人的束縛，不做歐洲的殖民地，要做亞洲的主人翁」。這一段講詞指出，在日本未獨立前，亞洲沒有一個完全獨立的國家，像印度、波斯、阿富汗、阿拉伯、土耳其都不是獨立的國家，都是由歐洲任意宰割，做歐洲的殖民地。所以，日本獨立，給亞洲民族帶來新希望，是亞洲國家復興的起點。

三、日本勝俄所發生的重大影響

說到三十年前（指國父講演時言），亞洲各民族總認為，歐洲的文化、科學和工業那樣進步，武器又精良，兵力又雄厚，我們亞洲別無他長，是無法和他們抗拒的，故要做復興國家民族的工作，好像「難於上青天」。後來日本獨立了，固然得了鼓勵，但其所發生的影響力，並不很大。等到日本戰勝了俄國人，亞洲人民的觀念，便完全改變。國父說：「再經過十年之後，便發生日俄一戰，日本便戰勝俄國，日本人戰勝俄國人，是亞洲民族在最近幾百年中頭一次戰勝歐洲人，這次戰爭的影響，便馬上傳達到全亞洲，亞洲全部的民族便驚天喜地，發生極大的希望」。亞洲人的歡喜，就是歐洲人的憂患，誠如國父所說：「當日俄戰爭開始的那一年，我正在歐洲，有一日聽到東鄉大將打敗俄國的海軍，把俄國新由歐洲調到海參崴的艦隊，被日本打得全軍覆沒，這個消息傳到歐洲，歐洲全部人為之悲憂，如喪考妣。英國雖然是和日本同盟，而英國人士一聽到這個消息，大多數也都是搖頭縐眉，以為日本得了這個大勝利，終非白人之福」。歐洲人的憂慮，又是阿拉伯的高興。國父接著轉述阿拉伯人的話說：「我們新得了一個極好的消息，聽到說日本消滅了俄國新由歐洲調去的海軍，不知道這個消息是不是的確呢？而且我們住在運河的兩邊，總是看見俄國的傷兵，一船一船的運到歐洲去，這一定是俄國打了大敗仗的景況。從前我們東方有色的民族，總是被西方民族的壓迫，總是受痛苦，以為沒有出頭的日子。這次日本打敗俄國，我們當作是東方民族打敗西方民族。日本人打勝仗，我們當作自己打勝仗一樣。這是一種應該驚天喜地的事。所以我們便這樣高興，便這樣喜歡」。日俄戰爭，本是兩個國家的大事，但因牽涉人種和民族的關係，日本勝俄，不僅影響到亞洲全部的民族，且使歐洲人感到震驚，其所發生的影響力之大，真是不可估計。

四、要恢復亞洲民族的獨立地位

日俄之戰的另一個影響，便是促進亞洲各國的獨立運動，像波斯、土耳其、阿富汗、阿拉伯、印度、埃及等國，都展開復國的獨立運動，在二十年之後，埃及、土耳其、波斯、阿富汗等國的獨立願望，都達到了目的。

國父說：「這種獨立的事實，便是亞洲民族思想在最近進步的表示。這種進步的思想發達到了極點，然後亞洲全部的民族才可聯絡起來，然後亞洲全部民族的獨立運動，才可以成功。近來在亞洲西部的各民族，彼此都有很親密的交際，很誠懇的感情，他們都可以聯絡起來。在亞洲東部最大的民族，是中國與日本，中國同日本，就是這種運動的原動力。這種原動力發生了結果之後，我們中國人此刻不知道，你們日本人此刻也是不知道，所以中國同日本現在還沒有大聯絡，將來潮流所趨，我們在亞洲東方的各民族，也是一定要聯絡的。東西兩方民族之所以發生這種潮流，和要實現這種事實的原故，就是要恢復我們亞洲從前的地位」。這裏所謂「聯絡」可解釋為團結。國父在此指示出恢復民族地位的三個辦法：一為亞洲各民族團結起來，才可獲得亞洲民族獨立運動的成功；二為中日同為亞洲東部的最大民族，是這個民族獨立運動的原動力；三為中日兩國要攜手合作，擔負恢復亞洲民族獨立地位的重大責任。

第二節　歐洲文化與東方文化

一、歐洲人自命為文化的主人翁

歐洲人有民族優越感，自認文化程度高，科學進步，工業發達，瞧不起有色人種，應做世界各民族的主人翁。國父在講詞中，曾舉美國一位學者寫了一本書，討論有色人種的興起，該書談到「日本打敗俄國，就是黃人打敗白人，將來這種潮流擴張之後，有色人種都可以聯起來和白人為難，這便是白人的禍害，白人應該要思患預防。他後來更做了一本書，指斥一切民族解放事業的運動，都是反叛文化的運動」。美國人是來自歐洲的，這位美國學者的論調，就是歐洲人自視甚高的代表，可見歐洲人自視為傳授文化的正統，以文化的主人翁自居，在歐洲人以外的，有了文化發生，有了獨立的思想，便視為反叛。其實，歐洲的文化和東方的文化相比較，他們的文化是否優於東方文化，是不是合乎正義人道的文化，還是一個值得研究的問題。

二、王道文化與霸道文化

王道文化與霸道文化有何不同呢？國父解釋說：「歐洲近百年是什麼文化呢？是科學的文化，是注重功利的文化。這種文化應用到人類社會，只見物質文明，只有飛機炸彈，只有洋槍大砲，專是一種武力的文化。歐洲人近有專用這種武力的文化來壓迫我們亞洲，所以我們亞洲便不能進步。這種專用武力壓迫人的文化，用我們中國的古話說就是『行霸道』，所以歐洲的文化是霸道的文化」。我們亞洲人對於霸道文化有何態度呢？是不是也擁護霸道文化呢？國父接著說：「但是我們東洋向來輕視霸道的文化，還有一種文化，好過霸道的文化，這種文化的本質，是仁義道德。用這種仁義道德的文化，是感化人，不是壓迫人，是要人懷德，不是要人畏威。這種要人懷德的文化，我們中國的古話就是『行王道』。所以亞洲的文化，就是王道的文化」。國父生平重視王道文化，不重視霸道文化，其所提倡的「扶弱抑強」與「濟弱扶傾」，就是重王道輕霸道，反對帝國主義和侵略主義。

三、東西文化的優劣

關於東西文化的優劣，國父曾舉兩個史實，加以比較說明：第一、中國當獨強的時候，對於各弱小民族和各弱小國家是怎麼樣呢？當時各弱小民族和各弱小國家對於中國又是怎麼樣呢？當時各弱小民族和國家，都是拜中國為上邦，要到中國來朝貢，要中國收他們為藩屬，以能夠到中國來朝貢的為榮耀，不能到中國朝貢的是恥辱。中國從前能夠要那樣多的國家和那樣遠的民族來朝貢，是用什麼方法呢？是不是用海陸軍的霸道，強迫他們來朝貢呢？不是的，中國完全是用王道感化他們，他們是懷中國的德，心甘情願自己來朝貢的。並且是子子孫孫都要到中國來朝貢。第二、尼泊爾是個小而強的國家，英國能夠滅很大的印度，把印度做殖民地，但是不敢輕視尼泊爾，每年還要津貼尼泊爾許多錢，才能派一個考查政治的駐紮官。像英國是現在世界上頂強的國家，尚且是這樣恭敬尼泊爾，可見尼泊爾是亞洲的一個強國。

至於尼泊爾這個強國對於中國是怎麼樣呢？中國的國家地位現在一落千丈，還趕不上英國一個殖民地，離尼泊爾又極遠，當中還要隔一個很大的西藏，尼泊爾還是拜中國為上邦。由此便可知尼泊爾真是受了中國的感化，尼泊爾視中國的文化，才是真文化，視英國的物質文明，不當作文化，只當作霸道。我們看國父把兩個文化比較之後，便知道東方的文化是王道，西方的文化是霸道，王道以德服人，霸道以力服人。以德服人者，中心悅而誠服也，以力服人者，非心服也。故講仁義道德的亞洲王道文化，當然優於講功利強權的歐洲霸道文化。

四、霸道文化要服從王道文化

霸道文化用武力征服其他民族，「非心服也，力不贍也」。當然不能長治久安，「像英國征服了埃及，滅了印度，就是英國強盛，埃及、印度還是時時刻刻要脫離英國，時時刻刻做獨立的運動。……假若英國一時衰弱，埃及、印度不要等到五年，他們馬上就要推翻英國政府，來恢復自己的獨立地位」。果然不出國父所料，這兩個民族於第二次世界大戰之後，便獨立了。

國父說：「要造成我們的大亞洲主義，……應該用我們固有的文化做基礎，要講道德，說仁義！仁義道德就是我們大亞洲主義的好基礎。我們有了這種好基礎，另外還要學歐洲的科學，振興工業，改良武器。不過我們振興工業，改良武器，來學歐洲，並不是學歐洲來消滅別的國家，壓迫別的民族的，我們是學來自衛的」。其次要聯合亞洲各民族，用武力來驅逐帝國主義，來恢復亞洲民族的地位，因為歐洲人是講霸道的，「只用仁義去感化他們，要請在亞洲的歐洲人，都是和平的退回我們的權利，那就像與虎謀皮，一定是做不到的。我們要完全收回我們的權利，便要訴諸武力」。國父並特別強調現在世界文化的潮流，霸道文化應該服從王道文化。因此又說：「所以現在世界文化的潮流，就是在英國、美國有少數人提倡仁義道德，至於在其他各野蠻之邦，也是有這種提倡。由此可見西方之功利強權的文化，便要服從東方之仁義道德的文化。這便是霸道要服從王道，這便是世界的文化，日趨於光明」。後來，美國之允許菲律賓獨立，法國之允許安南獨立，英國之讓緬甸、印度自主，都是亞洲文化領導歐洲文化的結果。

第三節　大亞洲主義與世界主義

一、日本人何去何從

大亞洲主義要解決什麼問題呢？國父在結論中指出：「簡而言之，就是要為壓迫的民族來打不平的問題。受壓迫的民族，不但是在亞洲專有的，就是在歐洲境內，也是有的。行霸道的國家，不只是壓迫外洲同外國的民族，就是在本洲本國之內也是一樣壓迫的。我們講大亞洲主義，以王道為基礎是為打不平。美國學者對於一切民族解放的運動，視為文化的反叛，所以我們現在提出來打不平的文化，是反叛霸道的文化，是求一切民眾和平等解放的文化！你們日本民族既得到了歐美的霸道的文化，又有亞洲王道文化的本質，從今以後對於世界文化的前途，究竟是做西方霸道的鷹犬，或是做東方王道的干城，就在你們日本國民去詳審慎擇！」國父這一段話，詞意懇切，語重心長，不僅是對日本國民和軍閥的勸戒，同時亦指示了日本政府應走的一條康莊大道。可惜後來日本軍閥寧願作西方霸道的鷹犬，不作東方王道的干城，國父在天有靈，亦必嘆息不已！

二、大亞洲主義與中國固有文化

國父認為「大亞洲主義以王道為基礎」。王道文化就是中國固有文化的傳統，因此，兩者有不可分割的關係。《大學》一書，以平天下為政治的最後目的。所謂「平天下」可釋為打破各民族間的不平等，而使之平等相處。《中庸》九經最後兩項為「柔遠人」與「懷諸侯」，何謂「柔遠人」？「送往迎來，嘉善而矜不能，所以柔遠人也」。何謂「懷諸侯」？「繼絕世，舉廢國，治亂持危，朝聘以時，厚往而薄來，所以懷諸侯也」。這裏所謂「嘉善而矜不能」，「厚往而薄來」以及繼絕舉廢，治亂持危，均含有「濟弱扶傾」之意義。

孟子更說得好：「惟仁者為能以大事小，是故湯事葛，文王事昆夷。……以大事小者，樂天者也；以小事大者，畏天者也。樂天者保天下；畏天者保其國」。所謂「以大事小」，亦就是「濟弱扶傾」，就是王道文化的精神。

孔子作《春秋》，反對強凌弱、眾暴寡。《禮記．樂記》載：「人化物也者，滅天理而窮人欲者也。……是故強者脅弱，眾者暴寡，……此大亂之道也」。

墨子更是一位「反暴力」主義者，他提倡兼愛、非攻，就是反對凌弱暴寡。當時公輸子為楚造雲梯，將攻宋，他由魯赴楚，行十日十夜而至於郢，止楚攻宋，這個故事，是流傳千古而為後人稱頌的，他為什麼這樣奔走呼號，犧牲奮鬥呢？其目的在維護當時各國的獨立自主。

以上所講「平天下」、「柔遠人」、「懷諸侯」、「以大事小」、「存亡繼絕」及「兼愛」、「非攻」，乃是中國固有文化的精神，可視為國父講王道文化與大亞洲主義的思想淵源。

三、大亞洲主義與門羅主義及世界主義

所謂「門羅主義」，即美洲區域獨立自主的一種思想，為美國當時的重要外交政策，因為發表這個政策的宣言，是美國總統門羅，所以叫做「門羅主義」(Monroe Doctrine)。當歐洲神聖同盟各國，正想要干涉中美與南美各國獨立的時候，美國政府為防止歐洲帝國主義的勢力向美洲伸展起見，於一八二三年由門羅總統發出宣言，表明美國的政策與態度，說明美國在美洲大陸上，不許歐洲各國的干涉，也不干涉歐洲的事務。由此可知門羅主義的宗旨，在維護美洲各國的獨立自主，反對帝國主義的勢力侵入。大亞洲主義亦是在求亞洲各國的獨立自主，要驅逐帝國主義的勢力，其宗旨大致相同。所以國父在〈中國存亡問題〉中特別強調兩者的關係。更進一步說，大亞洲主義以王道為基礎，為被壓迫的民族打不平，不僅在求亞洲各國的獨立，進而在求世界各民族的全體解放，這就超過了門羅主義的範圍，尤其是王道文化為基礎的精神，更為其所望塵莫及。誠如戴季陶先生在《孫文主義之哲學的基礎》中所說：「最能夠把先生的中心思想，明白的表現出來，就是這一次先生在神戶高等師範的講演。這一篇演講的題目，是『大亞細亞主義』。但是這個題目，並不是先生自己選定的，先生也不是普通一般的大亞細亞主義者，我們看先生的全部著作已經可以明白，先生是以『世界大同，人群進化』為終結目的的愛國者。所以先生的三民主義，不但不是大亞洲主義，並且也不是大中國主義。先生所主張的被壓迫民族的聯合，在理想上，並不限於亞洲，是包括全世界的弱小民族而言」。故就區域性言，大亞洲主義類似門羅主義，就世界性言，大亞洲主義超過了門羅主義。

作業

1. 何以說日本獨立是亞洲國家復興的起點？試申言之。
2. 歐洲文化與亞洲文化有何不同？試略述之。
3. 大亞洲主義與門羅主義有何關係？試抒所見。
4. 國父所講的大亞洲主義與世界主義有無衝突？試述所見。

第六章　當前世界相關的民族主義問題

第一節　後冷戰時代的民族主義

一、歷史背景

在國父逝世後六、七十年間，民族主義問題成為世界的紛亂之源。以蘇聯為首的「第三國際」（亦稱「共黨國際」），鼓吹所謂「社會主義的國際主義」，強調全世界的工農無產階級應不分民族、國界，團結起來，以對抗資產階級；並主張在共產黨的指揮下，發動血腥的暴力革命，奪取政權，進行無產階級的一黨專政，最後則向無階級、無國家的共產主義世界過渡。

但是，雖然「第三國際」強調無國界、無祖國的「社會主義的國際主義」，實際上，它卻是以蘇聯本國的利益馬首是瞻，亦即犧牲各國的利益，以成全蘇聯一國的利益。一九三〇年代，在「第三國際」的總部莫斯科，許多外國籍的共黨領袖，因為不見容於史達林，或與「第三國際」的立場相違，竟慘遭殺戮與整肅。因此，以社會主義為名的國際主義，究其實，乃是一種「社會主義的帝國主義」，也就是以莫斯科為軸心，以蘇聯為帝國中樞，駕馭著其他的社會主義政權，供其御用、使喚的帝國主義體制。在此一處境下，民族主義受到全面的壓制，並被貶抑為一種偏狹、落伍、愚昧的意識型態，而「社會主義的國際主義」，卻成為「親蘇」的代名辭，進而形成一個以蘇聯為軸心的社會主義大帝國。

但是，雖然蘇聯帝國主義的控制無遠弗屆，仍然有一些社會主義政權對內鼓吹民族主義，對外則採取反蘇的獨立外交路線。一九五〇年代，南斯拉夫的狄托採取民族主義立場，並以修正的社會主義路線，維持較為成功的社會與經濟發展。而在中國大陸，則長期堅持左翼、激進的社會主義立場，反對任何修正的作法，並在一九五〇年代後期與蘇聯反目成仇，一同爭奪在第三世界社會主義國家間的領導權，最後則發展出一個新的毛式社會主義的軸心。但是，無論是南斯拉夫修正式的社會主義、蘇聯正統的馬列主義或中國大陸的激進的毛式共產主義路線，都不能解決社會主義公有制的沈疴，也無法提供一套有效的經濟發展機制。而所謂的「社會主義的國際主義」，也只不過是一套以國際主義為名，以帝國主義為實的權力運用工具，成為帝國軸心打擊民族主義和弱小國家的口實。

二、後冷戰時代的新課題

為了挽救社會主義的沈疴，部分東歐國家，包括波蘭、匈牙利、捷克、羅馬尼亞等，採取了局部的經濟改革措施，或對外採取較為開放的彈性政策。一九七八年起，經歷了「文化大革命」慘痛教訓的中共政權，也採取經濟改革政策，並放棄長期的鎖國政策，實施對外開放。一九八五年起，蘇聯領袖戈巴契夫則推動「開放」與「重建」政策，實施政治改革，並對東歐各國的「自由化」改革，採取較為包容的立場，此外，他也逐漸放棄了「社會主義的帝國主義」與蘇聯一貫的帝國主義政策，轉而默許東歐及其他社會主義國家，進行更為徹底的「非共化」改革。

一九八九年秋，在蘇聯放手不干預的情況下，東歐各國，包括匈牙利、波蘭、捷克、東德、保加利亞、羅馬尼亞等國，經歷了快速的變革歷程，共黨政權在頃刻之間土崩瓦解。兩年之後，蘇聯本身也宣告解體，獨立而為十五個共和國，並在一九九一年底形成一個以俄羅斯、白俄羅斯、烏克蘭為首的「獨立國協」，葉爾欽取代了戈巴契夫，成為新的俄國領導人。

雖然共產主義在蘇聯與東歐已徹底失敗，並失去了政權，它卻仍在中國大陸、北韓等地盤據著權位，而且還緊控著「黨」和「槍」，抗拒著自由化與民主化的改革浪潮。但是，共產主義與社會主義的意識型態訴求，卻已完全失去了它的說服力與合法性，並且讓位給鼓吹賺錢、致富的資本主義新浪潮。另一方面，民族主義與愛國主義也取代了過去的國際主義，成為「後共黨時代」與「後冷戰時代」的新訴求。其中，尤以蘇聯、東歐地區為甚。民族主義已成為後冷戰時代東歐的意識型態主軸。

在本章第二節中，將專就東歐民族主義的特質，做一分析。

第二節　東歐民族主義的特質

一、東歐的指涉與界定

所謂「東歐」，一般而言，有三種不同的指涉：

㈠政治意義的東歐，指的是二次大戰後為共黨所據有的八個國家，亦即波蘭、東德、捷克斯洛伐克、匈牙利、保加利亞、羅馬尼亞、阿爾巴尼亞與南斯拉夫。但在地理上，一般學界則稱其為「中東歐」。

㈡狹義的地理意義的東歐，不包括上述意義的東德，但另外加上希臘與土耳其的歐洲部分。有少數人亦將芬蘭列入。

㈢廣義的地理意義的東歐，包括上述第二項的東歐各國，以及俄羅斯、烏克蘭、白俄羅斯、愛沙尼亞、拉脫維亞、立陶宛、摩達維亞、亞美尼亞、喬治亞、阿塞拜疆等國，但不包括亞洲部分的俄羅斯，亦不包括中亞各國。此亦即傳上之歐洲東部部分，包括中歐以東，烏拉山以西，高加索山以北各國。

本節主要是檢討民族問題，尤其是蘇聯與東歐共黨政權瓦解之後民族問題的現況，因此在指涉「東歐」一詞時，是採取上述的第三義，即廣義的地理意義的東歐，或稱之為東歐與前蘇聯亦可。

二、東歐民族的分類

依據以語言為主體的民族分類法，東歐地區大致包括了下列的主要民族：

一、斯拉夫語族，又分為三支：

㈠東斯拉夫語支：俄羅斯、烏克蘭、白俄羅斯。

㈡西斯拉夫語支：波蘭、捷克、斯洛伐克 (Slovakia)、索布 (Sorbia)。

㈢南斯拉夫語支：保加利亞、塞爾維亞、斯洛文尼亞 (Slovenia)、克羅地亞、馬其頓。

二、波羅的語族：立陶宛、拉脫維亞。

三、亞美尼亞語族：亞美尼亞。

四、羅曼斯 (Romance) 語族：羅馬尼亞、摩達維亞。
五、日耳曼 (Germantic) 語族：德意志、伊迪許 (Yiddish)。
六、印度語族：吉普賽。
七、希臘語族：希臘。
八、阿爾巴尼亞語族：阿爾巴尼亞。
九、突厥 (Turkic) 語族：土耳其、阿塞拜疆、韃靼、圖瓦、巴什基爾、楚瓦什、巴爾卡爾、庫梅克（中亞各主要民族亦多為突厥族）。
十、蒙古語族：布里亞特、卡爾梅克。
十一、高加索語系各族，又分為以下三種：
㈠卡爾維爾語族：喬治亞。
㈡阿布哈茲語族：阿布哈茲、車臣、印古什、卡巴爾達等。
㈢達格斯坦語族：阿瓦爾、列茲金、達爾金、拉克等。
十二、芬蘭——烏戈爾語族，分為以下幾支：
㈠波羅的——芬蘭語支：愛沙尼亞、卡累利亞、芬蘭。
㈡伏爾加語支：摩爾多瓦、馬里。
㈢彼爾姆語支：科米、烏德穆爾特。
㈣匈牙利語支：匈牙利。

㈤鄂華——烏戈爾語支：漢特、曼西。

在上列眾多而複雜的民族中，最主要的民族係斯拉夫語族的三大支（東、西、南）民族。其中又以俄羅斯人口，逾一億四千萬人，居於首位。其次則有烏克蘭、波蘭、白俄羅斯、捷克、塞爾維亞等。在非斯拉夫民族方面，人口較多的有匈牙利（人口逾一千萬人），羅馬尼亞（人口約兩千三百萬人）等。

在宗教信仰方面，以信仰東正教者為最大宗，多係斯拉夫民族，但斯拉夫民族中，也有信仰天主教為主者，如波蘭及西烏克蘭。此外基督新教與回教，也有不少的信仰者。例如愛沙尼亞、拉脫維亞，均以基督新教路德宗為主。而阿塞拜疆、阿爾巴尼亞及南斯拉夫等國境內，則有為數眾多的回教徒。此外，在俄羅斯境內的一些蒙古族後裔，如布里亞特自治共和國內的布里亞特人，則信仰佛教。另外還有不少猶太人信仰猶太教。

三、東歐民族問題的特質

由於東歐民族眾多而複雜，民族關係並不融洽，近年來更因共黨政權瓦解的關係，原本因極權統治而受壓抑的族群紛爭問題，紛紛登上檯面，並導致嚴重的流血鬥爭，成為當前國際政治上的一大憂患。

綜而言之，東歐民族問題存在著下列的特質：

㈠由於語言、宗教信仰、風俗習慣、文化傳統與政治背景差異極大，各民族之間常存在嚴重的仇恨與歧視問題。再加上長期以來社會經濟地位的不平等，民族間彼此傾軋，使得民族關係緊張對立，不易融合於一、和諧共處。以南斯拉夫為例，塞爾維亞人與斯洛文尼亞人、克羅地亞人夙為世仇。二次大戰期間，塞爾維亞人反德抗暴，組織游擊隊對抗德軍，而斯洛文尼亞人與克羅地亞人則採取聯德的合作策略，並大肆殺戮塞爾維亞人，使得二次大戰結束後成立的南斯拉夫聯邦，一直呈現著緊張的族群關係。一九九一年當南斯拉夫聯邦崩解後，塞爾維亞人基於新仇舊恨，起而進行種族清洗 (ethnic cleansing) 政策，造成慘烈的流血紛爭，至今未歇。由此已顯示出東歐民族問題的緊張性與複雜性。

㈡由於民族 (nation) 與國家 (state) 的地理界限常不吻合，而境外的本民族與境內的少數民族又倍受主體民族的侵淩，乃導致嚴重的種族紛爭。甚至引發內戰或國際戰爭，也使民族問題，益發不易收拾。例如，幾百萬的匈牙利人就因奧匈帝國的解體與民族國家的勃興，而被迫流落異域。在羅馬尼亞境內的特蘭西瓦尼亞 (Transylvania) 地區，即有為數達兩百餘萬的匈牙利人，長期受到羅馬尼亞政府與人民的壓抑，並迫使匈牙利人大量逃亡回到匈牙利，也使兩國關係長久不睦。而南斯拉夫境內的科索夫 (Kosovo) 自治省境內，也有為數近兩百萬的阿爾巴尼亞人，一直尋求獨立，進而導致塞爾維亞人的暴行傾軋。此外，民族問題一向最為複雜的高加索區，阿塞拜疆人與亞美尼亞人夙為世仇，但是在阿塞拜疆境內，卻有以亞美尼亞人為主體的納戈爾諾——卡拉巴赫自治州，而在亞美尼亞西境，又有以阿塞拜疆人為主體的納希契萬自治共和國，雙方長期對立，領土與民族問題糾結於一，始終難以化解，乃導致無止盡的流血紛爭。除此之外，喬治亞共和國境內的南奧塞迪亞自治州境內，奧塞迪亞人想與北奧塞迪亞自治邦合併，脫離喬治亞，也造成了嚴重的血腥鬥爭。使得高加索山區南北兩麓，均難得安寧。

㈢由於共黨政權解體，政治壓力減緩，許多民族受到民族——國家主義的鼓舞，希望完成建國 (Nation-Building) 之夢，乃形成一波波建國熱潮。但也因為民族主義情緒的高漲，造成民族關係惡化，甚至掀起嚴重的政治對抗的情勢。以烏克蘭為例，一九九一年夏天蘇共保守派的政變、葉爾欽的崛起，以及蘇聯的瓦解，就賦與該國前所未有的獨立建國的契機，並得以實現三、四百年來難見的建國夢想。但是，由於目前的烏克蘭國界係因共黨統治而勉強畫出，與民族人口的分布狀況並不配合，尤其是烏克蘭東部黑海沿岸與克里米亞半島，本以俄羅斯人為主體民族，一旦烏克蘭宣告獨立，俄、烏兩民族間之關係就立即惡化生變。俄羅斯人乃採取自行獨立的措施，宣告脫離烏克蘭，繼而則導致俄、烏兩國之間的對立。類似的情況也發生在以羅馬尼亞人為主體的摩達維亞。摩達維亞東部涅斯特地區，一直有為數不少的俄羅斯人與烏克蘭人（人口約占全國百分之三十），他們在摩達維亞宣告獨立後乃自組涅斯特共和國，以保障自身權益，但也因而導致其與羅馬尼亞人關係之惡化。而摩國境內至今留駐的俄軍，則有頗多暗助俄人的行動，使得民族對立問題更為惡化。至於在民族關係一向較為平和的捷克，在經歷了三年的民主化歷程後，斯洛伐克人不顧經濟惡化與政治孤立的可能後果，毅然決然地脫離捷克聯邦而在一九九三年初宣告獨立，這也是為了滿足九百年來一直未曾實現過的建國理想。

㈣在自由化運動與極權解體的過程中，投機的政客以民族主義為訴求，不惜挑起民族仇恨，藉以逃避經濟蕭條、生產遲滯、社會不安等應負的政治責任。在波羅的海三國中，由於獨立之後經濟問題急速惡化，投機的政客乃趁勢挑起仇俄的民族情緒，禁止在該地區居住了幾十年的俄裔人士獲得公民權與參政權，結果不但導致俄人的強烈反彈，甚至引發俄羅斯國會的嚴詞警告，並要脅採取經濟制裁措施，以為對抗。而類似的情況也發生在烏克蘭、斯洛伐克和塞爾維亞等地。這些政治人物雖然多係共產黨員出身，但只要訴諸民族主義情緒，搖身一變而為強烈的民族主義者，往往就能重獲群眾的支持，甚至建立起「民粹領袖」的形象。但被挑動的民族情緒，卻可能會長期威脅到民主政體的健全發展。目前在東歐各國普遍出現的反猶太人、反吉普賽人、反土耳其人的排他風潮，就是這種政治處境下的惡果。但這些挑動民族情緒的政治領導人，包括波蘭的華勒沙、塞爾維亞的米洛塞維契等，卻依然安於其位，這足以顯示民族主義惡質化的運作空間，仍是存在的。而和諧共處的族裔融合時代，顯然還需引頸等待。

四、東歐民族主義與民主轉型

東歐民族主義的發展，目前已經影響到民主轉型的進度與前景。若從樂觀的角度看來，從極權體制中解放出來，進而建立民族國家，本身就已是一大突破。但從現實的觀點出發，東歐民族主義卻也對民主轉型造成了多重的障礙：

㈠在民族主義推波助瀾下，族裔紛爭已經影響到社會安定與政治和諧，甚至爆發內戰或對外戰爭，造成民主機制的中斷。南斯拉夫、亞美尼亞、阿塞拜疆、喬治亞、摩達維亞等國，均曾受此創痛，其中有的國家至今仍受到戰火的摧殘。

㈡在族裔傾軋、內外交煎的處境下，許多國家已陷入嚴重的通貨膨脹、經濟蕭條、社會不安的困境，其中包括俄羅斯、愛沙尼亞、拉脫維亞、羅馬尼亞、保加利亞等。

㈢在排外風潮與民族情緒的激勵下，主體民族對國內少數民族往往採取歧視待遇，甚至威脅到基本的公民權、參政權與就業機會均等的權利。愛沙尼亞的反俄、波蘭的反猶、羅馬尼亞的反匈，均係顯例。

㈣在民族自決與直接民主的氣氛鼓動下，東歐各國多採總統直選方式，賦與總統實權，另外又兼採總理對國會負責的議會制度，結果形成總統有權無責的「半總統制」(Semi-Presidentialism)，內閣往往因總統個人不滿或國會杯葛而頻頻更換，總統個人卻能因民選理由而安於位，結果則造成政局不穩、權責不清、行政效率大減、民主效能不彰等現象。除了採取議會內閣制的匈牙利之外，大多數東歐前共黨國家，都面臨到類似的問題。

㈤在對民主黨派失去信心的處境下，一些共黨政權已瓦解的國家，國民卻投票選擇讓前共黨（多已改名為

「社會黨」或「社會民主黨」）重新執政或繼續執政，造成民主轉型「換湯不換藥」的現象。這些國家包括立陶宛、斯洛伐克、塞爾維亞、烏克蘭、羅馬尼亞、阿爾巴尼亞、保加利亞等。不過極權體制則已不可能恢復了。

由於上述的民族主義與民主轉型問題糾結於一，論者在檢討東歐民族主義問題時，多持負面的評價，有的西方學者專家甚至將其簡單的標誌為「部落型的民族主義」(tribal nationalism)；並將東歐民族問題，視為後冷戰時代國際最大的亂源之一。

但是，如果我們從溯源的角度，從歷史、文化、政治與經濟多面向的分析，東歐的民族問題，實呈現著多種不同的面貌，而其影響層面也各不相同。基本上，吾人可將東歐當前民族主義與分離運動劃分為六種類型，亦即：

㈠民族戰爭，如南斯拉夫內戰。

㈡流血性的民族紛爭，如科索夫自治省的獨立紛爭。

㈢民族整合主義，如摩達維亞擬併入羅馬尼亞。

㈣民族國家主義，如烏克蘭、白俄羅斯的獨立。

㈤區域性的民族分離主義，如俄裔的涅斯特共和國。

㈥排外性的民族主義，如愛沙尼亞、拉脫維亞的排外措施。

應特別強調的是，上述六種分類本身並不是互斥的，有一些國家可同時列入上述多種類型中，而且隨著不同的時間階段，也會發生不同的變化，因而可能同時分屬於上述不同的類型。下文將就此六種類型做逐一的分析。

五、民族仇恨與民族戰爭

在此類型中，最著名的例子係南斯拉夫，另外高加索區的亞美尼亞與阿塞拜疆，喬治亞與奧塞迪亞之間，亦已發生民族戰爭。但在戰爭規模上，仍以南斯拉夫為最。本文特就南國做一個案分析。

南斯拉夫係一多民族國家，民族、文化、宗教及歷史背景均極複雜，乃採聯邦制。據統計，南國境內共有二十四種大小民族，分為六個共和邦和兩個自治省。其基本資料如下表：

共和邦	面積（千平方公里）	人口（千人）	人口在全國中之比例	種族組成結構
塞爾維亞	八八・四	九八三〇	四一・五％	塞爾維亞人占八九％
其中包括：				
伏伊伏丁那（自治省）	二一・五	二〇五一	八・六％	1. 塞爾維亞人占五六％ 2. 匈牙利人占二一％
科索夫（自治省）	一〇・九	一九三九	八・二％	阿爾巴尼亞人占七三％
克羅地亞	五六・六	四六八三	一九・八％	克羅地亞人占七九％
斯洛文尼亞	二〇・三	一九四八	八・二％	斯洛文尼亞人占九六％
波士尼亞 黑塞哥維那	五一・一	四四七九	一八・九％	1. 波士尼亞人（回教徒）占四〇％ 2. 塞爾維亞人占三七％ 3. 克羅地亞人占二一％
馬其頓	二五・七	二一二一	八・九％	馬其頓人占六七％
黑山（門的尼哥羅）	一三・八	六三九	二・七％	門的尼哥羅人占六七％
總　共	二五五・八	二三七〇〇	一〇〇％	

在上述各邦中，無論是土地面積或人口數，均以塞爾維亞最具重要地位，伏伊伏丁那和科索夫兩自治省，亦屬塞爾維亞所管轄。事實上，南斯拉夫境內，長期即係由塞爾維亞與克羅地亞兩大民族對峙。而其他民族間之關係亦處於錯綜複雜的局面，民族關係頗不和諧。茲從下列各方面分析之。

在語言文字方面，塞爾維亞人、門的尼哥羅人、克羅地亞人及波士尼亞的回教徒均操塞爾維亞——克羅地亞語，係南部斯拉夫語的一支。但在文字方面，則採兩種不同形式，即古斯拉夫字母的塞爾維亞體，以及羅馬字母的克羅地亞體，除此之外，馬其頓語及斯洛文尼亞語則係兩種相近而獨立的語言。再者，阿爾巴尼亞語則屬完全不同的語言系統。由於語言、文字的複雜性，統一的南斯拉夫事實上只是一個勉強的政治性統合，在語言文字上則是各族自行其是。

在宗教方面，全國五分之二的人口信仰東正教，尤其是塞爾維亞、馬其頓及門的尼哥羅境內為甚。而在克羅地亞及斯洛文尼亞境內，則多係天主教徒。至於波士尼亞——黑塞哥維那（此邦係由波、黑兩個省分合組成，係多民族聚合區）境內，則有四成人口係回教徒。而科索夫自治省境內居四分之三多數的阿爾巴尼亞人，亦多為回教徒。此外南國境內還有少數的基督教徒和猶太教徒。

在歷史背景方面，南斯拉夫並無二十世紀之前的共同歷史。「南斯拉夫」此一名稱，始於一九二九年建立的「南斯拉夫王國」，此一王國的舊稱係「塞爾維亞、克羅地亞、斯洛文尼亞王國」，說明了這三支民族的共同主導性地位。而南斯拉夫王國又是由一次大戰前的塞爾維亞王國擴大而成。其他兩支民族（克、斯二族）係由於美國總統威爾遜號召「民族自決」而加入，與塞族共組南斯拉夫。但是在一次大戰之前，南斯拉夫境內的各邦，則分屬於不同的帝國管轄，民族發展境況亦頗不相同：

㈠塞爾維亞：在八至十一世紀時，出現東西兩個小國家，西部稱之為齊塔，東部稱之為「拉西亞」。十四世紀時出現由杜山為帝的全盛帝國時代，兼併馬其頓、阿爾巴尼亞等地，成為巴爾幹區的最大帝國。杜山死後帝國瓦解，恢復為早期的部落社會。一三八九年六月二十八日，土耳其入侵，與塞爾維亞、波士尼亞各邦決戰於科索夫（即今科索夫自治省），塞軍潰敗，自此即淪為土耳其附庸，隨後並被兼併，歷時三百五十年。但「六・二八」卻成為塞族的「聖日」，而科索夫也被視為「聖地」，種下今日塞、科間的紛亂之源。

㈡克羅地亞：與塞爾維亞原係兄弟之邦，但因地近德、奧、匈、義等國，受天主教、基督教影響頗大。十世紀時，曾為東羅馬帝國附庸，但因受天主教影響，習用拉丁文字，一一〇二年，併入匈牙利王國，歷時共八百年之久。西元十六世紀，維也納的哈布斯堡王朝繼匈牙利而起，克羅地亞也轉為奧匈帝國屬地，一直到一次世界大戰為止。

㈢斯洛文尼亞：地處南斯拉夫最西北境，原與捷克、斯洛伐克(Slovakia)同處一地，故族名亦近似。後因阿瓦族(Avar)入侵，將斯洛文尼亞人與斯洛伐克人從中切斷，乃形成兩個不同的民族。八世紀末，斯洛文尼亞被查里曼帝國征服，成為日耳曼民族屬地，初屬神聖羅馬帝國，繼則與克羅地亞同隸屬奧匈帝國，直至一九一八年止。

十九世紀中葉，土耳其勢力漸衰，塞爾維亞在俄土戰爭後（一八二七至一八二九年）後，初獲自治地位（一八二九年），一八七八年並獲得獨立，得到國際承認。一次大戰前夕，塞爾維亞民族運動勃興，大塞爾維亞主義如日中天。一九一二年至一九一三年間，塞國在兩次巴爾幹戰爭中獲勝，亟欲驅逐奧匈帝國與土耳其帝國的勢力，統一南斯拉夫各地。一九一四年六月二十八日，一位大塞爾維亞主義者在塞拉耶佛城刺殺奧匈帝國王儲斐迪南大公，震驚世界，並掀起第一次世界大戰。大戰之後雖然成立了統一的南斯拉夫，但民族傾軋問題，卻未獲得根本解決。

二次大戰期間，納粹德國軍進占南斯拉夫，狄托率領共產黨人與其進行游擊戰爭。信仰天主教的克羅地亞人則與納粹合作，殺戮反納粹最烈的塞爾維亞人。二次大戰後，狄托掌政，以高壓方式處理民族對立問題暫告消弭。他並以經濟自由化、工業民主化等措施，改善南斯拉夫人民的生計，使得南國成為共產世界的奇葩。但是自一九八〇年狄托逝世後，民族紛爭問題再度湧現，雖然在狄托逝世前即為了避免紛爭，採取了聯邦主席輪任制（由六共和邦及二自治省領導人輪流出任聯邦主席，一人一年），但由於聯邦本身的權力式微，而北方的斯洛文尼亞、克羅地亞等國因工商發達，不願與貧窮的黑山、馬其頓等邦同處一國，也不欲受塞爾維亞的主導，因此各邦間一直呈現著緊張關係。一九九〇年一月，南共同盟召開特別大會，由於斯洛文尼亞、克羅地亞與馬其頓三邦的代表與塞爾維亞代表意見分歧，先後退席，致使會議中斷，南共乃被迫放棄一黨專政，並改稱為「社會黨」。同年四月，斯洛文尼亞共盟在大選中敗於「民主革命黨」之手，克羅地亞共盟亦敗給「克羅地亞民主聯盟」。而馬其頓與波士尼亞——黑塞哥維那兩邦共盟亦慘遭失敗。只有塞爾維亞與門的尼哥羅（即黑山）兩邦社會黨（由共盟改名而來）依然掌政。而南共保守派領袖，塞爾維亞邦領導人米洛塞維契則力主維持統一的南斯拉夫，強烈反對南國走上分裂之途。

但是一九九〇年底，斯洛文尼亞與克羅地亞兩邦卻不顧塞邦的反對，通過公民投票，宣布有權獨立。並在一九九一年六月，正式宣布獨立。在德國的積極支持下，兩國漸獲歐美各國承認。一九九二年二月，波士尼亞——黑塞哥維那亦宣布獨立。但由於上述各邦境內，都有為數眾多的塞爾維亞人，塞族人乃在各邦獨立之際，自行宣布獨立。自一九九一年三月起，克羅地亞境內塞族與克族之間，即爆發了嚴重衝突，而當克邦正式宣布獨立之後，全面戰事更是一觸即發。由於歷史上各族關係長久不睦，二次大戰期間塞族又為克族大肆殺戮，因此新仇舊恨交雜，再加上民族主義政客如米洛塞維契的鼓舞，以及德國等國際勢力的推波助瀾，乃導致全面的血腥內戰，至為慘烈。

南斯拉夫的內戰，或許可視為東歐民族主義最為極端的例子。在歷史背景、民族文化、語言文字、宗教傳統及國際奧援殊異的情況下，南國內戰不但不易善了，而且內戰的傷痕恐將持續的形成民族對立的陰影，並使此一「歐洲火藥庫」長期蘊藏著不安的種子。

六、流血性的民族紛爭

此類民族紛爭雖亦造成嚴重的流血事件，但尚未擴大為上一類全面戰爭的狀態。其中的例證包括：

㈠喬治亞的民族紛爭：一九九一年三月底，喬治亞舉行公民投票，百分之九十以上選民贊成獨立。四月十四日並選甘薩庫迪亞為首任總統。但在喬國境內的南奧塞迪亞卻要求脫離喬治亞，並與毗鄰的俄羅斯所轄的北奧塞迪亞自治邦合併，結果引發流血衝突。當時仍擔任蘇聯總統的戈巴契夫乃下令派聯邦軍隊平亂，但衝突仍在持續當中，喬治亞當局並已取消南奧塞迪亞的自治權。

㈡摩達維亞的民族紛爭：摩達維亞原係烏克蘭共和國之下的自治邦，一九四〇年蘇軍入侵羅馬尼亞，吞併羅國所屬的比薩拉比亞，組成具加盟共和國地位的摩達維亞共和國。但境內則有人數約占三成的烏克蘭人和俄羅斯人（各約占一五％），以及少數的土耳其後裔。一九九一年蘇聯瓦解前後，以羅馬尼亞人為主體的摩達維亞宣布獨立，引起上述的少數民族的恐慌，乃自行宣布組成烏、俄裔人口為主的「涅斯特共和國」和土裔為主的

「加加烏斯共和國」，形成一種「三重民族主義」的特殊現象，結果則引發流血衝突。駐防摩達維亞的俄軍也捲入其中，助長了俄、烏裔人口的獨立決心，也造成難以化解的民族紛爭。

㈢科索夫的獨立紛爭：如前節所述，科索夫是歷史上塞爾維亞人與土耳其人進行聖戰的古蹟所在，目前其境內人口雖然是以阿爾巴尼亞人（信仰回教）為主，但塞爾維亞人無論如何也不允其獨立。一九八一年及一九八八年，此地爆發兩次流血的種族動亂。一九九一年一月，阿人再度要求自治，並引發另一次暴亂，塞人並出動坦克鎮壓。雖然此地尚未爆發克羅地亞、波士尼亞境內的大規模內戰，但動盪局面卻恐難以挽回。

上述的三個例子均與鄰國的同一民族有關，同時亦係下一類型「民族整合主義」的具體例證。

七、民族整合主義

民族整合主義係指鄰近外國中的同文同種民族，要求與母國合併的民族主義要求。包括下列的例證：

㈠南奧塞迪亞人要求北奧塞迪亞合併的獨立運動。

㈡摩達維亞與羅馬尼亞合併的民族訴求。

㈢科索夫自治省要求獨立，併入阿爾巴尼亞的訴求。

㈣阿塞拜疆共和國境內「納戈爾諾——卡拉巴赫自治州」共和國的獨立運動。

㈤羅馬尼亞境內的外西凡尼亞地區，為數約兩百萬的匈牙利人，要求保留自己的語言文化，而受到羅馬尼亞當局的鎮壓，暴力紛爭不斷。匈牙利人要求收回外西凡尼亞的呼聲日增，而當地匈牙利人逃回匈國的人數也持續增加。

㈥波羅的海三國以及烏克蘭、摩達維亞境內的俄羅斯人，在蘇聯解體後因政治社會地位倍受威脅，乃起而抗爭，例如在烏克蘭境內成立克里米亞自治共和國，即可視為一種自保性的民族整合主義。

八、民族國家主義

此係一種完整的成立一「民族——國家」的訴求，在蘇聯、捷克、斯洛文尼亞、及南斯拉夫的解體過程中，許多新興的民族國家出現，即其顯著例證。其中較重要的例證包括：

㈠烏克蘭人在與俄羅斯近四百年的合併之後，首次出現形成「民族——國家」的契機，並在一九九一年底，第一次得以獨立建國，形成新的國家意識。過去許多烏克蘭人（如赫魯雪夫、高爾基）均係「生為烏克蘭人，死為俄羅斯人」。烏克蘭建國後，此一現象將面臨根本的轉變。

㈡白俄羅斯過去一向支持莫斯科最力，一九九一年年底獨立後，有意與西歐逐漸整合，形成獨立的國家意識。由於白俄羅斯在二次大戰期間被納粹血洗，人口大量損失，其黨政要職，多由外人充任。因此今後勢將面臨領導階層的大量換血，獨立建國的任務亦相當艱鉅。

㈢馬其頓人係南部斯拉夫人中之一支，但保加利亞長期以來認為馬其頓人就是保加利亞人，並且不承認保國境內有「馬其頓人」存在。而馬國南部的希臘，亦因境內有同名的馬其頓地區，強烈反對歐洲各國承認馬國的獨立。但上述兩項因素終將逐漸排除，保國已宣布放棄對馬其頓的主權，西方各國亦多支持馬國的獨立。一個獨立的馬其頓民族國家，應是指日可待。

㈣斯洛伐克在一九九三年初正式脫離捷克斯洛伐克聯邦而獨立，象徵著斯洛伐克人尋求獨立自主的意願，在經歷了幾十年（一九一〇—一九九二）與捷克的分合歷程後，終於實現。但是由於斯洛伐克無論在人口、文化、經濟發展等各方面，仍處於劣勢，今後如何突破經濟發展的難關，與捷克維持友好的關係，並爭取西方的奧援，不僅將考驗著爭取獨立的斯國領導階層，同時也對較為貧弱的斯國人民，構成極大的挑戰。如果此一考驗未能成功應對的話，斯洛伐克人民恐怕只有重新選擇返回捷克聯邦這一途徑了。

九、區域性的民族主義

區域性的民族主義（local nationalism）事實上係一種地域觀念的體現，普遍存在東歐各地。但由於這些民族的人口較少，亦無獨立的意願與能力，更無組成「民族國家」的實力，因此乃停留在區域的層次。其中主要的例子包括：

㈠東歐各地的日耳曼人，自成少數而聚居，並出版自己的報刊，設置自己的學校，也與德國保持密切的連繫，但卻無獨立建國的能力與意願。

㈡中亞各共和國的俄羅斯人、烏克蘭人及白俄羅斯人，由於在蘇聯時期的種種因素（如墾荒、工業建設、駐軍或就業）而留在當地，也在當地構成相當的人口比例（例如俄羅斯人在哈薩克境內多達總人口數百分之四十）。在蘇聯解體、各共和國獨立後，這些人已成為一股特殊的族群，目前雖然並未發生重大的流血衝突事件，但民族關係的演變卻是相當微妙而敏感的。

㈢克里米亞地區的韃靼人，在一九四五年被史達林藉口「私通」納粹德國而被迫遷居中亞各地，近年來他們已獲得返鄉的權利，為了爭取工作與居住的機會，與當地的俄羅斯人發生紛爭，亦是一項棘手的民族問題。

㈣東歐各地的猶太人，目前也因民族主義情緒高漲而倍受當地主要民族的排斥，也使已漸息的反閃族主義氣氛重現，並導致另一波的猶太人返鄉（回以色列）浪潮。

十、排外性的民族主義

排外性的民族主義主要表現在波羅的海三國，及西歐北歐各國。排外的主要對象則係來自東歐的移民，其中包括下列特質：

㈠在一九九二年，由羅馬尼亞、保加利亞及前蘇聯各國流入德國的難民，多達四十三萬八千人，其中由波蘭進入的，即多達十萬人。結果不但造成德國各地（尤其是德東地區）的新納粹主義排外風潮，也造成西歐各國沈重的社會、經濟負擔。

㈡在新獨立的愛沙尼亞，由於本族人口只占全國人口的六成，其餘多係俄羅斯人及其他少數民族，該國國會乃規定，在一九三九年以後移入的俄羅斯人需通過語言測驗，以及宣誓效忠等條件，並等上三、四年，才能獲得公民權。由於愛沙尼亞語係芬蘭語之近親，與俄語迥然不同，因此此一規定無異是否決了大部分俄裔人口群的公民權及參政權。愛沙尼亞採取此舉的目的，係逼迫俄裔人口返回俄羅斯，但在俄國本身經濟蕭條、謀生不易的處境下，俄裔人口願意離境的甚少，進而也使此一問題導致愛、俄兩國關係的惡化。

㈢在本族人口僅居全國人口之半的拉脫維亞，由於斯拉夫裔（包括俄羅斯、白俄羅斯、烏克蘭裔）人口反居都市中之多數，拉脫維亞人反俄羅斯政治及文化霸權的心態十分明顯，對非拉族人口的排斥也頗為強烈。這亦凸顯了寡民的小國在獨立之餘抵拒外族的深重危機感。相對的，在俄裔人口較少（僅占百分之二十）的立陶宛，較無此一問題。對外來人口的排斥就輕得多，也不做太多的公民權限制。

綜上所述，排外性的民族主義實係因兩種不同的原因所造成：第一種係因外來人口，尤其是貧窮人口的大量移入而產生的排外情緒；第二種則是為了樹立新的民族國家意識，乃排斥原先在政治、經濟、社會、文化等方面居於優勢的外來民族，藉以掌握主導權，這也是東歐這些新而獨立的國家所難以逃脫的困境。

作業

1. 何謂「社會主義的國際主義」？試申述之。
2. 試就所知略述何謂「後冷戰時代」？
3. 試述東歐民族問題的特質。
4. 何謂「民族整合主義」？試申述之。

第三篇　民權主義

第一章　民權的由來

第一節　民權的意義及其來源

一、民權的定義

何謂民權？這裏有三種定義：⑴民權是人民的政治力量；⑵民權是由人民管理政事；⑶民權者民眾之主權也。

1. 何謂民？何謂權？何謂民權：國父在〈民權主義第一講〉首稱：「現在要把民權主義來定一個解釋，便先要知道什麼是民？大凡有團體有組織的眾人就叫民。什麼是權呢？權就是力量，就是威勢，那些力量大到同國家一樣，就叫做權」。「有行使命令的力量，有制服群倫的力量，就叫做權。把民權合攏來說，民權就是人民的政治力量」。這是從「民」與「權」的解釋方面來下「民權」的定義。

2. 何謂政治？何謂民權：國父接著說：「什麼是政治力量呢？……先要明白什麼是政治？政治兩字，淺而言之，政就是眾人的事，治就是管理，管理眾人的事，便是政治。有管理眾人之事的力量，便是政權。今以人民管理政事，便叫做民權」。這是從「政治」的解釋方面來下「民權」的定義。

3.何謂民？何謂民權：國父說：「民者眾人也」。「民權者，民眾之主權也」。反過來說，主權在民叫「民權」，主權在君叫「君權」，故說：「君政時代則大權獨攬於一人，今則主權屬於國民之全體」（《孫文學說》第六章）。國父對於民國元年的約法，並非條條滿意，但對於第二條「中華民國之主權屬於國民之全體」，非常贊成，所以說：「我國約法規定統治權屬於全體，必如是而後可言主權在民也」（〈地方自治為建設之基石〉）。國父又說：「民國是人民大家作主的」（〈三民主義為改造新世界的工具〉）。所謂「民權者，民眾之主權也」乃是從「主權在民」方面下民權的定義。

二、民權的作用與來源

1.保和養及權的作用：國父認為「人類要能夠生存，就須有兩件最大的事；第一件是保，第二件是養。保和養兩件大事，是人類天天要做的」。「保就是自衛，無論是個人或團體或國家，要有自衛的能力才能夠生存，養就是覓食。這自衛和覓食，便是人類維持生存的兩件大事」。這兩件大事是不是能順利進行呢？國父認為「人類要維持生存，他項動物也要維持生存；人類要自衛，他項動物也要自衛；人類要覓食，他項動物也要覓食，所以人類的保和養和動物的保和養是衝突的，於是便發生競爭。人類要在競爭中求生存，便要奮鬥，所以奮鬥這一件事，是自有人類以來天天不息的。由此便知權是用來奮鬥的」。這是說權的作用是用來奮鬥以維持人類生存的。保和養是維持生存的兩個條件。所以蔣公說：「保是政治，養是經濟，都是歷史的條件」（《反共抗俄基本論》）。

2.人類奮鬥的分期及民權的來源：權的作用既是用來奮鬥的，由奮鬥的分期，便可找出民權的來源。人類奮鬥可分為哪幾個時期呢？

第一個時期，是人同獸爭，不是用權，是用氣力，叫洪荒時代。

第二個時期，是人同天爭，是用神權，叫神權時代。

第三個時期，是人同人爭，國同國爭，這個民族和那個民族爭，是用君權，叫君權時代。

第四個時期，是人民同君主爭，叫做民權時代。在這個時代，可說是善人同惡人爭，公理同強權爭（〈民權主義第一講〉）。

由上列的分期，可知民權是由洪荒時代，神權時代，君權時代演變而來，也可說民權是今日的世界潮流。國父在〈民權主義第一講〉對四個時期演變敘述甚詳，這裏摘述大意如下。

國父說：「民權之萌芽，雖在二千年前之希臘羅馬時代，但是確立不搖，只有一百五十年，前此仍是君權時代，君權之前便是神權時代。而神權之前，便是洪荒時代，是人和獸相鬥的時代。在那個時候，人類要圖生存，獸類也要圖生存」。「人食獸，獸亦食人，彼此相競爭，遍地都是毒蛇猛獸。人類的四周都是禍害，所以人類要圖生存，便要去奮鬥」。

人同獸爭，首先是各自為戰，後來則同類相助，大家不約而同的去打毒蛇猛獸。《孟子》書中所謂「舜使益掌火，益烈山澤而焚之，禽獸逃匿。禹疏九河，然後中國可得而食也」。又說：「周公驅虎豹犀象而遠之」。成湯出獵，網開三面，乃有多驅少殺之意。可見人與獸爭，流傳至堯舜禹湯文武時期，尚有跡象可尋。

後來毒蛇猛獸被人打得差不多了，人類便把打獵得來的馴服的禽獸（如雞鴨牛羊犬馬等）養起來，或分期宰殺，或食其乳與蛋，社會便演進到畜牧時代，亦可叫太古時代。這個時代，人類一方面發明製衣造屋以禦風雨，一方面擁戴一個聰明人用祈禱方式求幸福，於是產生了神權時代。像羅馬奉教皇，蒙古奉活佛，就是以神為治。

「經過神權之後，便發生君權」。為什麼發生君權呢？因為有力量的武人或政治家把教皇的權力奪過來了，或自立為教主，或自立為皇帝，於是由人同天爭，變成人同人爭，便產生君權時代。君權到了法國路易十四，便為全盛時代，他說：「皇帝和國家沒有分別，我是皇帝，所以我是國家」。又如中國的秦始皇，統一六國之後，他就專橫起來了。

西洋君權極盛之後，引起人民反感，於是產生天賦人權說，自由主義，民主主義，人民奮袂而起，實行政治革命，社會便演進到民權時代。

第二節　民權的發源及其發展

一、民主政治的發源

這裏所謂民主政治是指 Democracy 而言，按 Democracy 係由希臘文 Demo 與 Cracy 兩詞而來，Demo 的意義為人民，Cracy 的意義是統治，合起來說為人民統治，通常譯為民主政治。

民主政治發源甚早，據研究古代社會的摩爾根說：「民主的原則在氏族社會中已有萌芽」。「氏族制度是建築在民主的原則之上」。到了希臘羅馬時代，亦有民主制度的政治形式，中古封建時代，在義大利、日耳曼等國都有民主政治出現。不過，到了近代民主政治制度更趨完備。

二、民權的發展

《講演本三民主義》在民權主義內，敘述歐美民權發展及其所受到的障礙甚詳，《手著本三民主義》中論民權主義的發展，頗為精簡，茲分摘其要點，並加以補充說明。

1.英國的民權運動：國父說：「講到民權的起源，本來發生於英國的，英國自復辟之後，推翻了民權，便成貴族執政，只有貴族可以理國事，別界人都不能講話。到了一千八百三十二年以後，在貴族之外，才准普通平民有選舉權。到了歐戰以後，才許女子也有選舉權」（〈民權主義第四講〉）。

按英國在十七世紀時，革命黨魁格林威爾，將英皇查理士第一拿到法庭上公開審判，宣布其不忠於國家和人民的罪狀，把他殺了。

2.美國的民主共和：按美國於一七七六年因反抗英國統治而掀起獨立戰爭，到了一七八三年才獲得獨立，實行民主共和，較英國的君主立憲進了一步，更較古代的共和為佳。國父加以稱讚說：「此新世界之共和，則大異乎古希臘羅馬之共和，與夫歐洲中古之共和也，蓋往昔之共和者，不過多數人之專制而已，而美洲之共和，乃真民主之共和也」（《手著本三民主義》）。

國父又稱讚美國之三權憲法說：「夫美國之開基，本英之殖民地而離母國以獨立。其創國之民，多習於英人好自由長自治之風尚，加以採孟氏之法意，而成其三權憲法，為政治之本，此為民憲之先河，而開有史以來未有之創局也」。

3.法國大革命：法國於一七八九年發生革命，是年八月二十六日發布《人權宣言》，至一八四八年再發生二月革命，一八五九年建立新政府，共和才告確立。

國父曾經說：「講到歐洲的法國革命，當時也是主張爭民權，所以主張民權的學者，像盧梭那些人，便說人人有天賦的權利，君主不能侵奪。由於盧梭的學說，便發生法國革命。法國革命以後，就實行民權。法國當時受了孟德斯鳩學說及美國成立民主政府的影響，亦是實行三權分立」。

4. 瑞士的民權發展：國父曾指出美國獨立之初，其選舉權是有限制的，那時女子在美國還沒有選舉權，在英國亦是一樣，不久，英美等國女子爭選舉權非常激烈，才獲得此項權利。

國父就瑞士及後來美國西北部民權發展的情形說：「自美國革命之後，人民所得的頭一個民權，是選舉權。當時歐美人民以為民權就是選舉權算了，如果人民不論貴賤，不論貧富，不論賢愚，都得到了選舉權，那就算民權是充分的達到了目的。……近來瑞士的人民，除了選舉權以外，還有創制權和複決權」。

「近來美國西北幾邦新開闢地方的人民，比較瑞士人民更多得一種民權，那種民權是罷官權。在美洲各邦之中，這種民權，雖然不能普遍，但有許多邦已經實行過了。所以美國許多人民，現在得到四種民權：一種是選舉權，二種是罷官權，三種是創制權，四種是複決權」（〈民權主義第四講〉）。

國父講民權是主張後來居上，不是僅步英美法之後塵的，因此，他認為中國要求得充分民權，就要讓人民行使四權，造成「全民政治」，不僅「代議政治」而已。〈民權主義第四講〉末段稱：「我們國民黨提倡三民主義來改造中國，所主張的民權，是和歐美的民權不同。我們拿歐美已往的歷史來做材料，不是要學歐美，步他們的後塵，是用我們的民權主義，把中國改造成一個『全民政治』的民國，要駕乎歐美之上」。

第三節　民權主義的障礙

國父認為自洛克、盧梭等提倡自由民主之後，民權思潮不斷在世界各國發展，但在發展當中，曾發生下列三次障礙：

一、第一次障礙

美國「獨立戰爭勝利之後，雖然打破了君權，但是主張民權的人，便生出民權實施的問題，就是要把民權究竟應該實行到什麼程度？」當時遮化臣（即哲斐遜）一派，相信民權是天賦到人類的。如果人民有很充分的民權……一定可以做許多好事，令國家的事業充分進步……至於哈美爾頓一派所主張的，恰恰和遮氏的主張相反……哈氏主張國家政權不能完全給予人民，要給予政府，把國家大權都集合於中央，普通人只能夠得到有限制的民權。……最後，是主張限制民權的聯邦派占勝利……美國人民當時所得的民權，只得到一種有限制的選舉權」。國父以美國人民的民權受到限制，列為民權發展的第一次障礙。

二、第二次障礙

「法國革命以後，就實行民權……成為暴民專制，弄成無政府狀態，社會上極為恐慌，人人朝不保夕。……人民拿到了充分的民權，便不要領袖，把許多有知識有本事的領袖都殺了，只剩得一般暴徒……所以後來人民都覺悟起來，便不敢再主張民權，由於這種反動力，便生出了民權的極大障礙，是由於主張民權的，自己招出來的」。

國父以法國大革命後的暴民政治，列為民權發展的第二次障礙。

三、第三次障礙

德國「當俾士麥秉政的時候，英國法國的鐵路，多半是人民私有，因為基本實業歸富人所有，所以全國實業都被富人壟斷，社會便生出貧富不均的大毛病，俾士麥在德國不准有這種毛病，便實行國家社會主義，把全國鐵路收歸國有，那些基本事業由國家經營。對於工人方面，又定了工作時間，工人的養老費和保險費……這些事業，本來都是社會黨的主張，要拿出去實行的，但是俾士麥的眼光很大，先用國家的力量去做了，更用國家經濟，經營鐵路銀行和各種大實業，拿所得的利益去保護工人，令全國工人都是心滿意得。……用這個防止的方法，就是在無形中消滅人民要爭的問題；到了人民無問題可爭，社會自然不發生革命。」俾士麥實行國家社會主義，阻遏社會革命影響到民權的發展。國父認為這是民權發展的第三次障礙。

四、國父逝世後的民權障礙

以上所述，乃國父在民國十三年說的。國父於民國十四年逝世後，民權主義又發生了下列幾種障礙：(1)法西斯的障礙；(2)共產主義的障礙；(3)軍人政變或軍閥割據的障礙。

1. 法西斯的障礙：第一次大戰後，義大利雖然戰勝，可是在和約中卻是失敗者，非唯一無所獲，而且國內的問題很多。於是墨索里尼於一九二二年十月率領法西斯黨進軍羅馬，取得了政權，停止國會職權，逕行獨裁。在此同時，德國亦因第一次大戰失敗之故，對外賠償奇重，失業問題又極嚴重，而威瑪憲法下的政府，又以多黨林立，陷於懦弱無能的困境，國民情緒，亟欲有所改變。於是希特勒所領導的納粹黨應運而生，在採行暴動方式攫取政權失敗後，乃改採合法途徑活動，終於一九三三年奉興登堡總統令組閣。希特勒執政後，乃次第解散各政黨，最後停止國會職權，實行獨裁統治。因為希墨認為民主政治乃低能之政治，乃不可能之政治，乃不當有之政治，絕不可能造福民生云，遂使民主政治的發展，遭受嚴重的打擊。

2. 共產主義的障礙：自從馬克思主義流行於各國，世界思潮即掀起一股可怕的逆流，在一次大戰期間，一九一七年布爾什維克政黨在俄國發動十月革命，建立蘇維埃政府，實行階級專政，阻礙真正民主主義的推行。列寧死後，史達林繼之，以後馬倫可夫、布加寧、赫魯雪夫、柯錫金代出，俄國乃有迄今五十年之蘇俄共產政權之存續。至於世界其他各國，多在二次大戰中，遭受重大損失，國弱民貧，無法擔負安內攘外的重責大任，由於蘇俄乃戰勝國家，乘機向外擴張軍事侵略或政治滲透，先則淩虐東歐，繼則赤化東亞，乃有匈、波、捷、羅、保、烏、阿、南以及北韓、中共、北越等共產政權之出現。在國際社會中，形成所謂極權國家。在政治理論上，共產主義表面上並不否認「民主」的價值，甚至將「民主」予以充分的利用，處處假「民主」之名，以「民主」為政治號召，故有所謂「人民民主專政」或「指導民主」等絕對矛盾的名詞之統一運用，這真是掩耳盜鈴，其屬欺人之談，則無疑義。

3. 軍人政變或軍閥割據的障礙：就中國論，國父逝世前，固有袁世凱稱帝，張勳復辟，段祺瑞毀法，曹錕、吳佩孚賄選，破壞民權；國父逝世後，又有吳佩孚、孫傳芳、張作霖等割據，以及各種內戰，致影響民權的發展。就外國論，第二次大戰後，在許多落後地區或新興國家內，如韓國、越南、以及中東、南美、非洲諸國，常有軍人發動政變，推翻由選舉產生的合法政府，廢棄由人民同意而制定的憲法，逕行軍事獨裁，更使民權發展受到很嚴重的阻礙。

第四節　天賦人權與革命民權

一、天賦人權

1.天賦人權的來源：盧梭著《民約論》，認為人類生而自由平等，即提倡天賦人權。其思想來源，一為斯多噶派的學說，二為歐洲的時代背景，而後者尤為重要。誠如國父所說：「講到民權歷史，大家都知道法國有一位學者，叫盧梭，盧梭是歐洲主張極端民權的人。因為他的民權思想，便發生法國革命。盧梭一生民權思想最要緊的著作是《民約論》，《民約論》中立論的根據，就是說人民的權利是生而自由平等的。各人都有天賦的權利，不過人民後來把天賦的權利放棄罷了。所以這種言論，可以說民權是天生出來的」（〈民權主義第一講〉）。盧梭為什麼要提倡天賦人權說呢，其目的是要推翻君權，並推翻「君權神授說」。因為歐洲在盧梭的學說發表以前，盛行著一種「君權神授說」。中國亦有類似學說，如代天行道，順天應人是。又如國父所云：「占了帝王地位的人，每每假造天意，做他們的保障，說他們所處的特殊地位，是天所授予的，人民反對他們，便是逆天，無知識的民眾，不曉得研究這些話是不是合理，只是盲從附和，為君主爭權利，來反對有知識的人民去講平等自由。因此贊成革命的學者，便不得不創天賦人權的平等自由這一說，以打破君主專制」（〈民權主義第二講〉）。可知盧梭提倡「天賦人權說」的目的，在打破「君權神授說」。

前面曾經講過，歐洲人民受了君主專制的痛苦，既不自由，亦不平等，所以大家要找機會革命。國父說：「至於歐洲在兩、三百年以前，人民所受不自由不平等的痛苦，真是水深火熱，以為非爭到自由平等，什麼問題都不能解決，所以拼命去爭自由和平等」（〈民權主義第三講〉）。盧梭學說應運而生，主張人生而自由平等，故為大家所歡迎。

2.天賦人權的流行及其功效：天賦人權既為時代所需要，既為人民所歡迎，故不脛而走，流行於歐美各國。美國的《獨立宣言》，法國革命的《人權宣言》，皆以人生而自由平等為骨幹。也可以說美國獨立之所以成功，法國革命之所以成功，都得力於盧梭的天賦人權說。良以君權神授說，被天賦人權說所打破了，君主的神聖地位自然動搖起來了，從此「歐洲的帝王，便一個一個不推自倒了」（國父語）。

3.國父對天賦人權說之批評：盧梭的學說，雖有其時代需要，雖獲得相當成功的效果，然而是不是有事實作根據？國父對此曾有所批評。〈民權主義第一講〉載：「《民約論》中立論的根據，是說人民的權利是生而自由平等的，這種言論，可以說民權是天生出來的。但就歷史上進化的道理說，民權不是天生出來的，是時勢和潮流所造就出來的。故推到進化的歷史上，並沒有盧梭所說的那種民權事實，這就是盧梭的言論沒有根據」。國父認為自由是因奮鬥而得來的，平等是人為的，民權是時勢和潮流所造成的，也就是說自由平等不是天生的，民權也不是天賦的。

二、革命民權

1.革命民權的來源：有人說國父的革命民權學說，來自蘇俄十月革命，來自馬列主義的階級專政。事實上並非如此。按革命民權有關的文字，最初見於中華革命黨黨章。其第十三條載：「凡非黨員，在革命時期之內，不得有公民資格」。這個限制，看來似乎過於嚴格，其實國父的意思是凡未參加革命的人，不可驟予以公民的權利，這種規定，可說是革命民權理論的萌芽。又按蘇俄十月革命發生於民國六年（一九一七年），中華革命黨於民國三年在東京成立，較十月革命早三年，怎能說革命民權是受了十月革命的影響呢？何況在國父與越飛發表聯合宣言之前，中國國民黨與國際共產黨及馬列主義很少接觸呢？

2.革命民權的內容：民權主義中只批評天賦人權說，未詳言革命民權說的內容。《中國國民黨第一次全國代表大會宣言》載：「蓋民國之民權，唯民國之國民，乃能享之，必不輕授此權於反對民國之人，使得藉以破壞民國。詳言之，凡真正反對帝國主義之團體及個人，均得享有一切自由及權利，而凡賣國罔民忠於帝國主義及軍閥者，無論其團體或個人，均不得享有此等自由及權利」。分析起來說，積極方面：必須忠於民國參加革命反對帝國主義者，方得享有民國之民權；消極方面，凡背叛民國，忠於帝國主義及軍閥者，均不得享有民國之民權。推而言之，賣國漢奸如汪精衛輩，顛覆民國之復辟運動者及叛國黨派，均不得享有民國之民權。

又《建國大綱》有宣誓服從革命主義之規定，亦可移來作革命民權之補充辦法。該大綱第八條稱：「在訓政時期，政府當派訓練考試合格之人員，到各縣協助人民辦理地方自治。其程度以全縣人口調查清楚，全縣土地測量完竣……而其人民曾受四權行使之訓練。而完畢其國民義務，誓行革命之主義者，得選舉縣官以執行一縣之政事」。美國規定，凡外國留美人民欲入美國籍者，必須舉行宣誓，國父在《建國大綱》中所規定的誓行革命主義，也是一種宣誓，這種宣誓，可視為取得革命民權之初步手段。

3.蔣公對革命民權的補充意見：蔣公講〈總理遺教六講〉時說：「總理所主張的民權，不能隨便賦予不了解革命主義以及沒有誓行革命主義決心的一切人，並不是國家對於民權有所靳而不予，乃是為實現真正的民權而設定此必要之條件以為之保障。所以本黨所主張的革命民權，不是天賦人權」。這裏所謂「誓行革命主義」，就是指《建國大綱》的規定而言。

4.民主國家有沒有實行革命民權：自國父提出革命民權這個主張之後，迄今議論紛紛，有人加以批評或反對。這些反對者的理由，就是說唯有極權國家才實行革命民權，民主國家決不採取。我們如果要加以實行，便是違憲，便剝奪了人民的權利與自由。其實，民主國家雖沒有直接實行革命民權，卻已間接實行革命民權，雖沒有拿革命民權作號召，卻已拿革命民權作工具。本來依照各國的憲法規定，人民有集會結社之自由，即有組黨之自由，但是，智利、菲律賓、泰國、希臘、土耳其、澳洲、馬來西亞等國，都已宣布本國的共產黨為非法組織，而加以取締，其理由都是共產黨有接受蘇俄指使顛覆本國政府之企圖。換一句中國話來說：就是不忠於民國。由此可知，各民主國家，表面上未實行革命民權，實際上已實行革命民權。

再就美國論，也是雖無「革命民權」之名，而有「革命民權」之實。按一九四九年，美國紐約十一位共黨領袖，因史密斯法案有「任何人報導或鼓吹以武力及暴力推翻美國國內依法成立的政府，均係犯罪」及「陰謀從事顛覆行為均係犯法」之規定而被捕，旋即為紐約地方法院判罪，彼等不服，提出上訴，其理由為史密斯法案違反憲法第一條修正案所保障之言論自由（為基本人權之一），而美國上訴法院於次年之判決中，維持原判，其首席法官韓德謂：「共黨的陰謀所造成的危險，其嚴重及可能的破壞性，大得使共黨應被禁止」。聯邦最高法院於一九五一年也同意該判決，並稱：「我們反對任何足以使政府對於正在準備中的革命，束手無策的原則，這種原則必然的結果是將國家引還到無政府狀態……他們組織共產黨，並教導鼓吹以武力及暴力推翻美國政府的陰謀，已具有明顯與立時的危險」。這十一位共黨領袖終於入獄，雖然他們並未發動武裝暴動，但由於其言論與行為已對其「依法成立的政府」造成「明顯與立時的危險」之故，於是基本人權（言論自由）被剝奪了。

三、革命民權與天賦人權的比較

自來談革命民權與天賦人權的比較者，只注意其異，不注意其同，這裏先言同而後言異。

1. 關於相同者：兩種學說相同之處，計有下列二點：

(1)同是爭平等：革命民權為民權主義的特點之一，民權主義的目的在求國民的政治地位平等，天賦人權主張人生而自由平等，其目的也是為人民爭平等。

(2)同是反對君權：盧梭提倡天賦人權，志在打破君權神授說，以求實現民權；國父的提倡民權主義，提倡革命民權，也是順應世界潮流，反對君主專制。

2. 關於相異者：兩種學說不同之處，計有下列三項：

(1)民權來源的看法不同：盧梭的天賦人權說，是認為人類生而自由平等，就是說民權是天生的。國父卻說：「民權不是天生出來的，是時勢和潮流所造就出來的」。而且自由不是天生，是由人民奮鬥而得來的，平等亦不是天生的，是人為的。

(2)民權享有的看法不同：盧梭認為民權是天賦的，故任何人，任何團體，或任何黨派，均得享有此項民權。國父的革命民權說，乃指出「唯民國之國民，乃能享之」。「唯誓行革命主義者，乃能享之」。反之，凡反對民國與顛覆民國之人或團體黨派，均不得享受之。

(3)革命的對象不同：天賦人權說的革命對象，為歐洲的君主。革命民權的對象，在國父逝世前為軍閥及帝國主義者，國父逝世後為投靠日本軍閥之漢奸及共產黨。知道了這一點，便可以談民權發展的趨勢了。

作業

1. 何謂民權？民權作用為何？來源為何？
2. 民權的發展有幾次障礙？試申述之。
3. 何謂天賦人權？國父對天賦人權說有何批評？
4. 何謂革命人權？革命人權與天賦人權有何異同之處？

第二章　民權主義的意義

第一節　民權主義的目的

民權主義的意義和目的，可分為消極的與積極的，本國的與世界的。

一、消極的目的與積極的目的

民權主義消極的目的是什麼？在打破政治上的不平；積極的目的是什麼？在求國民之政治地位平等。國父在〈軍人精神教育〉中說：「民族主義者，打破種族上不平等之階級也……民權主義者，打破政治上不平等之階級也」。打破政治上的不平等，就是消極的目的。法國大革命的時候計有三個口號，即自由，平等，博愛。國父認為「用我們三民主義的口號和法國革命的口號來比較……平等和我們的民權主義相同。因為民權主義是提倡人民在政治上之地位是平等的，要打破君權，使人人都是平等的。所以說民權和平等是相對待的」（〈民權主義第二講〉）。又認為三民主義能促進國際地位平等，政治地位平等，經濟地位平等。故求政治上地位平等，就是積極的目的。

二、本國的目的與世界的目的

林白樂先生說：「儘管孫先生永遠把他自己看作是一個中國人，並自始至終為中國奮鬥，但他卻是一位真正的世界人。他留給世界的一套意識形態及計劃，既可適用於剛果（非洲），新幾內亞（亞洲），也可適用於玻利維亞（美洲），它對世界各國的重要性，與它對過去的中國和未來的中國，都毫無二致」（〈孫文主義的世界性〉）。著者對此早有同感，故嘗說：「就中國言，三民主義就是救國主義，就世界言，三民主義就是救世主義」。單就民權主義來看，就中國言，民權主義的目的在求中國國民之政治地位平等；就世界言，民權主義的目的在求世界各國之政治地位平等。

三、民權主義的定義問題

國父在《講演本三民主義》中，只對民權下過定義，對民權主義未下定義。但研究三民主義者，曾照國父對民權的各種看法，用推理方法作過下列幾個民權主義的定義。

1. 民權主義就是人民管理政事的主義：因為國父說過：「今以人民管理政事便叫民權」。
2. 民權主義就是政治平等的主義：因為國父認為民權主義在求國民之政治地位平等。
3. 民權主義就是全民政治主義：因為國父的思想，是要用民權主義，把中國造成一個全民政治的民國（涂子麟，《三民主義教本》）。

此外，民權主義應否下定義，這是一個值得討論的問題，如果可以的話，著者以為毋妨再加一項：

4. 民權主義就是主權在民的主義：因為國父曾說：「民權者，民眾之主權也」。

第二節　國父提倡民權主義的原因

國父為什麼要在中國提倡民權主義或民權制度呢？第一是為了要順應世界的潮流，第二是為了要縮短國內的戰爭，這個問題，在普通三民主義教科書中列為國父提倡民權主義或民權制度的原因，這原因與目的有時不易分開，也可以說這個原因，就中國講，也就是兩個目的。

一、順應世界潮流

國父認為民權是由神權經君權而來的世界潮流，誰亦不能遏止。「我們知道現在已到了民權時代，將來無論是怎樣挫折，怎樣失敗，民權在世界上，總是可以維持長久的。所以在三十年前（這前字是指民國十三年以前），我們革命同志便下了這個決心，主張要中國強盛，實行革命非提倡民權不可」（〈民權主義第一講〉）。所謂三十年前，是指興中會成立的時候，就是建立共和政體為宗旨而言，他又說：「十八世紀之末以至二十世紀之初，百餘年來皆民權君權競爭之時代。從此民權日益發達，君權日益削亡……此世界政治進化之潮流，而非人力所能抵抗者，此古人之所謂天意也。順天者存，逆天者亡，此之謂也」（《手著本三民主義》）。所謂「天」可釋為「時勢」或「潮流」；所謂「順天者存」，可釋為「順應潮流者存」；所謂「逆天者亡」，可釋為「違反潮流者亡」。袁世凱稱帝與張勳復辟之失敗，就是「逆天者亡」的明確事例。

二、縮短國內戰爭

國父認為中國歷史上的改朝換姓難免引起戰爭，這戰爭原因是為了爭皇帝，像楚漢相爭，固然是劉邦與項羽爭皇帝；太平天國的內鬨，就是洪秀全與楊秀清爭皇帝。「漢唐以來，沒有一朝不是爭皇帝的。中國歷史上常是一治一亂，當亂的時候，總是爭皇帝」（〈民權主義第一講〉）。

如果拿外國和中國比，外國有為宗教而戰，為自由而戰的，但中國幾千年來，所有的戰爭，都是為了爭皇帝。因此，國父倡導革命之初，為了避免將來的戰爭，便主張民主共和，不要皇帝。

作業

1. 何謂民？何謂權？何謂政治？何謂民權？
2. 權的作用是什麼？人類奮鬥可分為哪四個時期？
3. 民權主義之目的安在？試分述之。
4. 中國為什麼要實行民權主義？試述其原因。

第三章　合法的自由

第一節　國父對於自由的見解

國父論自由可分為：⑴自由與民權的關係；⑵歐洲人為什麼重視自由；⑶中國人是否不懂得自由；⑷自由的定義（種類）和範圍（自由的流弊與限制）；⑸個人自由與國家自由；⑹爭取自由與犧牲自由等。

一、自由與民權的關係

講民權主義便不能不講自由主義，講民權更不能不講自由。國父在〈民權主義第二講〉中首先稱：「民權這個名詞，外國學者每每把他和自由那個名詞並稱，所以在外國很多的書本或言論裏頭，都是民權和自由並列。歐美兩、三百年來，人民所奮鬥的、所競爭的，沒有別的東西，就是為自由，所以民權便由此發達。法國革命的時候，他們革命的口號，是自由、平等、博愛三個名詞。好比中國革命，用民族、民權、民生三個主義一樣。由此可說自由、平等、博愛是根據於民權，民權又是由於這三個名詞然後才發達。所以我們要講民權，便不能不先講自由、平等、博愛這三個名詞」。這可以說沒有民權，自由沒有根據，沒有自由，民權無由發展。

二、歐洲人為什麼重視自由

國父認為中國人貧窮，所以希望「發財」，外國人受君主的壓迫太厲害了，所以歡迎「自由」。〈民權主義第二講〉中說：「歐洲在一、二百年前為自由戰爭，當時人民聽到自由，便像現在中國人聽到發財一樣。他們為什麼要那樣歡迎自由呢？因為當時歐洲的君主專制發達到了極點。……羅馬變成列國，成了封建制度，那個時候，大者王，小者侯，最小者還有伯子男，都是很專制的。那種封建政體，比較中國周朝的列國封建制度，還要專制得多。歐洲人民在那種專制政體之下，所受的痛苦，我們今日還多想不到。比之中國列朝人民所受專制的痛苦還要更厲害」。

「當時歐洲人民最不自由的地方有三：一為思想不自由，二為言論不自由，三為行動不自由。因為不自由，所以爭自由，人民為爭自由流了無數的碧血，犧牲了無數的身家性命，所以一爭得之後，大家便奉為神聖，就是到了今日還是很崇拜」。

反看中國呢？「由於中國自秦朝專制，直接對於人民『誹謗者滅族，偶語者棄市』，遂至促亡。以後歷朝政治，大都對人民取寬大態度，人民納了糧之外，幾乎與官吏沒有關係」。大致中國政治家都認為用申韓法術治國，嚴刑苛法，不會長久，用孔孟學說治國，寬大為懷，才可長治久安。

三、中國人是否不懂得自由

外國人一方面批評中國人如一盤散沙，一方面說中國人不懂得自由，這種說法是否合理呢？國父對此有所辯正。〈民權主義第二講〉稱：「近來歐洲學者觀察中國，每每說中國的文明太低，政治思想太薄弱，連自由都不懂，我們歐洲人在一、二百年前為自由戰爭，為自由犧牲，不知道做了多少驚天動地的事，現在中國人還不懂自由是什麼，由此便可見我們歐洲人的政治思想，比較中國人高得多。由於中國人不講自由，便說是政治思想薄弱，這種言論，依我看起來，是講不通的。因為歐洲人既尊重自由，為什麼又說中國人是一片散沙呢？歐洲人從前要爭自由的時候，他們自由的觀念自然是很濃厚，得到了自由之後，目的已達，恐怕他們的自由觀念，也漸漸淡薄。如果現在再去提倡自由，我想一定不像從前那樣的歡迎……就一片散沙而論，有什麼精采呢？精采就是在有充分的自由，如果不自由，便不能夠成一片散沙」。

所謂一片散沙，就團結言，是缺乏團結，於國不利；就自由論，便有充分自由，於人甚便。

中國在唐堯的時代，天下太平，人民安居樂業，生活自由，無掛無礙，沒受到任何政治壓力，亦不知政府出了什麼力量。有老人擊壤而歌云：「日出而作，日入而息，鑿井而飲，耕田而食，帝力於我何有哉？」這種自由生活，恐怕連今日最重視自由的外國人，亦沒有夢想到。國父以為「由這個自由歌看起來，便知中國自古以來，雖無自由之名，而確有自由之實，且極其充分」。

四、自由的定義和範圍（自由的流弊與限制）

何謂自由？自由有沒有範圍？國父說：「自由的解釋，簡單言之，『在一個團體中，能夠活動，來往自如，便是自由』。因為中國沒有這個名詞，所以大家都莫名其妙。但是我們有一種固有名詞，是和自由相彷彿的，就是『放蕩不羈』一句話。既然是『放蕩不羈』，就是和散沙一樣，各個有很大的自由』。這裏所講的「放蕩不羈」，國父以為與「自由」相彷彿，也是拿來說明「自由」的，不是拿來作自由分類的。

講到自由的種類，有人說國父曾分自由為「為所欲為」與「為所應為」的自由，及「政治自由與個人自由」，這是沒有國父遺教作根據的，只是崔書琴先生的見解。其實，三民主義中只講到國家自由，團體自由，個人自由，人民自由，真自由。又在《中國國民黨第一次全國代表大會宣言》對內政策第七條稱：「確定人民有集會、結社、言論、出版、信仰之完全自由」。民國十二年〈中國國民黨政綱〉中亦有類似規定。這裏提到了五種自由，後來中國國民黨歷屆宣言及約法、憲法中講自由，即以此五種自由為基礎。

講過了自由的種類，便可以講自由的流弊與限制（範圍）。

人民自由太過分了，便產生暴民政治，像法國大革命時期一樣。所以羅蘭夫人說：「自由！自由！天下許多罪惡，皆假汝之名以行」。因此，講自由的學者，主張自由要有限制，要有範圍。國父說：「從前歐洲在民權初萌芽的時代，便主張爭自由。到了目的已達，各人都擴充自己的自由，於是由於自由太過，便發生許多流弊。所以英國有一個學者叫做彌勒氏的，便說『一個人的自由，以不侵犯他人的自由為範圍，才是真自由』。如果侵犯他人的範圍，便不是自由（或稱假自由）。歐美人講自由，從前沒有範圍，到英國彌勒氏才立了自由的範圍；有了範圍，便減少很多自由了。由此可知彼中學者，已漸漸知自由不是一個神聖不可侵犯之物，所以也要定一個範圍來限制他了」。

五、個人自由與國家自由

有人講民權主義，把自由分為政治的自由與個人自由，其實，照國父的原意，只可分為國家的自由與個人的自由。究竟我們應爭取個人的自由還是應爭取國家的自由呢？國父指出：「到底中國為什麼要革命呢？直截了當說，是和歐洲革命的目的相反。歐洲從前因為太沒有自由，所以革命要去爭自由。我們因為自由太多，沒有團體，沒有抵抗力，成一片散沙。因為是一片散沙，所以受外國帝國主義的侵略，受列強經濟商戰的壓迫，我們現在便不能抵抗。要將來能夠抵抗外國的壓迫，就是打破個人的自由結成很堅固的團體，像把士敏土（水泥）參加到散沙裏頭，結成一塊堅固石頭一樣」。堅固散沙為石頭，結成個人為團體，就是我們革命的目的。所以外國革命是爭取個人自由，中國革命是爭取國家自由。

講過外國革命與中國革命的目的不同之後，國父又拿法國革命與中國革命作比較。他說：「從前法國革命的口號是用自由、平等、博愛。我們革命的口號，是用民族、民權、民生。究竟我們三民主義的口號，和自由、平等、博愛三個口號，有什麼關係呢？照我講起來，我們的民族，可以說和他們的自由一樣，因為實行民族主義，就是為國家爭自由。但歐洲當時是為個人爭自由，到了今天，自由的用法便不同。在今天自由這個名詞究竟要怎麼樣應用呢？如果用到個人，就成一片散沙，萬不可再用到個人上去，要用到國家上去。個人不可太過自由，國家要得完全自由。到了國家能夠行動自由，中國便是強盛的國家」。中國為什麼要爭取國家的自由呢？因為受到列強的壓迫，已經淪為次殖民地，已有亡國滅種之憂。我們要救亡圖存，所以要用士敏土把散沙團結起來，結成一個大團體，共同奮鬥，去爭取國家的自由。

六、爭取自由與犧牲自由

進一步說，革命的目的在爭取國家自由，不爭取個人自由，不僅不爭取個人自由，而且要犧牲個人自由。哪些人要犧牲個人自由呢？一為學生，二為軍人，三為公務員，四為黨員。

國父認為革命的目的在爭取國家的自由，「到了國家能夠行動自由，中國便是個強盛的國家。要這樣做去，便要大家犧牲自由，當學生的能夠犧牲自由，就可以天天用功，在學問上做工夫。學問成了，智識發達，能力豐富，便可以替國家做事。當軍人的能夠犧牲自由，就能夠服從命令，忠心報國，使國家有自由」（〈民權主義第二講〉）。反過來說，如果學生天天要求個人自由，就會常常鬧風潮，軍人天天要求自由，就會破壞紀律。

單就學生言，國父認為有些學生知道自由的理論以後，「便先拿到家內用，去發生家庭革命，反對父兄，脫離家庭。拿到學校內用，鬧起學潮來」（革命成功，個人不能有自由，團體要有自由）。國父這裏指出了學生不要誤用自由。

除學生與軍人外，國父認為官吏和黨員亦要犧牲自由。他在湖北軍政界代表歡迎會席上說：「自光復以來，共和與自由之聲，甚囂塵上，實則其中誤解甚多，共和與自由專為人民說法，萬非為少數之軍人與官吏說法。僅軍人與官吏藉口於共和自由，破壞紀律，則國家機關，萬不能統一。機關不能統一，則執事者無專責，勢如一盤散沙，又何能為國民辦事？」這裏指出官吏（公務員）與軍人一樣，要犧牲個人自由。

國父又勸黨員要犧牲自由時說：「黨員之於一黨，非如國民之於政府，動輒可爭平等自由。設一黨黨員之中，人人爭自由，爭平等，則舉世無有能存之者。蓋黨員之於一黨，猶官吏之於國家。官吏為國民之公僕，必須犧牲一己之自由平等，絕對服從國家，以為人民謀自由平等，唯黨亦然。凡人投身革命黨中，以救國救民為己任，則當先犧牲一己之自由平等，為國民謀自由平等」（民國三年，〈致南洋同志書〉）。

這裏特別要說明的是，所謂學生與軍人官吏及黨員，要犧牲一己自由，是自動自願的，是一種道德修養，是一種捨己為群的精神；不是被動的，不是強迫的。除非國家有緊急事件發生，或黨內對黨員有特別要求。所以蔣公說：「我們總理領導革命，從來沒有要求人民犧牲自由，但是要求下面幾種人（黨員、軍人、官吏、學生）必須犧牲其個人的自由，為整個國家和全體人民的自由來奮鬥」。不僅不強迫人民犧牲自由，而且為人民爭取集會、結社、言論、出版、信仰等完全自由。

第二節　國父自由論與西洋學說

自由這個主張是由西洋來的，究竟國父的自由論與西洋學者的自由論有何異同呢？無妨加以比較。

一、西洋學者對於自由的見解

歐洲自文藝復興以後，產生了人文主義，發現自我，尊重個人，在經濟方面講究自由競爭，在教育方面講究發展個性，在政治方面講究個人自由，自由主義因之應運而起，瀰漫於歐洲，影響全世界。

自由可分為：⑴絕對自由（無限制的自由）與相對自由（有限制的自由）；⑵個人自由與國家自由等等。密爾頓著《言論自由論》，鼓吹言論自由，並提倡宗教信仰自由。現代憲法上所訂各種自由，大致是由密爾頓的思想而來。

不過，密爾頓把自由分為兩種：一為精神自由，一為政府自由。人民的自由固要擴充，但政府保障人民自由的權力亦不能不顧到。這就是說政府亦要有自由，個人自由是有相當界限的。

洛克以為「人類的自由是脫掉世界上一切優勝權力的支配，不屈服於別人的意志或權力之下，管理他的唯一法律，就是自然法」（《政府論》第四章）。又說：「人類在社會中的自由，不在別的立法權之下，只在同意而建設起來的共和國立法權之下，……只受被委任的立法部所制定的法律支配」。洛克固重視人民自由，但亦注意到人民自己所制定的法律，亦可說自由不能超越法律，是有其範圍的。

盧梭著《民約論》，認為人生而自由平等，提倡絕對自由（極端自由）。法國大革命時，有些受其影響提倡絕對自由與無限制的自由，人民可以自由捕人，自由殺人，以致發生暴民政治，弄到社會不寧，人心惶惶。

德國學者多重視國家自由，反對絕對的個人自由，如黑格爾等所講的自由主義，是重視法律之下的自由，是重視國家民族的自由。

法國的《人權宣言》，表面上說當然是最重視個人自由的，但其字裏行間，也重視法律，也有其界限。該宣言第四條稱：「凡不妨害他人的事都可以去做，就是自由。因此，每個人行使此自然權利只有一個界限，就是保證他人得有同樣權利。這個界限只能由法律來決定」。

二、國父、蔣公的自由論與西洋學說

就國家論，國父所講的自由，是德、法學說並顧而重視德國人的看法。就國家自由與個人自由論，是比較重視國家自由的；就絕對自由與相對自由論，是比較重視相對自由（或稱有限制的自由）的。這是應當時的國情需要（當時軍閥割據，強鄰環伺，國家沒有自由），與德國當年受法國壓迫的處境相似。蔣公的見解，有兩個不同的趨向：第一個趨向是，就闡揚國父遺教言，他重視法律之下的自由，提倡合理的自由（〈總理遺教六講〉），重視國家的自由，提倡學生軍人官吏和黨員犧牲自由。第二個趨向是，就反共抗俄論，他重視鐵幕之內的人民自由。這是因為時代不同，環境不同，於是產生了與國父不完全相同的主張，如果國父今天還健在，所見亦會「略同」，不能看作矛盾。

還有一點要聲明的是，國父雖不強調個人自由，但未忽視人民自由。個人自由與人民自由有無區別呢？可以加以區分。「民者眾人也」（國父語），如果提倡爭個人自由，就等於說要爭私人自由；所謂爭人民自由，就等於說爭眾人的自由。不強調私人的自由；同理，鼓勵學生、軍人、官吏、黨員犧牲個人自由，就等於說鼓勵他們犧牲私人自由，以爭取眾人的自由。

作業

1. 民權與自由有怎樣的關係？
2. 何謂自由？自由的範疇如何？有哪些人要犧牲個人自由？
3. 何謂自由？試就國父與彌勒所下定義以答之。
4. 自由與民權有何關係？平等與民權有何關係？試略述之。

第四章　正義的平等

本章論平等，內分為：⑴平等與自由及民權的關係；⑵平等的來源；⑶中西人民對平等的不同看法；⑷平等學說的流弊；⑸不平等、假平等、真平等；⑹平等的意義和種類；⑺平等的精義。

第一節　平等與自由及民權的關係

要研究平等的意義，就要研究平等與民權及自由有何關係？平等可分哪幾種？

一、平等與民權的關係

按中國革命有三大口號（民族主義、民權主義、民生主義），法國革命亦有三大口號（自由、平等、博愛），國父認為其中「平等同我們的民權主義相同」。為什麼相同呢？「因為民權主義是提倡人民在政治上地位都是平等的，要打破君權，使人人都是平等的，所以說民權是和平等相對待的」（〈民權主義第二講〉）。也可以說民權是平等的基礎，平等是民權的目的。故國父又說：「民權發達了，便有真正的平等；如果民權不發達，我們便永遠不平等」。

二、平等與自由的關係

國父說：「平等這個名詞，通常和自由那個名詞，都是相提並論的」（〈民權主義第二講〉）。歐洲民主革命的目的，是爭自由，也是爭平等。故接著又說：「歐洲從前革命，人民為爭平等和爭自由，都是一樣的出力，一樣的犧牲，所以把平等和自由看得一樣的重大，更有許多人以為要能夠自由，必要得到平等，如果不平等，便無從實現自由」。如希臘的奴隸不能與主人處於平等的地位，所以無自由可言。其結論是：「用平等和自由比較，把平等更是看得重大的」。這就是說平等與自由關係密切，同樣重要，而且有時平等重於自由。

三、平等自由與民權的關係

歐洲人爭自由平等的結果，得到了民權。民權與自由平等有什麼關係呢？國父說：「真平等自由是在什麼地方立足呢？要附屬到什麼東西呢？是在民權上立足的，要附屬於民權。民權發達了，平等自由，才可以長存，如果沒有民權，什麼平等自由都保守不住。所以中國國民黨發起革命，目的雖然是要爭平等自由，但是所定的主義和口號，還是要用民權。因為爭得了民權，人民方有平等自由的事實，便可以享平等自由的幸福，所以平等自由，實在是包括於民權之內，因為平等自由是包括在民權之內，所以今天研究民權的問題，便附帶來研究平等自由的問題」。

第二節　平等的來源

平等怎樣來的呢？天生的嗎？奮鬥得來的嗎？這裏要從天賦平等說講起。

一、天賦平等說

盧梭著《民約論》，認為人生而自由平等。美國《獨立宣言》，法國在革命時候的《人權宣言》，都大書特書，說是人生而自由平等。後來各國所掀起的民主運動，都異口同聲，說民權是天賦的，平等是天生的。這些話對不對呢？從前歐洲政治家都以為是金科玉律，國父卻認為不是真理。

二、國父對天賦平等說的批評

國父認為平等不是天生，乃是人為的。孟子說：「夫物之不齊，物之情也」。莫伯桑說：「一棵樹上的千萬片葉子，細觀之，沒有一片葉子相同」。由中西賢哲的話看來，可知宇宙萬物是天生不齊和不平的。國父明白這個道理，故批評天賦平等說有云：「天下究竟是否賦有平等的特權呢？請先把這個問題拿來研究清楚。從前在第一講中，推溯民權的來源，自人類初生幾百萬年以前，推到近來民權萌芽時代，從沒有見過天賦有平等的道理。譬如用天生的萬物來講，除了水面以外，沒有一物是平的，就是拿平地來比較，也沒有一處是真平的。由此可見天地間所生的東西總沒有相同的，既然都是不相同，自然不能夠說是平等，自然界既沒有平等，人類又怎樣有平等呢？」

為什麼說人類天生是不平等的呢？單就天賦才智及德性說，真是因人而異。所以柏拉圖分人為金質，銀質，銅質。孔子分人為上智、中人、下愚。西洋心理學家常把人分為天才、中庸、白痴三等。這些分類法，都是說人的天賦才智或德性是不平或不齊的。至於生理上的差別，更無論矣。

第三節　中西人民對平等的不同看法

西洋人因為太不自由，所以不顧一切犧牲去爭自由；中國人自由太多了，所以不知爭自由。同理，西洋人階級觀念太深，受不平等的束縛太厲害，所以爭平等；中國人階級觀念不濃厚，朝為田舍郎，暮登天子堂，平民可以為宰相，故不知爭平等。國父在〈民權主義第三講〉中說：「歐洲沒有革命以前的情形，和中國比較起來，歐洲的專制，要比中國厲害得多，原因是在什麼地方呢？就是世襲制度。當時歐洲的帝王公侯那些貴族，代代都是世襲貴族，不去做別種事業，人民也代代都是世襲一種事業，不能夠去做別種事業」。這種世襲制度和人民職業不能改變，就是當時歐洲的不自由。接著又說：「中國自古代封建制度破壞以後，這種限制，也完全打破。由此可見從前中國和外國，都是有階級制度，都是不平等。中國的好處，是只有皇帝是世襲，……至於皇帝以下的公侯伯子男，中國古時都是可以改換的，平民做宰相封王侯的極多，不是代代世襲一種事業的」。中國沒有世襲制度，人民職業自由，所以並不重視平等。

第四節　平等學說的流弊

自由學說有流弊，平等學說亦有流弊。國父認為歐洲工人首先不知道爭平等，後來漸漸覺悟了，才知道用罷工的手段去爭平等。「那種罷工影響到全國人民，比較普通的戰爭，也不相上下。因為在工人之外，有知識極高的好義之士做領袖，去引導那些工人，教他們固結團體，去怎麼樣罷工，所以他們的罷工，一經發動，便在社會上發生很大的力量。因為有了很大的力量，工人自己才感覺起來，要講平等。英國、法國的工人，由於這種感覺，要講平等，看見團體以內，引導指揮的領袖，都不是本行的工人，不是貴族便是學者，都是從外面來的，所以他們到了團體成功，便排斥那些領袖。這種排斥領袖的風潮，在歐洲近幾十年來，漸漸發生了。所以起這種風潮的原故，便是由於工人走入平等的迷途，成了平等的流弊。由於這種流弊發生以後，工黨便沒有好領袖去引導指揮他們，工人又沒有知識去引導自己，所以雖然有很大的團體，不但是沒有進步，不能發生大力量，並且沒有人去維持，於是工黨內部漸漸腐敗，丟卻了大團體的力量」。

國父認為不但外國工人爭平等發生流弊，中國工人亦發生流弊。

工人爭平等，為什麼要排斥知識分子做領袖呢？就是不知道人的天賦才智是不平的，也是無法拉平的，而且領導人物必須知識程度高的來負責，才有好結果。

第五節　不平等、假平等、真平等

國父在〈民權主義第三講〉中，指出何謂不平等？何謂假平等？何謂真平等？並各繪圖以明之。

一、不平等

人類天生本是不平等，加上人為的力量，於是更趨於不平了。國父說：「天生人類本來也是不平等的，到了人類專制發達以後，專制帝王尤其變本加厲，弄到結果，比較天生的更是不平等了。這種由帝王造成的不平等，是人為的不平等。人為的不平等，究竟是什麼情形？現在可就講壇的黑板上，繪一個圖來表明，請諸君細看圖一，便可明白。因為有這種人為的不平等，在特殊階級的人，過於暴虐無道，被壓迫的人民，無地自容，所以發生革命的風潮來打不平」。

這裏要解釋的是，這個不平等圖中所列舉的帝王公侯伯子男民，與古代班爵祿有關。有人問孟子曰：「周室班爵祿也，如之何？」孟子對曰：「……天子一位，公一位，侯一位，伯一位，子男同一位，凡五等也」（〈萬章篇〉）。大抵外國班爵祿與中國小異而大同。這種世襲的爵祿制度，便加深了人類的不平等。

二、假平等

平等本不是天生的，有些學者為了要平等，為了要推翻君主專制，特倡天賦平等說以為號召，於是又因誤信這種學說而產生了一種假平等。國父說：「不過專制帝王推倒以後，民眾又深信人人是天生平等的這一說。便日日去做工夫，想達到人人的平等。殊不知這種事是不可能的。到了近來，科學昌明，人類大覺悟了，才知道沒有天賦平等的道理。假如照民眾相信的那一說去做，縱使不顧真理，勉強做成功也是一種假平等，像圖二一樣，必定要把位置高的壓下去，成了平頭的平等。至於立腳點還是彎曲線，還是不能平等。這種平等，不是真平等，是假平等」。

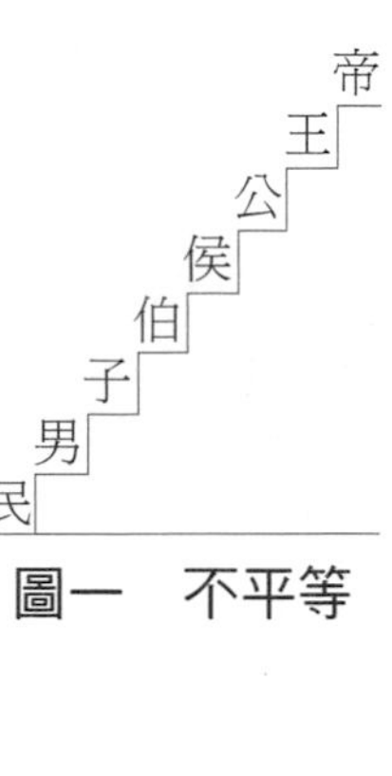

圖一　不平等

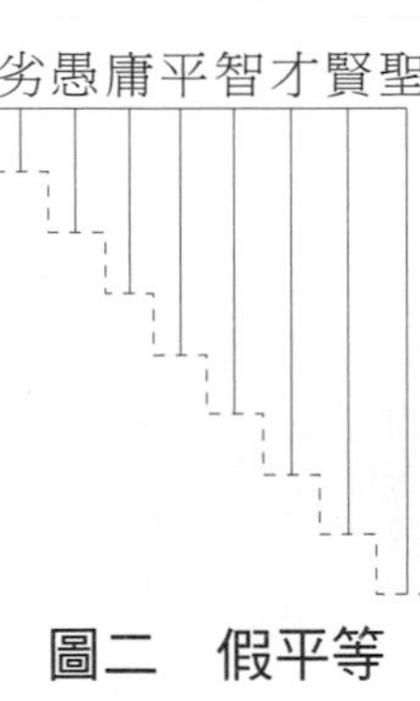

圖二　假平等

三、真平等

不平等有天生的，有人為的。真平等乃是人為的，不是天生的。國父所講的真平等，是要求立腳點平等，不是齊頭平等，是政治地位平等，不是天賦才智的平等。〈民權主義第三講〉稱：「說到社會上的地位平等，是始初起點的地位平等。後來各人根據天賦的聰明才力，自己去造就，因為各人的聰明才力有天賦的不同，所以造就的結果，當然不同，造就既是不同，自然不能有平等，像這樣講來，才是真正平等的道理。如果不管各人天賦的聰明才力，就是以後有造就高的地位，也要把他們壓下去，一律要平等，世界便沒有進步，人類便要退化，所以我們講民權平等，又要世界有進步，是要人民在政治上的地位平等。因為平等是人為的，不是天生的，人造的平等，只有做到政治上的地位平等。故革命以後，必要各人在政治上的立足點都是平等，好像圖三的底線，一律是平的，那才是真平等，那才是自然之真理」。

中國人講人性，分為上中下三等，西洋人講差別心理，把人類的智慧分為若干類，以利因材施教。因此，可以說國父所講的假平等與真平等，有中國的人性論及西洋差別心理學為其基礎。

圖三　真平等

第六節　平等的意義和種類

敘述了「假平等」與「真平等」之後，可以講平等的意義與平等的種類。

一、平等的意義

蔣公把「假平等」與「真平等」加以引申，分平等為兩種：一為法律之前的形式平等，二為生活條件的實質平等。他說：「平等也有兩種意義，一種是法律之前的形式平等，一種是生活條件的實質平等。我對生活條件的平等，更須正確的解釋，生活條件的平等，並不是報酬的統一，而是大家都站在具有基本生活的經濟條件和基本知識的教育條件上，得到公道的機會平等。至於報酬的同一觀念，就是總理所說平頭點的假平等。大家站在基本生活和知識水準上，得到機會均等的平等，就是國父所說立足點平等的真平等」（《反共抗俄基本論》）。詳釋之，國父所講的平等，不是天賦才智的平等，也不是事業成就的平等，更不是報酬同一的平等；而是各種機會均等的平等。如參政機會平等，教育機會平等，工作機會平等。

二、平等的種類

上面平等的兩種意義，也可視為平等的種類（兩類）。我們將國父意見加以引申，可以舉出下列各種平等：⑴國際地位平等或種族地位平等；⑵宗教地位平等；⑶男女地位平等；⑷職業地位平等；⑸階級地位平等（無分貧富貴賤）；⑹政治地位平等；⑺經濟地位平等；⑻法律地位平等；⑼教育機會平等；⑽工作機會平等或就業機會平等。以上各種平等，有的國父已直接或間接講到，有的在事實上表示贊成。

第七節　平等的精義

國父所講平等的精義與蔣公所講的平等的精義不同，平等的意義包括平等的種類（假平等與真平等），平等的精義則涉及高尚的服務道德。

國父講平等的精義時，講到人類三系，講到利己主義與利他主義，最後才講到服務道德與服務人生觀。

一、人類三系

《孟子》一書中曾說伊尹自命為天民之先覺者，而且主張以先覺覺後覺，以先知覺後知，國父推此發明人類三系說。他在〈民權主義第三講〉稱：「我從前發明過一個道理，就是世界人類，其得之天賦者，約分三種：有先知先覺者；有後知後覺者；有不知不覺者。先知先覺者為發明家，後知後覺者為宣傳家，不知不覺者為實行家。此三種人互相為用，協力進行，則人類之文明進步，必能一日千里，天之生人，雖有聰明才力之不平等，但人心則必欲使之平等，斯為道德上之最高目的，而人類當努力進行者」。按人類三系說，在《孫文學說》中早已講過，《孫文學說》出版於民國八年，三民主義講演是在民國十三年，這裏所謂我從前發明過一個道德的「從前」，是指民國八年以前而言。

二、利己主義與利他主義

西洋倫理哲學與人生哲學中均有利己主義與利他主義兩個相對的派別。國父曾引此兩派以釋如何達到高尚的服務道德。他接著說：「但是要到達這個最高之道德目的，到底要怎麼樣做法呢？我們可把人類兩種思想來比對，便可以明白了。一種就是利己，一種就是利人。重於利己者，每每出於害人，亦有所不惜。此種思想發達，則聰明才力之人，專用彼之才能去奪取人家之利益，漸而積成專制之階級，生出政治上之不平等，此民權革命以前之世界也。重於利人者，每每到犧牲自己，亦樂而為之。此種思想發達，則聰明才力之人，專用彼之才能，以謀他人的幸福，漸而積成博愛之宗教、慈善之事業。惟是宗教之力有所窮，慈善之事有不濟，則不得不為根本之解決，實行革命，推翻專制，主張民權，以平人事之不平了」。

三、服務道德與服務的人生觀

國父接著說：「從此以後，要調和三種之人，使之平等，則人人當以服務為目的，而不以奪取為目的，聰明才力愈大者，當盡其能力而服千萬人之務，造千萬人之福；聰明才力略小者，當盡其能力以服十百人之務，造十百人之福。所謂巧者拙之奴，就是這個道理。至於全無聰明才力者，亦當盡一己之能力，以服一人之務，造一人之福。照這樣做去，雖天生人之聰明才力，有不平等，而人之服務道德心發達，必可使之成為平等了，這就是平等之精義」。

嚴格的講，平等的精義，應包括人類三系的調和，利他主義之擴充，以及服務道德與服務人生觀之提倡。但普通只以最後一段釋之。

四、中華民國憲法有關自由平等之條文

第五條：中華民國各民族一律平等。

第七條：中華民國人民，無分男女、宗教、種族、階級、黨派，在法律上一律平等。

第八條第一項：人民身體之自由應予保障，除現行犯之逮捕由法律另定外，非經司法或警察機關依法定程序，不得逮捕拘禁。非由法院依法定程序，不得審問處罰。非依法定程序之逮捕、拘禁、審問、處罰，得拒絕之。

第十條：人民有居住及遷徙之自由。

第十一條：人民有言論、講學、著作及出版之自由。

第十二條：人民有秘密通訊之自由。

第十三條：人民有信仰宗教之自由。

第十四條：人民有集會及結社之自由。

第二十二條：凡人民之其他自由及權利，不妨害社會秩序公共利益者，均受憲法之保障。

第二十三條：以上各條列舉之自由權利，除為防止妨礙他人自由、避免緊急危難、維持社會秩序，或增進公共利益所必要者外，不得以法律限制之。

第二十四條：凡公務員違法侵害人民之自由或權利者，除依法律受懲戒外，應負刑事及民事責任。被害人民就其所受損害，並得依法律向國家請求賠償。

作業

1. 自由與法治有何關係？試就蔣公見解以答之。
2. 國家自由與個人自由哪樣重要？試抒所見。
3. 哪些人應犧牲自由？試各述其理由。
4. 中西人民對於自由平等的看法為什麼不同？試簡答之。
5. 自由與平等學說發現過何種流弊？各分言之。
6. 何謂不平等、假平等及真平等？試繪圖以區別之。
7. 平等有哪兩種意義？試就蔣公見解加以說明之。
8. 何謂服務的人生觀？何謂平等的精義？試簡答之。

第五章　權能區分的原理

本章要研究下列各問題：⑴為什麼要提倡權能區分？⑵權能區分的內容是什麼？其價值如何？⑶何謂直接民權與間接民權？

第一節　提倡權能區分的原因

一、民權學說的困擾

國父在〈民權主義第四講〉中，講到中國自義和團失敗以後，失去自信力，盲目崇拜西洋，不知西洋進步的是科學，是洋槍大砲，是交通（鐵路、電報），是機器。至於政治哲學，遠不如科學。有些人以為要實行民權，仿照西洋就可以，哪知西洋民權學說遭遇很大的困擾，還沒有根本的解決辦法。

西洋民權學說有何困擾呢？國父引一位美國學者的話說：「現在講民權的國家，最怕的是得到了一個萬能政府，人民沒有方法去節制它；最好的是得到一個萬能政府，完全歸人民使用，為人民謀幸福」。國父認為「這一說是最新發明的民權學理。但所怕所欲，都是在一個萬能政府。第一說是人民怕不能管理的萬能政府，第二說是為人民謀幸福的萬能政府。要怎麼樣才能夠把政府變成萬能呢？變成了萬能政府，要怎麼樣才聽人民的話呢？」國父指出了他們的困擾，並希望能找出一個解決的辦法。

國父又引一位瑞士學者的話說：「各國自實行了民權以後，政府的能力便行退化。這個理由，就是人民恐怕政府有了能力，人民不能管理。所以人民總是防範政府，不許政府有能力，不許政府是萬能。所以實行民治的國家，對於這個問題，便應該想方法去解決。想解決這個問題，人民對於政府的態度，就應該要改變」。國父指出「從前人民對於政府，總是有反抗的態度的緣故，是由於經過了民權革命以後，人民所爭到的自由平等，過於發達，一般人把自由平等，用到太沒有限制，把自由平等的事，做到過於充分，政府毫不能夠做事。到了政府不能做事，國家雖然是有政府，便和無政府一樣。這位瑞士學者看出了這個流弊，要想挽救，他主張人民要改變對於政府的態度。他究竟要人民變成什麼態度？人民的態度，對於政府有什麼關係呢？」這是很難解決的問題。

二、權能區分學說的發明

上面這些問題，要用什麼辦法去解決呢？國父說：「歐美學者只想到了人民對於政府的態度，應該要改變，至於怎麼樣改變的辦法，至今還沒有想出。我們革命，主張實行民權，對於這個問題我想到了一個解決的方法。我的解決方法，是世界上學理中第一次的發明。我想到的方法，就是解決這個問題的一個根本辦法。我的辦法，就是像瑞士學者近日的發明一樣，人民對於政府要改變態度。近日有這種學理的發明，更足以證明我向來的主張是不錯。這是什麼辦法呢？就是權與能要分別的道理」。由此可知，國父之所以發明權能區分的原理，是要解決西方學者所未解決的問題，是民權學說中政府與人民權力無法平衡的問題。

第二節　權能區分的內容和價值

一、權能區分的內容

1. 權能區分的內容：什麼是權能區分呢？權屬於誰呢？能又屬於誰呢？

國父說：「現在要分開權與能……根本上還是要從政治上政治的意義來研究；政是眾人之事，集合眾人之事的大力量，便叫做政權，政權就可說是民權；政是眾人之事，集合管理眾人之事的大力量，便叫做治權，治權就可說是政府權」（〈民權主義第六講〉）。這裏所講的政權是狹義的，與普通所講的政權不同。國父又說：「在我們的計劃中想造成新的國家，是要把國家的政治大權，分開成兩個；一個是政權，要把這個大權完全交到人民的手裏，要人民有充分的政權，可以直接去管國事，這個政權就是民權。一個是治權，要把這個大權完全交到政府的機關內，要政府有很大的力量，治理全國事務，這個治權便是政府權」（〈民權主義第五講〉）。交到人民手中的政權有哪幾種呢？計有四種：一為選舉權，二為罷免權，三為創制權，四為複決權。交到政府機關內的治權有幾種呢？計有五種：一為行政權，二為立法權，三為司法權，四為考試權，五為監察權。

2. 權能區分的例子（比喻）：國父恐怕人家不明瞭權能區分的原理，特地舉了五個例子（比喻）以說明之。

(1)阿斗有權諸葛亮有能：「阿斗與諸葛亮是權能區分的最好例證，阿斗是君主，無能而有權，諸葛亮是大臣，有能而無權，阿斗知道自己無能，把國家全權託給諸葛亮，要他去治理國事，結果政治清明。西蜀能夠成立很好的政府，與吳、魏鼎足而立。現在成立共和政體，以民為主，四萬萬人（民國十二年國父語）像是阿斗，是有權的，政府是有能的，好像是諸葛亮」。

⑵富豪有權印度巡捕有能：「我們現在主張要分開權與能，再拿古時和現在的事實，比較的來說一說。在古時能打的人，大家便奉他做皇帝。現在的富豪家庭，也請幾位打師來保護，好像上海住的軍閥官僚，在各省剷了地皮，發了大財之後，搬到上海的租界內去住，因為怕人打他和他要錢，他便請幾個印度巡捕，在他的門口保護。照古時的道理講，能保護人的人便可以做皇帝，那末保護那些官僚軍閥的印度巡捕，便應該做那些官僚軍閥的皇帝。但是現任的印度巡捕，更是應該要做皇帝。那些官僚軍閥不把他當作皇帝，只把他當作奴隸，那種奴隸有了槍，雖然很有能力，那些官僚軍閥只能夠在物質一方面給些錢，不能夠在名義上叫他做皇帝。像這樣講，古時的皇帝，便可以看作現在守門的印度巡捕；現在守門的印度巡捕，就是古時的皇帝」（〈民權主義第五講〉）。這就是說富豪是有權的，巡捕是有能的，有能的要聽有權的指揮。

⑶股東有權經理有能：「現在有錢的那些人，組織公司，開辦工廠，一定要請一位有本領的人來做總辦（經理），去管理工廠。此總辦是專門家，就是有能的人，股東就是有權的人。工廠內的事，只有總辦能夠講話，股東不過監督總辦而已。現在民國的人民，便是股東，民國的總統，便是總辦。我們人民對於政府的態度，應該要把他們當作專門家看。如果有了這種態度，股東便能夠利用總辦，整頓工廠，用很少的成本，出很多的貨物，可以令那個公司發大財」。

⑷汽車主人有權司機有能：「現在歐美無論做什麼事，都要用專門家。譬如練兵打仗，便要用軍事家。開辦工廠，便要用工程師。對於政治也知道要用專門家。至於現在之所以不能實行用政治專家的原因，就是由於

人民的舊習慣，還不能改變。但是到了現在的新時代，權與能是不能不分開的，許多事情一定要靠專門家的，是不能限制專門家的。像最新發明在人生日用最便利的東西，是街上的汽車」。從前買了汽車的人，多要自己去駕駛和修理，現在有錢的人，可以請人來駕駛。由是駕駛的人是有能的，車主是有權的。

(5)工程師有權機器有能：「現在還是用機器來比喻，機器裏頭各部的權和能，是分得很清楚的。哪一部是做工，哪一部是發動，都有一定的界限。譬如就船上的機器說，現在最大的船，有五、六萬噸，運動這樣大船的機器，所發出的力量，有超過十萬匹馬力的機器，只用一個人，便可以完全管理。那一個管理的人，要全船怎麼樣開動，便立刻開動，要全船怎麼樣停止，便立刻停止」（〈民權主義第六講〉）。這是說機器是有能的，其開動與停止，完全決定在有權管理機器的人的手裏。

二、權能區分的價值和作用

1. 政權的價值和作用：選舉權和罷免權有什麼價值和作用呢？國父認為「這兩權是管理官吏的。人民有了這兩個權，對政府中的一切官吏，一面可以放出去，又一面可以調回來，來去都可從人民的自由。這好比是新式機器，一推一拉都可以由機器的自動」。

創制權和複決權有什麼價值和作用呢？國父認為「國家除了官吏之外，還有什麼東西呢？其次的就是法律。所謂有了治人，還要有治法。人民要有什麼權才可以管理法律呢？如果大家看到了一種法律，以為是很有利於人民的，便要有一種權，自己決定出來，交到政府去執行，關於這種權，叫做創制權，這就是第三個民權。若是大家看到了從前的舊法律，以為是很不利於人民的，便要有一權，自己去修改，修改了之後，便要政府執行修正的新法律，廢止從前的舊法律。關於這種權，叫做複決權，這就是第四個民權。人民有了這四個權，才算是充分的民權」（〈民權主義第六講〉）。前兩權是人民用以管理政府官吏的工具，是對人的；後兩權是人民用以管理政府法律的工具，是對事的。有了前兩權，人民對政府的官吏，可以選出，可以撤回；有了後兩權，人民對政府的法律，可以布新，也可以除舊。所以人民有了四種民權，既可以管人，又可以管法，才算是充分的民權，也算是進步的政治。

2.治權的價值和作用：治權計有五種，這五種權有什麼價值和作用呢？國父說：「五權是屬於政府的權，就他的作用說，就是機器權。一個極大的機器，發生了極大的馬力，要這個機器所做的工夫，很有成績，便要分成五個做工的門徑；民權就是人民用來直接管理這架大馬力的機器之權，所以四個民權，就可以說是機器上的四個節制。有了這四個節制，便可以管理那架機器的動靜。政府替人民做事，要有五個權，就是要有五種工作，要分成五個門徑去做工。……政府有了這樣的能力，有了這樣做工的門徑，才可以發出無限的威力，才是萬能政府」。又說：「人民有了這樣大的權力，有了這樣多的節制，便不怕政府到了萬能，沒有力量來管理。政府的一動一靜，人民隨時都可以指揮的。像有這種情形，政府的威力便可以發展，人民的權力亦可以擴充。有了這種政權和治權，才可以達到美國學者的目的，造成萬能政府，為人民謀幸福。中國能夠實行這種政權和治權，便可以破天荒在地球上造成一個新世界」。

合起來講，權能區分是九權並用，可以免除人民對政府的恐懼；亦能減少政府對人民的顧慮；可以造成專家政治與萬能政府，復能讓人民獲得充分的民權；既能防止君主專制與暴民政治，更可解除民權學說的困擾，以促進民主政治的進步。

第三節　間接民權與直接民權

一、民權運動與間接民權

1. 行政機器進步慢製造機器進步快：國父於〈民權主義第五講〉中敘述權能區分的內容和價值（作用）外，又在第六講中重敘西洋的製造機器進步快，行政機器進步慢，製造機器方面可以學歐美，行政機器方面要自己有所發明，不能專門模仿。

行政機器與製造機器有何異同呢？國父說：「中國很多的政治法律書籍，都是從日本譯過來的，日本人把政治組織，譯作機關。這個機關的意思，就是中國人所常說的機器一樣。我們中國人從前說機關，是機器的意思。從日本人把政治組織，譯成了機關之後，就和機器的意思相同。所以從前說政治衙門，現在說行政機關，財政機關，軍事機關，教育機關，這種種機關的意思，和日本人所說的政治機關，是一樣的解釋，沒有絲毫分別。現在說機關，就是機器，好比說機關槍，就是機器槍一樣。由此便知道機關和機器兩個名詞，是一樣的意思。因為機關和機器的意思相同，所以行政機關，就可以說是行政機器」。以上是說兩者的相同之處，至於兩者不同之處何在呢？接著又說：「製造機器，完全是用物質做成的，譬如用木料鋼鐵和皮帶種種東西，湊合起來，便做成製造機器。行政機器，完全是用人組織變成的，種種動作，都是靠人去活動，不是靠物去活動；所以行政機器與製造機器，有大大的分別。最要緊的分別，就是行政機器，是靠人的能力去發動的，製造機器，是靠物的能力去發動的」。因為兩者有不同之處，故進步亦有區別。

國父又說：「照前幾次所講的民權情形，便知道近來的歐美文化，是很發達的，文明是很進步的。分析起來說，他們的物質文明，像製造機器那些東西的進步，是很快的。至於人為機器，像政府機關這些東西的進步，是很慢的。這個理由，是在什麼地方呢？就是物質機器做成了之後，易於試驗，試驗之後，不好的易於放棄，不備的易於改良。人為機器成立了之後，很不容易試驗；試驗之後，很不容易改良。假若是要改良，除非起革命不可。如果不然，要把它當作不好的物質機器看待，變成廢鐵，那是做不來的。因為這個理由，所以歐美的製造機器，進步很快，行政機器，進步很慢」。

因為行政機器進步很慢，所以我們講民權主義，不能完全步歐美之後塵。要迎頭趕上，以期後來居上。好比日本人修鐵路，是仿照歐美舊式的窄鐵軌，中國人修鐵路，是仿照歐美新式的寬鐵軌。

2. 民權運動與間接民權（代議政體）：國父指出歐美製造機器發明之初，只能推過去，不能拉回來，要用一個小孩子去做拉回的工作。後來加以改良，便能自推自拉，進退自如。

歐美的行政機器怎樣呢？民權運動經過百餘年，「人民對於政府的權力，只能發出去，不能收回來」（〈民權主義第六講〉）。就是只有一個選舉權，只有間接民權，只行到代議政治而已。國父說：「歐美的民權，現在發達到了代議政體」（〈民權主義第五講〉）。我們如果要跟上，只有學學代議政體罷了。

何謂代議政體？就是由人民選舉代表組織議會，去議論國家政事，並選舉官吏去處理國家政事而已。所以代議政治，也叫議會政治，或稱代表政治。

何謂間接民權？代議政治與間接民權有什麼關係呢？國父說：「間接民權就是代議政體，用代議士去管理政府，人民不能直接去管理政府」。簡言之，所謂間接民權，就是由人民選舉代表來管理國事，人民只有選舉權，人民對於國事，只能委託所選出的代表，來間接去管理。

為什麼歐美的民主政治，只能行間接民權呢？有人以為民權政治，本應由人民自己來管理國家政事的，但由於國家疆域既廣，人口又多，無法集合人民討論和管理國事。所以近代的民權政治，不得不由人民選舉代表來管理國事，既有了代表，人民對於國事，只能間接管理了，於是便形成了間接民權。

間接民權，有什麼流弊呢？歸納來說，約有下列三點：

1. 使民主有名無實：代議政體之下，人民只有一個選舉權，只能選舉代表去管理政府，人民則無權過問政治，也無權管理代表，國家大權由代表在議會全權代表了。所謂主權在民，完全落空。

2. 使議會流於專橫而為資本家所控制：議員們掌握國家大權，高高在上，只有他們可以管別人，卻無人可以管他們，自可左右國家政治，於是少數資本家，可藉其雄厚的財力為後盾，競選議員，以掌握議會。這種會議政治，當然對資本家有利，所以被譏為資本主義的民主政治。

3. 使政府流於無能：行政機關在議會專制下，受其控制，必然軟弱無能。遇有重要的事務，都無法迅速處理或改革，尤其是在內憂外患來臨的時候，更窮於應付（華啟球，《三民主義註釋》）。

國父認為中華民國成立以來，學歐美的代議政體，好處一點亦未學到，「所學到的壞處，卻是百倍，弄到國會議員，變成豬仔議員，污穢腐敗，是世界各國自古以來所沒有的，這真是代議政體的一種怪現象。所以中國學外國的民權政治，不但學不好，反而學壞了」。因此可以說，代議政體到了中國，其流弊較外國更多。

二、間接民權與直接民權

1. 間接民權與直接民權：對於民權學說，我們不能專學外國，不以行代議政治與間接民權為止境，而且要實行全民政治與直接民權，不以行有限度的民權為止境，而且要實行充分的民權。

何謂有限度的民權？何謂充分的民權？何謂直接民權？何謂間接民權？這裏要詳加研究。國父前後說：「現在應該要慎重聲明的，是代議制度還不是真正民權，直接民權才是真正民權。美國、法國、英國雖然都是行民權主義，但是他們還不是直接民權，是間接民權的主義。……直接民權共有四個，即選舉權、罷免權、創制權和複決權，這四種權，便是具體的民權，像這樣具體的民權，才是真正的民權主義」（〈三民主義之具體辦法〉）。又說：「人民有了這四個民權，才算是充分的民權，能夠實行這四個民權，才算是徹底的直接民權。從前沒有充分民權的時候，人民選舉了官吏議員之後，便不能再問，這種民權，是間接民權。間接民權，就是代議政體，用代議士去管理政府，人民不能直接去管理政府。要人民能夠直接管理政府，便要人民能夠實行這四個民權」（〈民權主義第六講〉）。由此可知間接民權是有限度的民權，直接民權才是充分的民權。

又代議政體所行的民權（人民選舉議員官吏之後，不能再問國事），叫間接民權，人民能夠實行四個政權（選舉、罷免、創制、複決），叫直接民權，這是間接民權與直接民權的第一個解釋。

《中國國民黨第一次全國代表大會宣言》稱：「民權主義，於間接民權之外，復行直接民權，即為國民者不但有選舉權，且兼有創制、複決、罷免諸權也」。此就代議政體單單行使選舉權叫間接民權，兼行四權叫直接民權，這是間接民權與直接民權的第二個解釋。

〈中國國民黨民國十三年政綱〉對內政策第三條載：「確定縣為自治單位，自治之縣，其人民有直接選舉及罷免官吏之權，有直接創制及複決法律之權」。《建國大綱》第九條載：「一完全自治之縣，其國民有直接選舉議員之權，有直接罷免議員之權，有直接創制法律之權，有直接複決法律之權」。以上是說明直接民權行使於自治單位。

《中國革命史》稱：「第三為建設完成時期，在此時期施以憲政，此時一縣之自治團體，當實行直接民權。人民對於本縣之政治，當有普通選舉之權，創制之權，複決之權，罷免之權。而對於一國政治，除選舉權之外，其餘之同等權，則付託於國民大會之代表以行之」。所謂「其餘之同等權」，係指創制、複決、罷免諸權而言，即「付託於國民大會之代表以行之」，便是「間接民權」。這裏要說明的是，不要以為國民大會只行使三個權，《建國大綱》第二十四條規定：「憲法頒布之後，中央統制權即歸於國民大會行使之，即國民大會對於中央政府官員有選舉權，有罷免權，對於中央法律有創制權，有複決權」。由此可知國民對中央所行使的四權，叫間接民權；縣（市）自治單位所行使的四權，叫直接民權。這是間接民權與直接民權的第三個解釋。

又依照《建國大綱》第十六條規定：「省為自治之監督單位，憲政開始時期，由國民代表會選舉省長」。只行使間接民權，不行使直接民權，國父講〈中華民國之意義〉時亦說：「此種民權（直接民權）不宜以廣漠之省實施之，故當以縣為單位」。這裏說明了直接民權僅以縣（市）為行使對象。間接民權則在省施行。這是間接民權與直接民權的第四個解釋。

2. 直接民權與全民政治：何謂全民政治？全民政治與直接民權有何關係呢？國父說：「全民政治是什麼意思呢？就是從前所講過了的，用四萬萬人做皇帝，四萬萬人要怎樣才可以做皇帝呢？就是要有四個民權，來管理國家大事。」（〈民權主義第六講〉）又說：「人民能夠直接管理政府，便要人民能夠實行四個民權，人民能夠實行四個民權，才叫做全民政治。」威爾確斯著《全民政治》一書，其內容是專講直接民權的，國父在民權主義中曾介紹此書，要大家研究，可見全民政治以直接民權為內容。繼在〈民權主義第四講〉說明他所主張的民權，與歐美的民權不同：「我們國民黨提倡三民主義來改造中國，所主張的民權，是和歐美的民權不同。我們拿歐美已往的歷史來做資料，不是要學歐美，步他們的後塵，是用我們民權主義，把中國改造成一個全民政治的民國，要駕乎歐美之上」。又在〈國民要以人格救中國〉講詞中說：「民國是以四萬萬人為主，我們要想是真正以人民為主，造成一個駕乎萬國之上的國家，必須國家的政治，做成一個全民政治。」因此可以說全民政治是直接民權的理想，直接民權是全民政治的實行。

作業

1. 什麼是權能區分？為什麼要提倡權能區分？
2. 什麼是間接民權？什麼是直接民權？
3. 直接民權與全民政治有何關係？

第六章　五權憲法

第一節　憲法與五權憲法

一、憲法的定義

國父說：「什麼是叫做憲法呢？簡單的說：『憲法就是把一國治權分作幾部分，每部分都是各自獨立，各有所司的』」（《五權憲法》講詞）。這是就「權能區分」的立場，指出憲法是政府的構成法；同時他認為憲法是「治國的根本大法」（《中華革命黨為討袁告同胞書》）。「憲法者國家之構成法，亦即人民權利之保障書也」（《中華民國憲法史前編序》）。

二、憲法的種類

憲法可分為下列幾種：

1. 成文憲法與不成文憲法：國父說：「英國的憲法，並沒有什麼條文，美國的憲法有很嚴密的條文。所以英國的憲法，可以說是活動的憲法，美國的憲法，是呆板的憲法。這是說美國的憲法為成文憲法，英國的憲法為不成文憲法」。

2.三權憲法與五權憲法：美、法等國所實行的憲法，立法、行政、司法三權分立，叫做三權憲法；國父所發明的憲法，立法、行政、司法、考試、監察五權分立，叫做五權憲法。

三、國父提倡五權憲法的目的

國父為什麼要提倡五權憲法呢？因為民權學說，不能專學歐美，應後來居上；加以三權憲法有了缺點，我們為了避免其缺點，亦不應以仿效三權分立為止境，故特別提倡五權憲法。他自己說：「兄弟亡命各國的時候，便注意研究各國的憲法。研究所得的結果，見各國憲法，只有三權，還是很不完備，所以創出這個五權憲法，補救從前的不完備」。

第二節　三權憲法的來源及其缺點

一、三權憲法的來源

就制度講，不成文的三權憲法來自英國，成文的三權憲法來自美國。就學說講，三權憲法以孟德斯鳩的政治學說為基礎。

國父說：「世界上有成文憲法的國家，美國就是破天荒的頭一個」（〈民權主義第四講〉）。但是，就不成文的憲法說，乃是創自英國。故國父又說：「憲法是從英國創始的，英國自經過了革命之後，把皇帝的權利，漸漸分開，成了一種政治的習慣，好像三權分立一樣。當時英國人並不知道三權分立，不過為政治上便利起見，才把政權分開罷了。後來有位法國學者孟德斯鳩，著了一部書叫做《法意》，有人把它叫做萬法精義，這本書是根據英國政治的習慣發明三權獨立的學說，主張把國家的政權分開成立法、司法和行政三種。所以三權分立，是由孟德斯鳩所發明的。當時英國雖然把政權分開了，好像三權分立一樣，但是後來因政黨發達，漸漸變化，到了現在，並不是行三權政治，實是一權政治。英國現在的政治制度，是國會獨裁。……孟德斯鳩發明了三權分立的學說之後，不久就發生美國的革命。美國革命成功，訂立憲法，是根據孟氏三權分立的學說，用很嚴密的文字，成立一種成文憲法。後來日本維新和歐洲各國革命，差不多是拿美國的憲法做底本，去訂立憲法」（〈五權憲法〉講詞）。

二、三權憲法的缺點

國父認為美國成文的三權憲法雖稱完備，把各種國利民福的條文，都訂得非常嚴密，但亦有缺點。他說：「美國的人民，自從憲法頒行之後，幾乎眾口一詞，說美國的憲法是世界中最好的。就是英國政治家，也說自有世界以來，只有美國的三權憲法，是一種很完全的憲法。但是依兄弟詳細的研究，和從憲法史乘及政治學理種種方面比較起來，美國的三權憲法，到底是怎麼樣呢？由兄弟研究的結果，覺得美國憲法裏頭，不完備的地方還是很多，而且流弊也很不少；……可見無論什麼東西，在一、二百年之前，以為是很好的，過了多少時候，以至於現在，便覺得不好了」。

三權憲法有什麼缺點呢？就是監察權與考試權不能獨立行使：

1. 監察權不能獨立的缺點：三權憲法中的監察權（糾察權）是由立法院兼有的，這樣容易造成議會專制，弄到行政機關動輒得咎，國父說：「現在立憲各國，沒有不是立法機關兼有監察權限，那權限雖然有強有弱，總是不能獨立，因此生出無數弊病。比方美國糾舉權，歸議會掌握，往往擅用此權，挾制行政機構，使它不得不俯首聽命，因此常常成為議會專制。除非有雄才大略的大總統，如林肯、麥哲尼、羅斯福等，才能達到行政獨立之目的」（〈三民主義與中國民族之前途〉）。

國父又引美國哥倫比亞大學教授喜斯羅之言：「國會有了彈劾權，那些狡猾的議員，往往利用這個權來壓制政府，弄到政府一舉一動，都不自由，所謂『動輒得咎』」（〈五權憲法〉講詞）。世人認為英國的國會是萬能的，除男變女、女變男之外，什麼事都可以做得出來。

2. 考試權不能獨立的缺點：在三權憲法的政府，考試權與用人權，由行政院兼有，這亦是有其流弊的。其流弊安在？一為不能達到選賢與能的目的，二為造成黨的分贓制度，三為行政權太大。

國父說：「美國官吏，有由選舉得來，有由委任得來的。從前本無考試制度，所以無論是選舉、委任，皆有很大的流弊。就選舉上說，那些略有口才的人，便去巴結國民，運動選舉，那些學問思想高尚的人，反都因為訥於口才，無人去物色他，所以美國代議院中，往往有愚蠢無知的人，夾雜在內，那歷史實在可笑。就委任上說，凡是委任官，都是跟著大統領進退，美國共和黨、民主黨，向來是以選舉為興廢，遇著換了大統領，由內閣至郵政局長，不下六、七萬人同時俱換」（〈三民主義與中國民族之前途〉）。以上是就選舉不當與分贓制度而言。

國父又說：「考試權如果屬於行政部，那權限未免太廣，流弊反多」。行政院操考試用人之大權，很可能以行政干涉考試，以考試便利行政，亦可能接受請託，甚至濫用私人。

第三節　五權憲法的由來及其優點

一、五權憲法的由來

國父認為拿英國的不成文憲法來比較，中國亦有不成文的三權憲法，像下表：

國父說：「照這樣表看起來，可見中國也有憲法，一個是君權，一個是考試權，一個是彈劾權。不過中國的君權，兼有立法權司法權和行政權」。把中國的三權與歐美三權合起來，就造成五權憲法，如下表：

五權憲法
- 立法權
- 司法權
- 行政權
- 考試權
- 監察權

二、五權憲法的優點

分開來說，可分為：(1)考試權獨立的好處；(2)監察權獨立的好處；合起來說，五權憲法可以造成權能區分的萬能政體。

1. 考試權與監察權獨立的好處

(1)考試權獨立的好處：按考試權獨立，第一、可以防止濫選議員，第二、可以避免濫用私人。反之，可以選出賢能，可以提拔真才。

國父說：「美國憲法不完全，他們便有人想方法去補救……定了被選舉權的資格，要人有若干財產才有選舉權與被選舉權，沒有財產的人就沒有選舉權與被選舉權？這種限制選舉與被選舉權，和現代民治潮流是相反的。……最好的補救方法，只有限制被選舉權。要人人都有選舉權……依兄弟看來，當議員或官吏的人，必定是要有才有德，或者有什麼能幹。……我們又是怎樣可以斷定他們是合格呢……就是考試」(〈五權憲法〉講詞)。這是說要經過考試，要限制被選舉權，才可選到賢能。「所以將來中華民國憲法，必要設獨立機關，專掌考試權。大小官吏必須考試，定了他的資格，無論官吏是由選舉的，抑或由委任的，必須合格的人，方得有效，這便可以除卻盲從濫選及任用私人的流弊」(〈三民主義與中國民族之前途〉)。

(2)監察權獨立的好處：監察權獨立，可以減少國會權力，可以免除議會專制，可以恢復御史精神，可以澄清吏治。

國父認為中華民國成立，這個監察機關定要獨立。「照正理上說，裁判人民的機關，已經獨立，(指司法權言)裁判官吏的機關，仍在別的機關之下，這也是論理上說不過去的，故此機關也要獨立」。這是說監察權獨立，可以自由發揮力量，可以不受議會的控制，可以發揮御史的精神。

國父對於古代御史精神，諫官風骨，推崇備至。他在〈五權憲法〉講詞中講過監察權獨立的好處稱：「說到彈劾權，在中國君主時代，有專管彈劾的官，像唐朝諫議大夫和清朝御史之類，就是遇到了君主有過，也可冒死直諫。這種御史，是梗直得很，風骨凜然，譬如廣州廣雅書局裏頭，有一間十先生祠，那就是祭祀清朝諫臣的，有張之洞的題額『抗風軒』三個字，這三個字的意思，就是說諫臣有風骨，能抗君主。可見從前設御史臺諫的官，原來是一種很好的制度」。中國的御史和諫官，既能抗君，亦能懲貪除暴。我們監察權能獨立，對於澄清吏治，是大有裨益的。

2. 可以造成優良的政體

(1)可以造成權能區分的萬能政體：前面曾經講到，人民有權，政府有能，人民行使四權，以控制政府，可以獲得充分的民權。政府行使五權，可以發揮無限的威力，以造成萬能政體。

(2)可以造成分工合作的政體：國父認為如能實行五權則能分工合作。「蓋機關分立，相待而行，不致流於專制，一也。分立之中，仍相聯屬，不致孤立，無傷統一，二也」(〈中華民族建設之基礎〉)。

(3)可以造成破天荒的良好政體：國父說：「五權分立，這不但是各國制度上所未有，便是學說上也不多見，可謂破天荒的政體。……這便是民族的國家（民有），國民的國家（民治），社會的國家（民享），皆得完全無缺的法理。這是我民族四萬萬人最大的幸福了」(〈三民主義與中國民族之前途〉)。

第四節　五權憲法與中西學說思想

五權憲法之創立，在中國繼承了考試、監察獨立的精神，在西洋接受了孟德斯鳩、喜斯羅、巴直等的言論的影響。

一、御史與諫官

監察制度在中國政治史上分為御史與諫官兩項：(1)所謂御史，是一種官名，漢時御史大夫位列三公，掌圖籍秘書，兼司糾察。東漢以來謂之御史臺，以中丞為臺長，始專任彈劾，歷代因之。到清代仍有御史，御史辦案是大公無私不畏強權勢力的，故有「鐵面御史」之稱。(2)所謂諫官即諫議大夫，秦置，掌論議，無常員。漢屬光祿卿，後改為諫議大夫，拾遺補闕，司諫正言，掌侍從規諫。宋時也稱為諫院。明代之給事中則兼臺（御史）諫兩職。

二、選舉與考試

中國的考試制度，乃來自漢代的鄉舉里選，原來的辦法是一種選舉制度，大約可分賢良、方正、孝廉等類。後來對於被選人加以考試，便成為一種考試制度。這種考試制度的優點，就是無論貴族平民，都在平等原則之下公平競爭。像漢代的董仲舒以「對策」（賢良策）名噪一時，而身列宰相。隋唐以後，就薦舉的人士，分科考試，乃即成為科舉制度。自此政治人才都由科舉出身，一直到清末，始廢科舉而興學校（周世輔，《國父思想與中國文化》第二章第五節）。可見過去的科舉，是含有先選後考之意，國父所講的考試權獨立，乃含有先考後選之意。

三、巴直主張增彈劾權

國父自云：「從前美國有一位學者叫巴直氏，他是很有名望的，著過了一本書，叫做《自由與政府》，說明中國的彈劾，是自由與政府中間的一種最良善的調和方法。由此可見中國從前的考試權和彈劾權都是很好的制度，憲法裏頭是決不可少的」（〈五權憲法〉講詞）。巴直主張擴充三權為四權，故為國父所稱讚。

四、喜斯羅主張增監察權

國父自己又云：「美國哥倫比亞大學有一位教授叫喜斯羅，他著了一本書，叫做《自由》。他說憲法的三權是不夠用的，要主張四權，就是要把國會的『彈劾權』拿出來獨立」。以免國會專制，以補三權憲法之不足。

除國父自引者外，尚有兩位學者主張擴充三權憲法。

五、美國著名的行政學者韋羅比

在其所著《現代各國政府》一書裏，提出五權分立的主張，即於立法、行政、司法三權外，加上選舉權和執行權。他以為近世民主進步，直接民權已普遍被採用。選民團體已成為政府的另一獨立體系，也可認為政府機關的一完整部門，或認為獨立於嚴格解釋所謂政府機關以外的一種機關。所以增列選舉權另加執行權，以實際執行命令。至於行政權則在處決事務，並包括指導監督管理的職務。

六、著名的政治學者吉爾特

在其所著《政治革命問題》，與狄勒在其所著《國家的發展》等書裏，主張於三權之外，增加執行權和審議權，成為五權分立（華啟球，《三民主義註釋》）。

由這些西洋學者的言論看來，可知擴充三權是一種時代的趨向。國父順著這個趨向，而提倡五權憲法。綜合中西學說思想來看，五權憲法是中西合璧，有利無弊的。誠如國父所說：「我們現在要集合中外的精華，防止一切流弊，便要採用外國的行政權、立法權、司法權，加入中國的考試權和監察權，連成一個很好的完璧，造成一個五權分立的政府」（〈民權主義第六講〉）。

第五節　五權憲法與現行中華民國憲法

關於五權憲法的精義，如簡言之，可說只有兩點，第一點是「權能區分」，第二點是五權關係的分工合作，基於此義，吾人且試一比較現行中華民國憲法與國父所主張之五權憲法的異同：

一、相同之處

1. 政權機關之「國民大會」與治權機關之「行政、立法、司法、考試、監察」五院名稱完全相同。

2. 國家之元首均稱總統，以三民主義為基礎。

二、相異之處

1. 在現行憲法中，國民大會雖有政權機關之名，卻無政權機關之實，此蓋由於憲法僅授予國民大會以極微弱之職權，包括選舉罷免總統副總統之權、修改憲法之權、創制複決權、議決變更領土之權，其中選舉罷免權之行使對象極為偏狹，創制複決兩權之行使又有所限制，故事實上，國民大會者乃淪為「總統選舉人會」的性質。

2. 在現行憲法中，五院之關係並非分工合作，尤以行政立法兩院間之關係，更使甚多學者頓興內閣制之疑，行政院必須依據某種形式向立法院負責，立法院乃事實上成為英國式之國會，然而行政院既無權解散立法院，立法院亦無權強使行政院掛冠，更難免有跛足內閣制之譏，其不良於行，當在意料之中，與國父五權憲法之構想更是大相逕庭。

3. 依據現行憲法，總統雖為國家元首，享有多項職權，然究其實際，諸權多屬空言，乃難免虛位之成分特多，此點似與國父五權憲法中所主張之總統兼為行政首長之構想頗不相同。

作業

1. 在訓政時期，要完成哪些工作，始完成一完全自治之縣？
2. 省是否為自治單位？試就《建國大綱》之規定釋之。
3. 略述三權憲法的缺點。
4. 試述五權憲法的來源。
5. 五權憲法的優點何在？試抒所見。

第七章　地方自治

第一節　地方自治的意義和範圍

一、地方自治的意義及其重要性

地方自治是什麼？國父說：「將地方上的事情，讓本地方人民自己去治，政府毫不干涉」（〈辦理地方自治是人民之責任〉）。這是對地方自治所下的定義。

地方自治有何重要性呢？國父說：「地方自治者，國之礎石也。礎不堅則國不固」（《地方自治開始實行法》）。蔣公論地方自治的意義及其重要性說：「總理關於政治建設的第二篇遺教，即《地方自治開始實行法》。我們知道：地方自治是政治建設之初步，也就是三民主義的國家建設的基本，因為地方自治是國家建設的基本，十分重要」（〈總理遺教六講第二講〉）。

二、地方自治之範圍（或稱單位）

地方自治的單位是縣，不是省。國父說：「以一縣為自治單位，縣之下為鄉村區域，而統於縣」（《孫文學說》）。單位與範圍，有時不易分開。國父又說：「地方自治之範圍，當以一縣為充分之區域，如不得一縣，則聯合數村，而附有縱橫二、三十里之田野者，亦可為一試辦區域」（《地方自治開始實行法》）。

三、地方自治之目的

地方自治的目的何在？國父認為「其目的當以實行民權民生兩主義為目的」。民權主義注重政治建設，民生主義注重經濟建設，故地方自治以促進基層政治與經濟建設為目的。

四、國人能否實行地方自治

國父認為中國人素來能自行斷訟，自行興學，自辦保甲，故能實行民主共和，也就是說能實行地方自治。我們還知道地方人士能自辦常年倉，也能自辦團練，就是能實行地方自治之明徵。

第二節　地方自治的中心工作（六事）

國父以為「若自治之鼓吹已成熟，自治之思想已普遍，則就下列之六事試辦之」。哪六事呢？⑴清戶口；⑵立機關；⑶定地價；⑷修道路；⑸墾荒地；⑹設學校。茲分別述之。

一、清戶口

國父主張每年清查戶口一次，將老年少年中年分類登記，並註明變更情形。「不論土著或寄居，悉以現居是地者為準，一律造冊，列入自治之團體」。

就義務與權利論，凡居是地者，「悉盡義務同享權利。其本為土著，而出外者，其家族當為之代盡義務，回家時乃能立享權利；否則於回家時以客籍相待，必住滿若干年，盡過義務，乃得同享此自治團體之權利」。這可說是就各盡其能（義務），各享其利（權利）而言。所謂各享其利，亦有社會主義者所說「各取所需或各取所值」之意。

社會主義者只知「各盡所能，各取所需」，國父則知道在所謂「各盡所能，各取所需」外，還知「無力盡其能，亦要取其利」。他說：「地方之人，有能享權利而不必盡義務者：其一、則為未成年之人，或以二十歲為準，或以十八歲為準，隨地所宜，立法規定之，此等人悉有享受地方教育之權利；其二、為老年之人，或以五十歲為準，或以六十歲為準，隨地所宜，立法規定之，此等人悉有享受地方供養之權利；其三、為殘疾之人，有享受地方供養之權利；其四、為孕婦，於孕育期內，免一年之義務，方享有地方供養之權利。其餘人人則必當盡義務，乃得享權利，不盡義務者，停止一切權利」。

著者體驗國父見解，發現一個新道理（或稱新原理），就是老年人和少年人應少盡所能，多取所需；或則說無力盡其能，有權取其利。中年人或壯年人應多盡所能，少取所需；或則說應多盡義務，要少享權利。這樣以有餘補不足，社會的權利義務的總和，才能作合理的分配，國家社會的行政和福利經費才有著落，否則不僅養老、育幼、教育、救濟等用費無處籌措，連行政經費亦有問題了。由此更可以推測到國父的服務人生觀，主張以巧事拙，也就是以大事小，以強扶弱，以富濟貧，主要是就「以有餘補不足」而言。

二、立機關

「戶口既清之後，便可從事於組織自治機關，凡成年之男女，悉有選舉權，創制權，複決權，罷免權。而地方自治草創之始，當先施行選舉權，由人民選舉職員，以組織立法機關，並執行機關」。《建國大綱》第九條載：「一完全自治之縣，其國民有直接選舉官員之權，有直接罷免官員之權，有直接創制法律之權，並有直接複決法律之權」。這是說，設立機關之後，即訓練人民行使四權（直接民權），所以直接民權之行使，以縣為單位，與地方自治的關係至為密切。

執行機關設立之後，當在其下「設立多少專局，隨地方所宜定之，初以簡便為主。而其首要，在糧食管理局，量地方之人口，儲備至少足供一年之糧食。地方之農業，必先供足地方之食，然後乃准售之外地。故糧食一類，當由地方公局買賣。對於人民需要之食物，永定最廉之價，使自耕自食之外，餘人得按口購糧，不准轉賣圖利。地方餘糧，則由公局轉運，售賣之外，其溢利歸諸地方公有，以辦公益」。

糧食局之外，國父認為「其餘『衣』，『住』，『行』三種需要之生產製造機關，悉當歸地方之支配，逐漸設局管理」。合起來說，國父在《實業計劃》中所講到的民生工業，如糧食工業、衣服工業、居住工業、交通工業，都要次第興建，逐步推行。

地方自治經費如何籌措呢？國父認為應重視勞動服務。他說：「至於人民對地方自治團體之義務，每人每年當出一個月或兩個月之勞力，隨人民之志願，立法規定。每月當以三十日為準，每日當以八點鐘為度。其不願出勞力者，當納同等的代價於公家。自治機關每年當公布預算、決算，並所擬舉辦之事業，以求人民同意」。

三、定地價

如何定地價？如何解決土地問題呢？國父說：「其法：以地價之百分抽一，為地方自治之經費；如每畝值十元者，抽其一角之稅，值百元者抽其一元之稅，值千元者抽十元之稅等是也。此為抽稅之一方面，隨地主報多報少，所報之價，則永以為定，此後凡公家收買土地，悉照此價，不得增減。而此後所有土地之買賣，亦由公家經手，不能私相授受。原主無論何時，只能收回此項所定之價；而將來所增之價，悉歸於地方團體之公有。如此則社會發達，地價愈增，則公家愈富。由眾人所用之勞力以發達之結果，其利益亦眾人享有之；不平之土地壟斷，資本專制，可以免卻，而社會革命，罷工風潮，悉能消弭於無形。此定地價一事，實吾國民生根本之大計，無論地方自治，或中央經營，皆不可不以此為著手之急務也」。這裏所講定地價的方法，就是平均地權的方法，今日我們在臺灣大致已在進行，唯有一事尚未辦到，就是「土地買賣由公家經手」，如能做到這一著，公價與黑市價之懸殊，便可消除，漲價歸公之目的，才可實現。

四、修道路

自治區內，公家可以自由規劃其交通。人民的義務勞力，當首先用於築道路。道路宜分幹路支路兩種，幹路以同時能往來通過四輛自動車為度，支路以同時能往來通過兩輛自動車為度，此等車路，宜縱橫遍布於境內，並連接於鄰境。築就之後，宜分段保管，時時修理，不得稍有損壞。

五、墾荒地

荒地有兩種，其一、為無人納稅之地，此種荒地，當由公家收管開墾。其二、為有人納稅而不耕之地，此種荒地，當課以值百抽十之稅，至開墾完竣為止，如三年後仍不開墾，則當充公，由公家開墾。這裏墾荒地含有強迫性，臺灣實施平均地權條例，亦有荒地稅，只是防止屯積土地而已。

又墾荒地外，「凡山林、沼澤、水利、礦場，悉歸公家所有，由公家管理開發。開墾後支配之法，亦分兩種：其為一年收成者，如植五穀菜蔬之地，宜租於私人自種；其數年或數十年乃能收成者，如森林果藥等地，宜由公家管理。開荒之工事，則由義務勞力為之，如是，數年或數十年之後，自治區域，當可變成桃源樂地，錦繡山河矣」。

六、設學校

凡在自治區域之少年男女，皆有受教育之權利，學費、書籍、與夫學童之衣食，當由公家供給。學校之等級，由幼稚園、而小學、而中學，當陸續按級而登，以至大學而後已。教育少年之外，當設公共講堂、書庫、夜學，為年長者養育智識之所。這裏所講教育內容，包含公費教育、成年教育、義務教育多種，我們今日尚未完全做到。

至於教育經費如何籌措呢？國父亦有明白指示：「或疑經費無從出，此不足憂也。以人民一月義務勞力之結果，必足支持此費，如仍不足，則由義務勞力之內議加，或五日，或十日，以至一月，則無不足矣。一境之內，如人盡所長，為公家服一二月之義務，長於農事者為公家墾荒，則糧食足矣；長於織造者為公家織布，則衣服足矣；長於建築者為公家造屋，則屋舍足矣；如是少年之衣食住，皆可由義務之勞力成功，自治區之人民，各有雙手，只肯各盡其長，則萬事具備矣。不必於窮鄉僻壤，搜括難得之金錢，籌集大批之款項，始能從事於自治也」。

學校之目的何在？在「於讀書識字、學問、智識之外，當注意雙手萬能，力求實用，凡能助雙手生產之機械，我當倣造，精益求精，務使我能自造，而不依靠於人。必期製造精良，實業發達，此亦學校所有事也」。這是說除義務教育、成年教育外，還要注意生產職業教育。

以上自治開始之六事，如辦有成效，當逐漸推廣，及於他事。此後之要事，為地方自治團體所應辦者，則「農業合作」、「工業合作」、「交通合作」、「銀行合作」、「保險合作」等事。此外更有對於自治區域以外之運輸交易，當由自治機關設專局以經營之，此即自治機關職務之大概也。

第三節　教養兼施與古代政治

一、教養兼施與地方自治

「總而論之，此地方自治團體，不止為一政治組織，亦且為一經濟組織。近日文明各國政府之職務，已漸由政府兼及於經濟矣。中國古之治理，教養兼施；後世退化政府，則委去教養之職務，而聽人民各家之自養自教，而政府只存一消極不擾民者，便為善政矣。及至漢唐，保民理民之責，猶未放棄，故對外尚能禦強寇，對內尚能平冤屈。其後則並此亦放棄，遂致國亡政息，一滅於元，再滅於清，文明華冑，竟被異族荼毒者三百餘年，可謂慘矣」。國父為了挽救危亡，恢復舊業，故主張今後的地方自治，應教養兼施。

二、教養兼施與古代政治

中國古代政治理論與實施都是主張教養兼施的。孟子認為當堯舜之世，天下猶未平，水患獸患，所在皆有，舜使禹平水患，使益平獸患，使稷教民耕，解決了養的問題；又恐怕「逸居而無教，則近於禽獸，聖人有憂之，使契為司徒，教以人倫」，以解決教的問題。可見教養兼施，是中國古代政治實施的職責。孔子論政，於足食（養）足兵之外，重視民信（教）。他又主張既富加教，都是教養實施的政治理論。管子一面講「衣食足」與「倉廩實」，一面講「四維」，他可說是教養兼施的理論家兼實行家。國父提倡地方自治，實行直接民權，教養兼顧，乃一面順應世界之潮流，一面取法乎上古，期「造成高尚之自治團體，以謀全數人民之幸福」。

作業

1. 何謂地方自治？地方自治的目的何在？
2. 地方自治的中心工作為哪六事？試分別述之。
3. 教養兼施與地方自治的關係為何？

第四篇　民生主義

第一章　民生思想概說

第一節　民生的意義及其與經濟的關係

一、經濟與民生

1. 經濟的意義：這裏就中西學者對於經濟的看法，分別述之。

(1)中國學者的看法：范仲淹云：「教以經濟之業，取以經濟之才」。王安石云：「經術正所以經世務，但後世儒者大抵皆庸人，故世俗以為經術不可施於世務」。史稱：「王安石以道德經濟為己任」。張江陵云：「學不究乎性命，不可以言學，道不兼乎經濟，不可以利用」。

上面所講的經濟是廣義的，是就「經世濟民」而言，也是就整個政治而言。迨西洋經濟思想傳來，才縮小了範圍，把財物糧賦等視為經濟的內容。

(2)西方學者的看法：Economy 原為節省的意義，來自希臘文 Oikonomia，而此字則來自 Oikos 和 Nomos 二字合併而成，前者是指一家所有的財產，如妻子、奴隸、家畜等，凡屬家長所有均包括在內。至 Nomos 是「管理」的意思，所以合併二字為 Oikonomia，就是一家財產的管理方法，這和現代的家政學差不多，可見 Economy 的原意，就是運用人的知識技能，處理一家的財產，務使收入多，支出少，正如我們一般人所稱的「節省」的意義相同。但後來由 Economy 變成 Economics，即由經濟變成了「經濟學」或 Economic Science（經濟科學），其含義便擴大，迥非原來「節省」二字所能包括。

2. 民生的定義：民生是什麼？國父的看法與古人的看法稍有不同。

(1)古人的看法：《書經》云：「民生在勤，勤則不匱」。這是說人民的生活（或稱做活）要勤勞，能勤勞則不匱乏。

(2)國父的看法：〈民生主義第一講〉稱：「民生兩個字是中國向來用慣的一個名詞，我們常說什麼國計民生，不過我們所用這句話，恐怕多是信口而出，不求甚解，未見得涵有幾多意義的。但是今日科學大明，在科學範圍之內，拿這個名詞來用於社會經濟上，就覺得意義無窮了。我今天就拿這個名詞來下個定義，可說民生就是人民的生活、社會的生存、國民的生計、群眾的生命便是」。國計是就國家財政而言，民生是就人民生活而言。國父認為今日講「民生」就「覺得意義無窮了」，這是說今日「民生」的範圍已經較古人的看法（看作人民的生活）更擴大了——擴大到社會的生存，國民的生計和群眾的生命了。

(3)林森先生對民生的解釋：「一、從個人的立場來看，民生二字的涵義，就是人民的生活。二、從社會的立場來看，民生二字的涵義，就是社會的生存。三、從國家的立場來看，民生二字的涵義，就是國民的生計。四、從全人類的立場來看，民生二字的涵義，就是群眾的生命」。由個人、社會、國家、人類（世界）去解釋民生，可見民生二字的內涵較古人所見便廣闊多了。

3. 民生與經濟：民生究竟與經濟有什麼關係呢？等於經濟呢？還是大於經濟呢？我的答覆是「大於經濟」。有人以為民生等於經濟，因為國父說過，民生這個名詞用於社會經濟上就覺得意義無窮了。又說過：「民生實已包括一切經濟主義」（〈關於民生主義之說明〉）。著者以為：(1)「用於社會經濟上」，可釋為用於社會上和經濟上，不必釋為社會的經濟上。如果這樣解釋，我們可以說用民生主義於社會上可以打破社會上的不平等，以解決社會生存問題；用於經濟上，可以打破經濟上的不平等，以解決人民生活問題。這就是說民生不等於經濟了。(2)所謂「民生實已包括一切經濟主義」，可解釋民生的範圍大於經濟，或則說「包括經濟而有餘」，但不能把「包括」看作「等於」，因此，著者認為民生大於經濟。

蔣公說：「民生不單是物質，亦不單是精神，民生是精神與物質配合統一而得到生存的」（《反共抗俄基本論》）。按物質大於經濟，民生既然是精神物質兼容並包的，既然不以物質為限，亦當然不以經濟為限了。

二、經濟學與民生

1. 經濟學的意義與民生：這裏要講國父與蔣公的見解。

(1)國父對經濟學的見解：國父在〈社會主義之派別及批評〉講詞中指出：「按經濟學本濫觴於我國，管子者經濟家也，興漁鹽之利，治齊而致富強，當時無經濟學之名詞，且無條理，故未能成為科學。厥後經濟學之原理成為有系統之學說，或以『富國學』名，或以『理財學』名，皆不足以賅其義，唯經濟二字，似稍相近。經濟學之概說，千端萬緒，分類周詳，要不外乎生產分配二事，生產即物產及人工製品，而分配者即以生產之物，支配而供人之需也。驟視之，其理似不高明深邃，熟審之，則社會之萬象，莫不包羅其中也」。這裏以生產與分配論經濟的內容，是一種簡單的說法。僅就這簡單的說法亦知其與民生有密切關係，因為生產與分配是民生問題中的兩大問題。

⑵蔣公的見解：蔣公對我國經濟學說，曾作深刻研究，於民國三十二年發表《中國經濟學說》一書，對中國經濟學之定義，言之綦詳，茲摘錄於後：「從心與物的關係來說，中國稱經濟學為『經世濟物之學』；從個體與全體的關係來說，中國稱經濟學為『國計民生之學』。我們可以說，經濟的原理，就是經世濟物的道理，亦就是國計民生的學理。簡言之，經濟學即致國家於富強之學，亦就是建設國家臻於富強康樂之境域」。這裏所謂富強康樂，與民生問題關係至為密切。

2.經濟學的目的與民生：蔣公在《中國經濟學說》中說：「……在目的方面，我們用最小的時間與精力，本於文化的遺傳，依於進步的科學，發揮人力地力，至於最高度，為的是民生的改進與國防的充實。換言之，我們的經濟學，以養民與保民為目的。申言之，西洋的經濟學說，以欲望尤其是個人小己的欲望——私欲為出發點，充其所至，生產技術與國防技術，不獨不能為民生服務，反而役使民生，甚至毀滅人生。中國的經濟學說與此不同，我們的經濟學說以人性為出發點，以民生為目的，一切經濟制度與政策，都要順應人性，服務民生」。我們最少可以說，經濟學以解決民生問題為主要目的。

國父在〈社會主義之派別及批評〉中說：「欲謀人類之幸福，當先謀人類之生存。既欲謀人類之生存，當研究社會之經濟。從經濟學之根本解決，以補救社會上之疾苦」。足見國父所指之「經濟學」之目的，亦是為了要解決民生問題。故又說：「民生就是經濟的中心」。

第二節　民生問題與經濟問題及社會問題

一、三種問題的範圍

1.經濟問題的範圍：就經濟學的範圍看，普通把經濟問題分為欲望問題，生產問題，消費問題，分配問題，交易問題等；就經濟的內容看，經濟問題包括交通問題，財政問題，賦稅問題，土地問題，農業問題，工業問題，貿易問題，林牧問題等。

2.社會問題的範圍：普通認為社會問題包括婚姻問題，人口問題，勞動問題，失業問題，婦女問題，農村問題，貧窮問題，災荒問題，養老育幼問題，救濟問題等。內中哪些問題重要？因時因地而有所不同。國父認為因有社會問題，故產生了社會主義；也可說為了要解決社會問題，故產生了社會政策。社會主義以解決社會問題為主旨，社會政策乃是解決社會問題的工具。

3.民生問題的範圍：著者認為民生問題，有廣狹二義：狹義的民生問題，包括食衣住行育樂等問題；廣義的民生問題，包括人民生活問題，社會生存問題，國民生計問題，群眾生命問題。

二、三種問題的關係和區別

1.經濟問題與民生問題：經濟問題是民生問題的重要環節，但不能說民生問題等於經濟問題。第一、單就狹義的民生問題來看，食衣住行問題，固偏於經濟問題，育樂問題則涉及精神問題；其次，就廣義的民生問題來看，食衣住行的生活，固以經濟問題為主，但不以經濟問題為限（如衣的製成經過必須有人的精神活動）；

至於教育與娛樂的生活，則不僅不以經濟問題為限，而且以精神生活與道德生活為主。國父說：「有了物質，又有高尚道德，才能夠完全人類的生活」。再次，如就社會生存與群眾生命來看，則更涉及社會組織與血統、倫理、宗教等問題，尤非經濟問題所能限制。

林森先生說得好：「無論古今中外，所有社會上所發生的紛亂，哪一件不是因為民生受了障礙，不是因為人民的生活和國民生計受了脅迫，便是因為社會的生存和群眾的生命失了保障。不過民生受了障礙的時候，因其障礙所以發生的原因不同，民生問題所表現的形式，也就不同了。當一個民族受了外族的壓迫，而不能維持他的生存的時候，民生問題便表現為民族的問題；在一個國家內大多數人民受了政治上的壓迫，以致生活發生恐慌的時候，民生問題便表現為政治的問題；國內經濟為少數人所壟斷，以致大多數人不能維持生存的時候，民生問題便表現為經濟的問題。可見古往今來，形形式式的問題雖多，而其實質只有一個，就是民生」。

由林先生的說法講，可知經濟問題僅占民生問題的三分之一，更不能說民生問題等於經濟問題。

2. 社會問題與民生問題：國父在民生主義講演中，談到民生問題就是社會問題，可見兩問題關係至為密切。不過，民生問題與社會問題，各有其範圍，已如上述，不能混為一談。自另一方面看，社會主義以解決社會問題為主旨，民生主義則以解決民生問題為主旨。國父以民生主義代替社會主義，並指出民生主義的範圍，大於社會主義；我們也可以說，國父以民生問題代替社會問題，便知道民生問題的範圍，大於社會問題。

作業

1. 民生與經濟有何關係？試就國父見解申論之。
2. 民生問題、經濟問題與社會問題的範圍，應如何區別？試述其要。

第二章　民生主義的意義

第一節　民生主義的目的

一、以經濟地位平等為目的

民族主義的目的，在求國際地位平等；民權主義的目的，在求政治地位平等；民生主義的目的，在求經濟地位平等。國父說：「三民主義的精神，……不但在政治上要謀民權的平等，而且在社會上要謀經濟的平等」（〈與戴季陶關於社會問題之談話〉）。所謂經濟平等的反面，就是打破社會上或經濟上的不平等。「故民生主義，則為打破社會上不平之階級也」（〈軍人精神教育〉）。這是什麼階級？就是「如大富豪，大資本家，在社會上壟斷權利」。國父又說：「民族主義是對外打不平的，民權主義是對內打不平的，民生主義是對誰去打不平呢？是對資本家打不平的」（〈革命軍應擔負救國救民之責任〉）。

二、以養民為目的

《書經》云：「德惟善政，政在養民」。國父的民生主義的目的，也是養民。他自己說：「資本主義以賺錢為目的，民生主義以養民為目的」。故資本主義為賺錢而生產，民生主義為養民而生產。又民生主義的實施辦法為平均地權，節制資本，以及解決食衣住行育樂等問題，這些辦法的目的，都在「養民」。

三、以世界大同為目的

國父所謂「民生主義……即是大同主義」，不必看作定義，應看作目的。〈民生主義第二講〉末段稱：「我們要解決中國的社會問題，和外國是有相同的目標，這個目標，就是要全國人民都可以得安樂，都不致受財產分配不均的痛苦」。這個目標，是民生主義的目標，亦包含在三民主義之中。「我們三民主義的意思，就是民有、民治、民享。這個民有、民治、民享的意思，就是國家是人民所共有，政治是人民所共管，利益是人民所共享。照這樣的說法，人民對於國家，不只是共產，一切事權都是要共的，這才是真正的民生主義，就是孔子所希望之大同世界」。因此，蔣公著《民生主義育樂兩篇補述》，以世界大同作結論。

四、以均富為目的

民生主義之求「均」，不是均無，乃是均有；不是均貧，乃是均富。胡漢民先生說：「均富之方法至多，民生主義者所主張者，不勝縷舉」(〈斥新民叢報之妄謬〉)。如平均地權，節制私人資本，發達國家資本，不讓私人壟斷社會財富，由國家經營大企業，盈餘歸公，多徵所得稅及遺產稅，都是求「均富」的方法。蔣公說：「我以為民生主義的『平均地權，節制資本』兩句口號，可以很簡單地說，就是『均富』兩個字」(《土地國有的要義》)。

合而言之，民生主義的初步目的在「養民」，最終目的在「世界大同」，而「均富」與「經濟平等」可說是民生主義的過渡目的。

第二節　民生主義與三民主義的關係

一、戴季陶先生的見解

就三民主義的起源說，先有民族主義，次有民權主義，再次有民生主義。但就國民革命的最初的動因和最後的目的說，都是在民生。

戴季陶先生說：「所以就民生主義的真義說來，民族問題，實在是民生問題當中最大的一個部分。如果說普通的社會問題是橫的民生問題，這民族問題就可以算是縱的民生問題了。民權問題是什麼呢？就是要解決民生問題，必定要人民自身來解決，才是切實，才是正確。所以為了解決民生問題，就非建設人民的權力不可，尤其非建設起在政治地位上、經濟地位上、立於被壓迫地位的農工階級的權力不可，所以三民主義中的民權主義，是主張全體人民男女的普通直接民權。如此看來，我們就可以曉得，先生（指國父言）所領導的國民革命，最初的動因，與最後的目的，都是在於民生，先生對於民生問題下的定義，是『民生就是人民的生活，社會的生存，國民的生計，群眾的生命』。就這四句話看，我們可以曉得，民生主義，實在是先生全目的所在」（《孫文主義之哲學的基礎》）。這是以民生問題包括民族問題，政治問題（民權問題）的，以解決民生問題，作為三民主義的總目的，也就是以民生主義作為三民主義的中心。

二、蔣公的見解

蔣公亦認為民生是政治建設的中心目標，現代的政治建設必須以民生為首要。他說：「所謂政治建設的目標，分開來講，固然應當同時舉出四個來（人盡其才，地盡其利，物盡其用，貨暢其流）。若是就政治的根本作用，將政治建設的目標，講得更簡明更透徹一點，可以說政治建設唯一的目標，就是民生。國父在《建國大綱》中指示我們革命建國最重要的一句話說：『建設之首要在民生』。這句話真是一語破的，指明了我們政治建設的中心目標」。又說：「一國之現代政治必須是民生主義的政治，現代的政治建設，必須以民生為首要」（〈國父遺教概要第二講〉）。並舉出孔孟和管子的政治理論，都是以民生為政治之大本。

三、林森先生的見解

林先生曾解釋民生問題包括民族民權問題，又認為民生主義是三民主義的中心。他說：「民生既為社會進化的重心，民生問題既為社會進化的原動力，所以三民主義的唯一的根本作用，便是解決民生問題；排除民生的障礙，保障民生的安全，充實民生的內容，促進民生的向上，這就是三民主義唯一的根本作用。此所以民生主義為三民主義之中心也」（〈民生意義的闡釋〉）。

除以上三位先生的見解外，國父自說：「民生是政治的中心，經濟的中心(重心)，和種種歷史活動的中心」。換言之，也可說是政治問題，經濟問題和民族問題的中心。講到這裏，我們可以說，民生問題有廣狹二義，民生主義亦有廣狹二義：狹義的民生主義，僅包含社會、經濟等問題；廣義的民生主義，包含民族問題、政治問題（民權問題）和社會、經濟等問題。試繪表如下：

（廣義的）民生主義 ┤ 民族問題——民族主義
　　　　　　　　　 ├ 政治問題——民權主義
　　　　　　　　　 └ 經濟社會問題——民生主義（狹義的）

四、關於民生定義的斷句方式計有下列八種

1. 民生就是人民的生活，社會的生存，國民的生計，群眾的生命（普通的《三民主義》版本，過去最為通行）。

2. 民生就是人民的生活。社會的生存。國民的生計。群眾的生命便是（中國國民黨宣傳部，大字本《三民主義》，民國十三年十二月印，此書存於中央黨史委員會）。

3. 民生就是人民的生活。社會的生存國民的生計。群眾的生命便是（《三民主義》，民智書局，民國十四年一月版本）。

4. 民生就是人民的生活。社會的生存。國民的生計。群眾的生命（胡漢民編，《總理全集》，民智書局，民國十九年）。

5. 民生就是人民的生活。社會的生存，國民的生計，群眾的生命便是（鄭彥棻，《三民主義考訂本》）。

6. 民生就是人民的生活。即社會的生存，國民的生計，群眾的生命便是（黃昌穀，《三民主義考訂本》，正中書局、總政部及東方書店）。

7. 民生就是人民的生活、社會的生存、國民的生計、群眾的生命便是（中國國民黨黨史委員會編，《總理全書》，中央文物供應社）。

8.民生就是人民的生活——社會的生存，國民的生計，群眾的生命便是《反共抗俄基本論》及《民生主義育樂兩篇補述》。

以上7.8.兩種，可供採用。

作業

1.民生主義的目的有幾？試分別述之。

2.民生主義與三民主義的關係若何？試就蔣公見解，加以說明。

第三章　社會主義的派別與主張

第一節　社會主義的發生

一、社會問題的發生

國父認為社會主義之產生是為了要解決社會問題。所以我們要研究社會主義，先要研究社會問題如何發生。社會問題發生的原因何在？由於機器發明與工業革命；由於機器代替了勞工，以致發生失業問題；由於資本家運用機器作大規模之生產，以致財富集中，產生了貧富懸殊的問題（包括貧窮問題）。

國父說：「民生問題（社會問題）今日成了世界各國的潮流，推到這個問題的來歷，發生不過一百幾十年。為什麼近代發生這個問題呢？簡單言之，就是因為這幾十年來，各國的物質文明極進步，工業很發達，人類的生產力忽然增加。著實言之，就是由於發明了機器，世界文明先進的人類，便逐漸不用人力來做工，而用天然力來做工，就是用天然的汽力、火力、水力及電力來替代人的氣力，用金屬的銅鐵來替代人的筋骨」。「至於用機器來做工的生產力，和用人做工的生產力兩相比較，便很不相同。用人來做工，就是極有能幹而兼勤勞的人，只可以駕乎平常人的十倍；但是用機器來做工，就是用一個很懶惰和很尋常的人去管理，他的生產力也可以駕乎一個人力的幾百倍或者是千倍。所以這幾十年來機器發明了之後，……世界的生產力便生出一個大變動，這個大變動，就是機器占了人工，有機器的人便把無機器的人的錢都賺去了」（〈民生主義第一講〉），以致發生工人失業問題，貧富懸殊問題，貧人無法生活等問題。

二、社會主義的發生

國父認為初期的社會主義者都是人道主義者，他們以悲天憫人的胸懷，想方法來解決因機器發明與實業革命所產生的社會問題。他說：「到了工商時代，遇事都是用機器，不用人力，人類雖然有力，也沒有用處，想去賣工，找不到僱主。在這個時候，便有很多人沒有飯吃，甚至於餓死，所受的痛苦，不是一言可盡。一般道德家，見得天然界的禽獸，不用受痛苦，尚且可以得衣食，人類受了痛苦，反不容易得衣食，這是很可憫的。想要減少這些痛苦，令人人都可以得衣食，便發明了社會主義的學說，來解決這個問題」（同上）。

國父在〈社會主義之派別及批評〉中，指出社會主義係與個人主義相對待，又與達爾文之物競天擇優勝劣敗說相反。因此，社會主義既反對以個人主義為基礎的資本主義，亦反對任天演淘汰之達爾文主義。也可以說社會主義是以上兩種主義的反動。

第二節　社會主義的派別

一、一般的見解

社會主義產生了之後，因見仁見智，主張不同，便形成許多不同的派別。一般說來，可分為：⑴烏托邦社會主義；⑵社會民主主義；⑶農業社會主義；⑷國家社會主義；⑸無政府社會主義；⑹共產社會主義；⑺基爾特社會主義；⑻基督教社會主義；⑼社會聯帶主義等。

二、國父的見解

國父對於社會主義的分派，計有下列各種分法：

1. 烏托邦派與科學派：馬克思稱過去的社會主義為烏托邦主義，他自己的社會主義為科學社會主義，謂自科學（經濟學）研究出來的結果。國父因之，在〈民生主義第一講〉中亦分社會主義為烏托邦派與科學派。

2. 溫和派與激烈派：國父說：「照馬克思派的辦法，主張解決社會問題，要平民和生產家即農工專制，用革命手段，來解決一切政治經濟問題，這種是激烈派。還有一派社會黨，主張和平辦法。用政治運動和妥協的手段去解決。這兩派在歐美常常大衝突，各行其是」（〈民生主義第二講〉）。這裏所謂溫和派可能是指社會民主主義或費邊社會主義而言。

3. 共產社會主義與集產社會主義：國父謂：「嘗考社會主義之派別為：一、共產社會主義，二、集產社會主義，三、國家社會主義，四、無政府社會主義，在英、德又有所謂宗教社會主義，世界社會主義。其以『宗教』、『世界』為範圍的社會主義者，皆未適當。自予觀之，則所謂社會主義者，僅可區為二派：一、集產社會主義；二、共產社會主義。蓋以國家社會主義，本屬於集產社會主義之中。而無政府社會主義，又屬於共產社會主義者也」。

何謂集產社會主義？國父自答云：「夫所謂集產云者，凡生利各事業，若土地、鐵路、郵政、電氣、礦產、森林，皆為國有」。

何謂共產主義？國父自答云：「共產云者，即人在社會之中，各盡所能，各取所需，如父子昆弟同處一家，各盡其生利之能，各取其衣食所需，不相妨害，不相競爭，郅治之極，政府遂處於無為之地位，而歸於消滅之一途」。下面國父又指出現在國民道德尚未達「各盡所能，各取所需」之程度——實在談不到真正共產了（〈社會主義之派別及批評〉）。

作業

1. 社會主義有哪些主要派別？請簡述之。
2. 共產社會主義與集產社會主義，有何區別？試就國父見解申論之。

第四章　馬克思主義與國父對其之評論

第一節　國父對馬克思主義的批評

國父逝世前，世人所講的現代共產主義，多指馬克思主義而言。〈民生主義第一講〉中，批評馬克思主義的文字甚多，〈社會主義之派別及批評〉中亦稍有論及，茲就下列各項加以敘述：(1)對於唯物史觀及階級鬥爭論之批評；(2)對於剩餘價值論之批評；(3)對於各盡所能各取所需之批評。

一、對於唯物史觀及階級鬥爭論之批評

國父認為馬克思從經濟學方面研究社會主義，自稱為科學的社會主義，他用二、三十年的工夫，費了一生的精力，研究的結果說：「世界一切歷史都是集中於物質，物質有變動，世界也隨之變動」。並說：「人類行為，都是由物質的境遇所決定，故人類文明史，只可說是隨物質境遇的變遷史」。這裏所謂物質，是指經濟基礎而言。馬克思以為經濟有變動，政治、法制、文化（宗教、藝術、道德、風俗習慣等）等，跟著變動。人類的活動（精

神）完全受物質境遇所支配，就是說只有物質決定精神，精神不能決定物質。

國父對於馬克思這種理論是不贊成的。他說：「馬克思以物質為歷史的重心，是不對的，社會問題才是歷史的重心；而社會問題中又以生存問題為重心，那才是合理。……歸結到歷史的重心是民生，不是物質」。以上是對於唯物史觀的主要批評。

至於對於階級鬥爭論，國父批評得更透徹。〈民生主義第一講〉稱：「照馬克思的觀察，階級戰爭不是實業革命之後所獨有的，凡是過去的歷史，都是階級戰爭史。古時有主人和奴隸的戰爭，有地主和農奴的戰爭，有貴族和平民的戰爭，簡而言之，有種種壓迫者和被壓迫者的戰爭。到了社會革命完全成功，這兩個互相戰爭的階級，才可以一齊消滅。由此便可知馬克思認定要有階級戰爭，社會才有進化，階級戰爭是社會進化的原動力，這是以階級戰爭為因，社會進化為果」。這種說法對不對呢？國父從現代社會進化的事實來加以分析，認為是不對的。現代社會進化（經濟進化）的事實有下列四種：一為社會與工業之改良，二為運輸交通收歸公有，三為直接徵稅，四為分配社會化。由這四種事實看來，可知社會進化是由於經濟利益相調和，不是由於經濟利益相衝突，換言之，是由於社會互助，不是由於階級鬥爭（〈民生史觀〉）。

國父下一結論說：「階級戰爭，不是社會進化的原因，階級戰爭，是社會當進化的時候，所發生的一種病症。這種病症的原因，是人類不能生存，因為人類不能生存，所以這種病症的結果，便起戰爭。馬克思研究社會問題所有的心得，只見到社會進化的毛病，沒有見到社會進化的原理，所以馬克思只可說是一個社會病理學家，不能說是一個社會生理學家」。

二、對於剩餘價值論之批評

國父在〈民生主義第一講〉中說：「再照馬克思階級戰爭的學說講，他說資本家的盈餘價值（即剩餘價值）都是從工人的勞動中剝奪來的。把一切生產的功勞，完全歸之於工人的勞動，而忽略社會上其他各種有用分子的勞動」。並以紡紗織布為例，說明工業生產的盈餘價值，「不專是工廠內工人勞動的結果，凡是社會上各種有用有能力的分子，無論是直接間接，在生產方面或者在消費方面，都有多少貢獻」。

上面我們敘述社會主義的派別，有一種叫社會聯帶主義，國父是站在社會聯帶主義的立場，去批評剩餘價值論的。後來有人稱國父的價值論叫社會價值論。由此可以得兩個結論，國父一方面以社會互助論批評階級鬥爭論，另一方面以社會價值論批評剩餘價值論。

三、對於各盡所能各取所需之批評

國父在〈社會主義之派別及批評〉中，認為共產主義者主張各盡所能，各取所需，「本為社會主義之上乘。然今日一般國民道德之程度，未能達於極端，盡其所能，以求所需者尚居少數，任取所需，而未嘗稍盡所能者，隨在皆是。於是盡所能者，其所盡未必充分之能，而取所需者，其所取恐又為過量之需矣。狡猾誠實之不同，其勤惰苦樂亦因之而不同，與真正之社會主義反相抵觸，說者謂可行於道德智識完美之後。然斯時人民，道德智識，既較我人為高，自有實行之力，何必我人之窮思竭慮，籌畫於數千年前乎！我人既為今日之人民，則對於今日有應負之責任，似未可放棄今日我人應負之責任，而為數千年後之人民負責任也」。

以上是說現在我們用不著替未來人著想，用不著去勉強實行各盡所能各取所需的共產主義。

此外，國父對於馬克思下列各項理論，在〈民生主義〉曾加以批評：(1)社會黨不能入國會的判斷錯誤；(2)資本家會自然消滅的判斷錯誤；(3)資本家絕對不肯減少工時的判斷錯誤；(4)欲得盈餘價值必須減少工資增加工時提高價格的判斷錯誤；(5)預料資本家先消滅商人後消滅的判斷錯誤；(6)資本發展靠生產不靠消費的判斷錯誤。

第二節　民生主義與社會主義及共產主義

一、民生主義與社會主義

1.民生主義與社會主義的異同：社會主義的派別雖多(上面列了很多派，還未盡舉，國父曾說有五十七派)，不勝枚舉；但他們有下列各項共同點：(1)反對私有財產，提倡公有制度；(2)反對個人主義，提倡社會本位；(3)反對不勞而獲，提倡社會福利；(4)反對壟斷獨占，提倡平均分配；(5)消滅貧富階級，實行經濟平等。詳細言之，則社會主義與民生主義有其相同之處，亦有其相異之處。

(1)相同方面：就一般社會主義派別言，民生主義與其相同之點，計有下列數項：

①同站在社會本位，反對個人主義，尤其是在經濟方面：如社會主義反對亞丹斯密的自由競爭，民生主義亦然。

②同反對不勞而獲，提倡社會福利，尤其重視勞工利益：許多社會主義者都代勞工說話，國父亦在各種宣言及政綱中主張保障勞工權益。

③同反對資本家壟斷獨占，提倡平均分配：所有社會主義都反對資本家剝削勞工，壟斷社會財富，國父提倡平均地權與節制資本，也是反對土地與資本的獨占，主張分配平均。

④同重視人道主義反對達爾文主義：國父謂早期的社會主義者都是人道主義者。又說以人為挽「天演」是社會主義者的責任（〈社會主義之派別及批評〉）。這裏所謂「挽天演」是指反對達爾文的優勝劣敗弱肉強食的天演公例而言。國父又提倡社會互助，反對達爾文的生存競爭（物種進化以競爭為原則，人類進化以互助為原則）。而且民生主義是博愛主義，也是人道主義。

⑤同主張消滅貧富階級實行經濟平等：國父認為社會主義之產生，就是要解決貧富懸殊之社會問題，而民生主義之目的，也是要打社會上之不平等階級，而實行經濟平等，走向自由安樂的大同社會。

以上是就一般社會主義而言，如分別來講，則民生主義與國家社會主義和費邊社會主義的關係，較為密切。

(2)相異方面：民生主義與一般社會主義有何不同之處呢？約略言之，可得下列數項：

①就實施方法言：民生主義的實施方法，為平均地權與耕者有其田，為節制私人資本與發展國家資本。一方面是土地與資本並重，一方面是私營與公營兼顧，一般社會主義多反對私有財產，不讓私營企業有存在餘地；而且多偏重資本方面，不是土地與資本並重。

②就民族觀念言：民生主義是兼顧民族觀念的，如反對經濟侵略，提倡保護政策，以勞務與技術，扶助弱小民族，都與民族主義有關。社會主義則偏重經濟方面，很少顧及民族主義。如英國的費邊主義，其在社會政策與福利實施方面固多與民生主義相同，一談到民族政策與國際政策，便和我們的民生主義相反，因為他們仍舊脫不了殖民主義和帝國主義。

③就民主精神言：民生主義是民族主義的民生主義，也是民權主義的民生主義。既富有民族觀念，亦富有民主精神。又既重視經濟平等，亦重視政治民主；加以三民主義的民權主義，不僅具有西方的民主精神，而且

更進一步，實行權能區分，實行直接民權，實行充分民權，實行全民政治……一般社會主義者，多未將政治民主與經濟平等同等重視。尤其與民生主義關係密切之國家社會主義，更缺乏民主精神，即就各種社會主義論，其民主深度，亦不如三民主義的民生主義。

④就範圍大小言：民生主義的範圍，大於集產主義與共產主義，亦大於社會主義。國父在關於民生主義的說明中，繪圖如下：

這裏特別要解釋的是：國父以為「本黨既服從民生主義，則所謂『社會主義』，『共產主義』，與『集產主義』，均包括其中」。他的意思是說，我們既服膺範圍較大的民生主義，就不必再去實行範圍較小的社會主義、共產主義與集產主義了。並不是說，我們服膺了範圍較大的民生主義之後，還要去實行範圍較小的社會主義、共產主義與集產主義。茲試將上圖改繪為下圖如後：

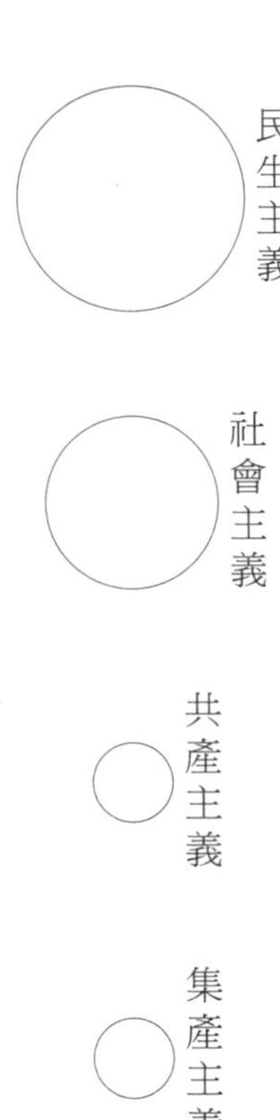

由此四圖看來，更可明白既服膺了範圍較大的民生主義，就不必再去實行範圍較小的社會主義、共產主義與集產主義了。而且這裏所指的共產主義，乃就一般共產主義而言，不是指陷人民於水深火熱之中的馬列主義而言。

2. 何以要用民生主義替代社會主義：國父為什麼不直接提倡社會主義，而要用民生主義這個中國名詞來替代社會主義呢？其理由（或稱用意）有四：(1)因為要正本清源；(2)因為民生主義是社會主義的本題；(3)因為用民生主義可以超越社會黨內部的紛爭；(4)因為民生主義可以包括社會主義及其附屬的問題。

(1)因為要正本清源：社會主義是要研究並解決人民生計問題，採用民生主義這個名詞，可以正本清源，容易使人顧名思義，一目了然。國父對於這個問題，自己加以解釋說：「社會主義的範圍，研究社會經濟和人類生活的問題，就是研究人民生計問題。所以我用民生主義來替代社會主義，始意就是在正本清源，要把這個問題的真性質表明清楚，要一般人一聽到這個名詞之後，便可以了解」。

(2)因為民生主義是社會主義的本題：社會主義之產生，為了要解決社會問題。社會問題以人民生活問題為主，用民生主義去解決人民生活問題，最切題亦沒有了。所以國父說：「今天我所講的民生主義，究竟和社會主義有沒有分別呢？社會主義中的最大問題，就是社會經濟問題，這種問題，就是一班人的生活問題。因為機器發明了以後，大部分人的工作，都是被機器奪去了，一班工人不能夠生存，便發生社會問題；所以社會問題之發生，原來是要解決人民的生活問題。故專就這一部分的道理講，社會問題便是民生問題，所以民生主義，便可說是社會主義的本題」。

(3)因為用民生主義可以超越社會黨內部的紛爭：歐戰以後，社會黨內部發生種種派別，致發生種種紛爭。國父指出歐戰之後「社會黨的內部，便生出許多紛爭。在各國的社會黨，一時風起雲湧，發生種種派別，其中最著名的有所謂共產黨，國家社會黨，和社會民主黨，各黨派之複雜，幾乎不只五十七種」。這些派別，互相攻擊，「不但是德國的社會黨，反對俄國的社會黨，或者是俄國的社會黨，反對英國美國的社會黨，有了國際的紛爭；就是一國的社會黨內部，也演出種種紛爭。所以社會問題愈演愈紛亂，到現在還找不出一個好方法來解決」。國父為了要超越這些紛爭，以便提出解決社會問題的妥善辦法，而不受各派社會主義的影響，所以採用民生主義，以代替社會主義。

(4)因為民生主義可以包括社會主義及其附屬的問題：上面曾經比較，民生主義的範圍大於社會主義，這也是國父以民生主義代替社會主義的理由。又《三民主義手改原稿》（一名《國父手訂本三民主義》）載：「民生主義就是用來替代社會主義，並包括社會主義外之附屬問題，這便是民生主義的定義」。這意思也是說民生主義的範圍大於社會主義，所以用民生主義來替代社會主義。

二、民生主義與共產主義

民生主義與共產主義有何區別？有無相同之處？國父為什麼說民生主義就是共產主義？這些問題，本不易解決，現在先分別敘述國父與蔣公的見解，再作兩種主義的比較。

1. 國父的見解：國父於聯俄容共的前後，對於共產主義的介紹、批評及其與民生主義的關係，曾作了很多次的解說：

⑴民生主義就是共產主義：〈民生主義第一講〉稱：「我現在就是用『民生』二字來講外國近百十年來所發生的一個最大問題，這個問題就是社會問題；故民生主義就是社會主義，又名共產主義，即是大同主義。欲明白這個主義，斷非幾句定義的話，可以講得清楚的，必須把民生主義的演講從頭聽到尾，才可以徹底明白了解的」。這裏特別要注意的是欲明白這個民生主義，斷非幾句定義的話，可以講得清楚的。

⑵共產主義是民生的理想，民生主義是共產的實行：〈民生主義第二講〉稱：「我今來分別共產主義和民生主義，可以說共產主義是民生的理想，民生主義是共產的實行。所以兩種主義沒有什麼分別，要分別的，還是在方法」。這裏似乎說兩種主義理想相同，方法有異。

⑶共產主義是民生主義的好友：第二講載：「民生主義究竟是什麼東西呢？民生主義就是共產主義，就是社會主義；所以我們對於共產主義，不但不能說是和民生主義相衝突，並且是一個好朋友。主張民生主義的人，應該要細心去研究的」。「我們同志中何以發生這種問題呢？原因就是由於不明白民生主義是什麼東西，殊不知民生主義就是共產主義。這種共產主義的制度，就是先才講過，並不是由馬克思發明出來的」。這裏所謂共產主義不是馬克思發明的，可以推知國父所說民生主義就是共產主義，或共產主義是民生主義的好友，是泛指一般共產主義而言，包括原始時代的共產主義，洪秀全的共產主義，蒲魯東等的無政府共產主義等等。

⑷民生主義的範圍大於共產主義：詳前。

(5)馬克思主義的錯誤：國父認為馬克思共產主義的錯誤甚多：一、唯物史觀與階級鬥爭論不合理；二、剩餘價值論不合理；三、實業靠生產的資本說不合理；四、資本家先商人消滅說不合理；五、工時不能減少說與事實不符；六、爭取剩餘價值條件說與事實不符；七、資本家自然消滅說與事實不符。亦可以說國父對馬克思共產主義，曾批評得體無完膚。

(6)共產主義與蘇維埃制度不能實行於中國：此意詳國父與越飛聯合宣言。國父又說：「照馬克思的黨徒，用馬克思的辦法，來解決中國問題，是不可能的」（〈民生主義第二講〉）。

(7)民生主義是共將來，不是共現在：意思是指平均地權，漲價歸公，並以國營事業所得，去增進人民幸福而言，不是馬上要沒收資本家的資本和地主的土地。

(8)民生主義是要一切事權都共，不只是共產：國父說：「我們三民主義的意思，就是民有、民治、民享。這個民有、民治、民享的意思，就是國家是人民所共有，政治是人民所共管，利益是人民所共享。照這樣的說法，人民對於國家，不只是共產，一切事權都是要共的，這才是真正民生主義，就是孔子所希望之大同世界」。這是說民生主義大於共產主義，其範圍以大同主義為範圍，其目的以大同主義為目的。

國父一面說共產主義是民生主義的好友，民生主義是共產的實行，民生主義就是共產主義，一面批評馬克思主義，並說用馬克思的方法，不能解決中國問題，蘇維埃制度不能實行於中國，這些話有沒有矛盾呢？著者的答覆是「沒有」。要解答這問題，應從下列三方面著手：

(1)自馬克思的理論方面看：因為馬克思的理論有許多錯誤，故國父站在真理的立場，予以批評。

(2)自一般共產主義的理想方面看：所有共產主義，其最初的理想或目的，都希望解除人民痛苦，增進民生幸福。當國父實行聯俄容共時，俄國實行馬克思共產主義不過六年，國父以為他們所行的共產主義與一般共產主義理想和目的相同，所以國父說民生主義就是共產主義（就理想和目的言），共產主義是民生主義的好友，民生主義是共產的實行。

⑶自容共與教育國共兩黨黨員方面看：民國十三年宣布容共政策後，中國國民黨的老黨員發生疑懼，深恐共產黨乘機滲透與篡奪。共產黨員亦不知有了民生主義，就不必實行共產主義了。國父為了教育兩黨黨員，並說明融共產主義於民生主義的道理，所以說民生主義的範圍大於共產主義，其內容優於共產主義，其目的等於共產主義，就是共產黨員服膺民生主義之後，不必再去奉行共產主義；所以說蘇維埃制度不能實行於中國，馬克思的辦法，不能解決中國問題。同時，也是對中國國民黨老黨員示意，只要大家服膺民生主義，共產主義便不必奉行了，也不必怕共產黨的滲透與篡奪。

2.民生主義就是共產主義的詮釋：國父一再說民生主義就是共產主義，蔣公在《土地國有的要義》中有一種精闢的解釋。他認為：⑴民生主義概括了共產主義，共產主義不能概括民生主義；⑵國父所指的共產主義是民生主義式的共產主義，而決不是俄共、中共現在所行的那種「共歸於盡」的共產主義；⑶國父當時所指的民生主義就是共產主義的意義，乃是只指其主義的原則，而不是指其主義的內容和方法，更不是指民生主義的目的，就是今日俄共、中共所行之共產主義的目的；⑷所謂民生主義式的共產主義乃指一切事權都共的大同主義而言，換句話說，人民所共有、共管、共享的共產主義，就是民生主義式的共產主義；⑸國父在世時，蘇俄試行共產不過六年，尤其是他們實行新經濟政策的時候，外人莫明真相。他們所提倡的所謂「扶助弱小民族，打倒帝國主義」等口號的假面具，亦沒有揭穿，想不到俄國當初所謂共產的意義和目的，其後果會有像今日那樣空前絕後的浩劫呢？⑹如果國父至今依然健在，看到蘇俄這樣侵略中國與征服世界奴役人類毀滅人性的共產主義，必補充說明我們的民生主義，決不是俄共、中共式的共產主義。

茲將蔣公見解與國父見解加以比較，可知：⑴國父所說民生主義的範圍大於共產主義，蔣公亦說民生主義概括了共產主義；⑵蔣公說民生主義的內容和方法與共產主義不同，完全與國父的看法一樣；⑶蔣公所說民生主義式的共產主義以世界大同為目的，與國父所說民生主義即是大同主義的意思完全相同。由以上三項來看，蔣公的見解與國父的見解完全一致，用不著再詮釋了；唯在目的和理想方面，國父以為民生主義的目的和理想與共產主義相同，蔣公以為民生主義的目的與俄共、中共所行的共產主義不同。這兩句話怎樣解釋呢？著者的看法是：⑴國父所說民生主義的目的與共產主義的目的相同，一方面是泛指一般共產主義的目的而言，一方面以為俄國共產主義標榜實行經濟政策與扶弱抑強，也會走向這個目的，初不料後來他們走向帝國主義與大斯拉夫主義的道路。如果國父健在，看見這個事實，一定補充說明，我們的民生主義目的與俄共、中共共產主義目的完全不同了；⑵蔣公所謂「原則」相同，又將作何解釋呢？著者以為這是民生主義，社會主義，共產主義，集產主義共同要解決社會問題（民生問題）的原則而言。

3.民生主義與俄共、中共的共產主義的區別：講過了國父與蔣公的見解之後，我們現在可以談到民生主義與俄共、中共的共產主義的區別。

⑴思想淵源不同：民生主義的思想淵源，為堯舜禹湯文武周公孔子之正統思想；俄共、中共共產主義的思想淵源，為馬克思思想。

⑵哲學基礎不同：民生主義的哲學基礎，為民生哲學中的心物合一論，俄共、中共共產主義的哲學基礎，

為辯證唯物論。

(3)歷史觀不同：民生主義的歷史觀為民生史觀；俄共、中共共產主義的歷史觀為唯物史觀。

(4)出發點不同：民生主義的出發點為「愛」；俄共、中共共產主義的出發點為「恨」。

(5)目的不同：民生主義的目的，對內為實現經濟平等的大同社會，對外為實現民族平等的大同世界；俄共、中共共產主義的目的，對內為實施經濟剝削的「大私有主義」，對外為實施赤色帝國主義和大斯拉夫主義。

(6)對外政策不同：三民主義的民生主義以「扶助弱小民族打倒帝國主義」為實現世界大同的手段；俄共、中共奉行列寧的民族政策，以「扶助弱小民族打倒帝國主義」為製造「附庸」的手段。

(7)方法和手段不同：就方法言，民生主義的方法為平均地權與耕者有其田，節制私人資本與發達國家資本；俄共、中共共產主義的方法為以暴力沒收土地與私有資本，並實行慘無人道的清算鬥爭。再就手段言，民生主義以和平手段解決經濟問題；俄共、中共共產主義以殘暴手段解決經濟問題。

(8)結果不同：民生主義實施的結果，可以達到「均富」；俄共、中共共產主義實施的結果，完全走向「共貧」。

(9)政治觀點不同：三民主義的民生主義，一方面求經濟平等，一方面求政治民主，而且要實現直接民權與全民政治；俄共、中共共產主義在政治方面實行階級專政與一黨獨裁，事實上則走上極權主義與黨魁一人獨裁。

(10)革命立場不同：三民主義的民生主義，是站在全民方面，實行國民革命；俄共、中共共產主義，是站在一個階級方面，實行階級革命，事實上是站在一黨專政的立場，實行暴力革命與特務政治。

作業

1. 國父對唯物史觀及階級鬥爭論，有何批評？試簡述之。
2. 就民生主義與社會主義相異方面言，其實施方法有何不同？試抒所見。
3. 國父說民生主義就是共產主義，各就研究所得，申述其意。

第五章　民生主義的土地政策

第一節　平均地權

一、為什麼要平均地權

國父早在一九〇四年修改美洲致公堂章程，即主張平均地權，當時海內外同胞對於土地問題，多茫然無知。國父為什麼要提倡平均地權呢？第一因為要取締不勞而獲，第二因為要平均社會財富，第三因為要防微杜漸。

1. 要取締不勞而獲：國父鑒於自工業革命以後，各都市及新闢交通地區，地價飛漲，各地主不勞而獲，坐享其成，這是最不公道的事情，所以主張平均地權，把所漲價格歸公家所有。他在民生主義中舉了一個例子，說有一位澳洲人在喝醉了酒的時候，糊裏糊塗花三百元買了一塊地皮，後來地皮漲價，終成為幾千萬元的大富翁。他說：「由此可見土地價值之能夠增加的理由，是由於眾人的功勞，眾人的力量；地主對於地價漲跌的功勞，是沒有一點關係的。所以外國學者認為地主由地價增高所獲的利益，名之為不勞而獲的利益，比較工商業的製造家，要勞心勞力，買賤賣貴，費許多打算，許多經營，才能夠得到的利益，便大不相同。工商業家壟斷貨物的價值來賺錢，我們已經覺得是不公平；但是工商業家還要勞心勞力，地主只要坐守其成，毫不用心力，便可得很大的利益……」（〈民生主義第二講〉）。

2. 要平均社會財富：現代社會有一個趨勢，就是土地不斷地漲價，有地者容易發財，愈發財則愈能購買土地，故土地愈來愈集中。致使富者田連阡陌，貧者無立錐之地。國父為了要平均社會財富，故提倡平均地權。國父說：「我們國民黨的民生主義，目的就是要把社會上的財源弄到平均。……我們的頭一個辦法，是解決土地問題。……現在我們所用的辦法，是很簡單很容易的，這個辦法，就是平均地權」（〈民生主義第二講〉）。

3. 要防微杜漸：為什麼要提倡平均地權，有一個與節制資本相同的理由，就是思患預防，或叫防微杜漸。當時中國雖然沒有大地主，不過受到歐美的影響，將來土地一天天漲價，如果不思患預防，將來自有大地主及大資本家出現，操縱土地，並操縱國民生計。國父在〈三民主義之具體辦法〉中說：「有土地的人，便一日變富一日；沒有土地的人，便一日變窮一日。所以土地問題，實在是很大的。我們要預防這種由於土地的關係，有貧者愈貧富者愈富的惡例，便非講民生主義不可。要講民生主義，又非用從前同盟會所定平均地權的方法不可」。故又說：「兄弟民生主義的辦法，主張平均地權，在中國本是杜漸防微的意思」。所以防微杜漸，是國父提倡平均地權的第三個理由。

二、怎樣平均地權

民生主義中講平均地權的方法，只列四種：⑴地主報價；⑵照價徵稅；⑶照價收買；⑷漲價歸公。但崔書琴先生著《三民主義新論》，加了一項叫「新市地公有」，某些人編三民主義書籍，照抄無誤。其實，這是不必要的，所以我們這裏只講四項：

1.地主報價：平均地權第一步工作，就是要「定地價」。地價應由地主自報好呢？還是由政府規定好呢？國父當時以為可以由地主自行報價，如果地主以少報多，則「照價抽稅」，地主會吃重稅的虧，如果以多報少，政府可以「照價收買」，亦會吃地價損失的虧。這樣地主會老實報價，以免吃虧。所以他說：「在利害兩方面互相比較，他（指地主）一定不情願多報，也不情願少報，要定一個折中的價值，把實在的市價報告到政府。地主既是報折中的市價，那麼，地主和政府，自然是兩不吃虧」（〈民生主義第二講〉）。現在臺灣實施平均地權，為什麼還有人以多報少，就是沒有實行「照價收買」。

2.照價徵稅：要照價徵稅，第一要把土地分為若干等級，第二究竟抽稅百分之幾呢？第三以素地為範圍呢？還是改良物亦在其內？照國父的意思：(1)等級要多，不以三等為限。他說：「以南京土地較上海黃埔灘土地，其價相去，不知幾何，但分三等，必不能得其平。不如照價徵稅，貴地收稅多，賤地收稅少。貴地在繁盛之處，其地多為富人所有，多取之而不為虐；賤地必為窮鄉僻壤，多為貧人所有，故非輕取不可」（實行新社會革命）；(2)國父對收地價稅，主張仿外國例值百抽一，即值一百元的抽稅一元，值十萬元的抽稅一千元；(3)照價抽稅以素地為限。若有改良物，另當別論。為什麼要按素地抽稅呢？第一、可以免土地之荒廢；第二、可以獎勵人工之改良；第三、可以免資本家壟斷土地之弊。

3.照價收買：所謂照價收買，是指有其必要時而言。所謂必要時，第一是政府需要應用土地時，如闢公園，開馬路，建學校等；第二是地主報價以多報少時；第三是地主私有土地超過政府規定時。

照價收買與照價收稅，同樣以素地為限。國父在〈民生主義第二講〉稱：「講到照價抽稅和照價收買，還有一個重要事件，要分別清楚：就是我們所說的地價，是單指素地而言；其他人工之改良及地面之建築，不算在內。比方有一塊地，價值是一萬元的，地面上的樓宇，另外值一百萬元；那麼照價抽稅，照值百抽一來算，只能抽一百元。如果照價收買，就要在給一萬元地價之外，還要補回樓宇的價值一百萬元了；其他在地面，若有種樹、築堤、開渠各種人工之改良，也要照此類推」。

4.漲價歸公：所謂漲價歸公，就是從定地價那一年起，那塊土地漲價了，不管多少，一律歸公，為什麼要實行漲價歸公呢？「因為地價漲高，是由於社會改良和工商業進步。中國的工商業，幾千年都沒有大進步，所以地價常常經過許多年代，都沒有大改變。如果一有進步，一經改良，像現在的都市一樣，日日有變動，那種地價便要增加幾千倍，或則是幾萬倍了。推到這種進步和改良的功勞，還是由眾人的力量，經營而來的。所以由這種改良和進步後，所漲高的地價，應該歸之大眾，不應該歸之私人所有」（〈民生主義第二講〉）。

如何防止地主隱瞞高漲價格呢？國父主張土地買賣由公家經手，不得暗中私相授受。他在《地方自治開始實行法》定地價中規定：「所報之價，則永以為定。此後凡公家收買土地，悉照此價，不得增減。而此後所有（私人）土地之買賣，亦由公家經手，不能私相授受，原主無論何時，只能收回此項所定之價，而將來所增之價，悉歸於地方團體之公有」。現在臺灣實施都市平均地權條例，既未能「照價收買」，又未實行由公家經手買賣，所以並未體現國父的理想。

三、平均地權與公共事業

國父認為平均地權的辦法，如能完全實施，政府既可以徵收地價稅，並獲地價高漲的利益，則收入驟增，不僅行政開支沒有問題，而且各種公共事業可以同時興辦，人民亦可以少納稅或不納稅了。

〈民生主義第二講〉中稱：「土地問題能夠解決，民生問題便可以解決一半了。文明城市實行地價稅，一般平民可以減少負擔，並有種種利益。像現在的廣州市，如果是照地價收稅，政府每年便有一宗很大的收入；政府有了大宗的收入，行政經費便有著落，便可以整理地方。一切雜稅固然可以豁免，就是人民所用的自來水和電燈費用，都可由政府來負擔，不必由人民自己去負擔。其他馬路的修理費和警察的給養費，政府也可向地稅項下撥用，不必另外向人民來抽警捐和修路費」。我們現在知道都市土地高漲至為驚人，如能漲價歸公，其數字亦至為驚人。國父認漲價歸公就是共將來之產。「這種把以後漲高的地價收歸眾人公有的辦法，才是中國國民黨所主張的平均地權，才是民生主義。這種民生主義，就是共產主義」。「因為三民主義之中的民生主義，其大目的所在，就是要眾人能夠共產；不過我們所主張的共產，是共將來不是共現在」。這種將來的共產，是很公道的辦法。

四、關於都市平均地權之實施經過

政府於民國四十三年八月二十六日公布「實施都市平均地權條例」。於民國四十七年七月，作第一次修正公布。民國五十三年二月作第二次修正公布。茲就：⑴地主報價；⑵照價徵稅；⑶照價收買；⑷漲價歸公；⑸土地使用各項加以研述：

1. 對於地主報價之規定：自民國四十三年實行都市平均地權以後，因為照價收買不能徹底執行，所以地主仍多以多報少；又因有些土地受到都市計劃或交通發達的影響，必然在不久的將來，料到政府行將收買，所以地主便以少報多（這是國父當年沒有想到的）。因此民國五十三年新條例，便規定在地主報價之外，尚可由政府估價，既限制以多報少，亦限制以少報多。其要點如下：

在地主自行報價之前，先由縣市政府調查土地市價，劃分等級，將結果提交都市地價評議委員會評議後公告；然後由所有人自行申報。申報過低可令再行申報，如仍低於公告地價百分之二十時，政府得照價收買之。至按照都市計劃編為公用者，地價申報不得超過公告地價。地價規定已滿二年，如地價較原規定有過半數之增減時，應重新舉辦規定地價。這裏發生一個問題，就是重新估價以後，照新價徵地價稅及土地增值稅，則一部分漲價便歸地主私人所有了。

2. 對於照價徵稅之規定：照價徵稅採累進稅率。該條例規定照價徵稅之基本稅率為千分之十五。累進起點地價為縣（市）都市土地七公畝平均地價。如超過累進起點地價，則予以累進課稅，其最高稅率為千分之七十。又都市計劃內直接供工廠用地，按基本稅率課徵。自用住宅在三公畝以內者，按千分之十課徵。為防止土地操縱，對於不在地主之土地，其地價稅加倍徵收。

3. 對於照價收買之規定：政府需用照價收買之土地，應先行公告，並以書面通知土地所有權人或土地移轉之權利人及土地他項權利人。上項權利人接到通知六十天內，呈繳土地所有權狀及有關證件，經審校無訛，三十天內即可領取地價。如逾期不呈繳土地所有權證件，則宣告其無效，逾期不領地價款者，即依法提存。凡報價過低，或土地移轉時申報現價過低時，政府可按照規定，予以收買。其改良土地之費用，已繳之工程受益費，或農作物，應予補償。這是說，照價收買以素地為限。

4. 對於漲價歸公之規定：為實施漲價歸公，都市土地所有權人自行申報地價後，土地之自然漲價，徵收土地增值稅。上項自然漲價，係依照土地漲價總數額計算，於土地所有權移轉時，逐漸收歸公有。其漲價部分之稅率，亦採累進制，凡漲價在百分之一百以下者，就漲價總額徵土地增值稅百分之二十，漲百分之一百至二百者，超過前項部分徵百分之四十；漲百分之二百至三百者，超過前二項部分徵百分之六十；漲百分之三百至四百者，超過前三項部分，徵百分之八十；超過百分之四百以上，超過前四項部分，全部收歸公有。土地增值稅之收入，本應用於各種公共福利事業，如建造國民住宅及育幼、養老、公共衛生等事項。但臺灣省政府自民國四十八年起呈經中央核准，將此項收入一律作為興建國民住宅之用。民國五十六年度以後將移作國民教育之用。

5.對於土地使用之規定：除以上四項辦法外，為了實際需要，特規定土地使用之限制。都市土地之使用，必須與都市計劃相符合，並應合乎都市建設之要求。如私有未建築市地應限期使用，過期則加徵空地稅。又得限制土地所有權人為妨礙都市建設之使用，另可舉行市地重劃與區段徵收。

第二節　耕者有其田

一、為什麼要實行耕者有其田

國父對於耕者有其田的主張，發表於民國十三年，一見於〈耕者要有其田〉講詞（民國十三年對廣州農民訓練所講詞），一見於〈民生主義第三講〉。國父為什麼要提倡耕者有其田呢？第一是要解除農民痛苦，亦就是解決農民問題；第二是要增加糧食生產，亦就是增加耕地面積生產，或者說要地盡其利；第三是要鼓勵墾荒，就是增加耕地面積。

1.解決農民問題：國父認為「中國現在雖然是沒有大地主，但是一般農民，有九成都是沒有田的。他們所耕的田，大多是屬於地主的，有田的人自己多不去耕。照道理來講，農民應該是為自己耕田，耕出來的農品，要歸自己所有。現在的農民，都不是耕自己的田，都是替地主來耕田，所生產的農品，大半是被地主奪去了。這是一個很重大的問題，我們應該馬上用政治和法律來解決，如果不能夠解決這個問題，民生問題便無從解決。農民耕田所得的糧食，據最近我們在鄉下的調查，十分之六是歸地主，農民自己所得到的不過十分之四，這是很不公平的」（〈民生主義第三講〉）。這樣下去，農民的生活是無法解決的，農民的痛苦是無法解除的，如果實行耕者有其田，農民問題，便可以解決。所以國父說：「我們要解除農民的痛苦，歸結是要耕者有其田」（〈耕者要有其田〉講詞）。

2. 增加糧食生產：土地屬於地主，而且地租很重，故農民懶於耕作，或疏於施肥，以致生產減少。國父說：「假若耕田所得的糧食，完全歸到農民，農民一定是更高興去耕田的，大家都高興去耕田，便可以多得生產。但是現在的多數生產都是歸於地主，農民不過得回四成。農民在一年之中，辛辛苦苦所收穫的糧食，結果還是要多數歸到地主，所以許多農民便不高興去耕田，許多田地便漸成荒蕪不能生產了」。

3. 增加耕地面積：如果實行耕者有其田，不僅現有田地，不會荒蕪，而且可以新闢土地（墾荒），增加耕地面積。國父在《實業計劃》中主張移民墾荒，在《地方自治開始實行法》中主張「墾荒地」，如能與耕者有其田相配合，其效果必更為增加。

二、怎樣實行耕者有其田

國父在〈耕者要有其田〉講詞中，只講到要用和平的方法，去實行耕者有其田，不主張採用暴力去沒收地主的土地。在原則上，要使「農民得到利益，地主不受損失」。至於這和平方法的內容是什麼？未加說明。後來中國國民黨歷經研究，才決定用照價收買的原則，對地主加以補償，這才是和平方法的內容。

崔書琴先生在《三民主義新論》中，提出下列四種，作為實施耕者有其田的具體辦法：⑴授田；⑵租田；⑶保障農民權利；⑷限制兼併。後來編三民主義書籍者，多加以採用，有的將限制兼併改為限田。嚴格的說，保障農民權利，屬於中國國民黨的農民政策，不能列於實行耕者有其田辦法之內。至於限田、租田亦不過是實行耕者有其田的前奏而已。茲姑以「吾從眾」的態度，把上列各種辦法分述如後：

1.限田：限田是一種政策，見於《中國國民黨民國十二年宣言》中，其原文為：「由國家制定土地法，使用土地法，及地價稅法，在一定時期以後，私人土地所有權，不得超過法定限度。私人所有土地，由地主估報價值於國家，國家照價徵稅，並於必要時，得依價收買之」。

2.租田：租田的辦法，見於《實業計劃》蒙古新疆之移民項內，其原文為：「土地應由國家收買，以防專占投機之家，置土地於無用，而遺毒害於社會。國家所得土地，應均為農莊，長期貸諸於民。而經始之資本、種子、器具、屋宇，應由國家供給，以實在所費本錢，現款取償，或分期攤還」。如以公地放領來加以比較，所謂租田，可叫公地放租。著者以為公地放租應為公地放領之前奏。

3.授田：授田確為實行耕者有其田的辦法。《中國國民黨第一次全國代表大會宣言》稱：「國民黨之主張，則以為農民之缺乏田地淪為佃戶者，國家當給以土地，資其耕作」。這就是授田。國家的土地何由而來呢？第一、因報價過低依照規定收買者；第二、不能如期開墾而沒收充公者；第三、超過限額由政府收買者。

4.保障農民權益：國父在〈民生主義第二講〉講耕者有其田時曾說：「我們要增加糧食生產，並要規定法律，對於農民的權利有一種鼓勵，有一種保障，讓農民自己多得收成」。這裏講保障農民權益，倒與耕者有其田有點直接關係，至於歷屆中國國民黨代表大會所訂政綱中講到的保障農民權益，乃屬於農民政策，與耕者有其田沒有直接關係。

三、臺灣省實施耕者有其田的辦法

臺灣省在實施耕者有其田之先，曾進行「三七五」減租與「公地放領」，此項「三七五」減租與「公地放領」的推行，實為實施耕者有其田之前奏。

1.三七五減租與公地放領，其實施辦法，分述於後：

(1)「三七五」減租的辦法：所謂「三七五」減租，係將「二五」減租的辦法加以改進，改稱為「三七五」減租，其計算方法，先由一年中的總收穫量減去千分之二百五十，所剩千分之七百五十，由地主與佃農平分，即各得千分之三百七十五，並有下列幾個要點：一、減輕租額：耕地地租，一律不得超過主要作物正產品全年總收穫量千分之三百七十五，原約地租不及千分之三百七十五，不得增加；二、保障佃權：耕田租約，一律以書面為之，不得增加，租佃期間，不得少於六年，在租佃期中或租期屆滿，非有法律因素，地主不得收回耕地；三、優先購買：承租人對於承租耕田，如未積欠地租，有優先購買之權。

(2)公地放領：「臺灣省公地放領扶植自耕農實施辦法」公布後，於民國四十年、四十一年、四十二年、四十七年及五十年，分為五期辦理。其辦法要點如下：一、放領範圍：暫以國有省有之公有耕地，先行辦理放領，其與放領耕地在使用上有不可分離之田寮、水溝、池沼等，得合併辦理。至縣市鄉鎮之公有耕地，亦得比照辦理，唯須獲得地方民意機關之同意；二、放領對象：首先為承租公地之自耕農，其次為雇農及耕田不足之佃農，再其次為耕地不足之半自耕農及無土地耕作之原土地關係人；三、放領價款：係按各等則耕地，正產品全年收穫總產量二倍半，為地價計算標準，由承租耕田之農戶，分十年攤還，攤還後，其土地即歸農戶所有。

2.實施耕者有其田的辦法：政府在「三七五」減租與「公地放領」獲得成效後，即實施耕者有其田，首先根據既定政策，分別制頒「實施耕者有其田條例」、「實施耕者有其田施行細則」、「臺灣省實施土地債券條例」及「公營事業移轉民營條例」。並採用和平漸進方式，先徵收地主超過規定的出租耕田，放領與現耕農民，然後由政府貸款現耕佃農，承購地主出賣之耕田，在整個徵收放領過程中，均由政府代為辦理。又為保護自耕農的權益，設置生產貸款，低利貸放農民，予以經濟上的扶助。並規定耕田地價未繳清前，不得移轉；即地價繳清後，其移轉以自耕、建築、工業用三者為限。至承領耕田之出租，乃加以禁止，以確保耕者有其田之成果。

3.實施耕者有其田的成果：臺灣實施耕者有其田後，獲得如下成果：(1)增加農業生產：臺灣農業生產，在土地改革後，各項生產的指數，均直線上升；(2)改善農民生活：農民由於收益增加，變為有購買力者，對於衣、食、住、行四大需要，大為提高，如過去多以雜糧為主食，現已改吃白米，副食亦多改善，衣、住方面的進步，尤為驚人，均足說明農民生活的水準提高；(3)促進工業發展：因為補償地主的地價，有百分之三十，係配發公營事業股票，總額為六億餘元，並將工礦、農林、紙業、水泥四大公司，移轉民營，而各公司的股東及理監事，均為原來之地主所擔任，在公營與民營工業競爭觀摩下，加速了工業發展；(4)提高農民政治社會地位：過去農民因租佃關係，處於弱者的地位，很難得到平等的待遇。自農民獲有土地後，經濟可以獨立，進而政治社會的地位，亦隨之提高。

第三節　土地國有、平均地權、耕者有其田的相互關係

一、何謂土地國有

據著者的研究，所謂土地國有，有三方面的意義：⑴就「顧名思義」講，所謂「土地國有」，即是全國土地都歸政府所有，地主和農民不得據為私有，與耕者有其田的意義不同；⑵就「原則」講，在土地國有這個原則之下，仍准許私有，尤其是農有，與「耕者有其田」並無妨礙；⑶就平均地權講，土地國有，為平均地權方法之一，與照價收買有連帶關係，同盟會時期，嘗以土地國有這個名詞來替代平均地權。

有人以為中國國民黨的土地政策有三個步驟：第一步驟為平均地權，第二步驟為耕者有其田，第三步驟為土地國有。這是值得研究的問題，因為同盟會時期既沒有這樣說法，民生主義中亦沒有這樣說法，蔣公的看法更不是這樣。

蔣公曾著《土地國有的要義》，從「原則」方面加以說明云：「總理對於土地國有的政策與方法，曾經有了很多明確的指示說：『土地國有之法，不必要收歸國有，若修道路，若闢市場，其所必經之田園廬墓，或所必需之田畝，即按照業戶稅契時價格，國家給價而收用之』，以及『……唯地不必盡歸國有，收取其需用之地，斯亦可矣』等語，我們如能將總理以上所說的話，再簡單而明瞭地演繹出來，那就是『土地國有而民用』，就是在土地國有的原則之下，允許私有財產制度（包括土地所有權）的合理存在」。可見一面允許有限度的土地私有，尤其是農有的合理存在，一面國家享有全國土地最高支配權，隨時有權收買，這就是「土地國有」的真正意義。

二、土地國有與平均地權

就平均地權言，土地國有與「照價收買」的意思大致相同，僅為平均地權的一種辦法。國父說：「今於無可平均之中，籌一自然平均之法，其法若何？(1)即照價納稅；(2)即土地國有。二者相為因果，雙方並進，不患其不能平均矣」（見〈平均地權〉講詞）。又說：「民生問題兄弟主張實施稅契，及平均地權之法：(1)照價納稅；(2)土地國有。今我所以自定地價納稅，但有土地國有權，以限制之。若以自定地價為輕，國家可收為國有」（〈續論平均地權〉講詞）。土地國有或照價收買，同為平均地權的辦法之一，而平均地權政策的推行，須透過「照價納稅」或「土地國有」才能實現。故同盟會時期，有時講平均地權，有時講土地國有，而且有時以土地國有代平均地權。如《民報》所標六大主義，其中有一條為土地國有，即含有代表平均地權之意。

三、平均地權與耕者有其田

因為平均地權這個名詞，見於一九〇四年美洲致公堂章程，而耕者有其田這個名詞，一九二四年（民國十三年）才出現於〈耕者要有其田〉講詞及〈民生主義第三講〉，前後相距十九年，因此，有人以為先平均地權，後實施耕者有其田，其實兩者的關係，並非如此簡單。

又因為國父講平均地權時，多就都市舉例，講耕者有其田時，多就農村舉例，所以又有人以為平均地權的實施限於都市，耕者有其田的實施限於農村。其實，這幾乎是一種誤解。雖然，政府在臺所頒布之「實施耕者有其田條例」與「實施都市平均地權條例」亦有此傾向，但最少可以說平均地權決不限於都市，亦可施之於農村。反過來說，耕者有其田，既可行之於農村，亦可行之於都市。

如將都市地主之土地，用照價收買之方法，轉售於農民自耕，即為耕者有其田之方法可以行之於都市。如對農村中之地主或自耕農之土地，用照價徵稅，照價收買，漲價歸公之辦法處理之，即為平均地權之方法可行之於農村。所以這兩種方法應該統一起來，將實施耕者有其田包括於平均地權之中，用平均地權的辦法，以實現漲價歸公與耕者有其田的目的。今天臺灣勉強將兩種辦法分開，固然亦可以「勉強而行之」，但造成了都市與農村邊緣地價之懸殊，造成小市鎮人民之反對實施都市計劃，造成農村與都市土地（尤其邊緣）所有人之納稅不平衡。這些，都是值得研究改善的問題。

第四節　平均地權與中西學說

平均地權，耕者有其田與中西學說發生了不少的關係，茲分別述其要點：

一、西洋學說

平均地權，實施耕者有其田與西洋經濟學說及社會主義，有密切關係者，計有：⑴約翰彌爾的「地租社會化」；⑵亨利佐治的土地單一稅。

1. 約翰彌爾的「地租社會化」：約翰彌爾初為功利主義，後懷疑古典主義，一變而為人道主義，最後竟傾向於聖西門一派的社會主義。他認為地租不是個人勞動的結果，乃是一種不勞而獲的利益。他主張對於國內土地一律加以估價，對其現值予以免稅；以後因人口、資本增加而增值，則可徵收土地增值稅，這種地稅全歸國家所有，國民共享其利。如果地主反對，可依國家估價加以收買。國父提倡平均地權有四種辦法：⑴為地主自行報價；⑵為依照報價徵稅；⑶為估價後漲價歸公；⑷為政府照價收買。以上四項，就國父原意言，只有第一項地主自行報價與約翰彌爾的由國家估價稍有不同；如就中華民國現行都市平均地權條例言，則規定如地主報價，低於公告價百分之二十時，可令重報，或由政府估定。這樣一來，平均地權的第一步實施，便與約翰彌爾的辦法相同了。

2.亨利佐治的土地單一稅：國父在〈社會主義之派別及批評〉中曾評介亨利佐治的學說。他說：「美人有卓治基亨利者（普通譯亨利佐治），一商輪水手也，赴舊金山淘金而致富，創一日報，鼓吹其生平所抱之主義，曾著一書，名為《進步與貧困》。其意以為世界愈文明，人類愈貧困，蓋於經濟學均分之不當，主張土地公有。其說風行一時，為各國學者所贊同，其發闡地稅法之理由，尤為精確，遂發生單一稅社會主義之一說」。

「原夫土地公有，實為精確不磨之論。人類發生以前，土地已自然存在，人類消滅以後，土地必長此存留。可見土地實為社會所有，人於其間又烏得而私之耶？或說地主之有土地，本以資本購來，然試叩其第一占有土地之人，又何自購乎？故卓治基亨利之學說，深合於社會主義之主張，而欲求生產分配之平均，亦必先將土地收回公有，而後始可謀社會永遠之幸福也」。

國父對亨利佐治的單一稅理論，及土地國有，在同盟會成立後，即非常重視。國父提倡平均地權之初，常常講到土地國有。有人把國父的土改主張分為下列三個步驟：(1)平均地權；(2)耕者有其田；(3)土地國有。

著者認為平均地權，本身即包含有「土地國有」的意義，最少是「照價收買」，即為「土地國有」的具體實施。故講平均地權，有時只講兩個辦法：(1)照價徵稅；(2)土地國有。

二、中國學說思想

關於平均地權與耕者有其田，在中國方面與下列學說思想發生關係：(1)均產主義與均地主義；(2)井田制；

⑶王田制與均田制；⑷天朝田賦制度。

1.均產主義與均地主義：孔子云：「不患寡而患不均」。這句話曾為國父所稱讚。孟子云：「井地不均，則穀祿不平」。平均地權之目的，在於平均社會財富。與孔孟之均產均地思想相同。管子云：「地者政之本也。是故地可以正政也，地不平均調和，則政不可正也。政不正，則事不理也」。管子的「官山海」，固可以作為國父發達國家資本與發展國營事業的濫觴；管子的均地主義，亦可作為國父平均地權的理論基礎。

2.井田制：平均地權與井田制有何關係呢？國父在《手著本三民主義》中說：「中國自廢井田而後，土地雖歸私有，然因向以手工為生產之具，而資本尚未發達，地價亦尚未增加，故尚少大地主。及今而整頓土地，猶易為力。故同盟（按：疑漏「會」字）之主張，創立民國後，則繼之以平均地權，倘能達此目的，則社會問題解決過半矣。平均地權者，即井田之遺意也。井田之法，既板滯而不可復用，則唯有師其意而已」。

3.王田制與均田制：按王田制、均田制與耕者有其田發生了關係。王莽在新莽建國元年，下詔表，欲恢復井田舊制：「今更命天下田曰王田、奴婢曰私屬，皆不得買賣，男口不盈八，而田過一井（九百畝）者，分餘田予九族鄰里鄉黨」。中國國民黨依據民生主義所訂定的限田政策與授田辦法，其用意與王莽之主張，不無相同之處。

北魏孝文帝於太和九年實行均田制，其要點為：「諸男夫十五以上，受露田（僅產穀物，不種桑榆等樹之田）四十畝，婦人二十畝，奴婢依良丁。牛一頭（農家有牛一頭者）受田四十畝，限四牛（以四牛為限）」。此種均田制之實行，與國父主張耕者有其田之旨趣，完全相合。

4.天朝田賦制度：洪秀全的經濟改革與耕者有其田大有關係。因為他的經濟改革，以土地改制為主，一八五三年（太平天國三年）頒行天朝田賦制略云：「分田為九等（即上上，上中，上下，中上，中中，中下，下上，下中，下下）。各按家口多寡，以行分田。凡天下田，男女同耕，此處不足則遷彼處。……有田同耕，有飯同食，有衣同穿，有錢同使」。上項以土改為中心的經濟制度，其主要目的在計口授田，解決土地問題，因此，國父講民生主義時，曾經提到洪秀全的主張。

作業

1. 節制資本的辦法有幾項？其內容為何？試分別論之。
2. 平均地權有哪幾項辦法？試分別述之。
3. 耕者有其田有哪幾項辦法？試分別述之。
4. 平均地權與中國何種學說有關？試述所見。

第六章　民生主義的資本政策

第一節　節制私人資本

一、為什麼要節制私人資本

國父所謂「節制資本」含有廣狹二義：廣義的節制資本，包含「節制私人資本」與「發展國家資本」；狹義的節制資本，只對「節制私人資本」而言。我們這裏雖標題為「節制私人資本」，但引用國父言論，則僅談「節制資本」，未含「私人」二字。

為什麼要節制私人資本？因為自工業革命以來，各種機器不斷發明，資本家運用機器大賺其錢，工人生活則日感困難，以致富者愈富，貧者愈貧，發生社會問題，引起階級鬥爭。一方面是社會主義的激烈派便想用暴力（革命手段）打倒資本家，沒收其財產，以求解決很嚴重的社會問題。另一方面是社會主義的溫和派便想運用和平方法（政治手段），限制私人財產，多徵資本家的稅，以和緩階級鬥爭，而平均社會財富。國父之所以提倡節制私人資本，就是採用溫和派的手段，以防止私人資本操縱社會財富與國民生計。所以他說：「使私有資本制度，不能操縱國民之生計，此節制資本之要制也」（《中國國民黨第一次全國代表大會宣言》）。

這裏還要說明的是，西洋社會主義是要挽狂瀾於既倒，民生主義只是要扶大廈之將傾，前者是救資本主義之禍於已然，後者是防資本主義之患於未然。因為在國父講演三民主義的時候，中國社會只有小貧與大貧，很少有大資本家，也用不著行激烈派的手段，只是時勢所趨，事有必至，如不預為之防，將來中國亦必受資本家操縱國民生計之患。所以國父認為，我們主張解決民生問題的方法，不是先提出一種毫不合時用的劇烈辦法，再等到實業發達以求適用；是要用一種思患預防的辦法，來阻止私人的大資本，防備將來社會貧富不均的大毛病。

二、怎樣節制私人資本

國父對於節制私人資本，並未同時很具體的提出幾種辦法，在民生主義中，只指出「直接徵稅」為節制資本的具體方法，在《中國國民黨第一次全國代表大會宣言》中，只指出「大企業國營」為節制資本的要旨。唯國父講歐美社會進化（經濟進化）的事實有四：一為社會與工業之改良，二為運輸交通收歸公有，三為徵收直接稅，四為分配之社會化。以上四種是用改良方法進化出來的，有時國父亦指為溫和派社會主義解決社會問題的方法。

崔書琴先生著《三民主義新論》（民國三十四年初版），亦稱國父對於節制私人資本的具體辦法，並未詳細說明，但他說可由國父著作裏尋出下列四種：第一是劃定私人資本所可經營的範圍，第二是限制私人公司或工廠的大小，第三是徵收直接稅，第四是保護勞工。著者以為以上四項，第一、第二有雷同性，第四不必要，只有第三確為節制私人資本的辦法而已。後來有的人照崔先生的意見，酌予增減；有的人照四種社會進化（經濟進化）的事實，酌予變更，如將第二項改為劃分公私企業限制私人企業經營的範圍。著者比較贊成後者，故將節制資本的辦法列為下列四項：(1)社會與工業之改良；(2)大企業國營與運輸交通收歸公有，這與限制私人企業經營的範圍同其意義；(3)直接徵稅；(4)分配之社會化（辦合作社與實行配給制）。

1.社會與工業之改良：用現在的術語來講，所謂社會與工業之改良，就是指「社會安全」而言，如實施勞工保險，提倡勞工教育，加強廠礦安全檢查，重視勞工衛生以及興辦失業救助等。誠如國父所說：「要用政府的力量改良工人的教育，保護工人的衛生，改良工廠和機器，以求極安全和舒服的工作。能夠這樣改良，工人便有做工的大能力，便極願意去做工，生產的效力便是很大。這種社會進化事業，在德國施行最早，並且最有成效。近來英國美國也是一樣的倣行，也是一樣的有成效」（〈民生主義第一講〉）。

2.大企業國營與運輸交通收歸公有（或稱劃分公私企業經營的範圍）：就大企業國營說：國父在《中國國民黨第一次全國代表大會宣言》中稱：「凡本國人及外國人之企業，或有獨占的性質，或規模過大，為私人之力所不能辦者，如銀行、鐵道、航路之屬，由國家經營管理之，使私人資本制度，不能操縱國民之生計，此節制資本之要旨也」。這種要旨，就是節制私人資本的具體辦法。

就運輸交通收歸公有說：國父指出第一次世界大戰時，各國多將運輸交通收歸公有：「就是把電車、火車、輪船，以及一切郵政電訊交通的大事業，都由政府辦理，用政府的大力量去辦那些大事業，然後運輸才是很迅速，交通才是很靈便」。

就劃分公私企業經營的範圍說，國父在《實業計劃》中指明：「中國實業之發展，應分兩路進行：(1)個人企業；(2)國家經營是也。凡事物之可以委諸個人，或較國家經營為適宜者，應任個人為之，由國家獎勵，而以法律保護之。……至其不能委諸個人及有獨占性質者，應由國家經營之」。

3.直接徵稅：用累進稅率多徵資本家的所得稅，本在英美已經實行，國父認為這是節制私人資本的有效方法，特別加以提倡。〈民生主義第一講〉稱：「行這種方法，就是用累進稅率，多徵資本家的所得稅和遺產稅。行這種稅法，就可以令全國的財源，多是直接由資本家而來，資本家入息極多，國家直接徵稅，所謂多取之而不為虐。歐美各國近來實行直接徵稅，增加了大財源，所以便有財力來改良種種社會事業」。

4.分配之社會化：所謂「分配社會化」，是就設立「合作社」與實施「配給制度」而言。過去我們政府對軍公人員實行配給到家，似乎是一種看慣了的制度，可是在民國十三年以前，國內不但配給制很少實行，連合作事業亦不甚發達。國父對這兩種制度，卻特別提倡。他認為由商人以極低價，從出產者買來，再以較高價售於消費者，商人從中賺了許多佣金，「這種貨物分配的制度，可以說是買賣制度，也可說是商人分配制度。消費者在這種商人分配制度之下，無形之中，受很大的損失。近來研究這種制度，可以改良，可以不必由商人分配，可以由社會組織團體來分配，或者由政府來分配……用這種分配的新方法，便可以省去商人所賺的佣金，免去消費者所受的損失，就這種新分配方法的原理講，就可以說是分配之社會化」。如能好好的多辦合作社與實行配給制，免除商人中間剝削，一方面消費者可以多得利益，另一方面可以減少資本家之數量了。

第二節　發達國家資本

一、為什麼要發達國家資本

國父認為要解決中國的社會問題，單單實行節制私人資本還不夠，還要實行發達國家資本。〈民生主義第二講〉稱：「我們在中國要解決民生問題，想一勞永逸，單靠節制資本（指節制私人資本言）的辦法，是不足的。現在外國所行的所得稅，就是節制資本之一法。但是他們的民生問題，究竟解決了沒有呢？中國不能和外國比，單行節制資本是不足的。因為外國富，中國貧，外國生產過剩，中國生產不足，所以中國不單是節制私人資本，還是要發達國家資本」。

二、怎樣發達國家資本

發達國家資本的詳細辦法，見於《實業計劃》一書，國父在〈民生主義第二講〉中只指出應發展交通、礦業和工業三項。他說：「要解決民生問題，一定要發達國家資本，振興實業。振興實業方法很多，第一是交通事業，像鐵路、運河，都要大規模的建築。第二是礦產，中國礦產極其豐富，貨藏於地，實在可惜，一定要開闢。第三是工業，中國的工業非要趕快振興不可，中國工人雖多，但是沒有機器，不能和外國人競爭」。

第三節　節制資本與中西經濟學說思想

一、西洋經濟學說

廣義的節制資本，包括發達國家資本與發展國營事業。國父之提倡發展國營事業，限制私人經營，主要是受到德國歷史學派與國家社會主義及費邊主義的影響：⑴歷史學派李士特提倡鐵路國有，攻擊自由貿易，採用保護政策與干涉主義，主張以國家的財力，建設鐵路與運河；⑵新歷史學派許穆勒主張徵收租稅以財產為標準，不可取自勞動。對於所得與繼承，應課以累進稅率，以限制私有財產的過分膨脹；⑶國家社會主義者華格納主張逐漸依賠償法將個人的土地資本與企業收歸國有（鐵路、運河、電信、郵政、銀行及保險等機關，統歸國家辦理）。俾士麥實行國家社會主義時，華格納曾予以協助；⑷費邊主義（Fabianism）主張用緩進的步驟和溫和的手段，實現社會主義，反對馬克思的激烈辦法。第二次大戰後，英國工黨組閣，實行鋼鐵公有，鐵道公營，實施社會保險及公醫制度，就是遵行費邊主義的理論和政策。國父提倡國營事業，著《實業計劃》，重視直接徵稅，用溫和手段，解決社會問題（民生問題），與上列各派經濟思想結了不解之緣。

二、中國經濟思想

關於節制私人資本，發達國家資本，與中國經濟學說思想有關者，計有管子、桑弘羊等：⑴管仲相桓公，霸諸侯，一匡天下，其經濟思想，以「官山海」為中心。所謂「官山海」即實行食鹽公賣、金屬工業（主要為鐵）國營，森林國有。我們不要以為國父提倡國營事業，完全是受了西洋國家社會主義者的影響，其實，管子老早就是一位中國的國家社會主義者；(2)桑弘羊是漢代的大財政家，他提倡公賣制度，並作均輸、平準之法，買賤賣貴，乃繼管子之遺風。國父對於桑弘羊，備加推崇，曾以之與俾士麥相比。《孫文學說》第三章稱：「漢初則以貨少而困，其後則以貨不能流通而又困，於是桑弘羊起而行均輸、平準之法，盡籠天下之貨，賣貴買賤，以均民用，而利國家，卒收國饒民足之效」。當歐戰（指第一次世界大戰）大作，各國「舉國從軍，生產停滯，金錢低落，而交戰各國之政府，乃悉收全國工商事業而經營之，以益軍費，而均民用，德奧行之於先，各國效之於後，此亦弘羊之遺意也」。所謂德奧行之於先，是指俾士麥而言。故下文中又說：「此丕斯麥克之所以行國家社會主義於德意志，而各國先後效法者也。如丕斯麥克者，可知金錢之為用矣，其殆為近代之桑弘羊乎」。

作業

1. 為什麼要節制私人資本？怎樣節制私人資本？
2. 為什麼要發達國家資本？怎樣發達國家資本？

第七章　民生主義建設中國的計劃

第一節　實業計劃概說

一、實業計劃的意義和目的

國父於歐洲大戰期間撰《實業計劃》一書，本名《國際共同發展中國實業計劃書》，其篇首、第二、第三計劃及第四計劃之大部分，為朱執信所譯。其第一計劃為廖仲愷所譯。其第四計劃之一部分及第六計劃與結論，為林雲陔所譯。其第五計劃為馬君武所譯。

國父為什麼要撰此規模宏大之《實業計劃》呢？其目的何在呢？可分別述之：

1. 就其動機言：誠如國父在序文中說：「歐戰甫完之夕，作者始從事於研究國際共同發展中國實業，而成此六種計劃。蓋欲利用戰時宏大規模之機器，及完全組織之人工，以助長中國實業之發達，而成我國民一突飛之進步，且以助各國戰後工人問題之解決」。可惜世界各國政治家，僅有少數明達者，予以贊成，大多數漠不相關，以致無由實現。

蔣公認為國父撰《國際共同發展中國實業計劃書》，其消極的目的，在預防任何國家獨占中國的經濟勢力，其積極的意義，則在結成中國與各國間之經濟上平等互利的關係，以保持和平。因為我們中國是一個弱國，如果哪一國在中國有特殊優越的經濟勢力，他就可以控制我們的命脈。加緊壓迫我們，而橫行無忌，為所欲為，結果引起各國為爭奪中國的紛爭，於中國的獨立與世界和平都是不利。因此提出國際共同投資的主張，一方面可使中國在各國勢力互相牽制的均衡狀態之下，得以自存自強。一方面可以促進中國的發展，解決各國生產工具過剩及嚴重的失業問題。

2.就世界三大問題言：國父認為國際共同發展中國實業，可以解決世界三大問題。《實業計劃》結論中說：「世界有三大問題，即國際戰爭，商業戰爭，與階級戰爭是也。在此國際發展實業計劃中，吾敢為此世界三大問題而貢一實行之解決」。推國父的意思：⑴如果國際共同發展中國實業，各國都來投資，不必互相傾軋或劃勢力範圍，則能消滅國際戰爭於無形；⑵亞丹斯密派之經濟學者，提倡個人之自由競爭，故引起商業戰爭，如能按《實業計劃》發展中國經濟事業，以經濟集中，代自由競爭，且由各國合作進行，自可消滅商業戰爭於無形；⑶國父在發展中國實業計劃中，「提議以工業發展所生之利益，其一須攤還借用外資之利息，二為增加工人之工資，三為改良與推廣機器之生產。除此數種外，其餘利益，須留存以為節省各種物品及公用事業之價值，如此人民將一律享受近代文明之樂矣」。「簡括言之，此乃吾之意見，蓋欲使外國之資本主義，以造成中國之社會主義，而調和此兩種人類進化之經濟能力，使之互相為用，以促進將來世界之文明也」。這樣便可消滅階級鬥爭。

二、實業計劃的經營途徑和原則

國父在《實業計劃》中，對於公營民營，外資外才及經營原則，都有規定。

1.《實業計劃》的經營途徑：國父認為中國實業之開發，當分兩路進行：一為個人企業，簡稱民營或私營，二為國家經營，簡稱國營或公營。他說：「凡事務之可以委諸個人，或其較國家經營為適宜者，應任個人為之，由國家獎勵，而以法律保護之。今欲利便個人企業之發達於中國，則後來所行之自殺稅制，應即廢止，紊亂之貨幣，立需改良，而各種官吏的障礙，必當排去，尤須輔之以利便交通。至其不能委諸個人及有獨占性者，應由國家經營之」。可見國父是國營與民營並顧，並未禁止民營。

2.運用外資外才：在同盟會時期，國父主張借用外資，梁啟超則反對借外資，《民報》與《新民叢報》曾為此事大打其筆墨官司。二次世界大戰以後，各新興國家都吸受外資，以從事經濟事業之發展，正與國父眼光之遠大見解相符。就《實業計劃》中之各種事業論，國父認為此類國家經營之事業，必待外資之吸收，外人之熟練而有組織才具者之僱傭，宏大之計劃，然後能舉。就外才論，國父主張運用外國技術人才，以訓練人才，等到人才訓練好了，方可不用外才。就外資論，國父主張主權在我，不受外人操縱，「唯發展之權，操之在我則存，操之在人則亡」。

3.《實業計劃》的原則：國父說：「於評議國家經營事業開發計劃之先，有四原則必當注意：(1)必擇最有利之途，以吸收外資；(2)必應國民之最需要；(3)必期抵抗至少；(4)必擇地位之適宜」。《實業計劃》的原則，僅有上列四項，有人自動加多，或將蔣公在《中國經濟學說》中所講的經濟原則列入，那就超越範圍了。

三、實業計劃的十大綱領

《實業計劃》緒言中，曾列有十大綱領，茲摘錄如下：

1. 交通之開發：⑴鐵路一十萬英里，⑵碎石路一百萬英里，⑶修濬現有運河（一、杭州、天津間運河；二、西江、揚子江間運河），⑷新開運河（一、河北、松花江間運河；二、其他運河），⑸治河（一、揚子江築堤、濬水路，起漢口迄於海，以便航洋船直達該港，無間冬夏；二、黃河築堤、濬水路，以免洪水；三、導西江、導淮；四、導其他河流），⑹增設電報路線、電話及無線電等，使遍布於全國。

2. 商港之開闢：⑴於中國中部、北部、南部，各建一大洋港口，如紐約港者；⑵沿海岸建種種之商業港及漁業港；⑶於通航河流沿岸，建商場船埠。

3. 鐵路中心及終點並商港地，設新式市街，各具公用設備。

4. 水力之發展。

5. 設冶鐵製鋼，並造士敏土之大工廠，以供上列各項之需。

6. 礦業之發展。

7. 農業之發展。

8. 蒙古新疆之灌溉。

9. 於中國北部及中部，應造森林。

10. 移民於東三省、蒙古、新疆、青海、西藏。

如使上述規劃，果能逐漸舉行，則中國不特可為各國餘貨銷納之地，實可為吸收經濟之大洋海，凡諸工業國，其資本有餘者，中國盡數吸收之。不論在中國，抑在全世界，所謂競爭，所謂商戰者，可永不復見矣。

第二節　實業計劃中的第一計劃

《實業計劃》一書中，包括六個計劃，茲先述第一計劃。又第一計劃中分為五部如下：

一、北方大港

國父擬建築不封凍之深水大港於直隸灣中。其位置在大沽口、秦皇島兩地之中途，青河、灤河兩口之間，沿大沽口、秦皇島間海岸岬角上。該地為直隸灣中最近深水之一點。若將青河、灤河兩淡水遠引他去，免就近結冰，使為深水不凍大港，絕非至難之事。此處與天津相近，方諸天津秦皇島間，少差七八十哩。且此港能藉運河，以與北部、中部內地水路相連，而秦皇、葫蘆兩島則否。以商港論，現時直隸灣中唯一不凍之港，唯有秦皇島耳。而此港則遠勝秦皇、葫蘆兩島矣。

由營業上觀察，此港築成，立可獲利，以地居中國最大產鹽區域之中央故也。今以本計劃遂行之始，僅能成中等商港計之，只此一項實業，已足支持此港而有餘。此外直接附近地域，尚有中國現時已開最大之煤礦（開灤礦務公司），計其產額，年約四百萬噸。不特此也，茲港將來必暢銷開灤產煤，則該公司勢必仰資此港，為其運輸出口之所。今天津一處在北方為最大商業之中樞，既無深水海港可言，每歲冬期，封凍數月，亦必全賴此港以為世界貿易之通路。此雖局部需要，然僅以此計，已足為此港之利矣。

二、西北鐵路系統

吾人所計劃之鐵路，由北方大港起，經灤河谷地，以達多倫諾爾。凡三百哩。經始之初，即築雙軌，以海港為出發點，以多倫諾爾為門戶，以吸收廣漠平原之物產，而由多倫諾爾進展於西北。

第一線：向偏東北走，與興安嶺山脈平行，經海拉爾，以赴漠河，漠河者，產金區域，而黑龍江右岸地也。計其延長，約八百哩。

第二線：向北偏西北走，經克魯倫，以達中俄邊境，以與赤塔城附近之西伯利亞鐵路相接，長約八百哩。

第三線：以一幹線向西北，轉正西，又轉西南，沿沙漠北境，以至國境西端之迪化城，長約一千六百哩。地皆平坦，無崇山峻嶺。

第四線：由迪化迤西，以達伊犁，約四百哩。

第五線：由迪化東南，超出天山山峽，以入戈壁邊境，轉而西南走，經天山以南沼地與戈壁沙漠北邊之間一帶腴沃之地，以至喀什噶爾；由是更轉而東南走，經帕米爾高原以東，崑崙以北，與沙漠南邊之間一帶沃土以至于闐，即克里雅河岸，全長約一千二百哩，地亦平坦。

第六線：於多倫諾爾、迪化間幹線，開一支線。由甲接合點出發，經庫倫，以至恰克圖，長約三百五十哩。

第七線：由幹線乙接合點出發，經烏里雅蘇臺，傾北偏西北走，以至邊境，約六百哩。

第八線：由幹線丙接合點出發，西北走，達邊境，約四百哩。

三、蒙古新疆之殖民

殖民蒙古、新疆，實為鐵路計劃之補助，蓋彼此互相依倚，以為發達者也。顧殖民政策，除有益於鐵路以外，其本身又為最有利之事業。例如美利堅合眾國、加拿大、澳洲等國所行之結果，其成績至為昭彰。至若吾人之所計劃，不過取中國廢棄之人力，與夫外國之機械，施於沃壤，以圖利益昭著之生產。余議於國家機關之下，佐以外國練達之士，及有軍事上組織才者，用系統的方法，指導其事，以特惠移民，而普利全國。

土地應由國家收買，以防專占投機之家，置土地於無用，而遺毒害於社會。國家所得土地，應均為農莊，長期貸諸移民，而經始之資本、種子、器具、屋子，應由國家供給，依實在所費本錢，現款取償，或分年攤還。而興辦此事，必當組織數大機關，行戰時工場制度，以為移民運輸居處衣食之備；第一年中，不取現值，以信用貸借法行之。

一區之移民，為數已足時，應授以自治特權。每一移民，應施以訓練，俾能以民主政治的精神，經營其個人局部之事業。

假定十年之內，移民之數，為一千萬，由人滿之省，徙於西北，墾發自然之富源，其普遍於商業世界之利，當極浩大。靡論所投資本，龐大若何，計必能於短時期中，子償其母。故以有利之原則論，別無疑問也。

四、開濬運河以聯絡中國北部中部通渠及北方大港

此計劃包含整理黃河及其支流，陝西之渭河，山西之汾河，暨相連諸運河。黃河出口，應事濬渫，以暢其流，俾能驅淤積以出洋海。以此目的故，當築長堤，遠出深海，如美國密西西比河口然。堤之兩岸，須成平行線以保河幅之劃一，而均河流之速度，且防積淤於河底，加以堰閘之功用，此河可供航運，以達甘肅之蘭州。同時水力工業，亦可發展。渭河、汾河亦可以同一方法處理之，使於山、陝兩省中，為可航之河道。誠能如是，則甘肅與山、陝兩省，當能循水道與所計劃直隸灣中之南港聯絡，而前此偏僻三省之礦材物產，均得廉價之運

輸矣。濬渫河口，整理堤防，建築石壩，僅防災工事之半而已；他半工事，則殖林於全河流域傾斜之地，以防河流之漂卸土壤是也。

千百年來，為中國南北交通樞紐之古大運河，其一部分改築中者，應由首至尾全體整理，使北方、長江之內地航運，得以復通。此河之改築整理，實為大利所在，蓋由天津至杭州，運河所經，皆富庶之區也。另應築一新運河，由吾人所計劃之港，直達天津，以為內地諸河及新港之連鎖。此河必深而且廣，約與白河相類，俾供國內沿岸及淺水航船之用，如今日冬期以外之所利賴於白河者也。河之兩岸，應備地以建工廠，則生利者不止運輸一事，而土地價格之所得，亦其一端也。

五、開發直隸山西煤鐵礦源設立製鐵煉鋼工廠

本計劃所舉諸業，如築北方大港，建鐵路系統，由北方大港，以達中國西北極端，殖民蒙古、新疆，與夫開濬運河，改良水道，以聯絡北方大港。此四者所需物料，當極浩大。夫煤鐵礦源，在各實業國中，累歲銳減，而各國亟思所以保存天惠，以遺子孫。如使為開發中國故，凡夫物料所需，取給各國，則將竭彼自為之富源，貽彼後代患。且以歐洲戰後，各國再造所費，於實業界能供給之煤鐵，行將吸收以盡。故開發新富源以應中國之特別需求者，勢有必然也。

第三節　實業計劃中的第二計劃

第二計劃，共分五部如下：

一、東方大港

國父當時以為上海現在雖已成為全中國最大之商港，而苟長此不變，則無以適合於將來為世界商港之需用與要求。「據第一計劃中，吾所舉之四原則，則上海之為中國東方世界商港也，實不可謂居於理想的位置。在此種商港最良之位置，當在杭州灣中乍浦正南之地，依上述四原則以為觀察，論其為東方商港，則此地位遠勝上海，是以吾等於下文將呼之為計劃港，以別於現在中國東方已成之商港，即上海也」。

1.計劃港：計劃港當位於杭州灣乍浦岬與澉浦岬之間，此兩點相距約十五英里。應自此岬至彼岬建一海堤，而於乍浦一端，離山數百尺之處開一缺口，以為港之正門。此種海堤可分為五段，每段各長三英里，因現在先築一段，長三英里，闊一英里半，已得三四方英里之港面，足供用矣。至於商務長進，則可以逐段加築，以應其需用。前面海堤，應以石塊或士敏土堅結築之，其橫於海堤與陸地間之堤，則可用砂及柴蓆疊成，作為暫時建造，以備擴張港面時之移動。此港一經作成，永無需為將來濬渫之計。蓋此港近旁，並無挾泥之水，日後能填滿此港面及其通路者也。在杭州灣中，此港正門為最深之部分，由此正門出至公海，平均低潮水深三十六尺至四十二尺，故最大航海洋船，可以隨時進出口，故以此計劃港作為中國中部一等海港，遠勝上海也。

2.以上海為東方大港：國父說：「如使我之計劃，唯欲以一深水港面，供中國此部分將來商務之用，則必取前之計劃港，而舍上海無疑。據黃浦江濬渫局技師長方希典斯擔君所推算，此種沙泥，每年計有一萬萬噸，此數足以鋪積滿四十方英里之地面，至十英尺之厚；必首先解決沙泥問題，然後可視上海為能永成為一世界商港者也」。

「現在諸專門家，提出種種計劃以圖上海港面改良，其中有欲將十二年來黃浦江濬渫局用一千一百萬兩所作之工程，盡行毀棄者，是以吾欲獻一常人之規劃，以供專門家及一般公眾之研討。我之設世界港於上海之計劃，即仍留存現在黃浦江口起至江心沙上游高橋河合流點止，已成之布置，如此則濬滐局十二年來所做之工程均不虛耗。於是依我計劃，當更延長濬滐局所已開成之水道，又擴張黃浦江右岸之灣曲部由高橋河合流點開一新河，直貫浦東，在龍華鐵路接軌處上流第二轉灣復與黃浦江正流會，如此則由此點直到斜對楊樹浦之一點，江流直幾如繩，由此更以緩曲線達於吳淞，此新河將約三十英方里之地圈入，作為市宅中心，且作成一新黃浦灘；而現在上海前面繚繞縈洄之黃浦江，則填塞之以作廣馬路，及商店地也。此所填塞之地，當然為國家所有，固不待言；且由此線以迄新開河中間之地，暨其附近，亦均當由國家收用，而授諸國際開發之機關所支配。如此，然後上海可以追及前述之計劃港，其建造能為經濟的，可以引致外國資本也。關於改良上海以為將來世界商港，在楊樹浦下游，吾主張建一泊船塢。此塢應就現在黃浦江左岸自楊樹浦角起，至江心沙上流轉灣處止，跨舊黃浦江面及新開地，而鄰於新開河之左岸以建之。塢之面積應有約六英方里，並應於江心沙上游之處，建一水閘以通船塢，而塢當鑿至四十尺深。新開河之深，亦當以河流之沖刷，而使之至四十尺。唯此沖刷之水，非如專門家所提議於江陰設一長江太湖間之閉鎖運河而引致之，乃由我計劃所定之改良此部分地方與蕪湖間之水道，而引致之，如此乃能得較猛之水力也」。

二、整治揚子江

整治揚子江一部，當分六節：

1. 由海上深水線起至黃浦江合流點。
2. 由黃浦江合流點至江陰。

3. 自江陰至蕪湖。
4. 自蕪湖至東流。
5. 自東流至武穴。
6. 自武穴至漢口。

三、建設內河商埠

沿河建設商埠，從下游起分為下列各地：

1. 鎮江及其北岸。
2. 南京及浦口。
3. 蕪湖。
4. 安慶及南岸。
5. 鄱陽湖。
6. 武漢：聯武昌、漢口、漢陽為一市，或建橋或用隧道。

四、改良揚子江口之現有水路及運河

改良水道，分下列各項：

1. 北運河。
2. 淮河。
3. 江南水路系統。

4. 鄱陽水路系統。

5. 漢水。

6. 洞庭系統。

7. 長江上游。

五、創建大士敏土廠

國父認為鋼鐵與士敏土（水泥），為現代建築之基，且為今茲物質文明之最重要分子。「在吾發展計劃之種種設計，所需鋼鐵與士敏土，不可勝計，即合世界以製造著名之各國所產，猶恐不足供此所求。所以在吾第一計劃，吾提議建一大鍊鋼廠於煤鐵最富之山西、直隸。則在此第二計劃，吾擬於沿揚子江岸建無數士敏土廠。長江各地特富於士敏土原料，自鎮江而上，可航之水道，夾岸皆有灰石及煤，是以即為其本地所需要，還方其地得有供給也。今日已有製士敏土之廠在黃石港上游不遠之石灰窯，其位置剛在深水碼頭與灰石山之間。其山既若是近，故直可由山上，以鋤鍬起石，直移之窯中無須轉運。而在漢口、九江之間，與此相類之便利，尚復多有。九江以下，馬當、黃石磯以及九江、安慶間諸地，又有極多之便利相同之灰石山。其安慶以下，至南京之間，多為極有利於製士敏土之地區，即如大通、荻港、采石磯，均有豐裕之灰石及煤鐵礦，夾江相望也」。

第四節　實業計劃中的第三計劃

國父第三計劃主要之點，為建設一南方港，以完成國際發展計劃篇首所稱中國之三頭等海港。「吾人之南方大港當然為廣州，廣州不僅為中國南部之商業中心，亦為通中國最大之都市，迄於近世，廣州實太平洋岸最大都市也，亞洲之商業中心也。中國而得開發者，廣州將必恢復其昔時之重要矣。吾以此都會為中心，制定第三計劃如左」：

一、改良廣州為一世界港

廣州之海港地位，自鴉片戰爭結束，香港歸英領後，已為所奪；然香港雖有深水港面之利益，有技術之改良，又加以英國政治的優勢，而廣州尚自不失為中國南方商業中心也。

廣州位於廣州河汊之頂，此河汊由西江、北江、東江三河流會合而成，全面積有三千英方里，而為中國最肥饒之沖積土壤。此地每年有三次收穫，二次為米作，一次為雜糧，如馬鈴薯或甜菜之類。其在蠶絲每年有八次之收成。此河汊又產最美味之果實多種。在中國此為住民最密之區域，廣東全省人口過半，住於此河汊及其附近。此所以縱有河汊沃壤所產出巨額物產，猶須求多數之食料於鄰近之地與外國也。在機器時代以前，廣州以東亞實業中心著名者，幾百年矣。其人民之工作手藝，至今在世界中仍有多處不能與匹。若在吾國際共同發展實業計劃之下使用機器，助其工業，則廣州不久必復其昔日為大製造中心之繁盛都會矣。

二、改良廣州水路系統

中國南部最重要之水路系統，為廣州系統；除此以外，皆不甚重要，將於論各商埠時附述之。論廣州水路系統，吾將分之為以下四項：

1. 廣州河汊：第一防止水災問題，第二航行問題，第三填築新地問題。
2. 西江。

3. 北江。

4. 東江。

三、建設中國西南鐵路系統

中國西南一部，所包含者：四川，中國本部最大且最富之省分也；雲南，次大之省也；廣西、貴州，皆礦產最豐之地也；而又有廣東、湖南兩省之一部。此區面積有六十萬英方里，人口過一萬萬，除由老街至雲南省約二百九十英里，法國所經營之窄軌鐵路外，中國廣地眾民之此一部，殆全不與鐵路相接觸也。此系統分七路：

1. 廣州重慶線經由湖南。
2. 廣州重慶線經由湖南貴州。
3. 廣州成都線經由貴州瀘州。
4. 廣州成都線經由梧州與敘府。
5. 廣州雲南大理騰越線。
6. 廣州思茅線。
7. 廣州欽州線。

四、建設沿海商埠及漁業港

國父認為既於中國海岸為此三世界大港之計劃，今則已至進而說及發展二、三等海港及漁業港於沿中國全海岸，以完成中國之海港系統之機會矣。其意則須建四個二等海港，九個三等海港及十五個漁業港。

四個二等海港按其將來重要之程度排列如下：⑴營口；⑵海州；⑶福州；⑷欽州。

九個三等海港如下：⑴葫蘆島；⑵黃河港；⑶芝罘；⑷寧波；⑸溫州；⑹廈門；⑺汕頭；⑻電白；⑼海口。

十五個漁業港如下：

在北方奉天、直隸、山東三省海岸，應設五漁業港，如左：

1. 安東：在高麗交界之鴨綠江口。
2. 海洋島：在鴨綠灣遼東半島之南。
3. 秦皇島：在直隸海岸，遼東灣與直隸之間，現在直隸省之獨一不凍港也。
4. 龍口：在山東半島之西北方。
5. 石島灣：在山東半島之東南角。

東部江蘇、浙江、福建三省之海岸，應建六漁業港，如左：

6. 新洋港：在江蘇省東陲舊黃河口南方。
7. 呂四港：在揚子江口北邊一點。
8. 長塗港：在舟山列島之中央。
9. 石浦：浙江之東，三門灣之北。
10. 福寧：在福建之東，介於福州與溫州之間。
11. 湄州港：福州與廈門之間，湄州島之北方。

南部廣東省及海南島海岸，應建四漁業港，如左：

12. 汕尾：在廣東之東海岸，香港、汕頭之間。

13.西江口：此港應建於橫琴島之北側，西江口既經整治以後，橫琴島將藉海堤以與本陸相連而有一良好港面地區出現矣。

14.海安：此港位於雷州半島之末端，隔瓊州海峽與海南島之海口相對。

15.榆林港：海南島南端之一良好天然港面也。

以此十五漁業港，合之前述各較大之港，總三十有一，可以連合中國全海岸線，起於高麗界之安東，止於近越南界之欽州，平均每海岸線百英里，可得一港，其之中國海港及漁業港計劃，於是始完。

五、創立造船廠

當中國既經按吾計劃發展無缺之際，其急要者，當有一航行海外之商船隊，亦要多數沿岸及內地之淺水運船，並需有無數之漁船。當此次世界大戰未開之際，全世界海船噸數，為四千五百萬噸；使中國在實業上，按其人口比例，有相等之發達，則至少需有航行海外及沿岸商船一千萬噸，然後可敷運輸之用。建造此項商船，必須在吾發展實業計劃中，占一位置，以中國有廉價之勞工與材料，固當比外國為吾人所建所費較廉。且除航海船隊以外，吾人尚需建造大隊內河淺水船及漁船，以船載此等小船遠涉重洋，實際不易，故外國船廠，不能為吾建造此等船隻，則中國於此際必須自設備其船廠，自建其淺水船漁船船隊矣。

第五節　實業計劃中的第四計劃

前面已經講過建設「西北鐵路」系統以移民於蒙古新疆，消納長江流域及沿海過密的人口，並以開發北方大港為目的，建設「西南鐵路」系統以開發西南富源及南方世界港的目的。此計劃還要建設下列幾個系統的鐵路：(1)中央鐵路系統，(2)東南鐵路系統，(3)東北鐵路系統，(4)擴張西北鐵路系統，(5)高原鐵路系統，(6)創立機關、客車、貨車製造廠。茲分述如後：

一、中央鐵路系統

這個系統是全國鐵路的中心系統，效能之所及，包括長江以北之中國本部及蒙古新疆之一部。以北方、東方兩大港為此系統諸路之終點，並建築左列各線：

(1)東方大港塔城線，(2)東方大港庫倫線，(3)東方大港烏里雅蘇臺線，(4)南京洛陽線，(5)南京漢口線，(6)西安大同線，(7)西安寧夏線，(8)西安漢口線，(9)西安重慶線，(10)蘭州重慶線，(11)安西州于闐線，(12)婼羌庫爾勒線，(13)北方大港哈密線，(14)北方大港西安線，(15)北方大港漢口線，(16)海州漢口線，(17)海州南京線，(18)新洋港漢口線，(19)呂四港南京線，(20)海岸線，(21)霍山蕪湖蘇州嘉興線。

二、東南鐵路系統

這個系統縱橫布列於一不規則的三角形之地區，包括浙江、福建、江西三省，並及江蘇、安徽、湖北、湖南、廣東之各一部。以東方大港、南方大港及其間之二、三等港，為此鐵路之終點，可建築左列各線：

(1)東方大港重慶線，(2)東方大港廣州線，(3)福州鎮江線，(4)福州武昌線，(5)福州桂林線，(6)溫州辰州線，(7)廈門建昌線，(8)廈門廣州線，(9)汕頭常德線，(10)南京韶州線，(11)東方南方兩大港間海岸線，(12)建昌沅州線。

三、東北鐵路系統

這個系統包括東三省之全部與蒙古、河北之各一部。以新市鎮（東鎮）為此系統之中區，建築左列各線：

(1)東鎮葫蘆島線，(2)東鎮北方大港線，(3)東鎮多倫線，(4)東鎮克魯倫線，(5)東鎮漠河線，(6)東鎮科爾芬線，(7)東鎮饒河線，(8)東鎮延吉線，(9)東鎮長白線，(10)葫蘆島熱河北京線，(11)葫蘆島克魯倫線，(12)葫蘆島安東線，(13)漠河綏遠線，(14)呼瑪室葦線，(15)烏蘇里圖門鴨綠沿海線，(16)臨江多倫線，(17)節克多博依蘭線，(18)依蘭吉林線，(19)吉林多倫線。

四、擴張西北鐵路系統

此系統，包括有蒙古新疆與甘肅一部分的地域。對於實際上發展這個地域的事業，必須增築若干線如左：

(1)多倫恰克圖線，(2)張家口庫倫烏梁海線，(3)綏遠烏里雅蘇臺科布多線，(4)靖邊烏梁海線，(5)肅州科布多線，(6)西北邊界線，(7)迪化烏蘭固穆線，(8)戛什溫烏梁海線，(9)烏里雅蘇臺恰克圖線，(10)鎮西庫倫線，(11)肅州庫倫線，(12)沙漠聯站克魯倫線，(13)格合克魯倫節克多博線，(14)五原洮南線，(15)五原多倫線，(16)焉耆伊犁線，(17)伊犁和闐線，(18)鎮西喀什噶爾線與其支線。

五、高原鐵路系統

這個系統包括西藏、青海、新疆之一部與甘肅、四川、雲南等地方，都是最富的農產與最美的牧場，更有豐富的金屬寶藏。不過這個地區的工程極為煩難，用費也很大。須在其他各部分鐵路完成後才能興築，所築各線如左：

(1)拉薩蘭州線，(2)拉薩成都線，(3)拉薩大理車里線，(4)拉薩提郎宗線，(5)拉薩亞東線，(6)拉薩來吉雅令及其支線，(7)拉薩諾和線，(8)拉薩于闐線，(9)蘭州婼羌線，(10)成都宗札薩克線，(11)寧遠車城線，(12)成都門公線，(13)成都元江線，(14)敘府大理線，(15)敘府孟定線，(16)于闐噶爾渡線。

六、設機關車客貨車製造廠

上述第四計劃所預定之路線，約共長六萬二千英里，合數計劃路線計之，則至少當有十萬英里之鐵路，在十年內建築之，機關車與客貨車之需要，必當大增。在中國建設機關車客貨車之製造廠，以應建築鐵路之需，為必要之圖，且其為有利事業。

第六節　實業計劃中的第五計劃

前四種計劃是專論關鍵及根本工業的發展方法，這個計劃，在述明日常生活所必需且使生活安適之工業本部。從近世文明的實質看來，生活的物質條件，其有五種，即食、衣、住、行及印刷，故國父分定這五種計劃為：⑴糧食工業，⑵衣服工業，⑶居室工業，⑷行動工業，⑸印刷工業。

一、糧食工業

糧食工業又分為：

1. 食物之生產：人類食物得自三種來源，即陸地、海水、空氣三者，空氣不需人工生產，海水食物之生產需建設捕魚港及製造捕魚船舶，陸地食物關乎中國人民最重要，所注重者為測量農地及設立工場製造農器。
2. 食物之貯藏及運輸。
3. 食物之製造及保存。
4. 食物之分配及輸出：由中央機關管理之。

二、衣服工業

衣服之主要原料可分為絲、麻、棉、羊毛、獸皮，衣服工業亦不外這些工業。

1. 絲工業：設立科學局所，指導農民，以無病蠶子供給之。

2. 麻工業：中國南部宜設立許多新式工場。

3. 棉工業：當於產棉區域設諸大紡織廠，而由國立中央機關監督之。

4. 毛工業：中國西北全部宜設立工場以製造一切羊毛貨。

5. 皮工業：設立製皮工場、皮貨及靴、鞋類工場。

6. 製衣機器工業：當設此種工場於鋼鐵工場附近，以省粗重原料運輸之費用。

三、居室工業

四、行動工業

五、印刷工業

欲印刷事業低廉，尚需同時設立其他輔助工業，其最重要者為紙工業。中國所有製紙原料不少，如西北部之天然森林，揚子江附近之蘆葦，皆可製為最良之紙料，除紙工場之外，如墨膠工場，印模工場，印刷機工場等，皆須次第設立，歸中央管理，產出印刷工業所需諸物。

第七節　實業計劃中的第六計劃

這個計劃完全講礦業。現在中國礦業極為幼稚，致貨棄於地，一切實業無由發展，今後應擇最有利於實業的礦業先行舉辦，即為鐵、煤油、銅以及各類特種礦。再要設立製造礦業機器廠和冶鐵機器。現在再分別大概的說明一下：

1. 鐵礦：於河北、山西及揚子江沿岸與西北各省，皆頗豐富，均可次第開採。不過鍊鋼鐵廠只有漢陽和本溪湖兩廠，但都為日本所操縱，將來必須於內地另設多處。

2. 煤礦：亦多所發現，沿海河岸交通便利之處，宜先開採，以後因應需要，再發展到內地。

3. 煤油：四川、甘肅、新疆、陝西各省，都已發現油源，應趕緊開採。

4. 銅礦：也有多處發現，例如四川、雲南與揚子江一帶，都是產銅最多的地方。雲南北角的昭通，已經開採了幾百年，中國向來通用的錢幣，幾乎完全是雲南銅。但是銅除作錢幣外，於工業上的用途尚多，故亦應採用新式機器來開採，俾能大量生產。

5. 各特礦：如雲南的錫礦，黑龍江的漠河金礦，新疆的和闐玉礦，都應該由國家用新式的辦法來經營。

6. 為礦業機器製造廠的設立：先以廣州為宜，其次再遍設於漢口及北方大港等地。

7. 為冶礦廠：應普遍設立於各礦區，使之便於各種金屬之化鍊。

第八節　實業計劃與國防計劃

蔣公認為國父的《實業計劃》最根本的意義，是「規定中國的經濟建設，要以廣大的大陸為基點，以繁榮的海港為出口。國際貿易要經海港，農礦事業要在大陸。平時通商，要以海港為門戶，戰時抗敵，要據大陸為後方。民生與國防的合一，在此一根本意義上最為顯明，也最為扼要。所以從民生與國防合一的觀點來讀《實業計劃》，沒有一條一目不含蓄博大深遠的意義在裏面」（《國父遺教概要》）。這就是說《實業計劃》中含有國防計劃的意義在內。

民國十年國父致書廖仲愷，提出國防計劃細目，謂近日擬編《十年國防計劃》，其細目計有六十二項，內中講到發展國防農業、礦業、商業、交通、教育等計劃，可見國父的主張是民生與國防合一的。亦如蔣公所說：「民生以外無國防，國防以外無民生」。茲附原函如下：

仲愷同志鑒：當革命破壞造成之際，建設發端之始，予乃不禁興高彩烈，欲以予生平之抱負，與積年研究之所得，定為建國計劃（即三民主義、五權憲法、國防計劃、革命方略等），舉而言之，以求一躍而登中國於富強之地焉。不期當時之黨人，以予之所想太高，遂格而不行。至今民國建元，十年於茲，中國猶未富強如列強者，皆以不實行予之救國計劃而已。予近日擬著一書（《十年國防計劃》）以為宣傳，使我國全國國民了解予之救國計劃也。茲舉國防計劃之細目如下：

1. 國防概論。
2. 國防之方針與國防政策。
3. 國防之原則。
4. 國防建國大綱。
5. 製定永遠國防政策，和永遠以國防軍備充實建設，為立國之政策。
6. 國防與憲法。
7. 太平洋國際政治問題與中國。
8. 國防與三民主義、五權憲法、外交政策、中央政府、地方政府之關係。
9. 國防與實業計劃之關係。
10. 發展國防工業計劃。
11. 發展國防農業計劃。
12. 發展國防礦業計劃。
13. 發展國防商業計劃。
14. 發展國防交通計劃。
15. 發展國防教育計劃。
16. 財政之整理。
17. 外交之政策與戰時外交之政策。

18. 移民於東三省、新疆、西藏、內外蒙古各邊疆省計劃。

19. 保護海外各地華僑之意見書。

20. 各地軍港、要塞砲臺、航空港之新建設計劃。

21. 都市與鄉村之國防計劃。

22. 發展海軍建設計劃。

23. 發展航空建設計劃。

24. 發展陸軍建設計劃。

25. 各項重要會議之召集，如開全國國防建設會議，海軍建設會議，軍事教育會議之召集，由中央政府每年舉行一次，以為整理國防建設。

26. 軍事教育之改革與訓練計劃。

27. 軍器之改良計劃。

28. 軍制之改革。

29. 軍醫之整理及改良軍人衛生之建設計劃。

30. 國防警察之訓練。

31. 軍用禽獸之訓練。

32. 國防本部之進行工作。

33. 仿效各國最新國防建設計劃。

34. 舉行全國總動員之大演習計劃，與全國空陸海軍隊國防攻守戰術之大演習。
35. 作戰計劃。
36. 遣派青年軍校學生留學歐美各國，學習各軍事專門學校及國防科學，物質工程專門學校之意見書。
37. 向列強定製各項海陸空新式兵器，如潛水艦、航空機、坦克砲車、軍用飛艇、汽球等，以充實我國之精銳兵器與仿製兵器之需。
38. 獎勵國民關於國防物質，科學發明之方略。
39. 購買各種軍事書籍、軍用品、軍用科學儀器、軍用交通器具、軍用大小機器等，以為整理國防之需。
40. 組織考察世界各國軍備建設之意見書。
41. 聘請列強軍事專門人員來華教練我國海陸空軍事學生及教練國防物質技術工程之意見計劃書。
42. 收回我國一切喪失疆土及租借地、租界、割讓地之計劃。
43. 我國與各國國防實力比較表。
44. 抵禦各國侵略中國之方略。
45. 訓練國防基本人才三千萬計劃，訓練國防物質工程技術人才一千萬計劃。
46. 完成十年國防重要建設計劃一覽表。
47. 新兵器之標準。
48. 組織海陸空軍隊之標準。
49. 擴張漢陽兵工廠如德國克魯伯砲廠之計劃。

50. 國民代表大會關於國防計劃之修改國防建設意見書。

51. 歐戰戰後之經驗。

52. 國防與人口問題。

53. 國防與國權。

54. 指導國民研究軍事學問之研究。

55. 實施全國精兵政策。

56. 軍人精神教育與物質教育之比較。

57. 注重國際軍備之狀況。

58. 我國之海軍建艦計劃，航空建機計劃，陸軍各種新式槍砲、戰車及科學兵器機械兵器建造之計劃。

59. 訓練不敗之海陸空軍隊計劃。

60. 列強之遠東遠征空海陸軍與我國國防。

61. 各國富強之研究。

62. 結論。

以上各計劃，不過大綱而已，至於詳細之計劃，待本書脫稿，方可覽閱。予鑑察世界大勢及本國國情，而中國欲為世界一大強國及免重受各國兵力侵略，則須努力實行擴張軍備建設也。若國民與政府一心一德實行之，則中國富強，如反掌之易也。手此！即候　毅安。

第九節　實業計劃與中西學說

國父《實業計劃》之宏規，在中國實屬空前未有之創舉，「論規模，比漢唐的道路水利計劃還要偉大。論條目，比漢唐的經濟律令格式還要細密」（蔣公語）。就學說思想方面看，有互助論為其基礎。就援外計劃看，則早於美國援歐的馬歇爾計劃。

一、就學說思想方面看

1.自進化思想言，國父主張國際共同發展中國實業，其目的在消除世界三大戰爭於無形，他所謂「即如後達爾文而起之哲學家所發明人類進化之主動力，在於互助，不在於競爭，如其他之動物者焉，故鬥爭之性，乃動物性根之遺傳於人類者，此種獸性，當以早除之為妙也」。這裏後起的哲學家乃指克魯泡特金而言，良以克魯泡特金著《互助論》，認互助為社會進化之主動力（亦稱原動力），以反對達爾文之生存競爭論（物競天擇，優勝劣敗，適者生存，不適者滅亡）。國父在《孫文學說》中說：「物種進化以競爭為原則，人類進化則以互助為原則」。所以在這裏說鬥爭之獸性，當以早除之為妙，可見國父講國際共同發展中國實業，乃以克魯泡特金的互助進化論為其思想淵源。

2.自經濟思想言，國父提倡國際共同發展中國實業，乃以集中經營代個人競爭，採取國家主義的經濟學說，反對亞丹斯密的自由競爭。又欲運用機器生產，實行「剩餘價值」歸公，換言之，欲溶工業革命社會革命於一爐。「蓋欲使外國之資本主義，以造成中國之社會主義，而調和此兩種人類進化之經濟能力，使之互相為用，以促進將來世界之文明也」。由以上兩項來看，可知國父的《實業計劃》乃有其深厚之學說基礎，與一般所謂「三年經濟計劃」，或「五年經濟計劃」，大不相同。

二、就援外計劃看

國父提倡國際共同發展中國實業之日（第一次世界大戰之後），世界政治家，雖應者寥寥，但自第二次世界大戰末期起，經濟援外之聲，便應運而起，馬歇爾計劃，第四點計劃，先後相繼推出，世界民主政治家幾乎無不贊同。故林白樂博士說：「中山先生的經濟思想，較世界其他經濟學家早看五十年」，誠非過譽。

第二次世界大戰之後，歐洲各國經濟瀕於破產，美國國務卿馬歇爾於一九四七年四月二日在哈佛大學演說，宣布美國以經濟實力援歐。此一計劃，世人稱之為馬歇爾計劃。美國國會於一九四八年四月二日通過援外法案，批准以六億以上美元，援助歐洲及中國。又杜魯門總統於一九四九年一月二十日就職，發表演說，宣布其第四點計劃，即以經濟和技術援助落後地區，一九四九年六月二十四日杜魯門要求國會通過四千五百萬美元，作援助之用。不久，聯合國經濟社會委員會亦無異議認可這一計劃。誠如羅志淵先生所說：「假使第一次世界大戰後，國際政治家能注意《實業計劃》，並有馬歇爾計劃及第四點計劃的資金，可資運用，則既可解決中國貧窮問題，亦有助於世界各國的繁榮」（《國父思想與世界機運》）。

第十節　錢幣革命

一、錢幣之定義及其起源

國父於民國二年發表〈錢幣革命〉通電，對於錢幣的定義、起源、性質、演進及錢幣革命的意義與辦法，敘述甚詳，現言其定義與起源。

1. 錢幣的定義：國父說：「古人有言『錢幣者，所以易貨物，通有無者也』。泰西之經濟學家亦曰：『錢幣者，亦貨物之屬，具有兩種重要作用：一能為百貨交易之中介，二能為百貨價格之標準者也』。作者統此兩作用，而名之曰『中準』。故為一簡明之定義曰：『錢幣者百貨之中準也』」（《孫文學說》）。「錢幣為何？不過交換之中準，而貨財之代表耳」（〈錢幣革命〉）。

2. 錢幣的起源：國父認為日中為市，即錢幣之先河，而以龜、貝等玩物作交易之中準，即為錢幣之起源。「自有日中為市為交易之機關，於是易貨物，通有無，乃能暢行無阻矣，其為物雖異乎錢幣，而功效則同也。故作者於此創言曰：『日中為市之制者，實今日金錢之先河也』」（《孫文學說》）。

「自日中為市之制興，則交易通而百貨出，人類之勞力漸省，故其欲望亦漸開。於是前之只交易需要之物者，今漸進而交易非需要之文飾玩好等物矣。漸而好者愈多，成為普遍之風尚，則凡有貨物以交易者，必先易之，而後以之易他貨物。如是則此等文飾玩好之物，如龜、貝、珠、玉者，轉成為百貨之『中準』矣，此錢幣之起源也。是故錢幣者，初本不急之物也，惟漸變交易而為買賣之後，則錢幣之用大矣」（《孫文學說》）。交易與買賣有何區別呢？國父認為以貨易貨叫交易；以錢易貨叫買賣。

二、錢幣之性質及其演進

國父雖然是學醫的，但對於貨幣學很有研究，對於錢幣性質或演進，都有說明：

1. 錢幣之性質：國父先指出錢幣之種類及其特性說：「中國上古之錢幣者，……今之西藏，有以鹽、茶為錢幣者，要之能為錢幣者，固不止一物，凡物能為百貨之中準者，尤貴有七種重要之性質，方適為錢幣之上選：其一、適用而值價者，其二、便於攜帶者，其三、不能燬滅者，其四、體質純淨者，其五、價值有定者，其六、容易分開者，其七、容易識別者。凡物具有此七種性質者，乃為優良的錢幣也。周制以黃金為上幣，白金為中幣，赤金為下幣，秦併天下，統一幣制，以金鎰銅錢為幣，而廢珠玉、龜貝、布帛、銀錫之屬，不以為幣。周秦而後，雖屢有變更，然總不外了金、銀、銅三種之物以為幣。而今日文明各國，亦採用此三金為錢幣：有以金為正幣，而銀銅為輔幣者；有以銀為正幣，而銅為輔幣者。古今中外皆採用金銀銅為錢幣者，以其物適於為百貨之『中準』也」（《孫文學說》）。

2. 錢幣之演進：國父於講過錢幣之性質後，便講到錢幣之演進。所謂錢幣之演進，就是說錢幣將由硬幣而進為紙幣。他說：「錢幣發生數千年以後，乃始有近代機器之發明。自機器發明後，人文之進步更高更速，而物質之發達，更超越於前矣。蓋機器者，羈勒天地自然之力，以代人工，前時人力所不能為之事，機器更能優為之。經此一進步也，工業為之革命，天地為之更新，而金錢之力，至此已失其效矣。何以言之？夫機械未出之前，世界之生產，全賴人工為之，則買賣之量，亦無出乎金錢範圍以外者。今日世界之生產，則合人工與自然力為之，其出產量加之萬千倍，而買賣之量，亦加之萬千倍，則今日之商業，已出乎金錢範圍之外矣，所以大宗買賣多不用金錢，而用契券矣」（《孫文學說》）。這裏所謂契券，即指紙幣與支票等而言。

國父常分人類之生活程度為三級：其一曰需要程度，其二曰安適程度，其三曰繁華程度。錢幣未發生之前，可稱為需要時代，錢幣既發生以後，稱為安適時代，自機器發明之後，可稱為繁華時代。「由此三期之進化，可以知貨物中準之變遷也。故曰需要時代，以日中為市為金錢也。安適時代，以金錢為金錢也。繁華時代，以契券為金錢也」。

他說：「是以今日文明之社會中，實非用契券為買賣不可矣，金錢萬能云乎哉？而世人猶迷信之者，是無異周末之時，猶有許行之徒，守自耕而食，自織而衣之舊習也。不知自日中為市之制興，則自耕而食自織而衣之兼業可以廢，至金錢出，則日中為市之制，可以廢，至契券出，而金錢之用亦可以廢矣。乃民國元年時，作者曾提議廢金錢，行鈔券，以濟國困，而振工商，而聞者譁然，以為必不可能之事。乃今次大戰，世界各國，多廢金錢，而行紙幣，悉如作者七年前所主張之法。蓋行之得其法，則紙幣與金錢等耳」。所謂民國元年提議廢金錢，行鈔票，是指錢幣革命之通電而言。

三、錢幣革命之意義及其方法

何謂錢幣革命，如何進行錢幣革命，試分述如下：

1. 錢幣革命之意義：國父就錢幣之演進經過說：「其在工業已發達之國，財貨溢於金錢千百萬倍，則多以紙幣代之矣。然則紙票者，將必盡奪金銀之用，而為未來之錢幣，如金銀之奪昔之布帛刀貝之用，而為錢幣也。此天然之進化，勢所必至，理有固然，今欲以人事速其進行，是謂之革命，此錢幣革命之理也」（〈錢幣革命〉

通電）。所謂錢幣革命之理，就是錢幣革命的意義。

2. 錢幣革命之方法：國父指出錢幣革命之方法，就是「以國家法令所制定之紙幣為錢幣，而悉貶金銀為貨物，國家收支，市廛交易，悉用紙幣，嚴禁金銀。其現存錢幣之金銀，只準向紙幣發行局換紙幣，不准在市面流行之」。

國父亦曾注意到紙幣可能發生之流弊，即久而久之，可能變為空頭票。國父為防此項流弊，主張設兩機關；一專司紙幣之發行，一專司紙幣之收燬。

國父所主張發行之紙幣，可分為兩種：一為以賦稅作抵之紙幣。如每年應收賦稅三萬萬元，稅務處根據預算之命令，如數發債券於紙幣發行局，紙幣發行局如數發行紙幣（生幣），以應國家度支。至期稅捐處將所收三萬萬元租項之紙幣（死幣），繳還紙幣收燬局，加以銷燬，取消債券。這樣，紙幣就不會發生流弊了。二為供社會融通之紙幣。由紙幣發行局印就，讓人民拿金銀、貨物或產業來兌換。此項紙幣因有代價，故不會發生流弊（空頭票）。其所收貨物，可以發售，發售時只收紙幣，不收金銀，其所收回之紙幣，因失去其代表貨物之效力，成為死幣，亦交紙幣收燬局，加以銷燬。

根據上項方法，政府應設三種機關：一是設立鑄幣局，以造紙幣及硬幣（輔幣），二是設立公倉工廠，以便人民以貨或以工換幣，三是設立紙幣收燬局，專門負責銷燬死幣。

四、錢幣革命之影響

國父的錢幣革命的方法，雖未能全部實行，但對於後來我國的貨幣制度，頗有影響：⑴中央銀行在廣州成立之初，採用「現兌」方法，由人民將金銀「現兌」鈔票，成績良好；⑵民國二十四年，我政府實施法幣政策，禁止使用金銀及銅板，在抗戰初期，收效不少；(3)政府遷臺後，發行新臺幣，以金銀、債券等作擔保品，收到了穩定金融的效果。倘能更進一步，將國父錢幣革命加以研究發揚，必更能找出以人工換貨幣，以物產押貨幣，以增進籌碼，充裕國庫，造福全民。

作業

1. 試述《實業計劃》的四個原則。
2. 《實業計劃》之目的要消除三大戰爭，此與西洋何種學說有關？試抒所見。
3. 試述《實業計劃》之途徑。
4. 三大港、六大計劃的要點如何？試分述之。
5. 略述錢幣革命的辦法。

第八章　食衣住行問題

本章包括三節，第一節為食的問題，第二節為衣的問題，第三節為住行問題。

第一節　食的問題

一、民生四大需要

從前經濟學者講食衣住，國父還加一個「行」字。他說：「衣食住為生活之根本，走路則且影響國家經濟與社會經濟矣」（〈中華民國之意義〉）。又說：「建設之首要在民生，故對於全國人民之食衣住行四大需要，政府當與人民協力，共謀農業之發展，以足民食。共謀織造之發展，以裕民衣。建築大計劃之各式屋舍，以樂民居。修治道路運河，以利民行」（《建國大綱》第二條）。我們這裏先講吃飯問題。

二、吃飯的重要

國父在〈民生主義第四講〉首先講吃飯的重要。他說：「殊不知道吃飯問題就是頂重要的民生問題。古人說：『國以民為本，民以食為天』，可見吃飯問題是很重要的」。指出第一次世界大戰德國為什麼打敗仗呢？由於糧食不足。中國常常鬧饑荒，吃飯問題亦至感嚴重。

為什麼中國人吃飯發生嚴重問題呢？第一由於農業不進步，第二由於外國的經濟壓迫。

人類要吃什麼東西呢？計有四種：第一種是吃空氣，第二種是吃水，第三種是動物，第四種是植物，即五穀果蔬。空氣和水不成問題，動物和植物便有問題，漁獵時代靠吃動物，農業時代靠吃植物，中國人便靠植物作糧食。

三、如何解決吃飯問題

吃飯問題與糧食生產和分配發生密切關係，所以要解決吃飯問題，第一要解決生產問題，第二要解決分配問題。

1. 如何解決糧食生產問題：國父認為要增加糧食生產，改進農業，於是提出了下列七個方法：

(1)機器問題：要用機器代手工，生產可增加一倍，費用更可減輕，荒地可開墾耕作；用機器抽水，不怕旱災，生產自然增加。

(2)肥料問題：用化學肥料，生產的速力，可加快一倍，生產力大為增加，應從化學方面研究肥料。

(3)換種問題：輪流耕植各種植物，或經常交換種子，可使土地交替休息，增加生產。

(4)除害問題：要用科學方法，消除動植物的害蟲。植物方面為野草和秕，動物方面如蝗螟等蟲，除害工作做好，才可減少損害，增加生產。

(5)製造問題：用新式製造罐頭的方法，可以保存甚久，又可供應遠方。

(6)運送問題：糧食需要彼此調劑，調劑依賴運輸。我國過去依賴挑夫，運輸不便，費用又高，所以有的地方生產過剩。由於運輸不便，將糧食燬棄了。今後應先從運河、海道入手；其次為鐵路，；再次為車路。窮鄉僻壤才用挑夫。運送方便，糧價才會便宜。

(7)防災問題：水災損失甚重，要防止水災，治標的辦法是築堤與疏通河道，治本的辦法是造林。全國應普遍造林，並由國家經營。防止旱災，治標的方法，是用機器抽水，治標與治本的方法同時並用，水旱災即可避免。糧食的生產，不會受到損失。

2. 如何解決糧食分配問題：生產增加以後，要解決吃飯問題，還要注意到分配問題。美國在私人資本制度之下，生產發達，分配不管，民生問題便不能解決。國父講糧食分配問題時，提到資本主義以賺錢為目的，民生主義以養民為目的。意思是說資本主義者不問人民糧食夠用不夠用，都是把糧食運到外國去圖利。民生主義者是要先供給人民使用，必等有餘糧才運到外國出售（〈民生主義第四講〉）。

第二節　衣的問題

一、穿衣與文明進化的關係

國父說：「吃飯問題，不但是在動物方面是很重要，就是在植物那方面也是一樣的重要。至於穿衣問題，宇宙萬物之中，只是人類才有衣穿，而且只是文明的人類才是有衣穿。他種動物植物都沒有衣穿，就是野蠻人類也是沒有衣穿，所以吃飯是民生的第一個重要問題，穿衣就是民生的第二個重要問題。現在非洲和南洋各處的野蠻人都是沒有衣穿」（〈民生主義第四講〉）。原始時代的人和禽獸一樣，穿「天衣」（羽毛），游牧時代的人穿皮衣，人類進化之後，除動物的皮以外，還要用植物做衣的原料。

二、衣服的原料

衣的原料有四種：第一種是絲，第二種是麻，第三種是棉，第四種是毛。棉和麻，是從植物得來的原料，絲和毛是從動物得來的原料。這四種原料如何製造與改良？依據國父的見解，簡述如下：

1. 關於絲的製造與改良：絲是中國發明的，用來做衣的原料，已有數千年；但中國絲業的失敗，由於方法不求改進，蠶種有病，有的半途死去，有的因病害使絲的品質不好。外人則致力病蟲害的研究，絲業進步。今後我國也應仿效外國，改良蠶種、桑葉，用機器繅絲、織造。

2. 關於麻的製造與改良：麻也是中國首先發明的，唯因麻製布仍沿用舊法，以致被外國用機器製麻所奪去了。今後應從農業方面改良種植入手。再用機器製造，研究改進，製造好的麻布。

3. 關於棉的製造與改良：中國是第三個產棉國，由於工業不進步，將棉花運售外國，經過加工後，又運來中國出售，從中賺錢。所以解決穿衣問題，應從農業與工業兩方面入手，才有便宜的布。

4. 關於毛的製造與改良：我國毛工業不發達，原料賣給外人，加工後運銷我國賺錢，應恢復主權，由國家經營，供應需要，有餘始運銷外國。

三、穿衣的程度與作用

1. 穿衣進化程度：國父認為：「穿衣在文明進步中可分為三級：第一級是需要，是人類的生活不可少的。人類得了第一級需要生活之外，更進一步便是第二級，這一級叫做安適，人類在這一級的生活，不是為求生活的需要，是於需要之外，更求安樂，更求舒服，所以在這一級的生活程度，可以說是安適，得了充分安適之後，再更進一步，便想奢侈」。人類生活程度雖分為三級：即需要、安適與奢侈。民生主義所要解決的，尚是需要這一級。就是要全體同胞有衣服可穿。

2.穿衣的作用：穿衣的作用何在？國父認為：第一個作用是用來保護身體（禦寒）；第二個作用是用來彰身，要來好看，叫做壯觀瞻，第三個作用來作階級（等差）之符號，第四個作用是求方便。衣服的護體與方便兩個作用與健康、工作發生密切關係，為一般人所必需，作用最大。至彰身與別等差兩個作用，前者是有錢人的奢侈，可有可無。後者因現在是民主時代，其作用亦已降低，都不為民生主義所重視。

四、如何解決穿衣問題

除改良絲棉麻毛的生產外，因為受到外國的經濟壓迫和不平等條約的束縛，以致關稅不能自主，外國紗布傾銷，打擊本國紡紗業，穿衣問題，更感困難。故國父認為要解決穿衣問題，第一要打破外來的經濟壓迫，實行保護本國的工業；第二要取消不平等條約，實行關稅自主，「即可以實行保護政策」，第三要由國家設置大規模的縫紉廠，大量製造衣服，以供人民服用。最後並主張取締遊民，使人人皆為生產分子。

第三節　住行問題

一、如何解決住的問題

國父在《實業計劃》第五計劃「居室工業」中，對如何解決住的問題曾提出了具體的辦法：

1.建築材料之生產及運輸：就是要生產磚、瓦、木材、石灰、水泥、鋼筋、鋼架等建築材料，「如製造磚瓦則須建窯，木材須建製鐵工場，此外，須設石工場、士敏土工場、三合土工場等，須擇適宜之地。材料與市場相近者為之」。並須有便利的運輸，以減輕運費。

2.居室之建築：就是要改用新式的房屋設計，有計劃大規模的營造。國父說：「此類居室之建築，須依一定模範。在城中所建屋分為二類：一為一家之居室，一為多家同居室。鄉村中之居室，依人民之營業而異，為農民所居者，當附屬穀倉、牛舍之類。一切居室之設計，皆務使居人得其安適。故須設特別建築部，以考察人民習慣，營業需要，隨處加以改良」。

3.家具之製造：就是要製造各種新式家具，以供應民用的需要。國父說：「中國所有居室，既須改造，則一切家具，亦須改用新式者，以圖國人之安適，而應其需要。食堂、書室、客廳、臥室、廚房、浴室、便所，所用家具，皆須製造」。

4.家用物之供給：就是供給水、光、燃料、電話等家用。於一切大城市中設自來水廠、電力廠、煤氣工廠，以供給自來水、電燈、煤氣燃料等。在鄉村應以煤炭代替薪柴，並須有電燈。「無論城鄉各家，皆宜有電話，故當於中國設立製造電話器具工廠，使其廉價」。

二、如何解決行的問題

如何去解決行的問題，國父在《實業計劃》第五計劃「行動工業」中，曾提出三個辦法：

1.要造一百萬英里之大路：他說：「吾儕欲行動敏捷，作工較多，必須以自動車為行具。但欲用自動車，必先建造大路。吾於國際發展計劃，……已提議造大路一百萬英里。是須按每縣人口之比率，以定造路之里數」。

2.要製造自動車：他說：「中國人民既決定建造大路，國際發展機關，即可設立製造自動車之工場；最初用小規模，後乃逐漸擴張，以供給四萬萬人之需要。所造之車，當合於各種用途，為農用車、工用車、商用車、旅行用車、運輸用車等，此一切車以大規模製造，實可較今更廉，欲用者皆可得之」。

3.要供給燃料：他說：「除供給廉價車之外，尚須供給廉價燃料，否則人民不能用之。故於發展自動車工業之後，即須開發中國所有之煤油礦，是當於礦工業中詳論之」。

作業

1.《建國大綱》第二條對食衣住行四大需要，提出何種辦法？試分述之。

2.試述吃飯的重要。

3.國父對增加糧食生產，改進農業，提出了哪七個方法？並簡述其內容。

4.絲、麻、棉、毛如何製造與改良？試就國父見解答之。

5.試述住行的工業。

第九章　育樂問題

本章研究的內容是：一為補述育樂的目的；二為育的問題；三為樂的問題，而以建設大同社會殿其後。

第一節　補述育樂兩篇的目的

一、為什麼要補述育樂兩篇

蔣公為什麼於民國四十一年十一月十二日發表《民生主義育樂兩篇補述》呢？其主要目的有二：(1)為了要完成民生主義的內容；(2)為了要建立自由安全的社會。

1. 完成民生主義的內容：戴季陶先生於民國十四年發表《孫文主義之哲學的基礎》，大意謂民生主義尚未講完部分，包含育樂兩問題及「養生送死」。蔣公講〈國父遺教概要〉時亦曾經提到。又民國四十一年在《育樂兩篇補述》序文中說：「可看出民生問題，除食衣住行之外，還有育和樂。……所以對於『育幼、養老、濟災、醫病與夫種種公共之需』，乃至『聾啞殘廢院以濟大造之窮，公共花園以共暇時之戲』，都要籌劃辦理，『把中國變成一個安樂國家』，才是民生主義的完成。所以我們如不把育樂這兩個問題，和食衣住行這四個問題，一併提出研究，就不能概括總理的民生主義的全部精神與目的之所在」。所謂補充民生主義的全部精神和目的，就是完成民生主義的內容。

2. 建立自由安全的社會：蔣公又說：「我們在這反共抗俄戰爭中，要恢復中國國家為自由獨立的民主國家，必須有計劃，有步驟，重建中國社會為自由安全的社會，來做這獨立民主的國家的基礎。所以民生主義的社會政策之研究和確立，刻不容緩，而育樂兩篇的補充，也就成了重要的工作了」。合起來說，育樂兩篇的補述，就過去言，為了要完成民生主義的內容；就未來言，為了要建立一個自由安全的社會。

二、為什麼要建立自由安全社會

蔣公之所以要補述育樂兩篇，其原因之一，是為了要建立一個自由安全社會。現在我們要問：⑴什麼是自由安全社會？⑵為什麼要建立一個自由安全社會？⑶可否以人為的力量進行社會改革？⑷自由安全社會應建立於何種基礎之上？⑸怎樣體會並建立民生主義為自由安全社會？

1. 什麼是自由安全社會：就西洋政治思想講，民主主義者重視人民自由，社會主義者重視社會安全，但是偏重人民自由，則易趨於個人資本主義的途徑，而致妨礙經濟平等與社會安全，偏重社會安全，則易發生極權主義的流弊，而致妨礙政治民主與人民自由。唯有中國的最高政治思想——大同社會，才能兩者並顧，而達到政治民主與經濟平等，故可以說大同社會就是我們理想中的自由安全社會。

2. 為什麼要建立自由安全社會：這就是因為舊社會組織已經瓦解，新社會組織還沒有形成，我們不得不為建設自由安全社會而努力。舊社會組織因何而瓦解呢？這可就自然的趨勢與人為的災禍兩方面來說明。就自然的趨勢講，中國的農業社會正向著工業社會轉變，「在轉變的過程中，農業已趨凋敝，工業尚未能順利發達」，舊社會組織不能適應，就要流於瓦解；就人為災禍講，抗戰勝利以後，「蘇俄帝國主義者唆使他的第五縱隊中共奸匪，來破壞我們的鐵路和礦業，阻止我們復員和建設」，於是更「演成農村破產城市恐慌的景象，招致社會瓦解國家危亡的災禍」。

3.可否以人為力量改良社會組織：國父在〈社會主義之派別及批評〉（或題〈社會主義之派別及其方法〉）中說：「社會組織之不善，雖限於天演，而改良社會之組織，或者人為之力尚可及乎？社會主義所以盡人所能，以挽救天演之缺憾也？」人為的力量既可以挽救自然演變的缺憾，所以「我們要有計劃地改革中國社會為自由安全的社會，不能放任社會的自然發展」。

4.自由安全社會應建立於何種基礎之上：國父在中國之鐵路計劃與〈民生主義〉中說：「將來之實業，建設於合作基礎之上，政治與實業皆民主化。每一階級皆依賴其他階級，而共同生活於互信互愛的情形之下」。由此，可以看出「民生主義的工業社會，不以競爭為基礎，而以合作為基礎。……如此，人民全體都有生活的機會，有完全的自由，並有充分的娛樂和幸福」。

5.怎樣才能體會並建立自由安全社會：要建立自由安全社會，必須研究《建國大綱》，《孫文學說》，尤其育樂兩問題。「我們要使中國社會為合作基礎之上的自由幸福的社會，是要有計劃、有步驟的。《建國大綱》就是達到『政治民主』的步驟，《實業計劃》就是建設『經濟民主』的藍圖。我們要尋求《建國大綱》的主旨，必須研讀《孫文學說》，才能理解國民革命從非常破壞到非常建設的方略，我們要探討《實業計劃》的內容，必須就民生主義演講已經提出的衣食住行和總理未完的育樂兩個問題，加以研討，才能體會民生主義為自由安全社會而計劃的意義」（以上有引號者均為蔣公語，下同）。

第二節　育的問題

所謂「育」，包括生育、養育和教育，這三大項目都包括著各種問題，分別簡述其內容如下：

一、生育問題

1.馬爾薩斯的人口論：馬爾薩斯把國民的生育問題，當作純粹的生物學和簡單的經濟問題來看待，他認為「人口的增加是幾何學的，糧食的增加是算術比率的。糧食不能供給人口的需要，便發生貧困、饑荒和戰爭，要把人口減少，使其與糧食保持平衡」。其實，他的理論，是與事實未符的。「據人口問題專家的估計，三百年來全世界人口只增了四倍，可見人口的增加並不是幾何的比率。並且近代農業技術的進步，使糧食的產量能夠很快的增加……」。可見糧食的增加也不是算術的比率。所以把人口問題當作純生物學的問題和簡單的經濟問題來研究，得不到正確的結論。

2.農業社會進入工業社會：在農業社會進入工業社會的時期，人口集中於城市，有關各種生育的問題，亦發生重大變化。「我們試就現代工業國家的人口統計來研究，在人口城市化的趨勢裏，顯明的趨勢是大家族分化為小家庭，早婚改變為晚婚，離婚率增高，而生育率減低。再詳細一點說，在工業國家裏，鄉村人口的生育率高，城市人口的生育率低，並且教育程度愈高的人，其生育率便愈低，由此可見國民生育率並不隨工業化的進步來增加，反而有減低的趨勢」。

3. 怎樣解決人口問題：是要鄉村與城市人口均衡發展，使青年男女瞭解養育子女的應負的責任，並保障家庭生活安全，實行結婚貸款，女工生育期間給假，子女較多的多給工資，輔導就業與救濟失業，以期求人口數量方面的增加，及品質方面的提高。同時將來的人口分配，應與都市建設計劃相配合，採取下列的人口政策：「⑴依據《實業計劃》之精神，使全國經濟平均發展，全國人口均衡分配；⑵工業礦業及漁牧事業，依各地資源分布的實況，使其發展。各地人口之分布，應使其適於資源的開發與利用；⑶城市與鄉村均衡發展，要做到城市鄉村化，鄉村城市化。每一家庭都得到充分的空間和健康的環境」。

二、養育問題

我們要建設中國社會為民生主義社會，對於兒童、疾病殘廢、鰥寡孤獨、老年、及喪葬等問題，應考察其癥結所在，提出其解決方法。

1. 兒童問題：怎樣解決社會轉變中的兒童問題呢？要從下列四方面著手：⑴設立公共婦產醫院；⑵設立兒童教養院；⑶設立托兒所；⑷設立兒童保健院，以協助人民解決兒童問題，大陸收復後，要廣徵義父母，以收養孤苦無告的兒童。

2. 疾病殘廢問題：疾病和殘廢各可分為生理的與心理的兩方面：⑴要從提高國民生活水準，普及國民衛生教育，普設防治醫院，實行疾病保險，以解決生理的疾病問題；⑵要減少疾病的發生和傳染，防止車禍工業傷害，訓練殘廢使之能就業，以解決生理的殘廢問題；⑶要從改良監獄，創設精神病院，心理衛生所等事項著手，以解決心理上的疾病問題；⑷要從建設精神病院管制麻醉品各方面著手，以解決心理上的殘廢問題。

3. 鰥寡孤獨：由農業社會轉變到工業社會，由大家庭制轉變為小家庭制，這問題更加嚴重。我們要設保障婚姻安全，減低離婚率，輔導就業，取締遊民，設置遊民習藝所，乞丐妓女收容所，加以訓練，使能就業，以解決鰥寡孤獨問題。

4. 老年問題：社會轉變中老年人更失掉倚靠，我們要：⑴建立老年退休制度；⑵建立養老制度；⑶設立養老院，使老年人能獲得安靜的生活，以頤養天年。

5. 喪葬問題：農業社會這問題比較簡單，工業社會則較為嚴重。應多設殯殮場所、公墓，戒除一切浪費，使喪葬問題能得到合理的解決。

三、教育問題

1. 變動社會中的教育：在農業社會進入工業社會的過程中，舊社會組織趨於瓦解，新社會組織還沒有定型。由於大家族組織的分解，青年對父母一代的生活規律，不能完全接受，不知道做人做事的方法，無法適應這變動社會的需求，更缺乏自求生存與發展的能力。因此，國家對於這一代青年，應該以教育為作育青年的主要方針。蔣公說：「在我們這變動的社會裏，教育是指導國民從舊社會瓦解中建設新社會的唯一方法，尤其是指導青年適應新社會生活的唯一道路」。

2. 過去教育的缺點：從建設民生主義社會的革命事業，來檢討過去的學校教育，計有下列三大缺點：

⑴升學主義：「這是小學和中學教育的根本缺點。小學課程是為了升入中學作準備；中學課程是為了升入大學作準備」。這種升學主義的學校教育，只重視應考的幾樣課目，反把「變化氣質、陶冶品德」的教育主旨，不予注意。

⑵形式主義：由於印刷工業發達，書價低廉，讀書求學問，不一定要進大學。「所以今日的大學，不應該只

是講讀一些圖書，賦予畢業生一種資格，具備一種形式，作為一種裝飾，就算了事」。大學教育的任務，不僅要賦予學生有適應這變動社會的求生能力，作建設新社會的骨幹，同時要培育學生有專長，負起建設國家的重責大任。

⑶孤立主義：就是「大學教室裏的科學課本和講述，是脫離實際社會生活而孤立的。大學的科學教育既與社會生活沒有什麼密切關係，中小學的科學教育又不過是準備升入大學，那就更與社會生活沒有什麼密切關係了」。由於科學教育與實際工作脫節，且與社會生活孤立，是今日學校教育的一大缺點。

3.如何解決教育問題：為了糾正過去的缺憾，今天應注意的是：⑴要以四育六藝為教育的內容；⑵要以促進社會進步與民族復興為教育的使命；⑶要充實學生生活內容以完成教育的任務；⑷要陶冶學生性行以達到教育的目的；⑸要使社會教育設施以配合學校教育的發展；⑹要使各種文化宣傳事業與學校教育配合。又民生主義教育是多方面的：⑴要完成強迫教育，掃除文盲；⑵要健全家庭教育；⑶要重視公民教育；⑷要注重職業生活教育；⑸要確立大學教育的目標；⑹要使成人有升學的機會；⑺要加強國民軍訓；⑻要普及童子軍訓練；⑼要實施勞動服務，如上列九項能妥為實施，則民生主義的教育方針便能實現了。

第三節　樂的問題

一、康樂的意義

正當而健全的康樂，應注意下列四點：⑴為身心的平衡；⑵為情感與理智的和諧；⑶為城市的健康；⑷為閒暇與娛樂。分別簡述其意義如左：

1.身心的平衡：康樂的目的在求國民身心能夠保持平衡。「一定要一般國民的體力健康，德性善良，兩方面保持平衡，這個國家才能富強，立足於現代國際社會之林」。

2.情感與理智的和諧：中國是禮樂之邦，禮的作用是「節」，樂的作用是「和」，在這「節」與「和」兩重作用之下，達到情感與理智和諧的境界，才是正當的康樂。

3.城市的健康：城市生活的人民，其特點有三：(1)擁擠；(2)緊張；(3)流動。由於這三種關係，城市人口的健康，除病菌之外，還有「疲勞」這個敵人，許多流行的疾病，都是因為「疲勞」而發生，成為民族健康的一個大問題。

4.閒暇與娛樂：一個國民一天工作之餘，有了閒暇。如何利用閒暇，去作娛樂活動，便成為嚴重的問題。在農業社會中，「一個人去工作，享受田園之樂，回家休息，享受天倫之樂」。而城市人的閒暇，大部分用到商業化的娛樂上，於身心反而有害。所以國家對國民的閒暇與娛樂的問題，應有計劃加以解決。

二、康樂的環境

要增進國民康樂，先要為康樂的環境而設計，並特別注意下列事項：(1)城市鄉村的建設，要注意「城市有田園風味，鄉村也有公共交通和電燈等設備」。要做到「鄉村城市化，城市鄉村化」的理想；(2)在國家建設計劃中，對山林川原的整理與設計，要特別重視；(3)要有計劃的保林和造林，從國家資源、國民健康與遊行娛樂三方面著眼，擬成完美的計劃；(4)河川的整理，既要注意灌溉、交通、動力、漁撈等功能，又要顧慮飲水、水力、風景三大問題；(5)在城市中，對公園的開闢，樹木的培植，要有計劃。

三、怎樣解決康樂問題

康樂問題，分為心理與身體兩方面，要解決康樂問題，亦要從這兩方面著手。

1. 怎樣解決心理的康樂問題：我們要從改進音樂歌曲、書畫、雕刻或戲劇、電影、廣播，以增進國民的精神娛樂，並防止娛樂商業化、市儈化，以免妨害國民心理健康，更要從信教自由著手，以安定國民的精神生活。

2. 怎樣解決身體的康樂問題：我們要從清潔、秩序、節制各方面以養成國民的健康習慣，要從射擊、駕駛、操舟、游泳、滑冰、滑雪、國術、舞蹈各方面，以培養國民的康樂技能。

第四節　建設大同社會

一、物質條件與精神條件

民生主義的建設條件有二：⑴物質條件；⑵精神條件。

1. 物質條件：蔣公以為照總理遺教的指示，平均地權、節制資本與發展國營事業的收入，是民生主義建設的物質條件。

2. 精神條件：提高國民社會道德（合作互助）與增進國民學問智識，是民生主義建設的精神條件。

二、〈大同篇〉與三世說

要講《公羊》的三世說，便要知道〈大同篇〉的原文，為便於比較，這裏先錄〈大同篇〉原文，次述三世說。

1. 〈大同篇〉原文：「大道之行也，天下為公；選賢與能，講信修睦。故人不獨親其親，不獨子其子；使老有所終，壯有所用，幼有所長，矜寡孤獨廢疾者皆有所養，男有分，女有歸。貨惡其棄於地也，不必藏於己；力惡其不出於身也，不必為己。是故謀閉而不興，盜竊、亂賊而不作，故外戶而不閉，是謂大同」。

2. 三世說：蔣公認為民生主義的最高理想為世界大同，《禮記．禮運篇》在大同、小康之外，還有「幽國疵國亂國」。乃以《公羊》三世說中的太平世比大同，昇平世比小康，據亂世比「幽國疵國亂國」。試列如下：

《公羊傳》中的三世：據亂世……昇平世……太平世。

〈禮運篇〉中的三世：幽國疵國亂國……小康……大同。

三、小康社會與大同社會

1. 小康社會：小康的經濟制度是「貨力為己」，社會制度是「各親其親，各子其子」，政治制度是「大人世及以為禮，城郭溝池以為固」。現在分別說明如下：

(1)貨力為己：這是說，貨物為自己的利潤來生產，勞力為自己的工資來做工。企業家追求利潤，勞動者追求工資，這是一個「自由社會」。但是社會經濟如從自由競爭發展為獨占資本制度，造成不平等的競爭，使少數人獨占社會的財富，多數人陷入困窮的境遇，社會的變亂必由此而起。

(2)各親其親，各子其子：以家族為社會的基本組織，有安定的家，就有安全的社會，同時有安全的社會才有安定的家族。社會流於不平等，則家族也會歸於瓦解。

(3)大人世及以為禮，城郭溝池以為固：這就是國父所說的國與國爭的君權時代。在這一時代，「謀用是作，而兵由此起」。所以小康社會如不向大同世界再進一步，就是小康也是保不住的。

2. 大同社會：大同的經濟制度是「貨不必藏於己，力不必為己」。社會制度是「人不獨親其親，不獨子其子」。

政治制度是「選賢與能，講信修睦」。分別說明如下：

(1)「貨惡其棄於地也，不必藏於己；力惡其不出於身也，不必為己」：這是說大同世界的生產是努力開發資源，而以養民為目的；大同社會的勞力是為社會服務而不是為工資勞動。所以大同社會的經濟制度是以合作為基礎，以服務為目的，這就是民生主義的經濟制度。

(2)「不獨親其親，不獨子其子；使老有所終，壯有所用，幼有所長，矜寡孤獨廢疾者皆有所養，男有分，女有歸」：這就是說，在大同社會裏，兒童不會失去教養，壯年都能得到職業，男女都有配偶，老年都有歸宿，家庭的生活安定，如有鰥寡孤獨，疾病殘廢，也都受到國家的保護和社會的扶助。民生主義「育」的問題是全部解決了。

(3)「選賢與能，講信修睦」：這就是民主國家主權平等的世界。在這世界裏，「謀閉而不興，盜竊亂賊而不作」，這是「天下為公」的永久和平世界。

3. 由小康進到大同：蔣公將大同社會與小康社會加以描述之後說：「我們從大同與小康階段社會來比較研究，即可知民生主義的建設，乃是從小康進入大同的階梯。我們革命建國的事業，要踏著這一階梯向前進步，就可以到達自由安全社會即大同世界。在這自由安全的社會裏，『法定男子五、六歲入小學，以後自由國家教之養之，至二十歲為止，視為中國國民之一種權利。學校之中備各種學問，務令學成以後，可獨立為一國民，可有參政自由平等諸權。二十歲以上，當自食其力。五十歲以上，年老無依者，則由國家給與養老金。如生子多而無力養之者，亦可由國家資養。此時家給人樂，則中國之文明康樂，不僅與歐美並駕齊驅而已』。總理這一段話，就是我補述民生主義育樂兩篇的藍圖。我們今日必須依照這一個藍圖，來設計、來實施、來完成總理所遺留給我們的民生主義社會建設的使命」。

作業

1. 蔣公為什麼要補述育樂兩篇？試述所見。
2. 為什麼要建立自由安全社會？試述所見。
3. 小康與大同社會有何不同？試述其要。
4. 過去學校有何缺點？試申論之。
5. 試述解決康樂問題的方法。

第五篇　結　論

第一章　民生史觀

第一節　歷史觀概說

一、歷史觀的意義及其範圍

1. 歷史觀的意義：何謂歷史觀？簡言之，就是吾人對於歷史演變與社會進化的原理和法則的解釋或見解。

2. 歷史觀的研究範圍：歷史哲學所要研究的問題，大約可分下列各項：

(1)歷史動力論與社會基礎說（社會中心說）。

(2)歷史目的論。

(3)歷史階段論（歷史的分期）。

(4)心物相互關係及其與歷史的關係。

此外，還可講到歷史定義等。

二、歷史觀的派別

對於歷史演變與社會進化的原理和法則的看法，原是見仁見智，各不相同，因此，就產生了各種不同的派別：⑴宗教史觀；⑵英雄史觀；⑶政治史觀；⑷地理史觀；⑸唯心史觀；⑹唯物史觀；⑺社會史觀等，內中與民生史觀關係最密切的為唯物史觀與社會史觀。

1. 唯神史觀或宗教史觀：基督教以為人是神造的，神可以支配人的一切，當然亦可以左右人的歷史。又奧古斯丁站在宗教的立場，以基督教救世為促進歷史進化的原因。

2. 偉人史觀或英雄史觀：盧梭、康德等都認為偉人或時代天才是歷史的創造者。司馬遷編《史記》，以偉人列傳為中心，後世編史者仿之。

3. 政治史觀：英國史家夫里曼認為歷史就是「過去的政治」。司馬光編通史亦以政治問題為中心，取其與「國家興亡，民生休戚」有關者，錄而編之。

4. 地理史觀：所謂地理史觀，可分為兩種：狹義的只從地理、環境、氣候、物產等去解釋歷史；廣義的則加上文化，如風俗習慣、學說思想等。

5. 唯心史觀：黑格爾倡唯心史觀，以為「精神是世界的實體」；「精神是世界偉大事變之推動者」；「世界歷史是精神在時間裏的發展」。

因為唯物史觀和社會史觀與民生史觀關係密切，故另行列論。

三、唯物史觀與社會史觀

1. 唯物史觀：馬克思和恩格斯提倡唯物史觀——歷史唯物論，以反對黑格爾的唯心史觀。他們的重要主張，約可分為下列各項：

⑴就歷史的動力講：他們判定物質的生產力和生產方法為社會變革的主因（國父簡稱為「以物質為歷史的重心」）。

⑵就政治、文化與物質的關係講：他們把經濟（物質）列為下層基礎。所有政治、法制（上層建築）及宗教、藝術、哲學、科學、道德、風俗等都跟著下層基礎的變革而變革，這就是把經濟看作政治和文化的基礎。也就是把物質看作社會的重心。

⑶就歷史的階段講：他們拘執經濟上的階級鬥爭，把世界歷史劃分為下列幾個階段：

①原始共產社會：財產共有，無階級鬥爭。

②奴隸社會：有奴隸和主人（奴隸主）的鬥爭（指古代希臘）。

③封建社會：有平民和貴族的階級鬥爭，有農奴和封建領主的鬥爭（指羅馬及中古）。

④資本主義社會：有無產階級與資產階級的鬥爭（指工業革命後的歐美各國）。

⑤新共產社會：階級消滅，沒有鬥爭（指社會革命後的未來社會）。

⑷就歷史目標講：他們認為奴隸與主人鬥爭的結果，奴隸社會垮了；平民與貴族及農奴與封建領主鬥爭的結果，封建社會垮了；而無產階級與資產階級鬥爭下去，資本主義社會必垮無疑，繼之而起的未來社會，必然是沒有階級的共產社會。

⑸就歷史定義講：他們一方面視「一部人類社會史就是階級鬥爭史」，另一方面視「一部人類文明史就是隨物質境遇的變遷史」。

2. 社會史觀：威廉生於俄國，九歲赴美，研習法律，後改學牙醫。他曾參加社會黨，於草擬競選政綱時，發現要重視「消費」，而馬克思的唯物史觀則重視「生產」，因此，對唯物史觀發生了懷疑，開始作徹底的研究，研究的結果，認為：(1)社會問題才是社會進化的原動力，物質問題不是社會進化的原動力；(2)經濟利益相調和才是社會進化的原因，階級鬥爭不是社會進化的原因，並且列舉四種社會進化的事實為例，如社會與工業之改良，運輸交通收歸國有等；(3)一部人類歷史乃是人類生存的實驗和失敗的記載；(4)馬克思所謂資本家先消滅商人才能消滅等判斷，是與事實不相符的。威廉把這些道理寫出來，編成一書，定名為《社會史觀》(*The Social Interpretation of History*)，可說是較早的一本「馬克思唯物史觀批評」。該書初稿，拖了幾年，於一九二一年出版。書出後未引起多數人們的注意，但當時國父中山先生獲讀此書後，卻倍加讚揚，認為其思想多有與自己見解相符合。故在民國十三年講民生主義時，引為重要資料，遂奠定了他自己的「民生史觀」的理論基礎。

第二節　民生史觀的要點

國父在歷史哲學方面，發明了一種民生史觀，經蔣公補充後，這史觀的要點可分為：(1)民生問題是社會進化的原動力；(2)心和物、保和養是歷史進化的條件；(3)進化原則為互助，其目的為世界大同；(4)民生是社會的中心；(5)歷史是人類為生存而活動的記載；(6)歷史進化是民生進化的階段。

一、民生問題是社會進化的原動力（物質問題不是社會進化的原動力）

國父說：「近來美國有一位馬克思的信徒威廉氏，深究馬克思主義……說馬克思以物質為歷史的重心，是不對的，社會問題，才是歷史的重心。而社會問題中，又以生存問題為重心，那才是合理。民生問題，就是生存問題。這位美國學者最近發明，適與吾黨主義（指民生主義）若合符節，這種發明，就是民生為社會進化的重心，社會進化又為歷史的重心，歸納到歷史的重心是民生，不是物質」。這裏要說明的是：國父在民生主義中所講的重心、中心和原動力，本來不易加以區別，我們為研究方便起見，把這裏的重心釋為原動力。

國父在民生主義中又說：「這位美國學者所發明的是人類求生存，才是社會進化的定律，才是歷史的重心。人類求生存是什麼問題呢？就是民生問題。所以民生問題，才可說是社會進化的原動力」。如果把唯物史觀來比較，則知唯物史觀者認為物質為歷史的原動力，而民生史觀者則認為民生問題為歷史的原動力，即社會進化的原動力。

二、民生是社會的中心（物質不是社會的中心）

國父說：「民生就是政治的中心，就是經濟的重心，和種種歷史活動的中心，好像天空以內的重心一樣。從前的社會主義（指馬克思）錯認物質是歷史的中心，所以有了種種紛亂……。我們現在要解除社會問題中的紛亂，便要改正這種錯誤，再不可說物質問題是歷史的中心，要把歷史上的政治和社會經濟種種中心，都歸之於民生問題。以民生為社會歷史的重心」。又說：「社會的文明發達，經濟組織改良，和道德進步，都是以什麼為中心呢？就是以民生為重心。民生就是社會一切活動的原動力，因為民生不遂，所以社會的文明不能發達，經濟組織不能改良，和道德退步，以及發生種種不平的事情」。前面的重心，我們把它解釋為原動力，這裏的重心我們便把它視為中心，以資統一。

三、經濟利益相調和為社會進化的原因（階級鬥爭不是社會進化的原因）

什麼是社會進化的原因呢？國父在〈民生主義〉中說：「馬克思定要有階級戰爭，社會才有進化，階級戰爭，是社會進化的原動力，這是以階級戰爭為因，社會進化為果。我們要知道這種因果的道理，是不是社會進化的定律？便要考察近來社會進化的事實」。

講到這裏，國父列舉歐美社會近來進化的事實：如社會與工業之改良，運輸交通收歸國有，直接徵稅，分配之社會化，都不是階級鬥爭的結果，而是經濟利益相調和的結果。因此說：「社會之所以有進化，是由於社會上大多數經濟利益相調和，不是由於社會上大多數的經濟利益的衝突。社會上大多數經濟利益的調和，就是為大多數謀利益；大多數有利益，社會才有進步」。

為什麼要調和呢？因為人類如果天天互相鬥爭，同類相殘，必然無法生存，還有何進化可言呢？國父接著說：「社會上大多數經濟利益之所以要調和的原因，就是因為要解決人類生存問題，古今一切人類之所以要努力，就是因為要求生存，人類因為要不間斷的生存，所以社會才有不停止的進化。所以進化的定律，是人類求生存；人類求生存，才是社會進化的原因，階級戰爭不是社會進化的原因，階級戰爭，是當社會進化的時候，所發生的一種病症，這種病症的原因，是人類不能生存，因為不能生存，所以這種的病症結果便是戰爭」。因為馬克思不從「經濟利益的調和」方面著眼，專從「經濟利益的衝突」方面著眼。故國父批評他說：「馬克思研究社會問題所有的心得，只見到社會進化的毛病，沒有見到社會進化的原理，所以馬克思只可說是一個社會病理家，不能說是一個社會生理家」。

四、世界大同為歷史的目的

《孫文學說》第四章論人類進化之原則及目的，可作為民生史觀的見解之一部：「人類之進化，則與物種之進化不同，物種以競爭為原則，人類則以互助為原則。社會國家者，互助之體也，道德仁義者，互助之用也。人類順此原則則昌，不順此原則則亡……。人類自入文明之後，則天性所趨，已莫之為而為，莫之致而致。向於互助之原則，以求達人類進化之目的矣。人類進化的目的為何？即孔子所謂『大道之行也，天下為公』。耶穌所謂『爾旨得成，在地若天』，此人類所希望，化現在之痛苦世界而為極樂天堂者是也」。這種互助原則論，與上面經濟調和論對照起來，更可看出國父的思想是反對競爭或鬥爭的——在進化論方面，反對達爾文的人類生存競爭說，在歷史觀方面，反對馬克思的階級鬥爭說，他認為人類社會進化的原則在於「互助」，人類社會進化的目的在於「世界大同」。

關於歷史進化以世界大同為目的，國父既多次談到，蔣公亦多次談到，《民生主義育樂兩篇補述》中更講得很詳細。

五、精神和物質是社會進化的條件（不是原動力）

1. 歷史條件論：蔣公除闡述國父的歷史動力外，還提出了社會進化的條件論。

關於社會進化的條件，蔣公提到了保和養，亦提到了精神和物質。

《反共抗俄基本論》第五章稱：「國父根據蜾蠃為求生存而發明蒙藥之術，以採取螟蛉為糧食之事實，去說明『精神與物質都是求生存需要的產物』，和說明『凡為需要所迫，不獨人類能應運而出，創造發明，即物類亦有此良能也』。故人類求生存是動力，而精神與物質只是條件」。

國父在〈民權主義〉中說：「人類要能夠生存，就須有兩件最大的事情：『第一件是保，第二件是養』」。蔣公補充說：「保是政治，養是經濟。都是歷史的條件」。著者更補充一句：「政治、經濟不能看作歷史的動力」。物質和經濟都不是動力，唯物史觀的基礎便動搖了。

2. 歷史動力與歷史條件的關係：動力與條件有什麼相互的關係呢？蔣公說：「我們因此可以肯定歷史的動力是一元的，歷史的條件是多元的。動力與條件，是互相作用又互相推進的；但條件是寄於動力而存在，物質的生產力，只是供給人類求生存的需要。因此，物質的生產力是條件——是經濟的條件，人類求生存，才是社會與歷史的動力」。動力為因，條件為果，動力為體，條件為用，條件寄於動力而存在，動力不寄於條件而存在。「所以馬克思把社會進化的『果』，作為社會進化的『因』，更可證明國父對馬克思『倒果為因』的批評，乃成為顛撲不破的定理」。

單就歷史的經濟條件講，保和養，政治和經濟，精神和物質是多方面的，「馬克思的唯物史觀只是把握歷史的經濟條件，並只是把握經濟的條件中歷史過程的一階段——階級鬥爭的歷史階段（因不能生存而產生的短暫的病態階段）；這與我們國父的民生史觀，把握歷史的動力和歷史的條件，並把握動力和條件的全部過程，乃是顯然不同了」。由此，可見馬氏的學說不僅倒果為因，而且是以偏概全。

六、心物並存論與歷史的定義

蔣公在〈三民主義之體系及其實行程序〉中說：「持唯心史觀的以為歷史為人類有意識的一種精神創造，一部歷史就是精神活動史。持唯物史觀的意見恰好相反，以為一部歷史的變遷演進，依經濟的生產方式而轉移，某一時代的經濟制度變更，或生產方式變更，歷史亦隨之而變，人類的活動，完全受經濟的支配。兩種學說，都可以說是一偏之見，不能夠概括人類全部歷史的真實意義。因此人類全部歷史即是人類為生存而活動的記載，不僅僅是物質，也不僅僅是精神，所以唯有以民生哲學為基礎的民生史觀，或以民生史觀為出發點的民生哲學，不偏於精神，亦不偏於物質，唯有精神與物質並存，才能說明人生的全部與歷史的真實意義」。

這裏蔣公說明了下列三點：(1)民生史觀是心物並存的，既不偏於精神，亦不偏於物質；(2)唯心史觀者偏重精神，唯物史觀者偏重物質，都不能說明歷史全部的真實意義；(3)一部人類歷史既不便照唯心史觀者的看法，稱為「精神活動史」，亦不便照唯物史觀者的看法稱為「隨物質境遇的變遷史」或階級鬥爭史，只可稱為「人類為生存而活動的記載」。這種歷史定義，較之社會史觀威廉所謂「歷史是人類求生存的實驗和失敗的記載」，更為簡明而正確。

七、歷史階段與民生的關係

1. 歷史的階段論與分期問題：國父對於歷史的分期，是從多方面著眼，不拘泥於經濟或政治的一隅。

(1)從政治方面看，分為：一、人同獸爭（洪荒時期）；二、人同天爭（神權時期）；三、人同人爭——國家同國家爭（君權時期），人民同君主爭（民權時期）。

(2)從經濟方面看，有兩種方法：

①生產方面分為：一、採掘時期；二、漁獵時期；三、游牧時期；四、農業時期；五、工商時期。

②消費方面分為：一、需要階段；二、安適階段；三、繁華階段（奢侈階段）。

(3)從知行進化方面看，分為：一、不知而行時期；二、行而後知時期；三、知而後行時期。

以上無論從政治、經濟、文化任何一方來說，其所以要進化，就是為了要解決人類生存問題，並求得較好的生存。如由農業進為工商業，君權進為民權，都是要求得較好的生存。所謂「民生問題是社會進化的原動力」，在歷史演進的階段方面可以獲得證明了。

2. 歷史進化階段是民生進化的階段：蔣公著《行的哲學》，發揚了行的奧義。他認為行創造了宇宙，亦創造了社會。「社會中的經濟、政治、文化亦無不是由行而創造出來的」。國父說：「人類之所以要努力，就是因為要求生存」（著者按：人類的努力即人類的行）。蔣公認為「人類的行，乃是群體的活動和意識的活動，亦就是為人民的生活——社會的生存，國民的生計以及群眾的生命而活動的行」。這可以說，人類有意識的為求生存而作的努力，（力行）推動了經濟、政治、文化（智識）各個階段的進化。所以蔣公說：「歷史的進化從原始群進到部落，再進到民族國家，最後進到大同，那都無非是民生進化的階段」（《反共抗俄基本論》）。

合起來說，民生史觀的要點，可列舉如下：

1. 就歷史動力講：我們認為民生問題是社會進化的原動力，或認為民生是歷史的重心。而政治與經濟、物質與精神，只是歷史的條件，不是歷史的動力。

2. 就政治、經濟、文化與民生的關係講：我們認為民生就是政治的中心，就是經濟的中心，以及種種歷史活動的中心。物質不是社會的中心，即經濟不是社會的基礎。

3. 就歷史階段講：歷史的分期可從多方面著眼，不必拘限於階級鬥爭或經濟方面。歷史進化的階段，無非是民生進化的階段。

4. 就歷史目的講：我們認為世界大同為社會進化的目的，共歸於盡的共產社會不是歷史的目的。

5. 就社會進化的原因講：經濟利益相調和（社會互助）為社會進化的原因，階級鬥爭不是社會進化的原因。

6.就歷史定義講：我們認為人類全部歷史即是人類為生存而活動的記載，不能叫做階級鬥爭史或隨物質境遇的變遷史（周世輔，《三民主義的哲學體系》）。

第三節　民生史觀與中西學說思想

民生史觀中包含著經濟利益調和說（社會互助論），民生中心論（民生問題為社會進化之原動力）等，都與中西學說思想發生關係。

一、民生中心論與中西學說思想

國父認為民生是政治的中心，經濟的中心（原文稱重心）和種種歷史活動的中心，又認為民生問題為社會進化的原動力。這種理論與中西哪些學說思想發生關係呢？

1.《書經》云：「德唯善政，政在養民」。這是說良好的政治以養民為中心。

2.孔子論政，主張「足食、足兵與民信（教民）」。又主張既庶加富，既富加教。合起來看，乃以富民、保民、養民、教民為政治的目標。

3.孟子講王道仁政，既說保民而王，又說使民養生送死無憾，王道之始也。可見王道仁政也是以養民保民為中心。

4.管子論政，除重「衣食足」與「倉廩實」之外，還說：「治國之道，必先富民」。可見他與國父一樣，認為建國之首要在民生。

5.韓愈著〈原道〉，認為先王為政，最重視相生相養之道（〈原道〉原文）。也可說是以民生為政治的中心。

6.亞里斯多德說：「政治的目的在圖較好的生存」。

7.威廉以為社會問題為社會進化的原動力，國父則改社會問題為民生問題，以民生問題為社會進化的原動力。

以上各家學說，不是國父民生中心論的淵源，就是國父民生中心論的同調，直接間接可以幫助國父反駁馬克思的物質中心論（經濟基礎說）。

二、經濟利益調和論（社會互助論）與中西學說思想

國父以經濟利益調和論，駁馬克思的階級鬥爭論，以社會互助論，駁達爾文的生存競爭論，這在中西學說思想中乃有其理論基礎。

1.克魯泡特金以互助論，反對達爾文的競爭論，國父雖未全部接受克魯泡特金的理論，但認為互助論可以用之於人類，競爭論只可用之於物種，不可用之於人類。

2.墨子主張「有力者疾以助人，有財者勉以分人」（〈尚賢〉下）。又認為「愛人者人亦愛之；利人者人亦利之」（〈兼愛〉中）。他提倡兼相愛，又提倡交相利。其反面既反對別相惡，又反對交相賊。這無異是贊成互助與經濟利益相調和，反對競爭與階級鬥爭。

3.法國經濟學家巴師夏著《經濟調和論》，其主要意義在利益調和，認為社會上各個法則都是互相調和的，都是使人類日趨於完善的。他又認為生產者與消費者的利益可以調和，資本家與勞動者的利益亦可以協調。這與威廉和國父的經濟利益相調和說，如出一轍。

4.如前述，孟子講到井田制的時候，提到「出入相友，守望相助，疾病相扶持」。這亦是一種社會互助論，

可以看作國父的社會互助論的思想淵源。

作業

1. 試述歷史的意義與研究範圍。
2. 威廉氏對唯物史觀有何批評？試抒所見。
3. 民生史觀有幾個要點？試分舉之，並簡述其要義。
4. 試述民生史觀與中國學說的關係。
5. 試述經濟利益相調和與西洋學說的關係。

第二章　建國大綱

第一節　建國大綱的意義和要點

一、建國大綱的意義及其重要性

《建國大綱》是實行三民主義的方法和步驟，是政治建設的具體方案，一切政治建設以《建國大綱》為基礎，所以非常重要。

國父說：「夫革命之目的，在實行三民主義。而三民主義之實行，必有其方法與步驟」。這裏所說的實行三民主義的方法與步驟即指《建國大綱》而言（〈序文〉）。

蔣公在〈國父遺教概要〉中說：「總理對於政治建設最簡明精要的具體方案，就是《建國大綱》」。復在〈三民主義之體系及其實行程序〉中說：「政治建設是以《建國大綱》為……法典」。又在〈一切政治制度要以建國大綱為基礎〉中說：「一切建設的方向，就是要把《建國大綱》整個地實現出來。一切政治制度，必須以《建國大綱》為基礎，遇到實際上困難莫決的問題，也要以《建國大綱》為最高原則，拿來作解決一切的準繩」。由上列國父和蔣公的話看來，可知《建國大綱》，對於實行三民主義，對於政治建設，都屬非常重要。

二、建國大綱的要點

《建國大綱》發表於民國十四年，為國父親筆所書，全文計二十五條，國父云：「《建國大綱》第一條至第五條，宣布革命之主義及內容。第五條以下，則為實行之方法與步驟。其在第六、七兩條，標明軍政時期之宗旨，務掃除反革命之勢力，宣傳革命之主義。其在第八條以至第十八條，標明訓政時期之宗旨，務指導國民從事於革命建設之進行，先以縣為自治之單位，於一縣之內，努力除舊布新，以深植人民權力基本，然後擴而充之，以及於省。如是則所謂自治，始為真正之人民自治，異於託自治之名，以行其割據之實者。而地方自治已成，則國家組織始臻完密，人民亦可本其地方上之政治訓練以與聞國政矣。其在第十九條以下，則由訓政遞嬗於憲政所必備之條件與程序。總括言之，則《建國大綱》者，以掃除障礙為開始，以完成建設為依歸，所謂本末先後，秩然不紊者也」(〈序文〉)。

第二節　建國大綱的內容

《建國大綱》計二十五條，現分為：⑴革命的主義及程序；⑵軍政時期；⑶訓政時期；⑷憲政時期。特將原文全部錄下，均加引號，在引號之後，加上蔣公的解釋或著者按語，以作說明。

一、革命的主義（或稱建國的目標）及程序

《建國大綱》第一條至第五條，講建國的宗旨（或稱根據），三民主義的要點，及建國的三個程序。

第一條：「國民政府本革命之三民主義、五權憲法，以建設中華民國」。

蔣公解釋說：「我們要挽救危弱的國家，以建設新國家，必須以三民主義為最高的指導原則，……關於政府的組織，要以五權憲法為根據」（〈國父遺教概要〉，下同）。胡漢民先生說：「三民主義是革命的宗旨，五權憲法是建國的制度」，亦可拿來作說明。

第二條：「建設之首要在民生，故對於全國人民食衣住行四大需要，政府當與人民協力，共謀農業之發展，以足民食；共謀織造之發展，以裕民衣；建築大計劃之各式屋舍，以樂民居；修造道路運河，以利民行」。

第三條：「其次為民權。故對於人民之政治知識能力，政府當訓導之，以行使其選舉權，行使其罷免權，行使其創制權，行使其複決權」。

第四條：「其三為民族。故對於國內之弱小民族，政府當扶植之，使之能自決、自治。對於國外之侵略強權，政府當抵禦之，並同時修改各國條約，以恢復我國際平等，國家獨立」。

以上三條，敘述三民主義的要點，蔣公視為政治建設的三個目標。以下各條，是講實行三民主義的方法和步驟。

第五條：「建設之程序，分為三時期：一曰軍政時期，二曰訓政時期，三曰憲政時期」。

早在同盟會成立時，即宣布建國應分這三個時期，內中訓政時期，為國父所創，為其他抄襲西洋政治制度者所未言。那時，《民報》與《新民報》打筆墨官司，《新民報》謂中國人民沒有民主的習慣，反對實行民主共

和，只主張君主立憲，《民報》同仁一方面謂中國人民早知自治，可以實行民主共和；一方面提出訓政時期，以為實行民主共和之過渡。

二、軍政時期

自第六條至第七條講軍政時期應做的工作。

第六條：「在軍政時期，一切制度悉隸於軍政之下，政府一面用兵力以掃除國內之障礙，一面宣傳主義以開化全國之人心，而促進國家之統一」。

蔣公解釋說：「這是說明軍政時期的工作，在以革命武力掃除一切建設的障礙，打破分崩離析割據分爭的封建局面，完成國內的統一。凡是違反三民主義的一切習慣思想言論制度等等，都是我們革命的對象。我們要將這一切障礙掃除肅清之後，才能重新建設起一個光明燦爛的新中國……」。

第七條：「凡一省完全底定之日，則為訓政開始之時，而軍政停止之日」。

蔣公說：「這一條是說明軍政訓政以一省為單位。這實在是因時因地制宜的道理。哪一省完全底定，哪一省軍政的目的就算達到，就可以開始訓政，不必待全國軍政結束以後，才各省同時開始訓政，如此就可以儘快推進革命的工作，而由訓政時期過渡到憲政時期」。

三、訓政時期

自第八條至第十八條講訓政時期應做的工作，內容豐富，範圍甚廣。

第八條：「在訓政時期，政府當派曾經訓練考試合格之人員，到各縣協助人民籌備自治。其程序以全縣人口調查清楚，全縣土地測量完竣，全縣警衛辦理妥善，四境縱橫之道路修築成功，而其人民曾受四權使用之訓練，而完畢其國民之義務，誓行革命之主義者，得選舉縣官，以執行一縣之政事；得選舉議員，以議立一縣之法律；始成為一完全自治之縣」。

這一條規定訓政時期的工作，第一為調查戶口，第二為測量土地，第三為辦理警衛，第四為修築道路，第五為訓練民權。此五種工作，與地方自治六事，可說是大同而小異。

第九條：「一完全自治之縣，其國民有直接選舉官員之權，有直接罷免官員之權，有直接創制法律之權，有直接複決法律之權」。

蔣公解釋說：「這是說明一個縣達到完全自治的程度時，人民應當充分行使的四種民權。也就是說，人民要充分行使這四種民權，必須完成第八條所列舉的關於地方自治之義務，而誓行革命之主義」。

第十條：「每縣開創自治之時，必須先規定全縣私有土地之價。其法由地主自報之，地方政府則照價徵稅，並可隨時照價收買，自此次報價之後，若土地因政治之改良，社會之進步，而增價者，則其利益當為全縣人民所共享，而原主不得而私之」。

蔣公指出這一條是就平均地權而言，他說：「我們政治建設的第一個目標即『平均地權』，所以總理特別提出『土地』問題，為一切建設之先。由此可見土地與國家和國民經濟的關係，非常重大」。

第十一條：「土地之歲收，地價之增益，公地之生產，山林川澤之息，礦產水力之利，皆為地方政府之所有，而用以經營地方人民之事業，及育幼、養老、濟貧、救災、醫病與夫種種公共之需」。

這裏所講社會福利事業，民國十三年「中國國民黨政綱」已經提到。其目的在使「老有所終，壯有所用，幼有所長，矜寡孤獨廢疾者皆有所養」，以期逐漸實現大同社會。

第十二條：「各縣之天然富源，及大規模之工商事業，本縣之資力不能發展與辦而須外資乃能經營者，當由中央政府為之協助，而所獲之純利，中央與地方政府各占其半」。

講過了平均地權與社會福利事業，便接著講發展公營事業。發展公營事業的反面，就是節制私人資本。

第十三條：「各縣對於中央政府之負擔，當以每縣之歲收百分之幾為中央歲費，每年由國民代表定之。其限度不得少於百分之十，不得多於百分之五十」。

「這是規定地方政府對於中央政府繳納歲費最低與最高的限度，意思是要平衡國家與地方之負擔而使兩者均有合理的發展」（蔣公語）。

第十四條：「每縣地方自治政府成立之後，得選國民代表一員，以組織代表會，參預中央政事」。

「這是規定國民行使民權與聞國家政事的辦法」（同上）。

第十五條：「凡候選及任命官員，無論中央與地方，皆須經中央考試銓定資格者乃可」。

國父主張以考試救選舉之窮，除官吏外，候選人亦要考試。

第十六條：「凡一省全數之縣，皆達完全自治者，則為憲政開始時期。國民代表會得選舉省長，為本省自治之監督，至於該省內之國家行政，則省長受中央之指揮」。

這裏要特別說明的是：「縣為自治單位，省不是自治單位」。

第十七條：「在此時期，中央與省之權限，採均權制度，凡事務有全國一致之性質者劃歸中央，有因地制宜之性質者劃歸地方，不偏於中央集權，或地方分權」。

均權制度，為國父一大創見。春秋地方分權，陷於分裂，宋代中央集權，陷於邊防空虛。如採均權制，可救兩者之弊。

第十八條：「縣為自治之單位，省立於中央與縣間，以收聯絡之效」。

蔣公說：「這一條是規定自治以縣為單位，同時說明省政府之地位與責任」。

四、憲政時期

自第十九條至第二十五條，說明憲政時期應做些什麼工作。

第十九條：「在憲政開始時期，中央政府當完成設立五院，以試行五權之治。其序列如下：曰行政院，曰立法院，曰司法院，曰考試院，曰監察院」。

這是說根據五權憲法，要實現五院制度。

第二十條：「行政院暫設如下各部：一、內政部，二、外交部，三、軍政部，四、財政部，五、農礦部，六、工商部，七、教育部，八、交通部」。

以上八部，是就一般情形言，至於增加或減少，自可因時制宜。

第二十一條：「憲法未頒布以前，各院長皆歸總統任免而督率之」。

第二十二條：「憲法草案，當本於《建國大綱》及訓政憲政兩時期之成績，由立法院議訂，隨時宣傳於民眾，以備到時採擇施行」。

「五五」憲草，就是依據這條規定，由立法院草就，向民眾宣布徵求修改意見。

第二十三條：「全國有過半數省分達至憲政開始時期，即全省之地方自治完全成立時期，則開國民大會，決定憲法而頒布之」。

「五五」憲草，經提制憲國民大會修正，成為現行之中華民國憲法，就是依據這條規定的。

第二十四條：「憲法頒布之後，中央統治權則歸於國民大會行使之，即國民大會對於中央政府官員，有選舉權，有罷免權，對於中央法律，有創制權，有複決權」。

第二十五條：「憲法頒布之日，即為憲政告成之時，而全國國民則依憲法行全國大選舉，國民政府則於選舉完畢之後三個月解職，而授政於民選之政府，是為建國之大功告成」。

「這最後兩條是規定憲法頒布後革命黨將政權交還全國國民的辦法和以後國家最高的權力機關——國民大會。則國民大會所產生的中央政府正式組織成立以後，國民政府所負之革命建國的使命就算完成，可以解職了」（蔣公語）。

第三節　訓政時期與伊、周攝政

訓政時期為西洋政治學家所未想到，其思想來源，在伊、周攝政。

按成湯之孫太甲不能修德，伊尹勸戒無效，乃放之於桐，自行攝政，三年之後，太甲悔悟，乃始迎回歸政。《書經》有〈伊訓〉，〈太甲〉上中下等篇，專記其事。

武王崩，成王年幼，周公攝政，管叔、蔡叔製造謠言，謂周公將不利於孺子，周公為了避謠，乃居東三年，王悟，迎周公歸。

國父創訓政時期，就是本伊、周之精神，作訓民之工作。他說：「兄弟前日謂吾人當為人民之叔孫通，使其知政權之可貴；今更請諸公皆為伊尹、周公，輔弼人民使得民權立穩」（〈地方自治為建國之基石〉）。又說：「是故民國之主人者，實等於初生之嬰兒耳，革命黨者，即產此嬰兒之母也。既產之矣，則當保養之，教育之，方盡革命之責也。此革命方略之所以有訓政時期者，為保養教育此主人，成年而後還之政也。在昔專制之世，猶有伊尹、周公者，於其國主太甲、成王不能為政之時，已有訓政之事。專制時代之臣僕尚且如此，況為開中國未有之基之革命黨，不尤當負伊尹、周公之責，使民國之主人長成，國基鞏固耶？」（《孫文學說》第四章）

作業

1. 《建國大綱》的要點為何？有怎樣的重要性？
2. 《建國大綱》對於軍政、訓政、憲政，有何基本規定？

第三章　知難行易學說

第一節　知行論概說

一、知行論的意義

知行論與人性論，為中國哲學的特色。人性論是討論人性善惡問題的學問，知行論則是討論知與行的相互關係的學問。

西洋哲學家的出發點為「愛智」，因為「愛智」，故其研究偏於「知」；中國哲學家的出發點為「樂道」，因為要「樂道」，不僅要知道，而且要行道，故其研究應知行並顧，尤其要重行。

二、知行論的範圍

知行論研究些什麼？大致說起來，不外：(1)知行難易問題；(2)知行先後問題；(3)知行輕重問題；(4)能知是否能行問題；(5)不知是否能行問題等。

究竟是知易行難呢？還是知難行易？究竟知在行先呢？還是行在知先？究竟知重於行呢？還是行重於知？又能知必能行呢？還是能知未必能行？不知亦能行呢？還是不知不能行？以上這些問題，都是知行論所涉及的問題。

知道了知行論所涉及的問題，便可以研究國父的知難行易學說了。

第二節　知難行易學說

一、提倡「知難行易」的動機

國父為什麼提倡「知難行易」呢？按《孫文學說》起稿於民國七年，出版於民國八年。當時國父奔走革命已達三十餘載，而三民主義與五權憲法與夫革命方略所規定之種種建設宏模，猶未能完全實現者，蓋因各同志以為知之非艱，行之惟艱，不敢努力奉行而已。〈孫文學說自序〉云：「吾黨之士，於革命宗旨、革命方略亦難免有信仰不篤，奉行不力之咎也。而其所以然者，非關乎功成利達而移心，多以思想錯誤而懈志也。此思想之錯誤為何？即『知之非艱，行之惟艱』之說也。此說始傳於傳說對武丁（高宗）之言，由是數千年來，深中於中國之人心，已成牢不可破矣。故予之建設計劃，一一皆為此說所打消也」。

國父見「知易行難」之說，迷惑人心，首先想用「知行合一」說以打破之，又見此說亦不能挽救，乃研究「知難行易」一問題。始知「古人之所傳今人之所信者，實似是而非也。乃為之豁然有得，欣然而喜，知中國事向來之不振者，非坐於不能行也，實坐於不能知也；及其既知之而又不行者，則誤於以知為易，以行為難也。倘能證明知非易而行非難也，使中國人無所畏而樂於行，則中國之事大有可為矣」。可知國父之所以提倡知難行易學說，旨在破傳說的知易行難說，鼓勵黨同志及國人實踐力行，以期革命主義與革命方略之能付諸實現。

二、以十事為證

國父以為「知易行難」之說，傳之數千年，習之遍全國，四萬萬人心裏，已認為天經地義而不可移易者。他為了要破其謬見，而證明「知難行易」之合理，特舉十證如下：

1. 以飲食為證：身內飲食之事，人人行之，終身不知其道；身外食貨問題，人人習之，全國不明其理。
2. 以用錢為證：錢幣為百貨之中準，交易之中介，價格之標準，人人用之，而能知此理者甚鮮。
3. 以作文為證：中國文人，能作極妙之文章，知其當然，不知其所以然，因為不知文法學與論理學。
4. 以建屋為證：施工建造不難（行），所難者繪圖設計（知）。
5. 以造船為證：鄭和無科學知識，而能於十四個月中，造大船六十四隻，可見行易。
6. 以築城為證：秦時無科學，無機器，無工程學，而能築成萬里長城。歐洲大戰，東西兩戰場，臨時能築成四萬里戰壕，足見行之非艱。
7. 以開河為證：中國古人無今人之學問知識，而為需要所迫，不事籌劃，只圖進行，亦能成三千里長之運河。
8. 以電學為證：羅針為簡單電機，人類用電，以指南針為始，用電不難，所難者在研究知識。
9. 以化學為證：中國人做豆腐，製陶器，以及燒煉術，行之而不知其道。
10. 以進化為證：物種進化，以競爭為原則，人類進化則以互助為原則，而人多不知其道。

三、知行總論（三時期與三系）

國父於列舉十證後，在知行總論中，先述「行易知難，實為宇宙間之真理，施之於事功，施之於心性，莫不皆然也」。次論「陽明知行合一之說，不合於實踐之科學」。蓋今日之科學重在知行分工。再次，論知易行難說對於中國文明之影響。最後又談到知行三時期與三系。

1.三時期：「夫以今人之眼光，以考世界人類之進化，當分為三時期：第一、由草昧進文明，為不知而行之時期。第二、由文明再進文明，為行而後知之時期。第三、自科學發明而後，為知而後行之時期。歐美素來無知易行難之說，為其文明之障礙，故能由草昧而進文明，由文明而進於科學。其近代之進化也，不知固行之，而知之更樂行之，此其進行不息，所以得有今日突飛之進步也」。中國因為有知易行難之障礙，所以文明進步趕不上西洋。

2.人群三系：「夫人群進化，以時言之，則分為三時期，如上所述。而以人言之，則又有三系：其一先知先覺者，為創造發明；其二後知後覺者，為仿效推行；其三不知不覺者，為竭力樂成。「有三系人相需為用，則大禹之九河可疏，秦皇之長城能築也。乃後世之人，誤於知之非艱之說，雖有先知先覺者之發明，而後知後覺者以為知之易而忽略之，不獨不為之仿效推行，且目之為理想難行，於是不知不覺者則無由為之竭力樂成矣。所以秦漢以後之事功，無一能比於大禹之九河，與始皇之長城者，此也。豈不可慨哉？」

四、能知必能行與不知亦能行

1.能知必能行：程顥程頤本有能知必行之說（詳後），惜為後人所忽，未能加以發揚。國父研究知行的進化，認為現代是科學昌明之世，「凡造作事物者，必先求知而後乃敢從事於行，所以然者，蓋欲免錯誤而防費時失事，以冀收事半功倍之效也。是故凡能從知識而構成意象，從意象而生出條理，本條理而籌備計劃，按計劃而用功夫，則無論其事物如何精妙，工程如何浩大，無不指日可以樂成者也」。這種能知必能行的見解，最少自科學方面說，算是否定了能知未必能行的主張。

2. 不知亦能行：既說能知必能行，是不是不知便不能行呢？國父的意思是說能知固能行，不知亦能行。《孫文學說》第六章又說：「然而科學雖明，唯人類之事仍不能悉先知之而後行之也，其不知而行之事，仍較於知而後行者為尤多，其人類之進步，皆發軔於不知而行者也，此自然之理則，而不必因科學之發明為之變易者也。故人類之進化以不知而行者為必要之門徑也。夫練習也，試驗也，探索也，冒險也，之四事者，乃文明之動機也。生徒之練習也，即行其所不知以達其欲能也；科學家之試驗也，即行其所不知以致其所知也；探索家之探索也，即行其所不知以求其發現也；偉人傑士之冒險也，即行其所不知以建其功業也。由是觀之，行其所不知者，於人類則促進文明，於國家則圖致富強也。是故不知而行者，不獨為人類所皆能，亦為人類所當行，而尤為人類之欲生存發達者之所必要也」。能知必能行，他人亦說過，不知亦能行，乃為國父所獨創。

五、結論——有志竟成

《孫文學說》第八章以「有志竟成」作結論：「天下事有順乎天理，應乎人情，適乎世界之潮流，合乎人群之需要，而為先知先覺者所決志行之，則斷無不成者也，此古今之革命維新興邦建國等事業是也。予之提倡共和革命於中國也，幸已得破壞之成功，而建設事業雖未就緒，然希望日佳，予敢信終必能達完全之目的也。故追述革命起源，以勵來者，且以自勉焉」。

接著國父詳述三十年革命史實，至辛亥革命成功之日止，從事實證明，以為既認識革命之可能與必要（知），從而立志前進，愈挫愈奮，再接再厲（行），終必達到成功之目的，所謂有志者事竟成，亦合乎知難行易的原理。

第三節　知難行易學說與中國哲學

一、有關知行難易問題者

1. 知易行難說：《尚書．說命篇》載：殷高宗（武丁）聽傅說講了一些政治主張之後，心中非常高興，因而贊之曰：「旨哉！說！乃言唯服，乃不良於言，予罔聞於行」。傅說再進一步說：「匪知之艱，行之維艱，王忱不艱，允協于先王成德。唯說不言，有厥咎！」即是說：「聞而知之不難，實踐力行則不容易，王如內心篤實誠信，則亦不難，且可配美於先王成德，但我如不進言，則有不忠之罪」。傅說的用意或在使高宗勇於實行，而其流弊，遂產生了知易行難說，使國人畏難而怕行。《孫文學說》之動機，就是要破傅說的知易行難說。

2. 行難知亦難說：程頤說：「故人力行，先須要知，非特行難，知亦難也。《書》曰：『知之非艱，行之維艱』。此固是也，然知之亦自艱。譬如人欲往京師，先知是出哪門，行哪路，然後可往；如不知，雖有欲往之心，其將何之？自古非無美材能力行者，然鮮能明道，以此，見知亦難矣」（《二程遺書》中伊川語）。這裏已破知易行難說之一半，亦算是打開了國父知難行易說之門徑。

3. 由而不知說：孔子云：「民可使由之，不可使知之」。孟子云：「行之而不著焉，習矣而不察焉，終身由之而不知其道者眾矣」。國父自己曾引此兩段以證其知難行易學說，可見孔孟已開了知難行易說之先河，不過很少人注意罷了。

著者於此還可以補充一點。《中庸》云：「民莫不飲食也，鮮能知味也」。這不是與國父以飲食為證，以證明知難行易的道理相同嗎？

二、有關知行先後問題者

1. 知先行後說：《大學》先講格物致知，後講誠意正心修身（內在的行）及齊家治國平天下（外在的行）。《中庸》先講博學審問慎思明辨，後講篤行。朱子本此以講知先行後說：「必須先知得，方行得」。「論先後，知為先」（《朱子全書》卷三）。朱子的學說，多以伊川為本，故朱子的知先行後說，亦導源於伊川。伊川說：「須是識在行之先。譬如行路，須是光照」（《伊川學案》語錄）。國父認為科學昌明時期為知而後行時期，又說：「能知必能行」，這兩句話，都含有程朱所謂「知先行後」的意義。

2. 行先知後說：杜威主張由行中求知，含有行先知後之意。荀子云：「道雖邇，不行不至；事雖小，不為不成」。王陽明雖倡知行合一說，但其舉例時說：「……食味之美惡，必待入口而後知，豈有不待入口而已知食味之美者耶？……路歧之險夷，必待親身履歷而後知，豈有不待親身履歷而已先知路歧之險夷耶？」這不亦是行先知後的例子嗎？國父認為「由文明再進文明，為行而後知之時期」。又說「不知亦能行」，與杜威、荀子及王陽明所舉的例子有不謀而合之處。

3. 知行同時與知行合一說：王陽明說：「知之真切篤實處即是行，行之明覺精察處即是知，知行工夫，本不可離……真知即所以為行，不行不足以謂之知」。「知是行之始，行是知之成」。「知是行的主意，行實知的工夫」。「若會得時，只說一個行，已自有知在，只說一個知，已自有行在」。這種知行合一說，含有知行同時之意。他以如好好色為例說：「見好色屬知，好好色屬行，只見好色時已經好了，不是見了後又立個心去好」。這就是說知與行是同時產生的。可見陽明之提倡知行合一說，一方面在鼓勵國人實踐力行，一方面在反駁朱子的知先行後說。

國父對於陽明的知行合一說，在《孫文學說》中固多有批評，但蔣公認為知難行易學說與知行合一哲學，固有相異之處，亦有其相同之處。就異點言，兩種學說對於知的看法不同，時代背景亦不同；就同點言，同為重行主義，而且王陽明不否認知難，國父亦不忽視致良知。

三、能知是否能行問題

1. 能知必能行說：蘇格拉底認為知善必行善，反過來說，不行善，由於不知善。二程亦有類似見解，大程子說：「真知與常知異，人知不善而猶為不善，是未嘗真知，若真知則決不為矣」。小程子亦說：「知之深則行之必至，無有知之而不能行，知而不能行，只是知得淺」。這都是說，能深知必能行，能真知必能行。國父亦提倡能知必能行，與蘇格拉底及二程的主張相似。

表面上看來，王陽明的知行合一說，與能知必能行有異，究其實，知行合一說便含有能知必能行之意在內。他說：「如稱某人知孝，某人知弟，必是其人已曾行孝弟，方可稱他知孝知弟」。這不是可釋為能知必能行嗎？

2. 能知未必能行說：上面說到知行合一學說中含有能知必能行之意，所以他的學生徐愛等認為知行未必是合一的，如某人儘管知孝，卻未能行孝，儘管知弟，卻未能行弟。王陽明對於此項疑問，固然有所解答，但世俗認為能知未必能行者仍然很多，尤其是道德方面的知。著者以為就道德方面講，如憑天理良心去做，則能知必能行，如有私意隔斷（就人情私慾言），就不免能知而不能行或明知故犯了。再如就智識方面講，如具有真知深知，一定是能行，如為一知半解，就不免能知不能行了。蘇格拉底、二程、陽明所說的能知必能行，是就天理良心方面講的，國父所講的能知必能行，是就深知真知方面講的，故兩說都是合理的（周世輔，《三民主義的哲學體系》）。

作業

1. 試述國父提倡「知難行易」學說的動機。
2. 《孫文學說》中，曾舉哪十事為證？試分述之，並略述其理由。
3. 知行三時期，應如何劃分？試述其要。
4. 國父認為不知亦能行，其理安在？試抒所見。
5. 試述「有志竟成」的要義。

第四章 倫理觀

本章所討論的計分為：(1)倫理觀概說；(2)國父的倫理觀；(3)國父的倫理觀與各家倫理思想。

第一節 倫理觀概說

一、倫理與倫理觀

1.何謂倫理：蔣公說：「倫就是『類』，理就是『紋理』，引申為一切有條貫，有脈絡可尋的條理；是說明人對人的關係。這中間包括分子對群體的關係，分子與分子間相互的關係，亦即是人對於家庭、鄰里、社會、國家和世界人類應該怎樣闡明其他各種關係上的應當態度，訴之於人民的理性而定出行為的標準」（〈政治的道理〉）。

孟子曰：「飽食煖衣，逸居而無教，則近乎禽獸，聖人有憂之，使契為司徒，教以人倫，父子有親，君臣有義，夫婦有別，長幼有序，朋友有信」。又曰：「學則三代共之，皆所以明人倫也」。中國古人所謂人倫，是指一個人對於家庭（父子、兄弟、夫婦）、國家（君臣）、社會（朋友、長幼）應有的態度和道德修養而言，亦是指人與人的關係而言。推此，可知所謂「倫理」是指人倫道德之理而言。

2. 何謂倫理觀：所謂倫理觀就是指各人對於人倫道德之理的見解而言。倫理觀與倫理學的意義相類，何謂倫理學？茲舉兩個定義如下：

(1) 史蒂芬說：「倫理學為關於人類品性之科學」。

(2) 柯琅琳說：「倫理學者，辨別人類行動在道德上為善為惡之學也。研究合乎人類理性之人類行為，且由理性導以趨於人之自然終鵠者也」（黃建中，《比較倫理學》）。

二、倫理觀與人生觀

胡適先生編《中國古代哲學史》，曾說倫理學即人生哲學。李石岑先生曾為文駁之，謂人生哲學與倫理學有別，並舉道、儒兩家為例，認為道家談生死問題，乃屬於人生哲學，儒家不談生死問題（孔子說：未知生，焉知死？），只談行為規範，乃屬於倫理學。

黃建中先生著《比較倫理學》，亦認為人生哲學的範圍較廣，與倫理學有別。著者持同樣見解，故在人生觀之外，另列一章研究倫理觀。

第二節　國父的倫理觀

對於國父倫理觀之研究，本應講到下列各項：

1.三達德論：見〈軍人精神教育〉。

2.八德論：見〈民族主義〉。

3.服務道德論：見〈民權主義〉。

4.博愛道德論：見〈民生主義〉與〈社會主義之派別及批評〉。

5.互助道德論：見知難行易，《實業計劃》及〈社會主義之派別及其方法〉。

不過，以上3.4.5.等三項將在人生觀方面，分別講述，故這裏僅偏重於三達德和八德之研究。

一、對於三達德之新詮

國父在〈軍人精神教育〉裏面，談三達德及決心。

1.智的新詮：關於智的解釋，可分為三項：

(1)智的定義：國父說：「智為有聰明有見識之謂。凡遇一事，以我之聰明，我之見識，能明白了解，即時有應付方法，而根本上又須合乎道義，非以爾詐我虞為智也，智之範圍甚廣，宇宙之範圍，皆為智之範圍，故能知過去未來者，亦謂之智。吾人在世界，其智識要隨事物之增加，而同時進步；否則漸即於老朽頹唐，靈明日錮，是以智之反面則為蠢為愚」。

(2)智的來源：「智何自生？有其來源。約言之，厥有三種：一、由於天生者；二、由於力學者；三、由於經驗者。中國古時學者，亦有生而知之，學而知之，困而知之之說，與此略同」。

(3)軍人之智：軍人之智可分為四個要點：一、別是非，二、明利害，三、識時勢，四、知彼己。以上四個要點為革命軍人不可或缺的智，亦是一般人應有的修養。

2. 仁的新詮：關於仁的解釋，亦可分為三項：

(1)仁的定義：國父認為「仁與智不同，於何見之？何貴乎智者，在能明利害，故明哲保身謂之智，仁則不問利害如何，有殺身以成仁，無求生以害仁；求仁得仁，斯無怨矣。仁與智之差別若此，定義即由之而生。中國古來學者，言仁者不一而足，據予所見，仁之定義，誠如唐韓愈所云：『博愛之謂仁』，敢云適當。博愛云者，為公愛，而非私愛。即如『天下有饑者，由己饑之；天下有溺者，由己溺之』之意。與夫愛父母妻子者有別，以其所愛為大，非婦人之仁可比，故謂之博愛，即可謂之仁」。

(2)仁的種類：國父謂：「仁之種類，有救世，救人，救國三者，其性質則皆為博愛。何謂救世？即宗教家之仁。如佛教，耶穌教，皆以犧牲為主義，救濟眾生……。此所謂捨身以救世，宗教家之仁也。何謂救人？即慈善家之仁，此乃以樂善好施為事，如寒者解衣衣之，饑者推食食之，抱定濟眾宗旨，無所吝惜，居於鄉，而鄉稱仁；居於邑，而邑稱仁，此所謂捨財以救人，慈善家之仁也。何謂救國？即志士愛國之仁，與宗教，慈善家，同其心術，而異其目的，專為國家出死力，犧牲生命，在所不計。故愛國心重者，其國必強，反是則弱……。此所謂舍生以救國，志士之仁也」。

(3)軍人之仁：「軍人之仁，果如何耶？其目的在於救國。故自有軍人以來，無不曰為國盡力。但專制國之軍人，與共和國之軍人，又有不同。專制國家，乃君主個人之私產，認定君主即為國家，故在此專制國之軍人，止可忠於一人一姓，為君主出死力，非為人民而犧牲也；若在共和國，則國家屬於全體人民，為人民而犧牲者，即同時為國家盡力也」。這雖就軍人而言，但一般國民亦是一樣。

3. 勇的新詮：關於勇的解釋，亦有三項：

(1)勇的定義：國父謂：「軍人之精神，為智仁勇三者，既有智與仁矣，無勇以濟之，仍未完備。茲述軍人之勇，須先知勇之定義為何？古來之言勇者，不一其說，一往無前謂之勇；臨事不避謂之勇；予以為最流通之用語，不怕二字，實即勇之定義最簡括而最確切者。孔子有言：『勇者不懼』。可見不懼即為勇之特徵」。

(2)勇的種類：勇之種類不一，有匹夫之勇，所謂一朝之忿亡其身，以及其親者是也；有血氣之勇，所謂思以一毫挫於人，若撻之於市朝者是也；有無知之勇，所謂奮螳臂以當車輪者是也。凡此數者皆為小勇，而非大勇。而軍人之勇，是在夫成仁取義，為世界上之大勇。國父鼓勵軍人盡大勇，無為小勇，一般國民亦應如此。

(3)軍人之勇：軍人之勇應注意二事：一、長技能。二、明生死。他說：「軍人之勇，於技能之外更有明生死之必要。不明生死，則不能發揚勇氣」。這裏講到明生死，便發揮一種成仁取義的人生觀，認為我們應「以吾人數十年必死之生命，立國家億萬年不死之根基」。

以上國父對於智仁勇的新詮，簡明扼要，國民可以奉為圭臬。下面講決心，講成仁取義，已列入人生觀去研究（周世輔，《三民主義的哲學體系》）。

二、對於八德之提倡

1.忠孝：國父講民族主義時，講了一個故事，說他在一個祠堂裏，右邊有一個孝字，左邊的一個忠字被人拆去了，推知一般人以為現在民國時期，不要皇帝了，便以忠字亦不要了，所以把它拆去。國父認為這種理論，實在是誤解，因為在國家之內，君主可以不要，忠字是不能不要的。如果說忠字可以不要，試問我們有沒有國呢？我們的忠字可不可以用之於國呢？我們到現在說忠於君，固然是不可以，說忠於民是可不可呢？忠於事可不可呢？我們做一件事，總要始終不渝，做到成功，如果做不成功，就是把性命去犧牲，亦所不惜，這便是忠。

「我們在民國之內，照道理上說，還是要盡忠，不忠於君，要忠於國，要忠於民，要為四萬萬人效忠，比較為一人效忠，自然是高尚得多，故忠字的好道德，還是要保存」。

「講到孝字，我們中國尤為特長，尤其比各國進步得多。《孝經》所講究的孝字，幾乎無所不包，無所不至，現在世界中最文明的國家，講到孝字，還沒有像中國講到這麼完全；所以孝字更是不能不要的。國民在民國之內，要能夠把忠孝二字講到極點，國家才自然可以強盛」。按忠孝是儒家的傳統道德哲學，國父認為這兩個德目並無時間性，至今仍應加以提倡。

2.仁愛：國父接著認為仁愛是中國的好道德。古時最講愛字的莫過於墨子，墨子所講的兼愛，與耶穌所講的博愛是一樣的。古時在政治一方面所講愛的道理，有所謂愛民如子，有所謂仁民愛物，無論對於什麼事，都是用愛字去包括；所以古人對於仁愛，究是怎樣實行，便可以知道。中外交通之後，一般人便以為中國人所講的仁愛，不及外國人；因為外國人在中國設立學校，開辦醫院，來教育中國人，救濟中國人，都是為實行仁愛的。照這樣實行，一方面講起來，仁愛的好道德，中國現在遠不如外國；中國所以不如的原故，不過是中國人對於仁愛沒有外國人那樣實行，但是仁愛還是中國的舊道德。我國要學外國，只要學他們那樣實行，把仁愛恢復起來，再去發揚光大，便是中國固有的精神。

3.信義：國父說：「講到信義，中國古時對於鄰國和對於朋友，都是講信的。依我看來，就信字一方面的道德，中國人實在比外國人好得多，在什麼地方可以看得出來呢？在商業的交易上，便可以看得出，中國人交易，沒有什麼契約，只要彼此口頭說一句話，便有很大的信用；比方外國人和中國人訂一批貨，彼此不必立合同，只要記入帳簿，便算了事」。

「至於講到義字，中國在很強盛的時代也沒有完全去滅人國家，比方從前的高麗，名義上是中國的藩屬，實在是一個獨立國家；就是在二十年前，高麗還是獨立的，到了近來一、二十年，高麗才失去自由」。「中國強了幾千年而高麗猶在，日本強了不過二十年，便把高麗滅了，由此便可見日本的信義不如中國，中國所講的信義，比外國要進步得多」。從前高麗做我們的藩屬，能獨立；後來被日本強占了，便不能獨立，開羅會議，蔣公又提議戰後韓國應獨立，後來實現了我們的主張。可見我們講信義，遠非他國可比。

4.和平：國父認為中國更有了一種好道德，是愛和平。現在世界上的國家民族，只有中國是講和平，外國都是講戰爭，主張帝國主義去滅人的國家。近年因為經過許多大戰，殘殺太大，才主張免去戰爭，開了好幾次和平會議……但是這些會議，各國人公開去講和平，是因為怕戰爭，出於勉強而然，不是出於一般國民的天性。中國人幾千年酷愛和平都是出於天性，論到個人便是謙讓，論到政治便說不嗜殺人者能一之，和外國人便有大大的不同。著者以為外國人講和平，是「勉強而行之」，中國人講和平是「安而行之」。

第三節　國父的倫理觀與各家倫理思想

一、有關八德者

1.孔門學說與八德：相傳《孝經》一書為曾子所作，內中把孝的意義及功用，講得非常廣闊。如說：「孝者天之經也，地之義也……」。「為官不忠，非孝也；戰陣無勇，非孝也」。這是說忠勇都包含於孝內。曾子說：「夫子之道，忠恕而已矣」。又說：「吾日三省吾身，為人謀而不忠乎？與朋友交而不信乎……？」孔子曰：「言忠信，行篤敬，雖蠻貊之邦行矣」。「信近於義，言可復也」。「君子喻於義」。「上好信，則民莫敢不用情」。又說：「和為貴」。「汎愛眾，而親仁」。可知國父所提倡的八德，孔門全部重視。此外，孟子亦提倡忠孝仁愛信義和平等道德，未詳引。

2.墨子學說與八德：墨子提倡「兼愛」，國父說古時講愛的莫過於墨子。墨子又主「非攻」，並為止楚攻宋而奔走，他可說是一位真正的和平運動的理論家兼實行家。他在〈貴義篇〉云：「萬事莫貴於義」。其徒貴義亦重信。孟勝為墨家鉅子，為陽城君守城，城失，有徒八十三人，為了守信，全部自殺。又《墨經》中對於「仁」、「義」、「忠」、「信」、「平」等德目，都有研究。可見，國父所講的八德，幾全部與墨門言行有關。

3.基督教與八德：國父講仁愛時，曾提到耶穌的「博愛」，亦可說儒家的仁愛，墨家的兼愛，耶穌的博愛，是彼此相通的。又基督教重視世界和平，亦提倡信義，故國父提倡八德，多少受到基督教的影響。

二、有關三達德者

1.《中庸・哀公問政》章云：「知、仁、勇三者，天下之達德也」。又云：「好學近於知，力行近乎仁，知恥近乎勇」。國父講〈軍人精神教育〉，完全以發揚《中庸》三達德為主旨。

2.韓愈在〈原道〉中說：「博愛之謂仁」。國父以博愛釋仁，完全以韓說為依據，當然，亦與基督教有關。孔子說：「知者不惑，仁者不憂，勇者不懼」。國父以「有聰明有見識」釋智，以「不怕」釋勇。孟子論孟施舍之養勇有云：「舍豈能為必勝哉？能無懼而已矣」。國父亦引以證不怕之謂勇。可知國父對於三達德之新詮，受到儒家及耶教思想的影響。

作業

1. 試述蔣公對倫理兩字的詮釋。
2. 試述國父對智的來源的詮釋。
3. 仁的分類很多，就國父見解以答之。
4. 民國時代應否講忠？試抒所見。

第五章　三民主義與中國現代化

我們研究過國父的民族思想、政治思想、經濟思想、哲學思想之後，知道國父學貫中西，識邁今古。就中西文化言，他一方面發揚了固有文化，促進中國現代化，一方面融合了世界潮流，將中國導向世界整體的現代化。就世界前途言，世界思潮多趨向於國父思想，國父思想引人類於世界大同。

第一節　國父思想與中國現代化

一、發揚固有文化

國父的民族思想繼承了中國固有的王道主義、大同主義、和平主義（放棄帝國主義的政策）以及先聖先賢的民族大義與民族思想，而且加以發揚光大之，以造成「扶弱抑強」、「濟弱扶傾」、「民族自決」、「民族平等」、「民族同化」等民族政策。

國父的民權思想，遠紹著古代的民本主義，天下為公，賢能政治，以及堯舜禪讓，湯武革命，伊周攝政之精神，擷取考試、監察制度，打破人為不平等和君主專制，發明了權能區分、五權憲法、訓政時期，使我國民主政治走上一個新的路程。

國父的民生思想，本著中國古代的養民、富民、保民、教民、惠民政策，均產、均地主義，以及「官山海」，井田制、王田制，大同經濟思想，太平天國經濟制度，而創立了平均地權，節制資本，發展國營事業，解決食衣住行育樂等問題的具體辦法。

國父的哲學思想與固有學說有何關係呢？⑴國父的知難行易學說，一面反駁傳說知易行難說及陽明知行合一論，一面發揚了孔孟的「由而不知」說；⑵國父的倫理觀（八德、三達德及互助道德等），可說是對儒墨倫理思想的一種發揚；⑶國父的人生觀，亦受了儒墨學說的影響；⑷國父的歷史觀，尤其是民生中心論、社會互助論、大同目的論，均與中國固有思想有密切關係；⑸國父的心物合一論與范縝的神形合一論，陽明的身心合一論又有不謀而合之處。

合起來說，國父思想以儒學為經，各家為緯，取其菁華，棄其糟粕，對於固有文化，盡了「揚棄」的責任。單就「以儒學為經」言，正如戴季陶先生所說，國父乃繼承了堯舜禹湯文武周公孔子的正統思想。

二、融合世界潮流

國父思想以三民主義為中心，三民主義乃融合世界潮流而產生的。〈民報發刊詞〉云：「予維歐美之進化，凡以三大主義，曰民族、曰民權、曰民生。羅馬之亡，民族主義興，而歐美各國以獨立。洎自帝其國，威行專制，在下者不堪其苦，則民權主義起；十八世紀之末，十九世紀之初，專制仆而立憲政體殖焉。世界開化，人智亦蒸，物質發舒，百年銳於千載，經濟問題繼政治問題之後，則民生主義躍躍然動；二十世紀不得不為民生主義之擅場時代也」。國父認為歐美積患已久，社會問題不易解決，我國思患預防，較易為功，故宜趁此時機，合民族革命、政治革命、社會革命於一爐而治之。

國父在《手著本三民主義》中又稱：「中國革命何以必須行此三民主義？以在此二十世紀之時代，世界文明進化之潮流，已達於民生主義也。而中國則尚在異族專制之下，則民族之革命，以驅除異族，與民權之革命，以推覆專制，已為勢所不能免者也。然我民族民權之革命時機，適逢此世界民生革命之潮流，此民生革命又我所不能避也。以其既不能免，而又不能避之三大革命，已乘世界之進化潮流催迫而至，我不革命而甘於淪亡，為天然之淘汰則已；如其不然，則曷不為一勞永逸之舉，以一度之革命，而達此三進化之階級也。此予之所以主張三民主義之革命也」。國父高瞻遠矚，看出了這三大潮流，無法避免，亦無法遏止，故倡三民主義以應之。同時代之康有為、梁啟超卻沒有看到，所以他們反對實行平均地權，反對進行社會革命（〈新民叢報與民報之論戰〉）。

國父不僅僅能迎合世界潮流，而且用批判的眼光，選擇的手法，取精去蕪，期合國情，並要由迎頭趕上以至後來居上。分開來說，可述如下：

國父的民族主義，乃擷取了羅馬帝國解體後的民族獨立、解放、復興運動的精神，威爾遜的民族自決說，糾正了世界主義者鄙棄民族主義的錯誤觀念，打擊帝國主義（霸道主義）及其侵略政策，主張扶助弱小民族，並聯合以平等待我之民族共同奮鬥。對於西洋物質文明（科學），更主張迎頭趕上。

國父的民權主義，固在迎合世界民主思潮，避免國內爭皇帝的內戰；並採用了威爾確斯的「全民政治」，而提倡直接民權；雖仿瑞士政制，而行使四權，但並非一味盲從，是要從比較中求進步，故以革命民權代替天賦人權，以五權憲法代替三權憲法，以權能區分說解決西洋政治上不能解決的問題。其目的要使他自己的民權主義超過歐美的民主主義。

國父的民生主義，固然是看見歐洲工業革命後，社會問題非常嚴重，而欲預為之防，故欲採用社會主義的方法，以避免階級鬥爭。但他只參考國家社會主義及費邊社會主義之精神，而不仿效馬克思共產主義之手段。故以平均地權，耕者有其田，節制私人資本，發達國家資本等和平方法，解決土地與資本問題。這裏特別要講到的是，他對於亨利佐治的土地政策，已一再稱讚；對於約翰彌爾的土地增值稅，雖未明言，實已採用。

國父的哲學思想，首推《孫文學說》，次為民生史觀。《孫文學說》的知難行易說曾與杜威談過，為杜威所贊同。民生史觀的思想，雖孕育於威廉著《社會史觀》之先，唯實際上乃完成於閱讀《社會史觀》之後。至於國父所提倡的博愛道德與服務人生觀，多少受到基督教的影響。又《孫文學說》中所講的生元有知說，乃以法國圭哇里的學說為依據。其所提倡之心物合一論，最少是不滿意西洋的唯心論、唯物論及心物二元論；尤其是民生史觀中的各種理論，旨在反駁馬克思的唯物史觀。

合而言之，國父對於西洋的民族思想、政治思想、經濟思想及哲學思想，有吸收的、有糾正的、有批評的，並不是全盤西化，而是以中國整體為需要，建立一套現代化的治國綱領。

國父論中西文化時，曾講到中國文化為王道文化，西方文化為霸道文化；又講到西洋文化的長處為物質文明，至於政治哲學及精神文明，有的還趕不上我國。但著者以為我們不要誤會，國父對於西方文化的態度並不是說除科學外，無一可取；同理，對於中國文化，並不是說除儒學（道統）外，一律應予罷黜。相反，國父對於中西文化的態度，似乎是一方面是以儒學為經，各家學說為緯，而不忘擷取西方文化；另一方面是以科學為主，其他思想為輔，而不忘發揚固有文化，進而促進中國的現代化發展。

第二節　國父思想與世界前途

一、世界思潮趨向於國父思想

國父各種思想固受到世界思潮之影響；反過來說，世界思潮亦趨向於國父思想，尤其是國父逝世以後。故林白樂博士在其〈三民主義的世界性〉一文中認為有些思想家，固不一定看過國父的書籍，但他們的思想往往走向國父的途徑。

1.就民族思想言：國父於一九一〇年推翻滿清後，鑒於帝國主義者在中國卵翼軍閥，為害地方，乃高唱打倒帝國主義，取消不平等條約，並提倡民族自決，扶弱抑強，亞洲各弱小民族首先聞風而起，要求獨立自主；風聲所及，中東、非洲及南美各殖民地及被壓迫民族先後響應，第一次世界大戰後，固有很多弱小民族獲得獨立，第二次世界大戰後，如雨後春筍般獲得解放者，為數更多。據外交部民國五十四年十月一日統計，單就聯合國會員計，已有五十二國。國父在《手著本三民主義》中說：「夫民族主義之起源甚早，而發達於十九世紀，盛行於二十世紀」。這種分析與預料，實在令人佩服！今日世界各進行民族解放運動者，誰不敬仰國父，誰不崇奉國父濟弱扶傾的民族主義呢？

2.就民權思想言：國父認為民主潮流雖受到不少阻礙，但仍是無法遏止或抗衡的。法西斯主義已如曇花一現，共黨極權亦不過是一時的逆流，終必歸於消滅。國父逝世後，軍人發動政變之事固常在各國發生，但政變以後，多能按照民選手續，重建共和政體，很少亦可說絕無恢復君主專制者。尤其是國父所提倡之直接民權，各國亦多採用，如戴高樂對於阿爾及利亞應否准其獨立等問題，即舉行直接投票。

國父倡革命民權，各國在表面上或名詞上，固很少採用，但在事實上多已實行，尤其是用之於對付共黨的滲透與顛覆。

國父倡權能區分，曾為國際政治學者所推崇，美國新興的「市經理制」，頗合乎權能區分之原則。他如美國在南韓戰爭時所推行之「軍政府」制度，頗似國父所提倡之「軍政時期」；又如第二次大戰後，美軍占領日本時期之各種實施，亦類似國父所提倡之「訓政時期」。

3.就民生思想言：國父提倡平均地權與耕者有其田，近年來在臺灣實施有效，各國學者及政治家來臺參觀後，多予讚賞，中東約旦等國且採其原則予以倣行。

國父提倡發達國家資本，發展國營事業。羅斯福總統實行「新政」時，即大量投資建設各種公共工程。第二次世界大戰後，英國工黨登臺，即實行鋼鐵國有，鐵道國有……各新興民族亦多實行石油公有或鐵道公營。

國父主張運用「漲價歸公」及國營事業盈餘，增進社會福利工作，以解決食衣住行育樂等民生問題。二次大戰後英國工黨組閣，即實施公醫制，推行公費制（教育方面），並大量興建住宅，布置遊樂環境。近十年來，紐西蘭、澳洲等國，對於社會保險與解決人民生活問題等工作，已做得很有成績。羅斯福總統實行「新政」時，對於人民失業、救濟等社會問題，業已注意改進；到了詹森總統手上，便更加積極。他所發表的鼎鼎有名的「大社會」（〈國會政見報告書〉），主張向貧窮進軍，其內容為提高工資，救濟失業，建住宅及技能訓練等，就是要用各種方法，解決民生問題。

國父發表《國際共同發展中國實業計劃書》時，各國政治家對於「經濟援外」，幾乎茫無所知。迨第二次世界大戰後，馬歇爾計劃、第四點計劃先後產生，民主集團各國爭著援外，共產集團國家亦「東施效顰」。由此可知國父是一位先知先覺者。

第四點計劃中包括技術援助，我國目前在國父扶助弱小與平等互惠的外交政策之下，對非洲各國亦實行技術援助（農耕隊、醫藥隊），頗為受惠國所稱賞。

尤其難得的是，國父提倡民生主義，重視人民福利問題。國父逝世不久，英國經濟學家畢古（Arthur Cecil Pigau）大唱其福利經濟學，國父九泉有靈，亦必引為知己。

4. 就哲學思想言：⑴國父民生史觀中的重要理論為經濟利益調和論，民生中心論及大同目的論。國父逝世後美國已產生一種「工業民主制」，即由股東、工程技術人員及勞工合組管理會，處理工廠業務，這也是經濟利益調和說之實踐。至於政治以民生為中心的主張，現在各國政黨及政治家都朝著這個方向進行，如詹森總統，如英國工黨是（見前）。又國父所理想的道不拾遺、夜不閉戶的大同社會，如丹麥、紐西蘭等國，都朝著這個目標做去，而且已多少有些成效；⑵國父所提倡的和平、互助、博愛、服務等倫理觀及人生觀，各國宗教家、思想家及政治家都在努力實行，其人物可說是不勝枚舉；⑶國父提倡心物合一論，本只求合乎本國國情而已，西洋講心物一元論者為數甚少，難獲知音。不料國父去世不久，英哲懷黑德，提倡中立一元論，其大意謂「物質不能離開心靈，對象不能離開思維，精神與物質是合一的」。這種中立一元論，可說是國父心物合一論的「同聲相應」，真是難得之至。

總之，世界各國的民族、政治、經濟以及哲學思想潮流，都向著國父思想前進，大有「江漢朝宗」之趨勢。

蔣公說：「二十世紀是三民主義的世紀」。著者說：「二十世紀是國父思想的世紀」。

二、國父思想引人類於世界大同

國父思想以世界大同為最高理想：⑴民族思想方面是要「濟弱扶傾，對於弱小民族要扶助他，對於世界列強要抵抗他，用固有的和平道德做基礎，去統一世界，成一個大同之治」（〈民族主義第六講〉）；⑵民權思想方面是要做到「天下為公，選賢與能」，造成民權的大同世界；⑶民生思想方面，就目的言，民生主義即是大同主義，所以要做到「人民對於國家要什麼事都可以共，才是真正達到民生主義的目的，這就是孔子所希望之大同世界」（〈民生主義第二講〉）；⑷哲學思想方面，民生史觀的要旨，是要經由經濟利益相調和（社會互助）的手段，解決民生問題，走向社會進化的目的——世界大同。簡單點說，國父一生奮鬥的目的，近為「建民國」，遠為「進大同」。

前面已講到，世界思潮，已在朝著國父思想而前進，現在要問世界思潮，是否會隨著國父思想而趨於世界大同呢？

先從自由主義和資本主義社會來看：自由主義本已在民權主義的路上前進；而舊資本主義亦已自動轉向，變為人民資本主義，換言之，即已走向民生主義的途徑。就美國論，其政治固已走向民權主義與民生主義，而其民權法案與提倡黑白平等，對內已走向國父所提倡之「國內民族一律平等」；其扶助菲律賓獨立，通過夏威夷、阿拉斯加各併為一州，對外已走向國父所提倡之「民族自決」與「民族同化」；多年來，美國實施對外援助，亦合乎國父所提倡之平等互惠及濟弱扶傾的民族政策。以此推之，將來自由主義與資本主義，也會走向三民主義的最高目的——世界大同。

再從共產主義與極權主義的社會來看：這一股時代的逆流，果然多已解體不會長久的。就蘇聯論，它原包含著三大矛盾：⑴為蘇聯帝國主義（侵略民族）與各附庸國（被侵略民族）間的矛盾；⑵為極權政體（壓迫階級）與被壓迫民眾間的矛盾；⑶為大私有集團（剝削階級）與被剝削階級間的矛盾。如依他們自己慣用的辯證法術語來講，矛盾鬥爭到了最高峰的時候，這共產主義與極權主義的社會必定會分裂與崩潰。將來應運而出的社會是什麼社會呢？就是三民主義的大同社會。為什麼知道呢？因為被侵略民族反對侵略民族，其目的在求國際地位平等；被壓迫階級反對壓迫階級，其目的在求政治地位平等；被剝削階級反對剝削階級，其目的在求經濟地位平等。這三個目的實現，便會走向民有、民治、民享的三民主義社會，進而走向共有、共治、共享的大同社會。

所以我們的結論是：

就中西文化言，國父思想一面發揚了固有文化，符合現代化的要求，一面融合了世界潮流。

就人類前途而言，世界思潮多趨向於國父思想，國父思想引人類於世界大同。

作業

1. 國父思想與世界潮流有怎樣的關係？試舉例證之。
2. 國父思想以世界大同為最高理想，試申論之。

附錄一　國父思想研究的範圍

第一節　三民主義課程的沿革

一、三民主義課程的沿革

自民國十五年國民革命軍出師北伐以來，光復各省，紛紛在大、中學，甚至於小學，都講授三民主義。民國十六年國民政府奠都南京，全國各大學與高中，一律列三民主義為正式課程。民國二十年全國教育會議後，改高中三民主義課程為公民，擬將三民主義資料分別插入公民教材中。事實上有的教材編得好，有的教材則未能融合。

行憲之後，因受「黨派退出學校」這句口號的影響，教育部通令停授大專三民主義課程。政府撤退來臺，因鑒於三民主義載在憲法，並為救國救世與反共抗俄之最高原則，教育部乃決定恢復大專三民主義課程，並在高級中學三年級增設，將公民一科授課時間由三年縮短為兩年。民國五十三年秋間，教育部又通令將大專「三民主義」改為「國父思想」。

二、兩種課程的比較

或許有人要問，大專「三民主義」改為「國父思想」之後，其內容有何異同呢？亦有人以為三民主義課程範圍較小，國父思想課程範圍較大，其實不盡然，因為無論過去講「三民主義」或現在講「國父思想」，都以全部國父遺教為範圍，決不是以《三民主義》這一本書為限。如民國八十四年修訂的高中三民主義課程標準（於民國九十三年發布之「普通高級中學課程暫行綱要」中併入「公民與社會」科）規定為五章：第一章導論講三民主義的意義、淵源及國民革命等；第二章講民族主義；第三章講民權主義；第四章講民生主義；第五章結論，講三民主義與國家發展、三民主義的歸趨。就這個課程標準而言，可知三民主義課程，並不以《三民主義》這一本書為限。

究竟兩者有何區別呢？據著者的體會，以為：(1)大專「國父思想」，應加強其學說性，應依照「孔子思想」、「柏拉圖思想」……這樣講法去講授；並應採用比較法，將「國父思想」與中西有關學說加以比較研究；(2)大專「國父思想」的內容，應儘量與高中「三民主義」避免重複；不過，這問題亦不易解決：第一、高中課程標準範圍太廣，不易避免重複；第二、大專畢業生還要參加高考、留學考及其他考試，不能不重複，最多是，講授時可聲明重複的不講或少講，至於編教材，估計要應考的還是不能丟掉。

第二節　國父思想課程應有的範圍

什麼是國父思想課程研究的範圍呢？應以全部國父遺教為主，蔣公所闡揚者為輔，茲分為著述講詞與學說思想兩方面來敘述。

一、著述講詞方面

1. 國父自己的重要著述與講詞——國父全部遺教本都是研究國父思想的範圍，因為內容太多，故擇要列舉如下：

(1)三民主義（包括演講本、手著本等）。
(2)五權憲法。
(3)孫文學說。
(4)實業計劃與錢幣革命。
(5)民權初步（會議規範亦應閱讀）。
(6)軍人精神教育。
(7)上李鴻章書。
(8)建國大綱及地方自治開始實行法。
(9)第一次全國代表大會宣言及其他政綱政策。

⑽其他有關講演及著作等。

附註：國父原擬將其著作分為：⑴心理建設；⑵物質建設；⑶社會建設；⑷國家建設四類。內中國家建設又分：①民族主義；②民權主義；③民生主義；④五權憲法；⑤地方政府；⑥中央政府；⑦外交政策；⑧國防計劃八個部門（〈民族主義序〉）。

2. 蔣公有關闡述的著述與講詞——蔣公闡揚國父遺教之著作甚多，茲擇要舉出如下：

⑴總理遺教六講（內中講到心理、政治、經濟、社會四大建設）。

⑵三民主義之體系及其實行程序（內中講到民生哲學、情理法及心理、倫理、政治、經濟、社會五大建設）。

⑶三民主義的本質（內中講到倫理、民主、科學）。

⑷民生主義育樂兩篇補述。

⑸中國之命運（內中講到民族問題與五大建設）。

⑹中國經濟學說（講到中西經濟學說之區別及民生主義的基本原則）。

⑺國民經濟建設運動及其實施（乃繼實業計劃而作）。

⑻土地國有的要義（對平均地權與土地國有解釋最詳）。

⑼反共抗俄基本論（對三民主義的哲學基礎發揮最多）。

⑽三民主義與五權憲法概要。

⑾自述研究革命哲學經過的階段。

⑿革命哲學的重要。

⒀革命教育的基礎（以上三文發揚革命哲學與革命的人生觀）。

⒁行的道理（知難行易學說的發揮）。

⒂總理知難行易與陽明知行合一哲學之綜合研究。

⒃軍人精神教育之精義㈠、㈡、㈢及軍人精神教育釋要。

⒄新生活運動綱要（心理建設之補充）。

⒅科學的學庸（包括大學之道上下及政治的道理）。

⒆五大建設之要義。

以上各篇對於國父遺教頗多發揚補充之處，值得我們拿來與遺教同時研究。

此外，各先進學者對於國父遺教闡揚之著作，亦值得研究。如：⑴戴季陶著《孫文主義之哲學的基礎》；⑵廖仲愷譯《全民政治》；⑶胡漢民著《三民主義之連環性》；⑷黃昌穀著《國父遺教綱要》（內述三民主義流傳的經過）；⑸劉廬隱譯《社會史觀》等。

二、學說思想方面

自學說眼光來看，國父博學多聞，其著作與講詞，均富有學說性，其內容可分為：

1. 民族思想（包括民族主義及有關講詞）。
2. 政治思想（包括民權主義、五權憲法、建國大綱、地方自治開始實行法、民權初步等）。
3. 經濟思想（包括民生主義、實業計劃、錢幣革命、上李鴻章書等）。
4. 社會思想（包括民生主義三四講、育樂兩篇補述等）。

5.人生觀及道德思想（包括民族主義的八德、民權主義的服務道德與人生觀、軍人精神教育等）。
6.知行學說（包括孫文學說及其有關講詞）。
7.民生史觀（包括民生主義及孫文學說中民權主義之一部分）。
8.心物合一論（包括軍人精神教育及孫文學說之一部分）與宇宙進化論。

三、教育部的規定

民國五十六年十月二十日教育部頒訂的「國父思想講授大綱」，計分六篇二十五章。

第一篇：總論，包括國父傳略和國父思想的淵源等。

第二篇：國父的民生思想，包括六章：民生主義與社會主義，民生主義的實施辦法，吃飯與穿衣，實業計劃上、下，育與樂。

第三篇：國父的民權思想，共六章：民權思想的概說，自由與平等，歐美民權之發展與趨勢，權能分立的原理，民權初步與地方自治，建國大綱與五權憲法。

第四篇：國父的民族思想有：民族概說，中國民族主義（精神）消失的原因，民族主義與世界大同，中國民族復興的途徑，中國存亡問題，大亞洲主義等六章。

第五篇：國父的哲學思想，包括知難行易，民生史觀，人類進化論，革命的人生觀，心物合一論等五章。

第六篇：結論。

附錄二　國父手著文言文三民主義原文

本文係錄自國父手著初稿，未經國父親加修正，故文中多有筆誤或漏字，特參考他文加以修正或補充。

何謂三民主義

中國革命何以必須行三民主義

革命方略之所以不能行者，以當時革命黨人不能真知（「知」疑係「正」之誤）了解於革命之目的也。革命之目的，即欲實行三民主義也。何謂三民主義？曰民族主義，曰民權主義，曰民生主義是也。中國革命何以必須行此三民主義？以在此二十世紀之時代，世界文明進化之潮流，已達於民生主義也。而中國則尚在異族專制之下，則民族之革命，以驅除異族，與民權之革命，以推覆專制，已為勢所不能免者也。然我民族民權之革命時機，適逢此世界民生革命之潮流，此民生革命又我所不能避也。以其既不能免，而又不能避之三大革命已乘世界之進化潮流催迫而至，我不革命而甘於淪亡，為天然之淘汰則已；如其不然，則曷不為一勞永逸之舉，以一度之革命，而達此三進化之階級也。此予之所以主張

何為而有革命

三民主義之革命也。夫世界古今何為而有革命？乃所以破除人類之不平等也。孔子曰：「湯武革命，順乎天而應乎人。革命之時義大矣哉」。滿洲以一游牧部落之少數人，而征服漢族四萬萬人，壓制之至二百六十餘年之久，此天下之至不平之事，而漢族人民欲圖種族之生存，不得不行民族主義者也。專制君主，本弱肉強食之獸性，野蠻爭奪之遺傳，以一人而享有天下，視億兆為其臣僕，生殺予奪，為所欲為，此人類之至不平也。而人民欲圖平等自由，不得不行民權主義者也。自工業革命之後，用機器以代人工，生產之力徙（「徙」疑為「陡」之誤）增，而歐美工業發達之國，有富者日富，貧者日貧，遂生出資本家的專制。孔子曰：天下不患寡而患不均。是今日歐美文明先進之國，其民族民權兩問題皆已解決矣，唯民生問題則日陷於苦境，資主則日虞生產過盛，苦於消場，工人則俯仰不給，罷工要值。貧富懸殊，競爭日劇。是知欲由革命以圖國治民福者，不得不行民生主義也。

何謂民族主義

今請進而論民族主義。

中華民族者，世界最古之民族，世界最大之民族，亦世界最文明而最大同化力之民族也。然此龐然一大民族則有之，而民族主義則向所未有也。何為主義（疑係「何謂民族主義」之誤）？即民族之正義之精神也。唯其無正義無精神，故一亡於胡元，再亡於滿清，而不以為恥，反謂他（疑漏一「人」字）父，謂他人君，承命唯謹，爭事之恐不及。此有民族而無民族主義者之所謂也。

民族主義之發達

夫民族主義之起源甚遠，而發達於十九世紀，盛行於二十世紀。日爾曼之脫拿波崙羈絆，希利尼之離土耳其而獨立，以大利之排奧地利以統一，皆民族主義為之也。今回歐洲大戰，芬蘭離俄而獨立，波蘭乘機而光復，捷克士拉夫判（「判」疑為「叛」之誤）奧而建國，查哥士拉夫離奧而合邦於塞爾維亞，亦民族主義之結果也。民族主義之範圍，有以血統宗教為歸者，有以歷史習尚為歸者，語言文字為歸者，夐乎遠矣。然而最文明高尚之民族主義範圍，則以意志為歸者也。如瑞士之民族，則合日爾曼，以大利，法蘭西三國之人民而成者也。此三者各有血統、歷史、語言也，而以互相接壤於亞剌山麓，同習於凌山越谷，履險如夷，愛自由，尚自治，各以同聲相應，同氣相求，遂組合而建立瑞士之民族。此民族之意志，為共圖直接民權發達，是以有異乎其本來之日、以、法三民族也。又美利堅之民族，乃合歐洲之各種族而鎔冶為一爐者也。自放黑奴之後，則收吸數百萬非洲之黑種，而同化之，成為世界一最進步，最偉大，最富強之民族，則（「則」疑為「及」之誤）今世民權共和之元祖。今出而維持世界之和（疑漏一「平」字），主張人道之正誼，不惜犧牲無數之性命金錢，務期其目的之達者，此美利堅民族之發揚光大，亦民族主義之發揚光大也。

民族主義之範圍（要素）

五色旗與青天白日旗

我國人自漢族推覆滿清政權，脫離異族羈厄之後，則以民族主義已達目的矣。更有無知妄作者，於革命成功之初，創為漢滿蒙回藏五族共和之說，而官僚從而附和之，且以清朝之一品武員之五色旗，為我中華民國之國旗，以為五色者，代表漢滿蒙回藏也。而革命黨人亦多不察，而捨去吾共和第一烈士陸皓東先生所定之中華民國青天白日國旗，而採用此四分五裂之官僚旗。予爭之不已，而參議完（「完」疑係「院」之誤）乃以青天白日之旗為海軍旗。嗚呼，此民國成立以來，所以長在四分五裂之中，而海軍所以有常常主持正義也！此民國之不幸，皆由不吉之五色旗有以致之也。夫清朝之黃龍帝旗，我已不用，而乃反用武員之五色旗，此無怪清帝之專制可以推覆，而清朝武人之專制權難以滅絕也。天意乎？人事乎？

民族主義之消極目的與積極目的

夫漢族光復，滿清傾覆，不過只達到民族主義之一消極目的而已。從此當努力猛進，以達到民族主義之積極目的也。積極目的為何？即漢族當犧牲其血統，歷史，與夫自尊自大之名稱，而與滿蒙回藏之人民，相見以誠，合為一爐而治之，以成一中華民族之新主義。如美利堅之合黑白數十種之人民，而治成一世界之冠之美利堅民族主義，斯為積極之目的也。五族云乎哉？夫以世界最古最大最富於同化力之民族，加以世界之新主義，而為積極之行動，以發揚光大中華民族，吾決不久必能駕美迭歐，而為世界之冠，此固理有當然，勢所必至也。國人其無餒！

何謂民權

今請進而論民權主義。

民權者民眾之主權也。世界進化由野蠻而至文明，心性進化由無知而至有知。天生聰明睿智先知先覺者，本以師導人群，贊佐化育，乃人每多原慾未化，私心難純，遂多擅用其聰明才智，以圖一己之私，而罔顧人群之利，役使群眾，有如牛馬。生殺予奪，威福自雄，蚩蚩之民，畏之如神明，承命唯謹，不敢議其非者。由是履霜堅冰，積為專制。我中

君臣主義（君主專制）之由來

國數千（疑漏一「年」字）來，聖賢明哲，授受相傳，皆以為天地生人，固當如是，遂成君臣主義，立為三綱之一，以束縛人心，此中國政治之所以不能進化也。雖其中有大道之行，天下為公；又有天視自民視，天聽自民聽；民為貴，君為輕；國以民為本等言論，然此不過一隙之明，終莫挽狂流之勢。

共和思想之由來

乃自近代民智日開，又值哥林巴士冒險航海，發見西半球之新大陸，由是歐洲之宗教名流，政潮志士，多與湖海俠客，無業游民，同冒險徙居於新地，以冀各遂生平之抱負也。以此富於冒險精神之人，不得志於本國，梯航萬里，而至於新天地，以抒其鬱勃不平，積久必申之氣，而與其拓殖事業，宜乎其結果為開發一新政治思潮，而後卒成美洲之共和世界；此新世界之共和，則大異乎古昔希臘羅馬之共和，與夫歐洲中世紀之共和也。蓋往昔之所謂共和者，亦不過多數人之專制而已，而美洲之共和乃真民權之共和也。

古昔共和與美國共和之不同

美國開民憲之先河

夫美國之開基，本英之殖民地而離母國以獨立。其創國之民，多習於英人好自由長自治之風尚，加以採盧梭之《民約》，與孟氏之《法意》，而成其三權憲法，為致治之本。此為民憲之先河，而開有史以來未有之創局也。有美國共和，而後始有政府為民而設之真理出現於世。林肯氏曰：為民而有，為民而治，為民而享者，斯乃人民之政府也。有如此之政府，而民者始真為一國之主也。國家之元首百官，始變而為人民之公僕，服役於民者矣。此為政治之革命也。

美國獨立之後民權

美國獨立之後，旋而有法國之大革命，旋而有歐洲之大革命。此皆人類之智識日開，

發達之趨勢

覺悟漸發，乃而知人者皆同類也；既為同類，則人人皆當得平等自由也。其特出之聰明才智者，不得以怍（「怍」疑係「詐」之誤）以力，以奪他人應有之自由權利，而獨享之也。其占據人類之優等地位，而號為君主王侯，與及一切貴族，奪民以自享，皆為不平等者也。故當推覆之，而平人類之不平。於是十八世紀之末，以至此二十世紀之初，百餘年來，皆君權與民權爭競之時代。從此民權日發達，君權日削亡。經此次歐戰之後，專制之國，悉數敗亡，大陸之上，幾無君主立足之地矣。此世界政治進化之潮流，而非人力所能抵抗者，即古人所謂天意也。順天者昌，逆天者亡，此之謂也。

瑞士憲法優於美國憲法而行四種民權

繼美國之成文憲法，青出於藍而勝於藍者，則有瑞士之憲法也。美國之憲法，雖以民權為宗，然猶是代表之政治，而國民只得選舉之權而已。而瑞士之憲法，則直接以行民政，國民有選舉之權，有複決之權，有創制之權，有罷官之權（其要領原理，當另著專書詳之）。此所謂四大民權也。人民而有此四大權也，乃能任用官吏，役使官吏，駕馭官吏，防範官吏，然後始得稱為一國之主，而無愧色也。

何謂訓政

予之定名中華民國者，蓋欲於革命之際，在破壞時則行軍政，在建設時則行訓政，所謂訓政者，即訓練清朝之遺民，而成為民國之主人翁，以行此直接民權也。有訓政為過渡時期，則人民無程度不足之憂也。乃當日革命黨員多注重於民族主義，而鮮留心於民權主義，故破壞成功之後，官僚則曰人民程度不足也，而吾黨之士又從而和之，曰人民程度不足，不可以行直接民權也。嗚呼！是何異謂小孩曰：「孩子不識字，不可入校讀書也」。試問今之為人父兄者，有是言乎？而革命志士，自負為先知先覺者，即新進國民之父兄，有訓導之責任者也。乃有以國民程度太低，不能行直接民權而言，而又不欲訓練之，以行其權，是真可怪之甚也！彼輩既承認此革命後之新國為中華民國矣。而又承認中華民國之主權在於國民全體矣，是即承認四萬萬之人民將必為此中華民國之主人矣。而今之行政首長，凡百官吏，與（「與」字或為「以」之誤）及政客議員者，皆即此四萬萬人民之臣僕也。既為其臣僕，而又敢公然曰：「吾之主人知識幼稚，程度太低，不可直接以行其主權也」。以是故也，予所以有訓政時期之主張，而此輩又群起而反對之。予又試問：今之所謂志士黨人官僚政客者，將欲何為也？既不甘為諸葛亮文天祥之掬躬盡悴（「掬」疑係「鞠」之誤，「悴」疑係「瘁」之誤），以事其主，又不肯為伊尹周公之訓政，以輔其君，則其勢必至大者為王莽、曹操、袁世凱之僭奪，而小者則圖私害民，為國之賊也，此非民國所宜有，當歸於天然淘汰之列也。

國人忽視訓政之錯誤

歐洲民權革命之趨勢

民權之發達必不可遏

觀歐洲百餘（疑漏一「年」字）來之政治進化，人權競爭，其始也少數聰明才智之人，以自由平等為號召，而革獨頭專制君主之命。及其成功也，則此少數人又從而行專制，其為禍更烈於君主之專制也。而大多數人又起而革此少數人之命，必至政權歸於平民而後已。今之武人官吏，乘革命之賜，倖而得有高位，而不盡心民事者，勿以人民可欺，而能久假不歸也。世界潮流，天然淘汰，必無倖免者也。民國之主人，今日雖幼稚，然民國之名有一日之存在，則顧名思義，自覺者必日多，而自由平等之思想，亦必日進；則民權之發達，終不可抑遏。此蓋進化自然之天道也。順天則昌，逆天則亡，此之謂也。

何謂民生主義

今請進而論民生主義。

民生問題之起因

民生主義者，即社會主義也。貧富不齊，豪強侵奪，自古有之，然不若歐美今日之甚也。歐美自政治革命而後，人人有自由平等，各得肆力於工商事業，經濟進步，機器發明，而生產之力為之大增，得有土地及資本之優勢者，悉成暴富，而無土地及資本之人，則轉因之謀食日艱，由是富者愈富，貧者愈貧，則貧富之階級日分，而民生之問題起矣。此問題在歐美今日，愈演愈烈，循此而往，非非（疑「非」字為重寫）至發生社會之大革命不止也。俄國已發其端，德國又見告矣，英美諸國將恐不免也。唯中國之於社會革命也，則尚未種其因，如能思患預防，先為徙薪曲突之謀，則此一度之革命，洵可免除也。此民生主義之所以不得不行也。中國之行民生主義，即所以消弭社會革命於未然也。

行民生主義以消弭社會革命於未然

社會革命來自機器發明

夫社會革命之因，何從而來也？曰從機器發明而來也。歐美自機器發明而後，萬般工業，皆用機器代之。夫用機器以羈勒自然之力，如汽力、電力，以代人工，本可減省人之勞力，應為造福於人間，而何以反生出社會之痛苦？所以然者，則機器之發明而施用於工業也，乃突如其來，而社會之舊組織，一時不能為之變更，亦不知為之變更，故無從應付也。為資本家者，只知機器之為利，而不恤社會之被其害也。今試以織（疑漏一「布」字）

以織布業為例

業言之，當昔用人工以織布，每人日織不過一丈，使有資本家，日僱千人為之織，日出千丈之布，其所給工值，假設為每人一元，此一元之工值，當與織工獨立自織之價值相若也。

倘所差太甚，則織工必不願受資主之僱，而必自織其布也。蓋以人工作業之時，則工人容易自行獨立以營業，而資主不能為之壟斷也。唯一旦以機器代人工，則生產至少可加十倍，前以千人日只出布千丈，今則用百人而出布千丈矣。倘使暢銷如故也，則用手工生產之時，資主當僱千人，日給工值千元，乃能出千丈之布。今用機器生產，則布仍為千丈也，而工則減去九百人，只用百人而已足。此百人之工值，若仍其舊也，則資主前費千元者，今費百元已足矣。或更有甚者，則前用手工生產之時，工人能退而自營其業，不專靠資主之僱以謀生活也，唯今失業之九百人，若退而自營其業，則彼手工之生產，必不及機器生產價值之廉，是工人萬不能（疑漏一「與」字）資主競爭，則唯有仰給資主以為生活，資主所需一百之工，則有千人砐（「砐」疑係「貶」之誤）價以爭僱，前之工值一元者，今或半元而已有受僱者矣。由此觀之，用手工生產之時，所出千丈之布，工人日所得工值為千元。資主日獲之利亦設為千元。今用機器生產，所出布千丈，工人所得之值不過百元，甚或至五十元，而資主今之獲利，每日增加九百元，至九百五十元矣。如是則工人形立（「形立」疑係「立形」之誤）困苦，其不遷徙流離，則必坐以待斃而已。倘若銷場擴大，則資主所傭，仍不減千人，工資如故也，而機器之生產，則人加十倍，前之每日出布千丈者，今可出布萬丈，而資主每日之利則九千元。倘市場更增，資主能僱用萬人者，則日能獲利九萬元，而工人亦不過日獲一元而已。一家如是，家家如是。一業如是，業業如是。市場愈大，機器愈精，則資本家之勢力愈宏厚，而工人則生產愈多，而工值愈微，此機器代手工而生

何謂工業革命

產，泰西學者所謂工業革命者也。

工業革命之後資本膨脹地價亦上漲

生出貧富階級引起社會革命

工業革命之後，資本膨脹，而地價亦因而大增，蓋機器之生產事業利於集中，故城市首先發達，以易致工人也。其次則煤鐵之場，製造事業亦以繁興，蓋便於取材也。其三則交通之地，工廠亦隨而林立，以便於運輸也。凡有此三要表（「表」疑係「素」之誤）之地，工業必從而發達，人口則為增加。此等工業繁盛之城市，其地價之增加，有畝至百十萬元者，而地主多有承先人之遺業，不耕不織，無思無維（「維」疑係「為」之誤），而陡成巨富者。是地主以地增價而成資本家，資本家以工業獲利而成大地主。城市之地，固盡為此輩所壟斷，而附郭之田，亦為之所收買，漸而至於郊外之沃野荒原，亦陸續為此輩占有。由是地價則日增，而工值則日賤，蓋工人欲退而歸農，亦無田可耕，則耕亦不能償其租值，於是更不得不全靠傭工為活矣。工業愈進步，商業愈發達，則資本家與地主之利愈大，而工人則窮苦也。此歐美工業發達，經濟進步後所生出社會貧富階級之情形，而社會革命之所以不能免矣。中國近代進步雖遲，似有不幸，然若能取鑑於歐美之工業革命，經濟發達所生出種種流弊，而預為設法以杜絕之，則後來居上，亦未始非一大幸也。顧思患預防之法為何？即防止少數人之壟斷土地資本二者而已。

思患預防防止少數人壟斷

中國自廢井田而後，土地雖歸私有，然因向以手工為生產之具而資本尚未發達，地價亦尚未增加，故尚少大地主。及今而整頓土地，猶易為力。故同盟（疑漏一「會」字）之主張，創立民國後，則繼之以平均地權，倘能達此目的，則社會問題已解決過半矣。平均

平均地權師井田之遺意

平均地權之方法

英國地價稅案之煩擾照價抽稅優於照畝抽稅

地權者，即井田之遺意也。井田之法，既板滯而不可復用，則唯有師其意而已。中國今工業尚未發達，地價尚未增加，則宜乘此時，定全國之地價，其定價之法，隨業主所報以為定。唯當範圍之以兩條件：一、所報之價，則以後照價年納百分之一，或百分之二以為地稅。二、以後公家有用其地，則永遠照此價收買，不得增加。至若私相賣買，則以所增之價，悉歸公有，地主只能得原有地價，而新主則照新地價而納稅。有此二條件，則定地價毫無煩擾欺瞞之弊。蓋此二條件，為互相牽制者也，倘使地主有瞞稅之心，將現值之地價，以多報少，假使在上海市之地，有值萬元至十萬元一畝者，地主以值十萬元一畝之地，而報價萬元，則值百抽一之稅，為百元，若十萬元一畝，則值百抽一，其稅為千元矣。如此於瞞稅方面，地主則得矣。唯政府可隨時範圍之以第二條件備價而收買其地。其原值十萬元一畝，今照彼所報納稅之價萬元而收買之，則地主食虧九萬元矣。又倘地主有投機之心，預測公家他日必需其地，將現在所值百元一畝之地，而報其價至十萬者，如此則於公家未收買其地之先，每年當納千元之稅。如此則利未見而本先虧矣。故於兩條件範圍之中，地主當必先自訟而後報其價值，則其價值必為時下當然之價矣。此辦法較之英國數年所行之法，利便多矣。英國自議院通過地價稅案之後，政府特設估價衙門，以定全國地價，而又設控訴衙門，以理控訴。倘地主有不以估價衙門所定之價為公平，可控訴之。由控訴衙門復加裁判以為定，其煩擾為如何耶？夫照價抽稅，較之現行之照畝抽稅，其公平與不公平，真有天壤之別矣。照畝抽稅，只分上中下三等而已。設有郊外田一畝，其價一元，而抽其下稅若干；又有市內地一畝，其價一萬，而抽其上稅若干；上稅與下稅之所差，不能過十倍也，而其價值之差，即一與萬之比也。使農民之負擔賦稅，比之市民重一千倍矣。是照價抽稅者，質而言之，即減輕農田之稅耳。且先定地價，而待經濟之發達，則公共之事容易舉辦，而能收大利矣。今以一事證之：如中國交通運輸之事業發達，則凡於鐵路集中之地，水陸交會之區，大市鎮必從而生焉，以中國之大，此種新市鎮，當必得百數十處也。如國家為之經營，照現價以收買其地，闢以廣大之衢，設備公用之具，如自來水、煤氣、電燈、電話等事，則數元一畝收來之地，一轉瞬間，其值必加至千倍，或至萬倍矣。此等所謂不勞而獲之利，倘公家不收之，以為公用，則必入於私人之手。一入於私人之手，則必生出社會之不平均，而害隨之矣。經濟家之言，生財之元素有三：土地、人工、資本是也。中國今日地大人眾，倘知採民生主義之計劃以謀工業之發展，則資本易致也。資本與民生主義之計劃，下章繼續論之。

不勞而獲之利應歸公用如入私人之手則生出貧富不均

已述土地問題之解決方法再論資本問題解決方法

中國土地之問題，自廢井田而後，以至於今，無甚大變者也。雖農民之苦，較井田時或有加重，然人人得為小地主，則農民之勤儉者，均有為小地主之希望，而民生之路未盡絕也。唯歐風東漸，我之實業革命，工商發達，亦勢所必至，則以後亦成為有者益有，而無者益無。此時而欲由小農而成小地主，欲由小工而成小資本家，為萬不可能之事矣。如此則民之路絕矣。歐美各政治先進之國，而經濟革命之風潮則澎排（「排」疑係「湃」之誤）鼓蕩而來者，此也。所幸者，我中國今日尚未經實業革命資本發達之階級，未雨綢繆，時哉勿失！土地問題之解決方法，其簡便易行既而（「而」疑係「如」之誤）上章所述矣。今專就資本之問題，以求解決之方。歐美資本之問題，激爭數十年，而未能得良法以解決者，初以資本之發達，為世人所不及料，故由不知不覺而盡入於少數人之手。是猶政治發達之初，而政權歸於少數人之手，同一理也。而其平之之法，則必待多數人之覺悟，而決心為大犧牲，不惜殺人流血，始能達到自由平等之目的也。今歐美之苦工農民，已全數覺悟矣。而猶未能解決經濟問題者，何也？以此問題之解決，其煩難當有百十倍於政治問題也。為此故也，則我當稟（「稟」疑係「懍」之誤）歐美前車既覆之鑑，為我之曲突徙薪，不可學俄人之焦頭爛額也。夫唯我之資本尚未發生也，則我防患於未然自易，此中國之後來居上，將必為世界第一富強安樂之邦之大希望也。道在今日之仁人志士先知先覺知之行之而已。

何謂資本

今請進而論資本。

經濟家之言曰，資本者，勞力之所獲，以給其需要之餘，而用之以為生利之需者，則為資本也。如農之餘粟，工之餘布，用以交易其需要之外而復用之以廣其田園，增其器械；此農之田園，工之器械，則謂之資本也。以此田園器械，能多生其粟，多出其布也。倘此農工以其所餘，而易肥馬輕裘以自娛，此農工之肥馬輕裘，則不得謂之為資本也。是故如家中之飯，設備以自給者，不得為資本。而飯店之飯設備以應沽，即為資（疑脫「本」字）矣。由此例推，筐中之衣服，富室之汽車，皆不得為資本；而縫店之衣服，車店之汽車，即皆為資本也。夫資本者，生產三大元素之一，其始也，凡勤儉之小工，以其餘財而再圖生利者，皆能為資（疑脫「本」字）家。及機器之興也，則以一人而用機器，可作百十人之工，則不獨小工永絕為資本家之希望，而小資本家亦難自立，而見併於大資本家，而大資本家又見併更大之資本家。由是大魚食細魚，遂生出歐美等國資主與工人之兩階級，貧富之懸殊，乃以日而甚矣。歐美資本發達後，其為患於社會如此其大者，以歐美土地問題，未能於資本未發達之前而先為之解決，故地主與資本家二者合而為一，如虎加翼，其橫暴遂不可制止矣。今各國政治家之解決社會問題者，亦必先從土地問題著手。雷佐治之於英國施行土地照價抽稅之法是也。然英國資本之發達，已百有餘年矣，而全數早已悉落於私人之手。故當民國建元之前後，已施行土地照價抽稅之法，而七八年來，社會競爭之問題依然淚烈也。同盟罷工之風潮，依然不止也，唯當此次歐戰發生之後，英國曾為社會突飛之進步，鐵路海運，俱收歸國有，而一切製造工廠，亦收歸官辦，以供給軍用品也。唯今後戰後經營，英國其能力排資本家之優勢以順世界之潮流，而進英國為一集產之國家乎？抑仍受資本家之握制，而退歸私人之所有也，此今後之一大問題也。

英國將為集產國家
或仍為資本主義

附錄三　中山樓中華文化堂落成紀念文

——中華民國五十五年十一月十二日國父一百晉一誕辰致詞

蔣中正

我中華民族文化，垂二千五百有餘歲，至孔子始集其大成，故曰：「天不生仲尼，萬古如長夜！」而此堯、舜、禹、湯、文、武、周公、孔子聖聖相傳之道統，屢為邪說誣民者所毀傷，降至今日，赤禍滔天，民族不幸，竟遭此空前絕後之浩劫！而我五千年來傳統優秀之文化，幾乎瀕於熄滅而中絕，幸我國父誕生，乃有三民主義之發明，而道統文化又一次集其「充實而有光輝之謂大，大而化之之謂聖」之大成，此不唯使我中華民族於長夜漫漫中，啟明復旦！亦使人類履道坦坦，共躋於三民主義之新時代也！

我中華文化之基礎，一為倫理：故曰「孝弟也者，其為仁之本歟」。其始也，固在「人人親其親，長其長」；其終也，則「不獨親其親，不獨子其子」。且使「老有所終，壯有所用，幼有所長，鰥寡孤獨廢疾者皆有所養」矣。二為民主：故曰「民為貴」，又曰「民惟邦本，本固邦寧」。是以聖人之於內也，則選賢與能，講信修睦；於外則繼絕舉廢，治亂持危；且以為「天下遠近、大小若一」，乃曰「大道之行也，天下為公」。

三為科學：此即正德、利用、厚生之道。故孔子以為政之急者，莫大於使民富且壽。而致富且壽之道，則均無貧、和無寡、安無傾耳。語其極致，斯「貨惡其棄於地也，不必藏於己；力惡其不出於身也，不必為己」，「衣養萬物而不為主」者也。

國父發明三民主義，以繼承我中華民族之道統為己任，乃使我五千年民族文化歷久而彌新，蓋我中華文化之精華，盡擷於此也。是以國父謂「有道德始有國家，有道德始成世界」，此即民族倫理道德「壹是皆以修身為本」之秉彝也。又謂「余之民權主義，第一決定者為民主」，此則民惟邦本思想之發皇也。又謂「凡事皆要憑科學道理，才可以解決，才可以達到圓滿目的」，此乃「建設之首要在民生」——而民生所日用必需不可或缺者，莫過於食、衣、住、行、育、樂六者，故國父特以此六者科學化之建設，為使民富且壽之張本也！且以語於中華文化「盡己之性」之義，非倫理與道德歟？以語於「盡人之性」之義，非民主與自由歟？以語於「盡物之性」之義，非科學與建設歟？故余篤信倫理、民主、科學，乃三民主義思想之本質，亦即為中華民族傳統文化之基石也。蓋國父建國之道，乃以倫理為誠正修齊之本；以民主為福國淑世之則；以科學為正德、利用、厚生之實；是以三民主義之思想，乃以天地萬物一體之仁為中心，即所謂性之德也，合內外之道也，故時措之宜也。

我中華民族文化歷五千年，而業益光，道益盛，不唯無人能予以搖撼摧夷，亦且愈經搖撼摧夷愈見其剛健煥發而可大可久！故國父三民主義之思想，不唯為中華民族文化之匯歸；而三民主義之國民革命，乃益為中華民族文化之保衛者也！今日復興基地之臺灣省，實為匯集我中華文物精華唯一之寶庫，且又為發揚我中華民族文化使民富且壽之式範也！所惜者，臺灣省久經割讓之痛，雖已光復逾二十年，既露既足，而居室之陋，建築之隘，無以見我中華輪奐之美與文化之盛！今者國際人士之來臺觀光者，與日俱增，嘗以其僅見中華文物之豐富，而未能一睹我中華文化傳統建築之宏規，引為莫大之缺憾！去歲國父百年誕辰，政府請於陽明山啟樓建堂，且乞以樓顏之曰「中山樓」，以堂顏之曰「中華文化堂」，意在紀念國父手創民國之德澤，亦以發揚中華文化之裔皇。議其堂廡之制，則咸以為自節用愛人而言，即土階石室，猶以為大，但自表彰中華文化之博大悠久而言，雖重簷藻棁，猶以為小；中正謹如眾議，許崇其堂廡，經營興作，蓋誠不可以棲棲者，以儉於國父；亦不可以吝此區區者，使無以見我中華文化之久而且大也。

經歲而堂成，今以國父一百晉一誕辰，敬啟管鑰。唯此一堂廡，僅略具我傳統建築範疇之一二，自不足以言代表中華文化之全貌！凡我國人，來瞻於此堂此樓之下，顧其名而思其義，應念國父之遺志未竟，願相與一心勠力以竟之！又當思三民主義乃為我民族之所託命，亦為我文化之所凝聚，願相與實踐而振德之！

嗟呼隔水西望，滿目瘡痍，渡頭落日，青山一髮者，莫非中原！淚枯血乾，死生無告者，莫非吾胞與骨肉焉！是以中正雖歷經艱難險阻與侮辱橫逆之來，猶予日孳孳而忘其身之老、責之重也！尤冀我國人操危慮患，莊敬日強！毋徒以遊目此璀璨瑰瑋紀念國父之建築，而樂以忘憂！須知此為復興基地重建民族文化之標幟，當益堅其消滅赤禍、重光大陸之信念，唯有我青天白日之光輝，普被於大陸之疆土；倫理、民主、科學三民主義之福祉，均霑於大陸全體之同胞，一如今日自由基地之臺灣者然，而後始無愧於屋漏，無愧於國父與先民之遺規，且以此為復興我中華文化明德新民之契機，則庶幾乎！

附錄四　憲政主義與憲政改革

民國七十九年七月，李登輝總統邀集海內外各界人士舉行國是會議，商討動員戡亂時期結束後的憲政改革問題。隨後並在國民黨內部達成「一機關、兩階段」的修憲共識，亦即由國民大會此一機關進行修憲，而排除了憲法第一百七十四條第二款規定，由立法院修憲的可能性。另一方面，亦確定由資深國代為主的第一屆國大負責第一階段程序性修憲，決定先廢除《動員戡亂時期臨時條款》，並通過憲法增修條文十條，完成第一階段修憲工作。然後再由新選出的第二屆國大代表進行第二階段的實質性修憲，通過憲法增修條文八條。但是由於執政黨內部對總統民選方式並未達成共識，民國八十三年八月，又進行了第三次修憲。隨後六年時間，在李登輝總統的主導下，又推動了另外三次修憲，造成憲政體制的嚴重混亂，也使憲法作為「國家根本大法」及「社會共識重心」的基本要旨，面臨了根本的挑戰。其中第五次修憲（民國八十九年），更因修憲內容本身違背了「國會不得為自身謀利或延長任期」的基本憲政原理與程序正當原則，而被司法院大法官會議（於民國八十九年三月二十二日公布）認定「應屬無效」。換言之，第五次修憲本身即屬無效，而負責修憲的國民大會也因此背負著全民的指責與歷史的罵名，被迫以近似「自裁」的手段，在第六次修憲中主動削權，走向「虛位化」，進一步，更在第七次修憲中正式走向終結。

但是，儘管國民大會已經走入歷史，但是中華民國憲法的「正統性」、「權威性」與「中國性」卻依然持續著。因此陳水扁總統在民國九十四年五月宣布，第七次修憲之後，將繼續推動第八次修憲，屆時新的憲法將會是「藉修憲而達到制憲的目的。」換言之，如果在民國九十七年真的完成第八次修憲，這可能是過去半個多世紀以來中華民國憲政傳統的正式終結，以及新憲法的開始！

美國憲法學者羅森菲德 (Michel Rosenfeld) 曾云：「雖然憲政主義並非依附成文憲法而存在，但是憲政主義精神的體現，卻與成文憲法的實踐，密切關連。」❶基於此，為了清晰的呈現歷次修憲的背景與過程，以及修憲條文的具體內容，以下將針對每一次修憲內容作逐條的分析，以釐清憲政改革的目標、企圖以及相關爭議，並就憲政主義之所以歷經波折與頓挫的原委做一說明。

第一節　第一階段修憲內容分析

第一階段的修憲係於民國八十年四月完成，於四月二十二日由第一屆國民大會第二次臨時會通過增修條文第一條至第十條。前言中規定「為因應國家統一之需要」，乃增修憲法條文。其具體內容如次：

❶ Michel Rosenfeld, "Modern Constitutionalism as Interplay Between Identity and Diversity," in Michel Rosenfeld eds., *Constitutionalism, Identity, Difference and Legitimacy: Theoretical Perspectives*, Durham: Duke University Press, 1994.

第一條

國民大會代表依左列規定選出之，不受憲法第二十六條及第一百三十五條之限制：

一、自由地區每直轄市、縣市各二人，但其人口逾十萬人者，每增加十萬人增一人。

二、自由地區平地山胞及山地山胞各三人。

三、僑居國外國民二十人。

四、全國不分區八十人。

前項第一款每直轄市、縣市選出之名額及第三款、第四款各政黨當選之名額，在五人以上十人以下者，應有婦女當選名額一人，超過十人者，每滿十人應增婦女當選名額一人。

依據憲法第二十六條第一款之規定，每縣市及其同等區域各選出代表一人，但其人口逾五十萬人者，每增加五十萬人增選代表一人。依此一規定，臺灣地區國大代表名額將顯然不合現況需要。因此增修條文第一條乃增加名額為自由地區各直轄市、縣市各二人，其人口逾十萬人，每增加十萬人增一人。其員額在第二屆國大選舉時共計為二百一十九名。

憲法第二十六條第二、三、四款中亦規定，由蒙、藏地區及邊疆選出國大代表，由於目前國家統治範圍未及於這些地區，而臺灣地區則有少數民族山地同胞（原住民），增修條文中乃列出平地山胞及山地山胞各三人，合計六人。此外，依憲法第二十六條第五款之規定，需選出「僑居國外之國民」代表，憲法增修條文中亦列出定額為二十人。

至於憲法第二十六條第六、七款中所列的職業團體及婦女代表兩部分，在修憲過程中乃決定取消，但另規定婦女保障名額，為當選人名額在五人以上十人以下者，應有婦女保障名額一名，超過十人者，每滿十人應再增加一名。但山胞名額中，則不受此一限制。因此，即使在山胞當選人六人之中，無任何一位女性當選人，亦不受限制。

在此次修憲過程中，另有一項重要規定，即增加所謂的「全國不分區名額」，在國大代表部分，規定為八十人。此一規定原係為保障臺灣地區的外省籍人士的權益而設計，目的在保障其參政機會，以補充地方選舉所可能出現的人口比例不符的缺憾。但在實際政治運作上，此一原意並未充分體現。為了避免強化省籍意識與政治對立，當時無論是執政的中國國民黨或在野的民主進步黨，均未以省籍作為提名不分區代表的主要考量。

第二條

立法院立法委員依左列規定選出之，不受憲法第六十四條之限制：

一、自由地區每省、直轄市各二人，但其人口逾二十萬人者，每增加十萬人增一人；逾一百萬人者，每增加二十萬人增一人。

二、自由地區平地山胞及山地山胞各三人。

三、僑居國外國民六人。

四、全國不分區三十人。

前項第一款每省、直轄市選出之名額及第三款、第四款各政黨當選之名額，在五人以上十人以下者，應有婦女當選名額一人，超過十人者，每滿十人應增婦女當選名額一人。

此一條文的訂定原則與第一條相仿。但立委的名額較國大代表為少，則體現在下列三方面：

㈠地區選舉當選員額較少——依憲法第六十四條立法委員係由各省及直轄市選出，與國大代表由各縣市選出情況不同。因此在名額上亦規定較嚴，其人口逾二十萬人者，每逾十萬人才增加一名（國大代表是人口逾十萬人者，每逾十萬人即增加一名）。另外人口逾一百萬人者，每逾二十萬人方得增加一名。依此規定，在民國八十一年十二月第二屆立委選舉時，全國地區選舉出的立委總額是一百一十九名，比國大代表地區選舉總額二百一十九名，剛好少了一百名。

㈡僑居國外國民代表名額較少——國大代表部分為二十名，立委部分則僅有六名，約占其三分之一弱。

㈢不分區名額亦較少——國大部分為八十名，立委部分則為三十名，約占其三分之一強。

在民國八十一年第二屆立委選舉中，各項立委選舉名額總額為一百六十一席。

第三條

監察院監察委員由省、市議會依左列規定選出之，不受憲法第九十一條之限制：

一、自由地區臺灣省二十五人。

二、自由地區每直轄市各十人。

三、僑居國外國民二人。

四、全國不分區五人。

前項第一款臺灣省、第二款每直轄市選出之名額及第四款各政黨當選之名額，在五人以上十人以下者，應有婦女當選名額一人，超過十人者，每滿十人應增婦女當選名額一人。

省議員當選為監察委員者，以二人為限；市議員當選為監察委員者，各以一人為限。

監委名額一向較立委名額為少，此次修憲決定以定額方式訂定名額，而非比照國大或立委部分，依人口增減而予調整。依此一設計，監委採定額，共為五十二人。除非新增設直轄市，此一名額將不隨人口變化而調整。但是此一條文在第二階段修憲中被擱置。在增修條文第十五條中，監察院被改制為非代議機關，不再具備國會功能，監委亦不再由省、市議會選出，而改由總統提名，經國民大會同意任命之。因此此一條文已不再具實質效力，是憲法修正條文中時效最短的一條條文。依「後法優於前法」的原則，本條文業已失其效力。

第四條

國民大會代表、立法院立法委員、監察院監察委員之選舉罷免，依公職人員選舉罷免法之規定辦理之。僑居國外國民及全國不分區名額，採政黨比例方式選出之。

關於國大、立委、監委的選舉罷免，另以選罷法規定實施細節，憲法本身不做過為細瑣的規定。至於僑居國外國民及全國不分區名額，則依政黨比例方式選出。換言之，在選民以「選人」方式選出地區代表或民代之外，還依政黨得票比例分配全國不分區及國外國民代表名額。關於政黨比例的實施方式，依據各國實施經驗，約略可分為下列四種：

㈠一票制——選民只投一票，選出地區性民意代表。再以此選票加總，算出各政黨所得之總票數與所占之比例，扣除未達到「最低門檻」的政黨所得之票數，以及無黨籍或獨立候選人之票數，算出各政黨應分得之政黨比例，以比例分配政黨席次。我國在第七次修憲前即採取此制。政黨得分配政黨議席之「最低門檻」，則訂為總選票的百分之五。

㈡兩票不得轉換制——選民分別投兩票，第一票投給地區候選人，第二票投給各政黨。亦即一票「選人」，另一票「選政黨」。通常在投給各政黨的第二票中，會將各政黨安排之政黨代表名單依次列出，但選民對此一次序無法再做選擇，只能選政黨，而無法決定政黨代表名單本身的排行次序。目前德國的選舉制度即採此制。

㈢比例代表可轉換制——在政黨代表名單這一張選票上，選民不但可以選政黨，而且可以在政黨代表名單的次序上，選擇自己偏好的次序。因此，選民無論是對地區候選人或政黨代表名單，均可表達自己的偏好，但此一制度在實行上較為複雜，選民亦較不易適應，實施此一制度的國家有一九九〇年代以前的義大利。

㈣一票可轉換制——選民可投給一位或多位候選人，而且在多位候選人中，可依據選民個人偏好，決定其優先次序。愛爾蘭即實施此一制度。在國會選舉中，全國分為四十一個選區，每一選區可選出三至五位候選人。透過此種制度，亦可達到比例代表制的效果。

過去我國實施一票制，第七次修憲後已改為兩票不得轉換制。

第五條

國民大會第二屆國民大會代表應於中華民國八十年十二月三十一日前選出，其任期自中華民國八十一年一月一日起至中華民國八十五年國民大會第三屆於第八任總統任滿前依憲法第二十九條規定集會之日止，不受憲法第二十八條第一項之限制。

依動員戡亂時期臨時條款增加名額選出之國民大會代表，於中華民國八十二年一月三十一日前，與國民大會第二屆國民大會代表共同行使職權。

立法院第二屆立法委員及監察院第二屆監察委員應於中華民國八十二年一月三十一日前選出，均自中華民國八十二年二月一日開始行使職務。

由於第一階段修憲是由資深國大著手，為顧及其代表之民意不足，乃界定為「程序修憲」，至於「實質修憲」，則應由新選出的第二屆國大著手。修憲條文第五條乃規定第二屆國大代表應於民國八十年年底前選出，任期自民國八十一年一月一日起，至第三屆國大選出，並集會時為止。但因修憲時準備工作相當倉促，本條文第一段文字不通，文字亦過於冗長，「其任期自中華民國八十一年……集會之日止」，全句長達五十七字，但語意仍未充分表達，此段文字宜重組修正之。

本條文第二段是規定增額國大之任期，至民國八十二年一月三十一日為止，過了此日之後，就完全由新選出的第二屆國大代表行使職權。

本條文第三段則明訂第二屆立委與監委均應於民國八十二年一月底之前選出，並自民國八十二年二月一日起開始行使職務。換言之，中華民國的政治體制自民國八十二年二月一日起，已進入正式的民主新紀元。所有的資深民代、增額民代，均不再執行其職權，而完全由第二屆的中央民代，代表全新的民意，並擔負起監督國家與政府的職責。

第六條

國民大會為行使憲法第二十七條第一項第三款之職權，應於第二屆國民大會代表選出後三個月內由總統召集臨時會。

本條文係為確保第二階段修憲得以順利召開，乃規定國民大會為行使憲法第二十七條第一項第三款之職權，亦即完成修憲任務，應於第二屆國大代表選出後三個月內由總統召集臨時會。而此項任務，已在民國八十一年五月二十七日完成，並通過八條憲法增修條文。

上述六條條文均係程序性之修憲條文，亦合乎資深國大代表只做「程序修憲」之原旨。但從第六條以下，修憲性質卻有所不同，也引發較多之爭議。

第七條

總統為避免國家或人民遭遇緊急危難或應付財政經濟上重大變故，得經行政院會議之決議發布緊急命令，為必要之處置，不受憲法第四十三條之限制。但須於發布命令後十日內提交立法院追認，如立法院不同意時，該緊急命令立即失效。

依據憲法第四十三條之規定：「國家遇有天然災害、癘疫或國家財政經濟上有重大變故，須為急速處分時，總統於立法院休會期間，得經行政院會議之決議，依緊急命令法，發布緊急命令，為必要之處置，但須於發布命令後一個月內，提交立法院追認。如立法院不同意時，該緊急命令立即失效。」此一條文明白指出，發布緊急命令，須經行政院會議之決議，同時亦須獲得立法院之同意。憲法第六十三條亦規定，立法院有議決戒嚴案及國家其他重要事項之權。憲法第五十七條第二款亦規定，立法院對於行政院之重要政策不贊同時，得以決議移請行政院變更之。依上述各條文規定，行政院發布緊急命令或戒嚴令，均需尊重立法院之意願。但若係立法院休會期間所發布之命令，則須在發布命令後一個月內，提交立法院追認。若立法院不同意，則該緊急命令立即失效。

增修條文第七條，則排除上述憲法條文之限制，規定即使是在立法院開會期間，行政院仍得經行政院會議之決議，發布緊急命令。而無須立即得到立法院之同意。但是在發布命令後十日內，仍須提交立法院追認，如立法院不同意，該緊急命令依然無效。此一新規定，一方面賦與行政院較大的緊急命令處分權，另一方面仍將此一期間界定為十日，不致造成民主監督機制中斷太久。但畢竟仍係實質修憲內涵，而非程序性規定而已。

第八條

動員戡亂時期終止時，原僅適用於動員戡亂時期之法律，其修訂未完成程序者，得繼續適用至中華民國八十一年七月三十一日止。

此條文係程序性規定。規定僅適用於動員戡亂時期的法律，必須在民國八十一年七月底以前完成修訂程序，否則均將喪失法律效力。這是徹底根絕僅適用於動員戡亂時期法律規範效力的一項新規定。

第九條

總統為決定國家安全有關大政方針，得設國家安全會議及所屬國家安全局。

行政院得設人事行政局。

前二項機關之組織均以法律定之，在未完成立法程序前，其原有組織法規得繼續適用至中華民國八十二年十二月三十一日止。

在動員戡亂時期所設置的國家安全會議、國家安全局及行政院人事行政局，原不具備法定地位，並被批評為「違憲機關」，但在修憲之後，正式列入憲法中，因而獲得了法定地位，不再係違憲的機關了。但國安會與國安局的組織法，必須在民國八十二年年底以前立法完成，換言之，雖然此二機關並不對立法院負責，但仍需受到立法院的立法規範。至於其實際組織配置及具體職權，則視立法院的運作情況而定。

第十條

自由地區與大陸地區間人民權利義務關係及其他事務之處理，得以法律為特別之規定。

此係第一階段修憲中的一項特色，即明白規定自由地區與大陸地區人民受到不同的法律規範的保護。民國八十一年七月三十一日，據此而制定公布《臺灣地區與大陸地區人民關係條例》。其中規定，大陸地區係指「臺灣地區以外之中華民國領土」，而大陸地區人民則係指「在大陸地區設有戶籍或臺灣地區人民前往大陸地區居住逾四年之人民」。另外在《施行細則》中亦規定「大陸地區，包括中共控制之地區及外蒙地區」。換言之，大陸地區之指涉，仍以憲法原先之規範為準據。

第二節　第二階段修憲內容分析

在上述十條條文修訂完成後，第一階段憲政改革工作即告終了。民國八十年年底，資深民代集體退職，第二屆國大代表選出，繼續著手第二階段的憲政改革工作，並完成了八條修憲條款。由於在此一階段政府本身的態度，以及輿論與民意變化甚大，直選總統的呼聲甚高，因此對於國民大會、監察院等機構職權均做了重大調整，也因而導致修憲條文的內容益趨複雜，而且部分條文的規定，已推翻了第一階段修憲條文的原先規定。由此也反映出政治情勢的變動實況。以下將做逐條之分析。

第十一條

國民大會之職權，除依憲法第二十七條之規定外，並依增修條文第十三條第一項、第十四條第二項及第十五條第二項之規定，對總統提名之人員行使同意權。

前項同意權之行使，由總統召集國民大會臨時會為之，不受憲法第三十條之限制。

國民大會集會時，得聽取總統國情報告，並檢討國是，提供建言；如一年內未集會，由總統召集臨時會為之，不受憲法第三十條之限制。

國民大會代表自第三屆國民大會代表起，每四年改選一次，不適用憲法第二十八條第一項之規定。

由於總統選舉方式朝直選方式修正，國民大會職權乃面臨根本調整。經過政治協商結果，乃決定將原屬監察院的同意權，轉交給國民大會，亦即將原先對考試院院長、副院長、考試委員，以及司法院院長、副院長、大法官等之同意權，自監察院移轉至國民大會，由總統提名，經國民大會同意而任命。而為行使上述各項同意權，憲法第三十條之規定，必須做一修正。因此修憲乃規定，「不受憲法第三十條之限制」。

為了獲取國大代表的支持，使其允諾修憲取消選舉總統的權利，讓總統藉由全民直選產生，在本條文中，乃加入了國大集會時「聽取總統國情報告，並檢討國是，提供建言」的權利，作為交換條件。此外，國大集會也改為每年至少一次，不再受憲法第三十條規定之限制。

另外，為使總統、副總統、國大代表等任期一致，本條文中亦將國代任期自六年縮短為四年。但係自第三屆國代開始實施。

國民大會職權在經過上述的修正後，其具體法定職權包括下列各項：

㈠國土變更決議權。（根據憲法第四條）

㈡修改憲法。（根據憲法第二十七條）

㈢複決立法院所提之憲法修正案。（根據憲法第二十七條）

㈣被凍結之創制、複決兩權。（根據憲法第二十七條）

㈤對司法院院長、副院長、大法官之任命行使同意權。（根據增修條文第十一條及第十三條）

㈥對考試院院長、副院長、考試委員之任命行使同意權。（根據增修條文第十一條及第十四條）

㈦對監察院院長、副院長、監察委員之任命行使同意權。（根據增修條文第十一條及第十五條）

雖然國大代表的任期縮短為四年，而且選舉總統的權利亦取消，但國民大會改為每年至少集會一次，並對司法、考試、監察三院高層人事行使任命同意權，這將造成幾項制度性的困擾：

第一、國大原係「政權」機關，其原屬職權如修憲、選舉、罷免總統、副總統，以及領土疆域之變更等，均係牽涉到「國家」層次的重大事務，與負責「政府」事務的「治權」機關並不相同。因此在修憲中增列國大（政權機關）對司法、考試、監察三院（治權機關）高層人事的同意權，實不相宜。一方面這已混淆了「政權」、「治權」的分際，另一方面則使國民大會的任務複雜化，負擔了過多原屬「國會」的功能。此三項人事同意權，實應交由立法院負責，始能發揮民意監督的實質功能。

第二、國民大會實係「國民代表大會」，嚴格而論，它並非政府的一部分，亦非常設性的「第二國會」。因此，以國大的職權及屬性而論，並不宜經常召開，更不宜檢討國是，侵害到立法院的基本權限。如果國民大會每年都要定期召開，並進行修憲、變更領土疆域、或行使人事同意權，則意味著國家基本體制經常要變動調整，這絕非憲政常態，反而意味著認同危機，則國無寧日。事實上，國大甚至有設置「議長」的擬議，如果真的讓國民大會變成常態運作的議會，這勢將造成體制上的嚴重紛擾，並形成立法院與國民大會彼此對立的現象。

第三、國大代表原應係「無給職」，只有在開會期間得領取部分報酬，但在修憲之後，由於國大需經常集會，不少國大代表要求給予固定的薪酬，並比照立法委員、監察委員的待遇，結果引致社會強烈的反彈。司法院大法官會議特別就此做了解釋，規定應為「無給職」，始平息此一爭議。

綜上所述，修憲之後國民大會的定位及角色問題已日趨複雜，如果國大本身還要透過修憲方式進一步擴張其職權，或變成一經常開會的常設性議會，則憲政體制就將出現嚴重的紛擾了。

第十二條

總統、副總統由中華民國自由地區全體人民選舉之，自中華民國八十五年第九任總統、副總統選舉實施。

前項選舉之方式，由總統於中華民國八十四年五月二十日前召集國民大會臨時會，以憲法增修條文定之。

總統、副總統之任期，自第九任總統、副總統起為四年，連選得連任一次，不適用憲法第四十七條之規定。

總統、副總統之罷免，依左列規定：

一、由國民大會代表提出之罷免案，經代表總額四分之一之提議，代表總額三分之二之同意，即為通過。

二、由監察院提出之彈劾案，國民大會為罷免之決議時，經代表總額三分之二之同意，即為通過。

副總統缺位時，由總統於三個月內提名候選人，召集國民大會臨時會補選，繼任至原任期屆滿為止。

總統、副總統均缺位時，由立法院院長於三個月內通告國民大會臨時會集會補選總統、副總統，繼任至原任期屆滿為止。

在第二階段修憲中，最受爭議的一項問題，即是總統應該如何選舉產生？其中主要有三種見解：

第一種見解係主張採取「委任直選」方式，由選民投票給國大代表，再由國大代表依選民委任 (mandate) 之意旨投給總統、副總統候選人。其中規定，國大代表候選人應在選舉前先宣布他將支持哪一組總統、副總統候選人，而且在實際進行投票時，亦依照此一承諾行事，否則其投票將視為無效。此種見解亦可簡稱為「委選」。

第二種見解則主張由公民直選，而不接受由國大代表行使委任投票的主張，此外亦不接受美國式或芬蘭式的「選舉人團」(electoral college) 之設計。此種主張實與一般盛行於拉丁美洲的總統直選無異。此種見解亦可簡稱為「直選」。

第三種見解則係保留原憲法之規定，由國民大會代表依其個人意願，行使法定職權。此亦可稱之為「回歸憲政」。

在上述三種見解中，國大代表中原以支持第一種「委選」者最多，主張實施「直選」者次之，支持第三種「回歸憲政」者較少。但因「委任選舉」的規定較為複雜，且當代採取「委任投票」的制度設計亦甚罕見，因此執政的國民黨中央在修憲之前已決定放棄，改採人民直選方案。但因黨內反對意見頗眾，在修憲時無法達成一致共識，乃決議拖延至民國八十四年五月二十日以前，再召集臨時會，商議解決。但規定係由「中華民國自由地區人民選舉」，則無庸置疑。只是究竟是採「委任直選」或「人民直選」，尚未定案。換言之，「回歸憲政」

的第三案主張已經不可能實現。惟有在第一及第二種主張間做一選擇，或決定另一折衷方案採擇之。

除了總統選舉的方式已確定改變外，總統任期亦自過去的六年一任縮短為四年一任，得連任一次。

至於對總統的罷免規定，則將其嚴格化。憲法第一百條規定：「監察院對於總統、副總統之彈劾案，須有全體監察委員四分之一以上之提議，全體監察委員過半數之審查及決議，向國民大會提出之。」而「總統副總統選舉罷免法」第九條則規定，對上述之罷免案，國民大會採無記名投票，需達國大代表總額過半數，方得通過，並罷免之。至於國大代表本身提出罷免案，則需由國大代表總額六分之一以上，簽名、蓋章，方得提出。通過條件則亦為國大代表總額過半數，方得通過。

在本次修憲中，則將上述兩種罷免方式的條件均規定得更為嚴格，由國民大會代表提出之罷免案，需經國大代表四分之一之提議（原規定是「六分之一」），經代表總額三分之二之同意（原規定是「過半數」），方得通過。另外監察院對於總統、副總統的彈劾案，須經全體監察委員過半數之提議（原規定是「四分之一」），全體監察委員三分之二以上之決議（原規定是「過半數」），向國民大會提出。（參見增修條文第十五條）而且當國民大會為罷免之決議時，則需經代表總額三分之二之同意（原規定是「二分之一」），方得通過。由此可以看出彈劾及罷免的要件，均轉趨嚴格。

第十三條

司法院設院長、副院長各一人，大法官若干人，由總統提名，經國民大會同意任命之，不適用憲法第七十九條之有關規定。

司法院大法官，除依憲法第七十八條之規定外，並組成憲法法庭審理政黨違憲之解散事項。

政黨之目的或其行為，危害中華民國之存在或自由民主之憲政秩序者為違憲。

由於監察院性質轉變，不再具備同意權，司法院院長、副院長及大法官的同意權，轉交由國民大會行使。

（參見增修條文第十一條）

在本次修憲中，特別規定，應由大法官組成憲法法庭，審理政黨違憲之解散事項。由於此一規定，則使政黨是否違憲的爭議，得由行政機構轉移至司法機構，強化了其中的公正性與客觀性。至於政黨違憲的定義，則明白定為「政黨之目的或其行為，危害中華民國之存在或自由民主之憲政秩序者」，定義雖然十分清晰，但由於客觀上存在著以「終結中華民國」為目的之政黨，因此將此一違憲定義直接明定在憲法條文之中，似有強制解散意味，也使憲法法庭在進行裁量時，較為缺乏彈性。

第十四條

考試院為國家最高考試機關，掌理左列事項，不適用憲法第八十三條之規定：

一、考試。

二、公務人員之銓敘、保障、撫卹、退休。

三、公務人員任免、考績、級俸、陞遷、褒獎之法制事項。

考試院設院長、副院長各一人，考試委員若干人，由總統提名，經國民大會同意任命之，不適用憲法第八十四條之規定。

憲法第八十五條有關按省區分別規定名額，分區舉行考試之規定，停止適用。

關於考試權的爭議，在本書前述有關考試權的憲改爭議中，已有詳述。修憲的結果，是簡化考試院的權限，其中保留了對考試、銓敘、保障、撫卹、退休等事項的掌理，取消了有關養老的權限。另外公務人員的任免、考績、級俸、陞遷、褒獎等事項，則僅保留其中有關法制規範的權限，至於實際的執行權限則轉交行政院，不再歸考試院掌理。

至於考試院院長、副院長、考試委員的同意權行使，因監察院職權的改變，則改由國民大會行使。（參見增修條文第十一條）

此外，倍受爭議的國家考試按省區分別規定名額的第八十五條部分條文，也在此次修憲中決定停止適用。

第十五條

監察院為國家最高監察機關，行使彈劾、糾舉及審計權，不適用憲法第九十條及第九十四條有關同意權之規定。

監察院設監察委員二十九人，並以其中一人為院長、一人為副院長，任期六年，由總統提名，經國民大會同意任命之。憲法第九十一條至第九十三條、增修條文第三條，及第四條、第五條第三項有關監察委員之規定，停止適用。

監察院對於中央、地方公務人員及司法院、考試院人員之彈劾案，須經監察委員二人以上之提議，九人以上之審查及決定，始得提出，不受憲法第九十八條之限制。

監察院對於監察院人員失職或違法之彈劾，適用憲法第九十五條、第九十七條第二項及前項之規定。

監察院對於總統、副總統之彈劾案，須經全體監察委員過半數之提議，全體監察委員三分之二以上之決議，向國民大會提出，不受憲法第一百條之限制。

監察委員須超出黨派以外，依據法律獨立行使職權。

憲法第一百零一條及第一百零二條之規定，停止適用。

在修憲過程中，監察院的屬性、定位及選舉方式，變動甚大。在第一階段修憲中，決定了監察委員的名額及選舉方式（見增修條文第三條）。但在第二階段修憲中，決定廢止是項規定，將監察委員改由總統提名，經國民大會同意任命之。增修條文第三條、第四條及第五條有關監察委員之規定，在公布一年之後，即已告失效（第一階段修憲後於民國八十年五月一日由總統令公布十條條文，第二階段則於民國八十一年五月二十八日，由總統令公布八條條文，兩者相距僅一年又二十八日）。

而監察院的職權，也做了重大調整，同意權部分則完全取消，並移轉由國民大會行使。而彈劾權的行使，也出現了幾項主要的改變：

㈠憲法第九十八條規定：「監察院對於中央及地方公務人員之彈劾案，須經監察委員一人以上之提議，九人以上之審查及決定，始得提出。」在修憲後則改為「須經監察委員二人以上之提議，九人以上之審查及決定，始得提出」。

㈡增列監察院對監察院人員失職或違法彈劾之規定。換言之，監察權之行使，不僅包括行政院及其各部會（見憲法第九十五條、第九十六條）、司法院及考試院（見憲法第九十九條），以及中央及地方公務人員（見憲法第九十七條、第九十八條），而且亦及於監察院本身。

㈢憲法第一百條規定：「監察院對於總統、副總統之彈劾案，須有全體監察委員四分之一以上之提議，全體監察委員過半數之審查及決議，向國民大會提出之。」修憲後將彈劾條件規定得更為嚴格，改為「須經全體監察委員過半數之提議，全體監察委員三分之二以上之決議，向國民大會提出，不受憲法第一百條之限制」。這是為了對應監察委員人數銳減之後，原彈劾條件可能過於寬鬆簡易，而轉趨嚴格的新條件。

在監察院調整職權的同時，憲法第一百零一條、第一百零二條有關監察委員言論免責權及不受逮捕或拘禁（現行犯除外）特權的規定，亦停止適用。換言之，在修憲之後，監察委員將不再保有國會議員的言論免責權及免受逮捕拘禁的特權。而監察委員在行使職權時也必須以保密為原則，不再以公開會議方式進行決議。

在本條文中，將監察委員名額設定為二十九人，也是其他憲法條文中少見的規定。例如憲法第七十九條規定「司法院設大法官若干人」，第八十四條亦規定「考試委員若干人」，再由相關之組織法規定詳細名額。若在憲法本文中做出具體規定，不但喪失彈性，而且遇到缺員時，往往必須補齊。例如在民國八十二年初國民大會行使監察委員同意權時，即有四位候選人未獲同意，由於監委名額已明文載入憲法，因此必須由總統再補行提名，以補足餘額，並送請國民大會第二度行使同意權。這亦可視為此次修憲時在文字處理上的一項特殊安排。

第十六條

增修條文第十五條第二項之規定，自提名第二屆監察委員時施行。第二屆監察委員於中華民國八十二年二月一日就職，增修條文第十五條第一項及第三項至第七項之規定，亦自同日施行。

增修條文第十三條第一項及第十四條第二項有關司法院、考試院人員任命之規定，自中華民國八十二年二月一日施行。中華民國八十二年一月三十一日前之提名，仍由監察院同意任命，但現任人員任期未滿前，無須重新提名任命。

本條係就監察院改制與監察委員產生方式改變後的程序性問題，做一規範，並規定就職的日期及法條生效日期。另外則規定司法院、考試院人員之任命，不溯及既往，雖然憲法規定已有改變，但在現任人員任期未滿之前，無須重新提名任命。

第十七條

省、縣地方制度，應包含左列各款，以法律定之，不受憲法第一百零八條第一項第一款、第一百十二條至第一百十五條及第一百二十二條之限制：

一、省設省議會、縣設縣議會，省議會議員、縣議會議員分別由省民、縣民選舉之。

二、屬於省、縣之立法權，由省議會、縣議會分別行之。

三、省設省政府，置省長一人，縣設縣政府，置縣長一人，省長、縣長分別由省民、縣民選舉之。

四、省與縣之關係。

五、省自治之監督機關為行政院，縣自治之監督機關為省政府。

本條係此次修憲中重要的法制規範之一，係「地方自治法制化」的相關規定。

依據憲法第一百零八條第一項第一款，「省縣自治通則」應由中央立法並執行之，或交由省縣執行之。但是由於「省縣自治通則」始終未能制定，地方自治的實施受到法條規定的囿限，因此在修憲時乃決議不受憲法第一百十二條、第一百十三條、第一百十四條、第一百十五條、第一百二十二條等之限制，亦即在不召開省民代表大會及未制定省自治法的情況下，得逕行開放省長民選。各縣的情況亦同。在上述新的規範下，省、縣議會議員的選舉，省、縣的立法權規範，省長、縣長的民選，以及省與縣的關係，均將以法律定之。據此，政府乃著手「省縣自治法」的草擬工作，同時根據憲法第一百十八條，亦同時著手「直轄市自治法」的草擬任務。

在本條文中，另外特別規定：省自治之監督機關為行政院，縣自治之監督機關為省政府。確定了省、縣自治必須受到上級機關的監督，以免造成下級政府獨行其是、上級政府卻無權置喙的現象。

第十八條

國家應獎勵科學技術發展及投資，促進產業升級，推動農漁業現代化，重視水資源之開發利用，加強國際經濟合作。

經濟及科學技術發展，應與環境及生態保護兼籌並顧。

國家應推行全民健康保險，並促進現代和傳統醫藥之研究發展。

國家應維護婦女之人格尊嚴，保障婦女之人身安全，消除性別歧視，促進兩性地位之實質平等。

國家對於殘障者之保險與就醫、教育訓練與就業輔導、生活維護與救濟，應予保障，並扶助其自立與發展。

國家對於自由地區山胞之地位及政治參與，應予保障；對其教育文化、社會福利及經濟事業，應予扶助並促其發展。對於金門、馬祖地區人民亦同。

國家對於僑居國外國民之政治參與，應予保障。

本條文主要係對憲法第十三章「基本國策」中第三節「國民經濟」、第四節「社會安全」、第五節「教育文化」、第六節「邊疆地區」等相關內容之補充。由於國民大會不願讓增修條文的條文數增加太多，因此乃將各種不同的基本國策內涵合併於同一條文中。其中包含下列幾種不同的內容：

第一、在國民經濟方面，包括：⑴獎勵科學技術發展及投資，促進產業升級；⑵推動農漁業現代化；⑶重視水資源之開發利用；⑷加強國際經濟合作；⑸經濟及科學技術發展，應與環境及生態保護兼籌並顧。此係對憲法第十三章第三節之補充。

第二、在社會安全方面，包括：⑴推行全民健康保險；⑵促進現代和傳統醫藥之研究發展；⑶維護婦女之人格尊嚴，保護婦女之人身安全；⑷消除性別歧視，促進兩性地位之實質平等；⑸對於殘障者之保險與就醫、教育訓練與就業輔導、生活維護與救濟，應予保障，並扶助其自立與發展。此係對憲法第十三章第四節之補充。

第三、在少數民族及特殊地區方面，包括：(1)對於自由地區山胞之地位及政治參與，應予保障；(2)對於山胞的教育文化、社會福利及經濟事業，應予扶助並促進其發展；(3)對於金門、馬祖地區人民亦如同山胞，應予保障與扶助。上述三點，均係原憲法中所無之規定，乃針對自由地區的特定情況而增列。但臺灣原住民領袖中，不少人對於增修條文中未能使用「原住民」一詞，而仍沿用舊稱「山胞」，頗有不滿，並要求政府應採納「原住民」此一稱謂。

第四、在海外僑民方面，憲法第一百五十一條原已就發展僑民經濟，做了規範。在本條文中，則進一步明文保障其參政權利及機會。使得僑民參政權，獲得正式的憲法保障。

第三節　第三階段修憲內容分析

民國八十三年八月一日，總統公布了第三階段修憲的條文。由於第一階段已完成了十條憲法增修條文，第二階段又已完成了八條憲法增修條文，在短短兩年間即已完成了十八條，其中第一條、第二條、第三條、第四條、第五條均因憲改方向的轉變而失效；另外第六條、第八條、第十六條則屬程序條款，也因時效原因而變成具文。因此，國民黨修憲小組乃否定了原先所採取的「美國式修憲」的原則，亦即逐次增加新的增修條文，自第十九條起增列新的修憲條文。相反的，修憲小組卻將第一、第二兩階段的十八條一筆勾銷，重整為新的十條，並從零開始重新計算。換言之，在第三階段修憲之後，原先的十八條增修條文皆已不復存在，而改為新的十條。

這種詭異的修憲方式，在民主憲政國家並無先例可循，它既違反了「美國式修憲」——逐條增列的原則；

亦不同於「法國第五共和式修憲」——直接修正失其效力不復適用之憲法條款。而且此種對修憲條文一再重新修正並重加統整的修憲方式，只要多實施幾次，修憲過程即會趨於混淆，也會造成國人對憲法變遷的內容及其歷史沿革難以掌握。而造成此種修憲方式的成因，則主要在於下列幾項理由：

㈠憲改方向不明確——由於三個階段的修憲目的各不相同，事前並未規劃具體、確定的修憲方向，使得前一階段的修憲條文，不到一兩年時間即已失效，變得不合時宜。這也是何以在兩次修憲後，十八條增修條文之中，即有八條條文出現瑕疵或失效的主因；為了彌補此一缺憾，修憲小組乃有取消十八條，另以新十條取代的決議。

㈡為特定政治人物與政治目的而修憲——在第一階段修憲時，原係以「回歸憲法」、「結束動員戡亂體制」為目的，因此除了有關國民大會、立法院、監察院等選舉之規範，以及國家安全會議、國家安全局與人事行政局之法源規範外，並無太多與原憲法條文衝突之規定。但是到了第二階段修憲時，卻為了總統選舉方式問題，以及國民大會職權之調整，而造成整個憲政體制的紊亂。其中尤以彈劾與罷免總統條件之嚴格化、監察院性質的調整、國民大會對總統、副總統選舉權之取消，以及同意權之增列等項，最受爭議。這些新增添的規範不但造成「權能區分」理念的混淆、制衡機制的錯亂，而且也造成總統「有權而無責」，這些均係不合憲政主義原理的制度規劃。但是，在上述的修憲任務完成後，修憲工作卻如脫韁之馬，難以駕馭。日後乃有國大代表和朝野政黨進一步主張應將憲政體制修正為「總統制」，並根本取消國民大會，或將其改為「第二院」，此外，還有根本取消監察院、考試院之擬議。這些修憲建議和第二階段的修憲任務一樣，均不脫「為修憲而修憲」之嫌，結果則造成修憲任務目標混亂、前後失據，也造成增修條文迅速失去時效性，而且必須一修再修，最後只有乾脆全部重組，重新開始。

㈢朝野政黨共識未立，修憲過程一再出現變數——由於朝野各主要黨派對憲政體制、國家定位、兩岸關係均有迥異的看法，而國民黨內部也對憲政改革的幅度出現紛歧看法，導致修憲過程中不斷出現暴力衝突和武打的場面。在此種混亂不安的情勢下，許多原應形諸規範的憲改擬議，只有暫時擱置，留到下一階段再視情勢繼續修正。其中尤以立法委員的任期（維持一任三年或比照總統，改為一任四年），最具爭議，但終因國大代表之間的共識未立，而未能落實為修憲之內容，同時也造成各級民代「選舉頻仍」現象無法改善的困境。

但是，儘管在修憲內容與體例上，第二、三階段的修憲出現了重大的瑕疵，但新修正的十條條文卻有其法制上的正當性，依照憲政主義及「憲法優位性」之原則，必須為國人所遵循。茲就各條之條文，做逐一的解析。

第一條（國民大會代表之人數、分配及職權）

國民大會代表依左列規定選出之，不受憲法第二十六條及第一百三十五條之限制：

一、自由地區每直轄市、縣市各二人，但其人口逾十萬人者，每增加十萬人增一人。

二、自由地區平地原住民及山地原住民各三人。

三、僑居國外國民二十人。

四、全國不分區八十人。

前項第三款及第四款之名額，採政黨比例方式選出之。第一款每直轄市、縣市選出之名額及第三款、第四款各政黨當選之名額，在五人以上十人以下者，應有婦女當選名額一人，超過十人者，每滿十人應增婦女當選名額一人。

國民大會之職權如左，不適用憲法第二十七條第一項第一款、第二款之規定：

一、依增修條文第二條第七項之規定，補選副總統。

二、依增修條文第二條第九項之規定，提出總統、副總統罷免案。

三、依增修條文第二條第十項之規定，議決監察院提出之總統、副總統彈劾案。

四、依憲法第二十七條第一項第三款及第一百七十四條第一款之規定，修改憲法。

五、依憲法第二十七條第一項第四款及第一百七十四條第二款之規定，複決立法院所提之憲法修正案。

六、依增修條文第四條第一項、第五條第二項、第六條第二項之規定，對總統提名任命之人員，行使同意權。

國民大會依前項第一款及第四款至第六款規定集會，或有國民大會代表五分之二以上請求召集會議時，由總統召集之；依前項第二款及第三款之規定集會時，由國民大會議長通告集會，國民大會設議長前，由立法院院長通告集會，不適用憲法第二十九條及第三十條之規定。

國民大會集會時，得聽取總統國情報告，並檢討國是，提供建言；如一年內未集會，由總統召集會議為之，不受憲法第三十條之限制。

國民大會代表自第三屆國民大會代表起，每四年改選一次，不適用憲法第二十八條第一項之規定。

國民大會第二屆國民大會代表任期至中華民國八十五年五月十九日止，第三屆國民大會代表任期自中華民國八十五年五月二十日開始，不適用憲法第二十八條第二項之規定。

國民大會自第三屆國民大會起設議長、副議長各一人，由國民大會代表互選之。議長對外代表國民大會，並於開會時主持會議。

國民大會行使職權之程序，由國民大會定之，不適用憲法第三十四條之規定。

此一條文中包括了下列各項主要內容：

㈠國民大會代表選舉之相關規範。

㈡國民大會之職權規範。

㈢國民大會集會程序之規範。

㈣國民大會集會時，總統應做國情報告，並檢討國是。

㈤國民大會之任期，改為四年一任（原憲法規定為六年一任）。

㈥規定第二屆國大代表及第三屆國大代表之任期。

㈦國民大會自第三屆起，將設立議長、副議長。

㈧國民大會行使職權之程序，由國民大會自定之，不受憲法第三十四條之限制，亦即不再由立法院以法律方式定之。

一、在上列各項內容中，第㈠項有關國民大會代表選舉之規定，與第一階段修憲時第一條之規範基本上相同。依照此一規定，全國各地選出之第二屆國大代表名額為二百一十九人，再加上全國不分區名額八十人，以及僑居國外國民二十人，總額為三百一十九人。另外對於婦女保障名額之規定，每五人以上保障一位，亦無不同。此外，本次修憲特別明文規定，「僑居國外國民」代表及「全國不分區」代表，均應採政黨比例方式選出，此係第一階段修憲條文中所無之規範。至於「原住民」一詞，原先為第一階段修憲條文中所無之規定。但對於原住民團體及輿論之要求，將原住民代表名額增加為「一族一人」，亦即原住民「十族共十人」，此一擬議仍未被採納，本次修憲仍然規定為「平地、山地原住民各三人」，共六人。

二、第㈡項國民大會之職權規範，係因應總統改為民選而增列之新內容。其中規定包括下列各端：

1. 當副總統缺位時，由總統於三個月內提名候選人，召集國民大會補選之，繼任至原任期屆滿為止。換言之，國民大會雖然已無選舉總統、副總統之職權，但是當副總統出缺時，仍然由國民大會補選之。

2. 對於總統、副總統之罷免案，須經國民大會代表總額四分之一之提議，三分之二之同意後提出，並經中華民國自由地區選舉人總額過半數之投票，當有效票過半數同意罷免時，才算通過。基於此，對總統、副總統之罷免，事實上係分兩階段進行，第一階段須得到國大代表三分之二之同意；第二階段須有全國選民過半數以上之參與投票，其中同意罷免之有效票又應占全部投票人數之過半數。換言之，對總統、副總統之罷免條件，變得十分嚴格。而且國大代表只有「罷免之提議權」，最後決定者應係全體選民。

3. 監察院向國民大會提出之總統、副總統彈劾案，經國民大會代表總額三分之二同意時，被彈劾人應即解職。至於監察院對總統、副總統彈劾之要件，則係「全體監察委員過半數之提議，全體監察委員三分之二以上之決議」。換言之，和國大所提出之罷免案相若，監察院對總統之彈劾案亦採兩階段方式進行。惟有在監察委員及國大代表兩方面各以三分之二多數同意時，始得對總統進行罷免。為了區別本項與前項之分野，有的學者將本項界定為「彈劾性罷免案」，前項則為「政治性罷免案」。本項係由監察院發動，由國民大會行使同意權；前項則係由國民大會發動，由全體選民行使同意權。

4.修憲權，仍依照原先憲法之規定，由「國民大會代表總額五分之一之提議，三分之二之出席，及出席代表四分之三之決議得修改之」，並無改變。

5.複決立法院所提之憲法修正案，亦無改變，係「由立法院立法委員四分之一之提議，四分之三之出席，及出席委員四分之三之決議，擬定憲法修正案，提請國民大會複決。此項憲法修正案，應於國民大會開會前半年公告之」。

6.新增加之同意權，係由國民大會對總統提名任命之人員，行使同意權。其中包括：⑴司法院院長、副院長及大法官。⑵考試院院長、副院長及考試委員。⑶監察院院長、副院長及監察委員。此均為原先憲法所無之規定。而設置同意權之背景，則係基於兩項原因：其一，在修憲之後，將監察院的國會屬性取消，監委不再由選舉產生，而改為由總統提名並任命之。連帶的，監察院的同意權亦同步取消，而對司法院院長、副院長、大法官，以及考試院院長、副院長、考試委員之同意權，則自監察院轉移至國民大會。至於對監察院院長、副院長及監察委員之同意權，亦轉由國民大會所掌握。其二，上列之同意權，本應交由擔負常設性國會功能之立法院行使，可是由於對總統之選舉權已從國民大會手中轉交全體選民，為了對國民大會有所「補償」，乃將同意權轉由國民大會行使。

但是，一旦國民大會掌握了對司法、考試、監察等三院之高層人事的同意權，原先憲法中之「權能區分」原則，乃面臨著嚴重的戕害。因為國民大會乃是「政權機關」，而五院則屬「治權機關」，彼此應採分工合作方式。基於此，五院間之互動關係與職權分工，實不宜因國民大會此一政權機關的涉入而產生混淆。但是國民大會現在卻可藉同意權之行使而干預五院之運作，則無異造成「權能不分」，此實係對憲政基本精神的妨害。而在國民大會同意權的行使上，的確也已出現嚴重瑕疵，其中尤以國大代表張川田對考試院院長邱創煥的「掌摑」事件，最受人非議。基於此，上述之各項人事之同意權，實應改由立法院行使，立法院則可藉經常性之國會職權之運作，監督上述各院之人事，此亦較符合「制衡」與民主之精神，並無違「權能區分」之規範。

三、第㈢項係有關國民大會集會之規範。憲法第三十九條規定：「國民大會於每屆總統任滿前九十日集會，由總統召集之。」在修憲之後，總統改由選民直選產生，因此前述之規定，自應調整。

憲法第三十條規定，國民大會在下列情形之一時，得召集臨時會，其中包括：⑴補選總統、副總統時；⑵依監察院之決議，對於總統、副總統提出彈劾案時；⑶依立法院之決議，提出憲法修正案時；⑷國民大會代表五分之二以上請求召集時。在前述四種情形中，若依第⑴、第⑵種情形召集臨時會，應由立法院院長通告集會。若係第⑶、第⑷種情形，則係由總統召集。在修憲之後，國民大會將自第三屆起設置議長、副議長，因之在本項中規定「由國民大會議長通告集會，國民大會設議長前，由立法院院長通告集會」。但此類之集會，係針對「總統、副總統罷免案」（第二項第二款）及「議決監察院提出之總統、副總統彈劾案」（第二項第三款）。至於因「補選副總統」（第二項第一款）、「修改憲法」（第二項第四款）、「複決立法院所提之憲法修正案」（第二項第五款）及「對總統提名任命之人員，行使同意權」（第二項第六款），以及國大代表五分之二以上自行請求召集會議時，仍由總統召集之。

綜合上述分析，雖然在修憲之後，國民大會最重要的職權之一——選舉總統、副總統，業已取消，但是國民大會集會的機會卻頗見增加。這實係一種基於「權力交易」考量而做的憲政安排，但卻很可能因此而造成國民大會藉定期集會而自行擴權，甚至形成「尾大不掉」的現象。

四、第㈣項規定「國民大會集會時，得聽取總統國情報告，並檢討國是，提供建言；如一年內未集會，由總統召集會議為之，不受憲法第三十條之限制」。根據是項規定，國民大會似乎已具備了一般國會「檢討國是，提供建言」之權限，而總統須對國民大會做國情報告，似乎顯示總統係對國民大會負責。但是這絕非憲政制度之本意。因為在修憲之後，總統不再由國民大會選舉產生，自然也就不對國民大會負責。更何況，我國憲政體制原本偏向「議會內閣制」，總統並非行政首長，而真正的行政首長——行政院院長，則應對立法院負責。因此，總統每年對國民大會做國情報告，畢竟只是一項儀式性舉措。總統既然是由選民直選產生，當然是對選民而非國民大會直接負責。

至於國民大會對國是的建言之權，也不具實際效力。因為國民大會並不具備真正的國會權力——包括立法權、預算權、質詢權、調查權等。而且每年只召集會議一次，實在無法對政府做日常性之有效監督。基於此，前述之「國是建言權」，仍然只能視為在國民大會選舉總統之權被刪除後，一項形式性的補償。除非日後國民大會進一步掌握其他實質性的國會權力，並改成常設化，否則這一新增的權限，不過是「聊備一格」而已，並不因此而成為真正的國會。基於此，雖然國民大會一直與立法院力爭國會主導地位，但由於立法院主控預算權，連國民大會召開的預算經費也是由立法院全權決定，而國民大會每年召開的時程多寡也是由立法院所決定。由此看來，真正的國會事實上只有立法院這一機關而已。

五、第㈤項規定國大代表任期是「四年一任」，不再是過去的「六年一任」。這是配合總統任期改變，所做的一項調整。

六、第㈥項是一程序性條款，規定第二屆國大代表任期至民國八十五年五月十九日止。這是為了配合總統之任期。自民國八十五年五月二十日起，即為第三屆國民大會。

七、第㈦項規定「國民大會自第三屆起設議長、副議長各一人，由國民大會代表互選之。議長對外代表國民大會，並於開會時主持會議」。國民大會設置議長，說明了國大已具備「國會」的形式，並且設立了「常設職」的議長，更可視為國民大會「擴權」的一種表現。但是，如果只是增設議長、副議長，則僅說明國民大會已有對外代表該機關的議長一職，卻並不意味國民大會因此就成為一「實權國會」。如果國大的職權並未因此而擴增，國民大會仍是一個權力十分有限，非經常開議之議會，也不是一個正式的國會部門。

八、第㈧項規定，國民大會行使職權之程序，由國民大會自定之，不受憲法第三十四條之限制，而第三十四條中則規定「國民大會之組織、國民大會代表之選舉罷免及國民大會行使職權之程序，以法律定之」。現在取消了上述的限制，國民大會將可自行決定行使職權之程序，這的確是實質之擴權規定。與前述各項不同，此項中所增添之權限乃是實質性的，並可藉此而擺脫立法院對國民大會之約束。因之，國民大會確實可透過此項修憲之規定，大幅度的為自己擴權。不過，相對的，立法院仍可透過預算權之行使，而限制國民大會之擴權行動。因此，立法院與國民大會之間的爭權、對立，恐難化解。不過，國民大會本身的擴權行動，確因本項之增修條文，而獲得了法理的基礎。

第二條　（總統、副總統之選舉、罷免、彈劾）

總統、副總統由中華民國自由地區全體人民直接選舉之，自中華民國八十五年第九任總統、副總統選舉實施。總統、副總統候選人應聯名登記，在選票上同列一組圈選，以得票最多之一組為當選。在國外之中華民國自由地區人民返國行使選舉權，以法律定之。

總統發布依憲法經國民大會或立法院同意任命人員之任免命令，無須行政院院長之副署，不適用憲法第三十七條之規定。

行政院院長之免職命令，須新提名之行政院院長經立法院同意後生效。

總統為避免國家或人民遭遇緊急危難或應付財政經濟上重大變故，得經行政院會議之決議發布緊急命令，為必要之處置，不受憲法第四十三條之限制。但須於發布命令後十日內提交立法院追認，如立法院不同意時，該緊急命令立即失效。

總統為決定國家安全有關大政方針，得設國家安全會議及所屬國家安全局，其組織以法律定之。

總統、副總統之任期，自第九任總統、副總統起為四年，連選得連任一次，不適用憲法第四十七條之規定。

副總統缺位時，由總統於三個月內提名候選人，召集國民大會補選，繼任至原任期屆滿為止。

總統、副總統均缺位時，由行政院院長代行其職權，並依本條第一項規定補選總統、副總統，繼任至原任期屆滿為止，不適用憲法第四十九條之有關規定。

總統、副總統之罷免案，須經國民大會代表總額四分之一之提議，三分之二之同意後提出，並經中華民國自由地區選舉人總額過半數之投票，有效票過半數同意罷免時，即為通過。

監察院向國民大會提出之總統、副總統彈劾案，經國民大會代表總額三分之二同意時，被彈劾人應即解職。

本條文共分為十項：

㈠有關總統、副總統直選之程序規定。
㈡有關行政院院長副署權之設限。
㈢有關行政院院長免職令之生效問題。
㈣有關總統緊急權力之有關規定。
㈤有關國家安全會議與國家安全局之法定地位。
㈥有關第九屆總統、副總統之任期規定。
㈦有關副總統缺位時之補選規定。
㈧總統、副總統均缺位時的補選規定及代理問題。
㈨有關總統、副總統罷免之程序規範。
㈩有關總統、副總統之彈劾規定。

一、第㈠項規定，民國八十五年起第九任總統、副總統由中華民國自由地區全體人民直選產生。「總統、副總統應聯名登記，在選票上同列一組圈選，以得票最多之一組為當選」。根據此一規定，總統選舉將不採「絕對多數」當選方式，而係由「相對多數」方式產生。換言之，只要得到相對多數之選民支持，而非過半數之「絕對多數」，即可當選。據此，總統選舉亦無所謂之「兩輪選舉」，而只要經「一輪選舉」，獲得相對多數的候選人，即告當選。

是項條文中，另規定「在國外之中華民國自由地區人民返國行使選舉權，以法律定之」。根據此一規定，擁有中華民國國籍之僑民，可返國行使投票權。這乃是一種「權宜性」之規範。原先的擬議之一，是倣傚許多西方民主國家之規範，得在海外之領使館中行使投票權，但為顧及海外投票之公信力問題，並避免技術上的困難，乃規定須「返國行使選舉權」，以減少是類爭議。

二、依據憲法第三十七條之規定，行政院院長副署（countersignature）權之行使，乃是普遍性的，此原係本於「議會內閣制」（parliamentarism）之精神，意指行政院院長須對所有之命令負責，總統則是「儀式性之國家元首」，不負實際責任。在修憲之後，則將行政院院長之副署權範圍縮小，規定「總統發布依憲法經國民大會或立法院同意任命人員之任免命令，無須行政院院長之副署」。換言之，包括行政院院長，監察院院長、副院長、監察委員，司法院院長、副院長、大法官，考試院院長、副院長、考試委員等之任命，均由總統負責，亦即掌有實質之任免權，而不再由行政院院長副署❷。這亦可視為總統權力之擴增與行政院院長權力之縮減。

三、第㈢項係一項重要的憲改新內容，規定「行政院院長之免職命令，須新提名之行政院院長經立法院同意後生效」。換言之，如果新提名之行政院院長，未能得到立法院之同意，則原任行政院院長將繼續留任，其免職令則不生效。此一規範，係根據二次大戰之後，德國（西德）基本法之「建設性倒閣權」規定而增設，旨在避免倒閣之後，因政爭而使新閣揆遲遲無法產生，造成政局動盪、政府領導階層真空的情事發生。基於此，乃

❷ 在《德國基本法》中，雖採取「議會內閣制」，並規定「聯邦總理之命令，須經聯邦總理，或聯邦主管部長副署始生效力」。但是亦有但書存在，其中第五十八條即規定，此項規定「不適用於聯邦總理之任免」、「聯邦議會之解散」，另外在新總理未產生時，原任總理必須繼續執行其職務至繼任人任命為止，副署權在此亦不適用。但相較於修憲後我國行政院院長副署權之設限，德國總理之副署權範圍，實較我國行政院院長為廣為大。

規定必須在「新提名之行政院院長經立法院同意後」，原任行政院院長方得免職，藉以避免上述之「權力真空」情事發生。此一規定，對於政黨交替執政，亦可收安定之效。

四、依據憲法第四十三條之規定：「總統於立法院休會期間，得經行政院會議之決議，依緊急命令法，發布緊急命令，為必要之處置，但須於發布命令後一個月內提交立法院追認。如立法院不同意時，該緊急命令立即失效。」在修憲之後，此一規定業已放寬，即使在立法院集會期間，總統「得經行政院會議之決議發布緊急命令，為必要之處置」。但是此一緊急命令「須於發布命令後十日內提交立法院追認，如立法院不同意時，該緊急命令立即失效」。

上述兩項規範間之主要差異，是原先憲法第四十三條規定，緊急命令只有在「立法院休會時」，得由總統「經行政院會議之決議」，依法發布緊急命令，為必要之處置。此一憲法規範之基本精神，係「國會主權論」(parliament sovereignty)。換言之，緊急命令之決定者，係立法院，只有在立法院休會時，總統才能以情況特殊，以及行政院會議之決議為由，實施此一特別權力。

但是在動員戡亂時期，卻凍結了此一部分的憲法條文，將此一緊急命令的決定權，轉交給總統與行政院。因之，依據「動員戡亂時期臨時條款」第一條之規定，「總統在動員戡亂時期，為避免國家或人民遭遇緊急危難，或應付財政經濟上重大變故，得經行政院會議之決議，為緊急處分」，至於緊急處分之時限，卻未做規範。這顯示原先憲法規範「國會主權」之精神，實已嚴重受損。基於此，在動員戡亂時期結束後，實應力謀補救此一憲政瑕疵。但是執政黨中央仍然認為總統與行政院仍應掌握「緊急處分權」，因此力主保留此一條款，不過在程序上則有所讓步，改為「發布命令後十日內提交立法院追認，如立法院不同意時，該緊急命令立即失效」。換言之，

「國會主權」之精神雖然未能完全恢復，但立法院仍保留了「十日內的否決權」，亦即仍然掌有被動的否決權。

不過，此一修憲後之規範，若與先進民主國家的相關憲法規範相比較，顯然有其缺憾之處。以法國第五共和憲法為例，第十六條中即規定：「當共和制度、國家獨立、領土完整或國際義務之履行，遭受嚴重且危急之威脅，致使憲法上公權力之正常運作受到阻礙時，總統經正式諮詢總理、國會兩院議長及憲法委員會後，得採取應付此一情勢之緊急措施。」同條文中規定：「此項措施須出自保障憲法公權力在最短時間達成任務之意願，此項措施應諮詢憲法委員會之意見。國會應自動集會。國民議會在總統行使緊急權力期間不得解散。」換言之，在法國的憲政制度下，總統一旦行使緊急權力，國會即自動集會，而且在此期間不得解散。但我國當前的憲政規範則賦與總統與行政院為期十天的「特別權力空窗期」。十天雖然不算太長，但卻足以變更政治秩序停止憲政民主之運作，甚至可能會對立法院之基本職權造成相當程度的影響。就此而論，我國增修條文中的新規範，並不是一項保障「國會主權」的充分設計，而且仍然遺留了「動員戡亂體制」下的基本特色，即以行政體系之便利為優先之考量，此顯與西方以「議會民主」為核心的憲政主義概念，仍存在著重要差距。

五、在動員戡亂時期，總統為適應動員戡亂需要，「得調整中央政府之行政機構、人事機構及其組織」（臨時條款第五條），此外，亦「授權總統得設置動員戡亂機構，決定動員戡亂大政方針，並處理戰地政務」（臨時條款第四條）。基於上述之規定，政府乃設置隸屬於總統之國家安全會議及所屬之國家安全局。另外行政院之下則設置人事行政局。嚴格說來，這些機構之設置，均係為配合動員戡亂之需要，過去均屬「違憲」(unconstitutional)之設計。國家安全會議與國家安全局之職掌，與行政院職掌多所重疊，而行政院人事行政局又與考試院之職掌多所扞格。基於此，此三機關的「合憲性」問題，長期以來一直引人詬病。在動員戡亂時期結束後，此三機關原應裁撤，但為了使此三機關得以持續存在，並解決「合憲性」問題，民國八十年第一次修憲時乃於憲法增修條文第九條中，將國家安全會議、國家安全局與行政院人事行政局三機關一併合法化，賦與其法源依據。在第三階段修憲時，進一步將其列入本項。

六、憲法第四十七條規定「總統、副總統之任期為六年，連選得連任一次」。修憲後任期調整為四年一任，連選得連任一次。故於第㈥項中做出新規定。

七、憲法第四十九條規定「總統缺位時，由副總統繼任，至總統任期屆滿為止」。民國七十七年一月，蔣經國總統逝世，李登輝副總統繼任總統，任期至民國七十九年五月為止，即是依據本條文之規定。憲法第四十九條並規定：「總統、副總統均缺位時，由行政院院長代行其職權，並依本憲法第三十條之規定，召集國民大會臨時會，補選總統、副總統，其任期以補足原任總統未滿之任期為止。」修憲之後，總統、副總統改由人民直選產生，不再由國民大會代表選舉。但是，第㈦項中特別規定，當「副總統缺位時，由總統於三個月內提名候選人，召集國民大會補選，繼任至原任期屆滿為止」。換言之，國民大會仍保留了在副總統缺位時的補選權。

八、第㈧項規定「總統、副總統均缺位時，由行政院院長代行其職權，並依本條第一項規定補選總統、副總統，繼任至原任期屆滿為止」。換言之，當總統、副總統均出缺時，必須由人民直選產生新的總統、副總統，而非由國民大會補選產生。此與前引之憲法第四十九條之規定不同。

九、總統、副總統之罷免，憲法第二十七條僅做權限之規定：「國民大會之職權如左：一、選舉總統、副總統。二、罷免總統、副總統。」實際上之細節規範，過去則係依據《總統副總統選舉罷免法》之規定。該法之規定如次：

1.由國民大會代表總額六分之一以上代表提出罷免聲請書。

2.立法院院長接到罷免書後，於一個月內召開國民大會臨時會。

3.由國民大會代表以無記名投票法表決罷免案，以代表總額過半數之贊成票通過之。

4.國民大會代表，對就任未滿十二個月之總統，不得聲請罷免。罷免案一經否決，對於同一總統，原聲請人不得再為罷免之聲請。

在修憲之後，上述之罷免規範業已改變，而罷免之要件亦已趨於更為嚴格。本項中進一步規定「……罷免案，須經國民大會代表總額四分之一之提議，三分之二之同意後提出，並經中華民國自由地區選舉人總額過半數之投票，有效票過半數同意罷免時，即為通過」。換言之，在修憲之後，國民大會僅有罷免案之「發動權」，而且必須有三分之二的特別多數同意方得提出，再交由全民投票。而全民行使罷免之同意權時，須合乎「選舉人總額過半數」之要件，而且其中同意之有效票應過半數。此一規定與總統選舉採「相對多數」即可當選之規範相較，並不一致。由此可見對總統之罷免將十分嚴格，也極難通過。

十、憲法中對於總統彈劾之規定，見於第一百條：「監察院對於總統、副總統之彈劾案，須有全體監察委員四分之一以上之提議，全體監察委員過半數之審查及決議，向國民大會提出之。」修憲後，此一規定被凍結，改以更嚴格的要件規範之。依據增修條文第六條之規定：「監察院對於總統、副總統之彈劾案，須經全體監察委員過半數之提議，全體監察委員三分之二以上之決議，向國民大會提出，不受憲法第一百條之限制。」除此之外，在本項中還進一步規定，監察院對總統、副總統之彈劾案，須再經「國民大會代表總額三分之二同意時，被彈劾人應即解職」。根據此一修憲後之新規定，對總統之彈劾要件不再是過半數之「普通多數」(simple majority)，而是監察委員與國大代表的雙重「特別多數」(special majority)。由此可見彈劾案成立的要件亦已日趨嚴格。

第三條　（立法委員之人數及分配）

立法院立法委員依左列規定選出之，不受憲法第六十四條之限制：

一、自由地區每省、直轄市各二人，但其人口逾二十萬人者，每增加十萬人增一人；逾一百萬人者，每增加二十萬人增一人。

二、自由地區平地原住民及山地原住民各三人。

三、僑居國外國民六人。

四、全國不分區三十人。

前項第三款、第四款名額，採政黨比例方式選出之。第一款每省、直轄市選出之名額及第三款、第四款各政黨當選之名額，在五人以上十人以下者，應有婦女當選名額一人，超過十人者，每滿十人應增婦女當選名額一人。

關於立法委員之人數及分配，因顧及自由地區之需要，在本條中做出新的規範。根據此一規定，民國八十一年底選出之立法委員總額為一百六十一位，以後總額還會隨人口增減而調整。與憲法第六十四條之規定相較，除了自由地區應選名額增加，並增列原住民、僑民代表及全國不分區名額外，則以取消「職業團體」代表為其特色。另外蒙古、西藏及邊疆地區少數民族的保障名額亦不再列入。至於婦女保障名額則已做出新的規定，凡是地區立法委員應選名額在五人以上，十人以下者，包含一位婦女保障名額，超過十人時，每滿十人應再增婦女保障名額一位。

第四條　（司法院院長、副院長、大法官之提名及同意權之行使、憲法法庭之組成、違憲之定義）

司法院設院長、副院長各一人，大法官若干人，由總統提名，經國民大會同意任命之，不適用憲法第七十九條之有關規定。

司法院大法官，除依憲法第七十八條之規定外，並組成憲法法庭審理政黨違憲之解散事項。

政黨之目的或其行為，危害中華民國之存在或自由民主之憲政秩序者為違憲。

本條文分為三項：

㈠同意權行使主體之改變。

㈡有關憲法法庭設立之規範。

㈢政黨違憲之規定。

一、由於監察院在修憲後不再掌有同意權，對司法院院長、副院長及大法官之同意權，改由國民大會行使。在本項中亦做出了相應之規定。

至於大法官之總額，仍依照原先憲法之規定，不在憲法中定出總額。僅在《司法院組織法》中，規定「司法院置大法官十七人」。

二、修憲後有關司法院職掌規範之調整，以第㈡項最為重要。依據憲法第七十八條規定，「司法院解釋憲法，並有統一解釋法律及命令之權」。在第㈡項中，則另增列司法院大法官「組成憲法法庭審理政黨違憲之解散事項。」根據此一規定，民國八十二年二月總統公布《司法院大法官審理案件法》，第三章即規範「政黨違憲解散案件之審理」。其中重要規定如次：

第十九條：「政黨之目的或其行為，危害中華民國之存在或自由民主之憲政秩序者，主管機關得聲請司法院憲法法庭解散之。」

第二十條：「憲法法庭審理案件，以參與審理之資深大法官充審判長，資同以年長者充之。」

第二十一條：「憲法法庭應本於言詞辯論而為裁判。但駁回聲請而認無言詞辯論之必要者，不在此限。」

第二十四條：「憲法法庭行言詞辯論，須有大法官現有總額四分之三以上出席，始得為之。未參與辯論之大法官不得參與評議判決。」

第二十五條：「憲法法庭對於政黨違憲解散案件判決之評議，應經參與言詞辯論大法官三分之二之同意決定之。評論未獲前項人數同意時，應為不予解散之判決。」

由上述之法律規定可知，憲法法庭設立之主旨係審理政黨違憲之解散事項。憲法法庭應本於「言詞辯論」而為裁判，「未參與辯論之大法官不得參與評議判決」，此均凸顯了憲法法庭對於政黨違憲案件之裁定，程序十分慎重。若未能得到參與辯論大法官三分之二的同意，即不得解散該政黨，這顯示憲法法庭對於違憲爭議的審理態度，是相當審慎的。

三、第㈢項規定「政黨之目的或其行為，危害中華民國之存在或自由民主之憲政秩序者為違憲」。其主要參考之憲政規範，為《德國基本法》第二十一條第二項：「政黨依其目的及其黨員之行為，意圖損害或廢除自由、民主之基本秩序，或意圖危害德意志聯邦共和國之存在者，為違憲。其有無違憲問題由聯邦憲法法院決定之。」另外，也根據德國基本法之規範，將有無違憲交由憲法法庭（法院）裁決之。就此而言，本項可說是一項重要的「憲政移植」規範。

第五條（考試院之職權及院長、副院長、考試委員之提名及同意權之行使等）

考試院為國家最高考試機關，掌理左列事項，不適用憲法第八十三條之規定：

一、考試。

二、公務人員之銓敘、保障、撫卹、退休。

三、公務人員任免、考績、級俸、陞遷、褒獎之法制事項。

考試院設院長、副院長各一人，考試委員若干人，由總統提名，經國民大會同意任命之，不適用憲法第八十四條之規定。

憲法第八十五條有關按省區分別規定名額，分區舉行考試之規定，停止適用。

本條分為三項內容：

㈠有關考試院職掌之規範。

㈡考試院高層人事同意權之行使。

㈢分區考試規定之停用。

一、依據憲法第八十三條之規定，考試院「掌理考試、任用、銓敘、考績、級俸、陞遷、保障、褒獎、撫卹、退休、養老等事項」。但是由於《動員戡亂臨時條款》第五條規定，「總統為適應動員戡亂需要，得調整中央政府之行政機構、人事機構及其組織」，並據以設置行政院人事行政局。在動員戡亂時期結束後，人事行政局依然獲得「合憲」之地位，因之，考試院之職掌必須予以調整，以免發生扞格。其中最重要的調整方向，是考試院僅掌理公務人員之任免、考績、級俸、陞遷、褒獎等之「法制事項」，而人事行政局則負責執行。因此透過本項之修正，考試院與行政院人事行政局間之事權分工，得以釐清。

二、考試院院長、副院長及考試委員，過去依憲法第八十四條之規定，係由總統提名，經監察院同意任命之，現因監察院不再掌有同意權，因此同意權改交由國民大會行使。

至於考試委員之名額，則仍依照憲法之原先規定，未予定額之規範。但在《考試院組織法》第三條中，則明定「考試委員名額定為十九人」。

三、憲法第八十五條規定：「公務人員之選拔，應實行公開競爭之考試制度，並應按省區分別規定名額，分區舉行考試，非經考試及格，不得任用。」其中「按省區分別規定名額」的規定，原係保障各省人士擔任公職之權益，但在臺灣實施時顯有「過度保障少數」的不公平情況出現，因此近年來已不再對大陸特定省籍人士採取保障名額措施。本項則進一步將其載入憲法修正條文，以確立合憲之基礎。

第六條　（監察院之職權及院長、副院長、監察委員之產生及彈劾權之行使）

監察院為國家最高監察機關，行使彈劾、糾舉及審計權，不適用憲法第九十條及第九十四條有關同意權之規定。

監察院設監察委員二十九人，並以其中一人為院長、一人為副院長，任期六年，由總統提名，經國民大會同意任命之。憲法第九十一條至第九十三條之規定停止適用。

監察院對於中央、地方公務人員及司法院、考試院人員之彈劾案，須經監察委員二人以上之提議，九人以上之審查及決定，始得提出，不受憲法第九十八條之限制。

監察院對於監察院人員失職或違法之彈劾，適用憲法第九十五條、第九十七條第二項及前項之規定。

監察院對於總統、副總統之彈劾案，須經全體監察委員過半數之提議，全體監察委員三分之二以上之決議，向國民大會提出，不受憲法第一百條之限制。

監察委員須超出黨派以外，依據法律獨立行使職權。

憲法第一百零一條及第一百零二條之規定，停止適用。

本條文共分六項：

㈠監察院職掌之調整。

㈡監委名額、任期及對監委同意權之行使。

㈢彈劾權行使之要件。

㈣對監察院人員彈劾之規範。
㈤對總統、副總統彈劾權之行使。
㈥監察委員獨立職權行使之規範。

一、修憲後監察院不再具備民意機關（國會）之性質，同意權取消，改由國民大會行使，參見前文第一條第二項第六款之分析。

二、「監察院設監察委員二十九人」，此係第二階段修憲時憲法修正條文第十五條之規定。當時將監委名額明定於憲法中的主因（不同於前述「大法官若干人」、「考試委員若干人」之規定），是顧忌當時在任之監委，對監察院體制變革可能產生反彈，不願修正《監察院組織法》，將監委名額規定在該法之中，恐將導致憲改任務發生新的變數。基於此，在五院之中，只有監察院這一部分是將監委總額明定在修憲條文之中。其他包括行政院政務委員、司法院大法官、考試院考試委員，憲法中均規定為「若干人」，再由相關的組織法做出定額之規範。至於立法委員，係隨選區之劃分與人口數之調整而增減，在本次修憲中並無定額之規範。基於此，監察委員人數總額之規定，實屬特例。由於此一特例的存在，一方面將因此而使憲法失去彈性與安定性，亦即恐因情勢變遷而一修再修監委之總額。另一方面，如果監委發生缺額情況，則因「違憲」之顧忌，而必須召開國民大會，行使同意權，以補足監委名額。由此觀之，未來若再度修憲時，允宜將本項中之監委名額改為「若干人」，然後在《監察院組織法》中，明定監委總額。若要修正監委總額，只要修訂《監察院組織法》即可。這才是合乎憲政體例之合理設計。

除了監委名額的規定外，監委任期定為一任六年，得連任。此一規定，曾引起學界與輿論界之不同反應。

一般認為，在修憲之後，監察委員不再具備「國會議員」之身分，非由民選產生，而且須經總統提名，國民大會同意產生。而監委職司風憲、糾彈百官，對總統、副總統又有彈劾之權，必須超出黨派之外。因此，監察委員應心無旁騖，不受黨派與政治偏見之影響，一往直前，勇於監察之責。基於此，監委的任期必須延長，而且不應連任，以免為連任而心存顧忌。至於任期究竟應多長，有的主張比照司法院大法官，任期一屆九年。有的則主張為十年，甚至延長為十二年。但是監委不得連任，則為共同之主張。

本項中另規定，監委由總統提名，經國民大會同意任命之。不再由省、市議會間接選舉產生，以杜絕長期以來監委選舉發生賄選之爭擾。但監察院也因監委產生方式之改變，而發生基本性質之改變。

三、憲法第九十八條規定：「監察院對於中央及地方公務人員之彈劾案，須經監察委員一人以上之提議，九人以上之審查及決議，始得提出。」在本項中，則改為「監察委員二人以上之提議」，換言之，彈劾權之行使亦趨於嚴格。

四、依據憲法第九十七條第二項之規定：「監察院對於中央及地方公務人員，認為有失職或違法情事，得提出糾舉案或彈劾案，如涉及刑事，應移送法院辦理。」第九十九條規定：「監察院對於司法院或考試院人員失職或違法之彈劾，應適用本憲法第九十五條、第九十七條及第九十八條之規定。」在上述兩條文中，獨對監察院本身人員之彈劾，未做規範。基於此，在修憲時，乃加入本項之規定，將「監察院人員失職或違法之彈劾」，列入憲法修正條文之中，使相關規範趨於完整。

但是本項中之「監察院人員」，究竟何指?是否包括監察委員本身，則不甚清楚。若依司法院大法官會議釋字第十四號之解釋：「在制憲者之意，當以立、監委員為直接或間接之民意代表，均不認其為監察權行使之對象。至立、監兩院其他人員與國民大會職員，總統府及其所屬機關職員，自應屬監察權行使範圍。」由此可知，監察委員本身，應非屬監察權行使之對象。但是，在修憲之後，由於監委不再具備民意代表之身分，因此，上述之解釋文是否依然適用，實有待斟酌。不過，如果監察權得以監委本身為行使對象，則監察權很可能會淪為監委間之政爭工具；且對監委本身之令譽，形成嚴重之妨礙。因此本項中之「監察院人員」，似應依釋字第十四號之解釋精神，以監委以外之監察院人員為其範圍。

五、第㈤項規定對總統、副總統之彈劾，須經「監察委員過半數之提議，全體監察委員三分之二以上之決議，向國民大會提出」。再依憲法增修條文第二條第十項之規定：「監察院向國民大會提出之總統、副總統彈劾案，經國民大會代表總額三分之二同意時，被彈劾人應即解職。」上述之彈劾要件，較憲法原先之規範，嚴格甚多。而且由於監察委員不再係由民選產生，而係由總統提名，經國民大會同意產生，因此，「由總統提名之監委」，是否能大公無私的彈劾總統，實頗啟人疑竇。而解決此一困境的關鍵，應係如前文所述（第六條第二項），延長監委之任期為一任九年，並規定不得連任，使監委不受連任因素之影響，肩負起公正廉明、職司風憲之重任。

六、第㈥項規定「監察委員須超出黨派以外，依據法律獨立行使職權」。此係因監委不再由間接選舉產生，既不代表任何黨派，自應超越黨派以外，獨立行使職權。但是第七項中亦規定「憲法第一百零一條及第一百零二條之規定，停止適用」，則意味著監委的「言論免責權」及「不受逮捕之特權」，均已同步取消。上述二權，本係保障國會議員之特權，一旦取消，監委將可能因為監察權之行使，而面臨被調查之當事人「興訟」、「纏訟」等困擾。而監察院之會議，也因不再受「免責權」之保障，必須改為秘密會議，不再對外公開，連帶的也使民意及輿論之監督，受到根本的限制。此外，監委也因不再享有「不受逮捕之特權」，在對政府重要官員行使監察權時，自會有所顧忌，難以發揮「大無畏」之精神，充分彰顯監察權獨立、公正、無私之特性。基於此，上述二項國會議員特權之取消，實係對監察權行使的一大妨礙。應在未來進一步修憲時考慮恢復，以謀救濟。

第七條　（國代、立委報酬待遇之訂定）

國民大會代表及立法委員之報酬或待遇，應以法律定之。除年度通案調整者外，單獨增加報酬或待遇之規定，應自次屆起實施。

本條是參考一九九二年通過的《美國憲法》第二十七條修正案而訂定。該修正案規定：「國會議員們通過的加薪法案，必須等過一次選舉之後的下一屆會期才能生效。」此一修正案早在美國立國之初，即由開國元勳、第四任總統麥迪遜(James Madison, 1751-1836)提出，但未通過。一九九二年五月，由於此案得到美國超過四分之三──三十八個州議會的支持，而成為正式的憲法修正案。此案宗旨是在節制國會議員任意自我加薪，浪費公帑的情況。在我國修憲之中倣做訂定之，亦可視為外國憲政規範移植的另一範例。

第八條　（省、縣地方制度訂定）

省、縣地方制度，應包含左列各款，以法律定之，不受憲法第一百零八條第一項第一款、第一百十二條至第一百十五條及第一百二十二條之限制：

一、省設省議會，縣設縣議會，省議會議員、縣議會議員分別由省民、縣民選舉之。

二、屬於省、縣之立法權，由省議會、縣議會分別行之。
三、省設省政府，置省長一人，縣設縣政府，置縣長一人，省長、縣長分別由省民、縣民選舉之。
四、省與縣之關係。
五、省自治之監督機關為行政院，縣自治之監督機關為省政府。

依據憲法第一百零八條第一項第一款，《省縣自治通則》應由中央立法並執行之，或交由省縣執行之。由於《省縣自治通則》並未完成立法，而民意趨向又是強烈要求省、市長民選。基於此，第二階段修憲時，即在憲法增修條文第十七條中，訂定有關省、縣自治的規範，本條即係承襲自該一條文，賦與「地方自治」之合憲地位。內容解釋請參照本書前節中第二階段修憲第十七條之解釋。

第九條　（經濟發展與環保並重、全民健康保險、婦女之保障、殘障者之保障及對山胞、僑胞之保障）

國家應獎勵科學技術發展及投資，促進產業升級，推動農漁業現代化，重視水資源之開發利用，加強國際經濟合作。

經濟及科學技術發展，應與環境及生態保護兼籌並顧。

國家對於公營金融機構之管理，應本企業化經營之原則；其管理、人事、預算、決算及審計，得以法律為特別之規定。

國家應推行全民健康保險，並促進現代和傳統醫藥之研究發展。

國家應維護婦女之人格尊嚴，保障婦女之人身安全，消除性別歧視，促進兩性地位之實質平等。

國家對於殘障者之保險與就醫、教育訓練與就業輔導、生活維護與救濟，應予保障，並扶助其自立與發展。

國家對於自由地區原住民之地位及政治參與，應予保障；對其教育文化、社會福利及經濟事業，應予扶助並促其發展。對於金門、馬祖地區人民亦同。

國家對於僑居國外國民之政治參與，應予保障。

本條文承襲自第二階段修憲之憲法增修條文第十八條。但第三項有關公營金融機構之管理，則係新增之條文。強調「應本企業化經營原則；其管理、人事、預算、決算及審計，得以法律為特別之規定。」增列本條之目的，在賦與相關之公營銀行及金融機構之法源基礎。其他各項之解釋，請參照本書前節中對第二階段修憲第十八條條文之解釋。

第十條（兩岸人民關係法之訂定）

自由地區與大陸地區間人民權利義務關係及其他事務之處理，得以法律為特別之規定。

本條條文係承襲自第一階段修憲之憲法增修條文第十條。據此並制訂《臺灣地區與大陸地區人民關係條例》藉以區分自由地區與大陸地區人民之分際。所謂「大陸地區」，係「包括中共控制地區及外蒙地區」，「大陸地區人民」，則是「在大陸地區設有戶籍或臺灣地區人民前往大陸地區居住逾四年之人民」。訂定此一條文之目的，在規範臺灣地區與大陸地區人民的不同法律地位，並保障臺澎金馬自由地區之人民權益。

第四節　第四階段修憲內容分析

民國八十五年二月一日，立法院第三屆委員開議當天，舉行院長選舉。執政黨提名的劉松藩委員，僅以八十二比八十一的一票之差，險勝在野黨提名的施明德委員，凸顯出一個在國會中「剛剛過半」(marginal majority)的多數黨的實質困境。隨後一、兩年間，在立法院的各項投票中，包括對行政院院長同意權的行使、核四預算案的朝野攻防戰，以及許多關鍵性法案的投票，都讓執政黨費盡苦心，深感「維持絕對多數」已是力不從心。基於此，李登輝總統乃在民國八十五年五月二十日就任總統後不久，極力尋思如何得透過第四次修憲，直接擴張總統、副總統的權力，削弱立法院的職權，並取消立法院對行政院院長的同意權。此外，並擬簡化地方政府組織層級，藉此取消地方基層選舉。透過上述的修憲途徑，一方面可以讓執政黨在「實質不過半」的困境下，繼續維持執政地位；另一方面，也可將地方基層「黑金政治」的腐化現象，予以適度的遏制。於是，在民國八十五年冬，由總統府邀請政府官員、執政之國民黨、在野之民主進步黨、新黨及無黨籍人士，召開「國家發展會議」，商討憲政改革議題。會中，新黨籍人士因為憲政理念不符，最後宣布退出會議。但國民黨與民主進步黨兩大政黨，則在會中達成協議，並形成修憲基本共識，決定以「改良式雙首長混合制」作為繼續修憲之基本原則。

民國八十六年七月十八日，第三屆國民大會在逾千位憲政學者強烈反對，新黨籍國大代表全力杯葛的處境下，完成了第四階段修憲任務，通過中華民國憲法增修條文十一條。此次修憲，係自民國八十年四月第一次修憲以來，包括憲政結構、修憲幅度及政府機制，變動範圍最大的一次。其中主要特色有五項：

1. 將原先憲法之「議會內閣制」(Parliamentarianism) 精神，大幅度轉型為以總統為權力核心、行政院院長為其實質之幕僚長、執行長的「半總統制」(Semi-presidentialism)。換言之，行政院院長不再是真正的「最高行政首長」，而變為總統個人的主要僚屬。

2. 取消立法院對行政院院長的同意權。由總統直接任命行政院院長，一方面藉以擺脫立法院同意權的有效制衡；另一方面，也因行政院院長失去了立法院同意權的「支持背書」，而削弱了行政院院長的民意基礎。相對於總統直選所肩負的強勢民意基礎，行政院院長則顯得處處掣肘，既要面對總統的強勢領導，又要面臨立法院的政策、預算及立法監督。此外對內閣閣員任命權也多操於總統、副總統之手，而非行政院院長所能全權決斷。這使得行政院院長難以統整內閣團隊，發揮「責任內閣」之一體精神。換言之，原先修憲時所規劃的「改良式雙首長混合制」，在實際的憲政運作上，卻變為權責不清的「惡質化三頭馬車領導制」，亦即由總統、副總統與行政院院長三元領導，此實為舉世所罕見。

3. 修憲時所參考的主要憲政範例，是法國第五共和的半總統制，但是，在法國憲政運作上之配套設計，包括化解內閣、國會對立的「安全閥」機制，如倒閣權（即「不信任投票」）與解散國會權，卻在修憲後被曲解為政局紛亂之根源。因之，在法國第五共和體制之下，依照慣例新任總理赴國會第一次報告後即應由國會議員行使「不信任案」投票，藉以檢測閣揆的民意基礎。但在我國修憲後卻未能建立起類似的憲政慣例，這造成行政院院長的民意基礎不穩，亦無力透過民意基礎的展現，以解決各種憲政僵局與政治危機。這可說是外國憲政移植經驗的嚴重挫敗。

4.原先依照憲法之規範，監察院職掌彈劾權，但在本次修憲後，卻將監察院對總統、副總統的彈劾權移交立法院，而彈劾權行使之範圍，則局限為「內亂外患罪」。換言之，總統、副總統若涉及貪污、詐欺、偽證、知情不報、申報不實，乃至其他個人重大道德缺憾與官箴違失，均無任何機關可予監督或制裁。此一缺憾之一，係當時擔任副總統的連戰先生，涉及對伍澤元先生三千六百二十八萬元的私人借貸，引起國人高度關注。這也反映出修憲設計者因人設制、有意造就特權體制的重大困境。

5.除了中央政府體制的改變之外，修憲的另一項目的，是藉廢除臺灣省省長及省議員之選舉，以達成「精簡省府」的目標。至於廢除基層（鄉、鎮）選舉的國發會共識，則因國民黨內部的意見紛歧，尚未載入修憲條文中，有待日後修憲，方能落實。

綜上所述，第四階段修憲乃是一次違背民主憲政主義基本原理，包括「審慎修憲」、「權責相符」、「有限政府」與「民主監督」等內涵的憲政舉措。本次修憲不但形成「有責者無權、有權者無責」的現象，而且也造成憲政體制紛亂、內閣團隊精神不足與行政倫理淪喪的困境。所幸的是，在修憲條文實施逾半年後，各項憲政瑕疵均已逐一呈現，無論是輿論與民意、學者與專家，乃至原先支持修憲的部分在野人士，均已充分瞭解此次修憲的嚴重錯誤，並以第四階段之修憲錯誤為戒。

第一條　（國代之人數、分配及職權）

國民大會代表依左列規定選出之，不受憲法第二十六條及第一百三十五條之限制：

一、自由地區每直轄市、縣市各二人，但其人口逾十萬人者，每增加十萬人增一人。

二、自由地區平地原住民及山地原住民各三人。

三、僑居國外國民二十人。

四、全國不分區八十人。

前項第一款每直轄市、縣市選出之名額，在五人以上十人以下者，應有婦女當選名額一人，超過十人者，每滿十人，應增婦女當選名額一人。第三款及第四款之名額，採政黨比例方式選出之，各政黨當選之名額，每滿四人，應有婦女當選名額一人。

國民大會之職權如左，不適用憲法第二十七條第一項第一款、第二款之規定：

一、依增修條文第二條第七項之規定，補選副總統。

二、依增修條文第二條第九項之規定，提出總統、副總統罷免案。

三、依增修條文第二條第十項之規定，議決立法院提出之總統、副總統彈劾案。

四、依憲法第二十七條第一項第三款及第一百七十四條第一款之規定，修改憲法。

五、依憲法第二十七條第一項第四款及第一百七十四條第二款之規定，複決立法院所提之憲法修正案。

六、依增修條文第五條第一項、第六條第二項、第七條第二項之規定，對總統提名任命之人員，行使同意權。

國民大會依前項第一款及第四款至第六款規定集會，或有國民大會代表五分之二以上請求召集會議時，由總統召集之；依前項第二款及第三款之規定集會時，由國民大會議長通告集會，不適用憲法第二十九條及第三十條之規定。

國民大會集會時，得聽取總統國情報告，並檢討國是，提供建言；如一年內未集會，由總統召集會議為之，不受憲法第三十條之限制。

國民大會代表每四年改選一次，不適用憲法第二十八條第一項之規定。

國民大會設議長、副議長各一人，由國民大會代表互選之。議長對外代表國民大會，並於開會時主持會議。

國民大會行使職權之程序，由國民大會定之，不適用憲法第三十四條之規定。

增修條文第一條包括了下列各項主要內容：

㈠國民大會代表選舉之相關規範，以及人數之設定。
㈡婦女保障名額及政黨比例選舉方式之相關規範。
㈢國民大會職權之相關規範。
㈣國民大會集會程序之相關規範。
㈤國民大會集會時，總統國情報告之相關規範。
㈥國民大會代表任期之規定。
㈦國民大會設置議長、副議長之規範。
㈧國民大會行使職權之程序，由國民大會自行決定。

除以下說明外，其餘各項請參閱第三階段修憲內容之解釋。

一、在上列各項內容中，第㈠項有關國民大會代表選舉之規定，與第一階段修憲時第一條之規範基本上相同。依照此一規定，全國各地選出之第二屆國大代表再加上全國不分區名額八十人，以及僑居國外國民二十人，總額為三百三十四人。另外，「僑居國外國民」代表及「全國不分區」代表，均應採政黨比例方式選出，此係第一階段修憲條文中所無之規範。至於「原住民」一詞，則為第一階段修憲條文中所無。但對於原住民團體及輿論之要求，將原住民代表名額增加為「一族一人」，亦即原住民「十族共十人」，此一擬議則未被採納，仍然規定為「平地、山地原住民各三人」，共六人。

二、在第㈡項中，明文規定各直轄市、縣市所選出之名額，在五人以上十人以下者，應有婦女當選名額一人，超過十人者，每滿十人應增婦女當選名額一人。此一規定與第三階段修憲之規範相同。但是新增另一項規定：在僑居國外國民和全國不分區部分，每滿四人，應有婦女當選名額一人。換言之，在此二部分合計共一百人的名額中，應有婦女保障名額至少二十五人。

由本項之規定可知，第四階段之修憲對婦女保障已有更為明晰之規定，但是由於各直轄市及縣市當選名額之規定，仍未達婦女保障名額亦占四分之一之理想，由此可知，在未來修憲中，仍有待更進一步之保障，方能使婦女權益之鞏固，更為落實。

三、第㈢項國民大會之職權規定，新增內容說明如次，餘請參閱第三階段修憲內容關於本項之說明。

此係新增之規定，立法院向國民大會提出之總統、副總統彈劾案，經國民大會代表總額三分之二同意時，被彈劾人應即解職。而立法院對總統、副總統彈劾之要件，則係「立法院對於總統、副總統犯內亂或外患罪之彈劾案，須經全體立法委員二分之一以上之提議，全體立法委員三分之二以上之決議，向國民大會提出」。換言之，和國大所提出之罷免案相仿，立法院對總統之彈劾案亦採兩階段方式進行。唯有在立法委員及國大代表各三分之二的特別多數同意時，始得對總統進行罷免。為了區別本項與前項之分野，有的學者將本項界定為「彈劾性罷免案」，前項則為「政治性罷免案」。本項係由立法院發動，由國民大會行使同意權；前項則由國民大會發動，由全體選民行使同意權。

四、第(八)項規定，國民大會行使職權之程序，由國民大會自定之，不受憲法第三十四條之限制，而該條中則規定「國民大會之組織、國民大會代表之選舉罷免及國民大會行使職權之程序，以法律定之」。現在取消了上述的限制，國民大會將可自行決定行使職權之程序，這乃係實質性之擴權規定。與前述各項不同，此項新增添之權限乃是實質而具體的，並可藉此而擺脫立法院對國民大會之約束。因之，國民大會確實可透過此項修憲之規定，大幅度的為自身擴權。不過，相對的，立法院仍可透過預算權之行使，局部限制國民大會之擴權行動。

第二條（總統、副總統之選舉、罷免及彈劾）

總統、副總統由中華民國自由地區全體人民直接選舉之，自中華民國八十五年第九任總統、副總統選舉實施。總統、副總統候選人應聯名登記，在選票上同列一組圈選，以得票最多之一組為當選。在國外之中華民國自由地區人民返國行使選舉權，以法律定之。

總統發布行政院院長與依憲法經國民大會或立法院同意任命人員之任免命令及解散立法院之命令，無須行政院院長之副署，不適用憲法第三十七條之規定。

總統為避免國家或人民遭遇緊急危難或應付財政經濟上重大變故，得經行政院會議之決議發布緊急命令，為必要之處置，不受憲法第四十三條之限制。但須於發布命令後十日內提交立法院追認，如立法院不同意時，該緊急命令立即失效。

總統為決定國家安全有關大政方針，得設國家安全會議及所屬國家安全局，其組織以法律定之。

總統於立法院通過對行政院院長之不信任案後十日內，經諮詢立法院院長後，得宣告解散立法院。但總統於戒嚴或緊急命令生效期間，不得解散立法院。立法院解散後，應於六十日內舉行立法委員選舉，並於選舉結果確認後十日內自行集會，其任期重新起算。

總統、副總統之任期為四年，連選得連任一次，不適用憲法第四十七條之規定。

副總統缺位時，由總統於三個月內提名候選人，召集國民大會補選，繼任至原任期屆滿為止。

總統、副總統均缺位時，由行政院院長代行其職權，並依本條第一項規定補選總統、副總統，繼任至原任期屆滿為止，不適用憲法第四十九條之有關規定。

總統、副總統之罷免案，須經國民大會代表總額四分之一之提議，三分之二之同意後提出，並經中華民國自由地區選舉人總額過半數之投票，有效票過半數同意罷免時，即為通過。

立法院向國民大會提出之總統、副總統彈劾案，經國民大會代表總額三分之二同意時，被彈劾人應即解職。

本條文內容共分十項：

㈠有關總統、副總統選舉之程序性規定。

㈡有關行政院院長副署權之限制。

㈢總統行使緊急處分權之要件。

㈣有關國家安全會議及其所屬國家安全局之規定。

㈤總統解散立法院之程序規定。

㈥總統、副總統任期之規定。

㈦有關副總統缺位之補選規定。

㈧總統、副總統均缺位時，行政院院長代行職權及補選程序之規定。

㈨有關總統、副總統罷免案行使之規定。

㈩立法院彈劾總統、副總統之規定。

請參閱第三階段修憲第二條說明，另本條新增第㈤項說明如次。值得注意的是，在第三階段修憲時本條第㈢項中新增之有關「建設性倒閣權」規範，在第四次修憲時已被刪除，以後未再恢復。

自第四次修憲起，行政院院長不再由立法院同意產生，但立法院得對行政院行使不信任投票（其規範見增修條文第三條）。一旦不信任案通過後，十日內總統得經諮詢立法院院長後，宣告解散立法院。但若係在戒嚴期間或緊急命令生效期間，則不得解散立法院。

本項之規定，係一般西方議會內閣制國家「信任制」與「解散國會」之配套性設置，一旦國會倒閣案成立，則立即由國家元首宣布解散國會，重新選舉，訴諸選民之公決。

在立法院解散後，應於六十日內重新舉行選舉，並重新起算另一屆之立法委員任期。

在本次修憲時，第㈩項之彈劾規定，亦已改變，特說明如次：

原先憲法中對於總統彈劾之規定，見於第一百條：「監察院對於總統、副總統之彈劾案，須有全體監察委員四分之一以上之提議，全體監察委員過半數之審查及決議，向國民大會提出之。」修憲後，此一規定凍結，在第四階段修憲時更將此權移交立法院行使。改以更嚴格的要件規範之。亦即全體立法委員二分之一以上之提議，全體立法委員三分之二之決議，向國民大會提出。再經國民大會代表總額三分之二同意，被彈劾人應即解職。

第三條　（行政院院長之任命、代理及行政院對立法院負責）

行政院院長由總統任命之。行政院院長辭職或出缺時，在總統未任命行政院院長前，由行政院副院長暫行代理。憲法第五十五條之規定，停止適用。

行政院依左列規定，對立法院負責，憲法第五十七條之規定，停止適用：

一、行政院有向立法院提出施政方針及施政報告之責。立法委員在開會時，有向行政院院長及行政院各部會首長質詢之權。

二、行政院對於立法院決議之法律案、預算案、條約案，如認為有窒礙難行時，得經總統之核可，於該決議案送達行政院十日內，移請立法院覆議。立法院對於行政院移請覆議案，應於送達十五日內作成決議。如為休會期間，立法院應於七日內自行集會，並於開議十五日內作成決議。覆議案逾期未議決者，原決議失效。覆議時，如經全體立法委員二分之一以上決議維持原案，行政院院長應即接受該決議。

三、立法院得經全體立法委員三分之一以上連署，對行政院院長提出不信任案。不信任案提出七十二小時後，應於四十八小時內以記名投票表決之。如經全體立法委員二分之一以上贊成，行政院院長應於十日內提出辭職，並得同時呈請總統解散立法院；不信任案如未獲通過，一年內不得對同一行政院院長再提不信任案。

國家機關之職權、設立程序及總員額，得以法律為準則性之規定。

各機關之組織、編制及員額，應依前項法律，基於政策或業務需要決定之。

本條文內容包括下列各項：

㈠行政院院長產生方式之規定。

㈡行政院與立法院之關係。

㈢有關國家機關之法律規定。

㈣機關組織、編制、員額之相關規定。

一、本條為新增。第四階段修憲中，最重要的一項制度性變動，即為行政院院長的產生方式，由原先的由總統提名經立法院同意產生，改為「由總統任命之」。換言之，總統不僅擁有原來憲法所規定之對行政院院長的「提名權」(nomination)，而且進一步擴展為實質的「任命權」(appointment)。基於此，行政院院長不再須經立法院過半數之同意產生，而變成由總統個人決定。這無疑是憲法之基本精神——議會內閣制 (parliamentarism) 中「同意權」行使上的重大改變。一旦行政院院長不再經由立法院同意產生，他所肩負的民意基礎立即滑落，同時行政院院長也將轉型而為體現總統個人意旨的「行政執行長」，而不再是真正的「最高行政首長」。嚴格說來，本條文的修憲幅度確實過大，並與憲法原先的基本精神——行政院院長應為最高行政首長——亦即行政權之中樞，產生嚴重之扞格，進而形成「總統有權無責，行政院院長有責無權」的憲政扭曲，實係本次修憲的最大敗筆。

在具體的實踐經驗上，本項條文在實施逾半年之後，確已造成憲政危機。民國八十七年四月，行政院院長蕭萬長在內閣人事問題上，即因未獲得總統充分授權，而面臨「有責無權」的困境，包括交通部長蔡兆陽、法務部長廖正豪的辭職事件，以及稍早之外交部長擬議人選之一簡又新的人事風波，均凸顯了「閣揆權威不足」以及「跛腳行政院院長」的雙重局限。除非行政院院長的任命權重歸於立法院，規定行政院院長必須得到絕大多數立法委員的同意與支持，否則此一權責不符，而且違背基本憲政主義精神的謬誤設計，終將引發無止盡的人事紛擾與權責之爭，甚至衍發「政府無能」、「權責失衡」的困境。

二、在行政院與立法院的關係方面，原先憲法第五十七條之規定包括三項，其中第一項與本項第一款規定相同，亦即「行政院有向立法院提出施政方針及施政報告之責。立法委員在開會時，有向行政院院長及行政院各部會首長質詢之權。」據此規範了行政院和立法院之間的基本關係，以及立法委員所掌有的質詢權。

憲法第五十七條第二、三項係有關覆議權 (veto) 之界定，「立法院對於行政院之重要政策不贊同時，得以決議移請行政院變更之。行政院對於立法院之決議，得經總統之核可，移請立法院覆議。覆議時，如經出席立法委員三分之二維持原決議，行政院院長應即接受該決議或辭職。」此外，「行政院對於立法院決議之法律案、預算案、條約案，如認為有窒礙難行時，得經總統之核可，於該決議案送達行政院十日內，移請立法院覆議。覆議時，如經出席立法委員三分之二維持原案，行政院院長應即接受該決議或辭職。」換言之，依照憲法原文之規定，只要行政院院長得到至少三分之一立法委員的支持，就可推翻立法院原先的多數決，拒絕執行他所認為窒礙難行的決議。但是，如果行政院院長連這三分之一的立法委員都掌握不到，他就必須執行立法院的決議，否則只有辭職倒閣。事實上，如果連這三分之一強的立委都不肯支持行政院院長，行政院院長失去民意支持，通常也只有去職一途❸。

但是，此一憲政規範在第四階段修憲後卻已徹底改變。新的規定是：

1.「行政院對於立法院決議之法律案、預算案、條約案，如認為有窒礙難行時，得經總統之核可，於該決議送達行政院十日內，移請立法院覆議。」與憲法第五十七條相對照，此次修憲已刪去了「重要政策」一項。考量修憲之意圖，這乃是因為顧及立法院對「核四案」這一類重要政策之決議可能對行政院形成羈絆，為了避免此類問題再度發生，乃正本清源，乾脆將「重要政策」一項刪除，僅保留「法律案、預算案、條約案」等三項❹。

2.「立法院對於行政院移請覆議案，應於送達十五日內作成決議。如為休會期間，立法院應於七日內自行

---

❸「覆議」(veto) 係指行政機關對立法機關所通過之決議或法案，於一定法定期間內，送請立法機關，再為審議表決。如果立法機關在覆議後再度通過該決議或法案，稱之「拒絕覆議」(veto override)。在美國，自二次大戰結束以來，平均每年總統會提出八件覆議案。我國則甚少實施。民國七十九年十月十七日，立法院針對《勞動基準法》第八十四條修正案行使覆議，結果以一六八票對二十五票，行政院推翻了立法院所提的修正案，恢復第八十四條原條文，此為政府遷臺以來首度提出之覆議案。

❹但是將「重要政策」一項刪除，亦可解釋為「對於立法院有關重要政策之決議，不可移請立法院覆議」，換言之，行政院只有照立法院之決議執行下去，無權拒絕，亦不可尋求覆議。果如上述之解釋，修憲起草者的意圖究竟為何，實難以論斷。

集會，並於開議十五日內作成決議。覆議案逾期未議決者，原決議失效。」此係新增之期限規定。增設此一規定的目的是使行政院得因立法院本身之延宕逾期而失去議決覆議案之機會。但是，其中有關「立法院休會期間應自行集會」的規定，則係因修憲起草者對立法程序掌握不足，而作出「畫蛇添足」的贅舉。事實上，法律必須由總統公布始行生效，若係正值立法院休會期間，總統自可等到立法院開議後再行公布。則行政院反而有較長之緩衝期，不至於被迫提前執行立法院之決議。若因此一新設之規定，而必須增開立法院臨時會，實在是勞民傷財，浪費公帑，並無必要❺。

3.「覆議時，如經全體立法委員二分之一以上決議維持原案，行政院院長應即接受該決議。」原先憲法之規定，若立法院維持原決議，則行政院院長必須接受該決議或辭職，現因行政院院長不再係經由立法院同意而產生，亦無須因立法院拒絕覆議而辭職。連帶的，覆議的門檻也就從原先的三分之二降為二分之一❻。

在第四階段修憲中，雖然取消了立法院對行政院院長的同意權，但卻增加了解散國會權，亦即立法院得對

---

❺ 依據美國總統覆議權行使之規範，總統在收到國會通過的法案十日內（星期天除外），如果既不簽署也不提覆議，則此法案自行生效。不過，如果在此十日結束之前國會業已休會，則總統將失去提出覆議之機會，但是也只有當總統簽署後，此法案才算生效。此一情況提供了總統在國會會期結束時未經正式之覆議，卻能讓某一法案胎死腹中的機會，一般稱之為「口袋覆議」(pocket veto)。

在我國，憲法第七十二條中規定，「立法院法律案通過後，移送總統及行政院，總統應於收到後十日內公布之」。如果行政院經總統之核可向立法院提出覆議，則總統就不會公布該法律，自無該法律生效與否之問題。

❻ 在美國，聯邦總統的覆議門檻是國會兩院議員的三分之二。在各州之中，則有六州規定，州長提出之覆議門檻是州議員總數的二分之一。

行政院院長提出不信任案（即倒閣權），以及相對的行政院院長呈請總統解散立法院之權。修憲條文第三條第二項第三款規定，「立法院得經全體立法委員三分之一以上連署，對行政院院長提出不信任案」。不信任案「如經全體立法委員二分之一以上贊成，行政院院長應於十日內提出辭職，並得同時呈請總統解散立法院」。此與一般議會內閣制國家的規定相仿。但是，不信任案的提出卻有一定的時間限制，亦即「不信任案提出七十二小時後，應於四十八小時內以記名投票表決之」。此一特殊之規定，是襲自法國第五共和憲法第四十九條，該條規定：「國民議會得依不信任案之表決以決定政府之去留，此項不信任案須經國民議會至少十分之一議員之連署，始得提出。動議提出四十八小時之後，始得舉行表決。」

但是，此一時間之設限卻容易造成混淆。所謂「不信任案提出七十二小時後」，究竟是以不信任案送交立法院秘書處時起算，還是送達立法院院會時起算，並不清楚。至於其中七十二小時（三天）之規定，是否包括假日（或連續假日）在內，亦不明確。若不包括在內，則將可能發生在正常休假日期間卻必須加開院會，以處理不信任案的特例。有違社會正常作息之常規，並不妥適。

另外，在不信任案提出七十二小時後，「應於四十八小時內以記名投票表決」之規定，實無異變相鼓勵立法委員故意以阻礙議事程序（filibuster）之手段，藉以拖延表決，以保障行政院院長拖過時間限制，免於倒閣之威脅。這實非正當之憲政運作規範，亦不足為訓。

更重要的是，本款最後之規定「不信任案如未獲通過，一年內不得對同一行政院院長再提不信任案」，這更非一般議會制國家民主制衡之運作常態。試想：如果立法院與行政院之間處於對立、膠著之狀態，則解散立法院，重新訴諸最新之民意，並進行國會改選，實係解決僵局之良方。但若因議事程序的拖延，導致不信任案未能通過，結果卻要讓立法、行政兩院的惡性對立持續一年以上，才能再度提出不信任案，則此種勉強而僵化之規定，終係政局紛亂動盪之源，反而難收穩定憲政秩序、安定政局之效。

由此可知，本次修憲中有關倒閣權（即不信任案）與解散國會（立法院）之設計，存在著嚴重瑕疵，亟應再予修正，方可解決憲政僵局。

三、第㈢項係「國家機關之職權、設立程序及總員額，得以法律為準則性之規定」。訂定此項之目的，係針對《中央法規標準法》第五條規定：「左列事項應以法律定之：一、憲法或法律有明文規定，應以法律定之者。二、關於人民之權利、義務者。三、關於國家各機關之組織者。四、其他重要事項應以法律定之者。」基於此一條文之規範，國家機關組織必須以法律定之。但是，長期以來政府深感立法院立法效率不彰，且政府組織之職權、設立程序及員額等規範，又常受到立法院制衡機制之羈絆，而《中央法規標準法》之修法曠日費時，且不易按行政院之意見修正通過。因此，政府乃採取釜底抽薪之計，乾脆從修憲途徑著手，透過執政黨與反對黨（民主進步黨）之合作，在國民大會中藉多數之優勢，訂定此項修憲條文。據此進一步提出《中央政府機關組織基準法》及《中央政府機關總員額法》兩項草案，使政府機關組織及員額得保持高度之彈性。根據此二法之草案規定，今後各部會之三級機關❼，如經濟部之國際貿易局、工業局等之組織、員額等，均不必再以法律定之，並將以行政命令取代，不再須經過立法院之嚴格立法程序，以保持政府之高度彈性及自主性。但是，相對的，此亦凸顯政府本身便宜行事之權變心態，有意藉此而擺脫立法院之監督。

❼ 依照中央政府機關組織基準法草案之規定，五院、總統府、國家安全會議等為「一級機關」；各部、委員會、總署為「二級機關」；而局、處、署、委員會為「三級機關」。

四、第㈣項係前述第三項之補充，進一步賦與各機關更大之自主權，並得基於政策或業務之需要，自行調整組織、編制及員額，不再受立法院之監督及約制。

前述第㈢、第㈣兩項之規定，充分反映了在修憲中亟於讓行政權擴張、立法權萎縮的基本意圖，並透露著行政、立法兩權之間逐漸失衡的大趨勢。此種修憲心態，乃是將憲法本身視為一種政治權謀的便宜工具，而不是民主憲政主義所強調的，應將憲法視為「社會的總構成」，是「國家的根本大法」，亦即「民主政治的穩定基石」。基於此，第四階段之修憲，實係自由民主與憲政主義基本精神之逆反，亦可視為民主憲政秩序之倒退。修憲起草人士，置制衡原則與民主規範於不顧，實難辭其咎。

第四條　（立法委員之人數及分配）

立法院立法委員自第四屆起二百二十五人，依左列規定選出之，不受憲法第六十四條之限制：

一、自由地區直轄市、縣市一百六十八人。每縣市至少一人。

二、自由地區平地原住民及山地原住民各四人。

三、僑居國外國民八人。

四、全國不分區四十一人。

前項第三款、第四款名額，採政黨比例方式選出之。第一款每直轄市、縣市選出之名額及第三款、第四款各政黨當選之名額，在五人以上十人以下者，應有婦女當選名額一人，超過十人者，每滿十人應增婦女當選名額一人。

立法院經總統解散後，在新選出之立法委員就職前，視同休會。

總統於立法院解散後發布緊急命令，立法院應於三日內自行集會，並於開議七日內追認之。但於新任立法委員選舉投票日後發布者，應由新任立法委員於就職後追認之。如立法院不同意時，該緊急命令立即失效。

立法院對於總統、副總統犯內亂或外患罪之彈劾案，須經全體立法委員二分之一以上之提議，全體立法委員三分之二以上之決議，向國民大會提出，不適用憲法第九十條、第一百條及增修條文第七條第一項有關規定。

立法委員除現行犯外，在會期中，非經立法院許可，不得逮捕或拘禁。憲法第七十四條之規定，停止適用。

本條文包括下列各項：

㈠立法委員員額及組成之相關規定。

㈡有關政黨比例及婦女名額之規定。

㈢立法院經總統解散後視同休會。

㈣總統緊急命令之相關規定。

㈤立法院對總統、副總統彈劾權之規定。

㈥立法委員不受逮捕或拘禁之特權。

一、由於第四階段修憲的主要目的之一，是使臺灣省「省虛級化」，並取消省長民選及省議會選舉。同時，為了解決省議會停止選舉後省議員的政治出路問題，乃透過國民黨與民進黨的協議，決定將立法委員員額從第三屆的一百六十四人，擴增為第四屆的二百二十五人。究實而論，立法委員之員額以維持現狀為宜（一百五十人左右為最適之規模），若再增添六十餘位立委，無論立法效率、委員會之組織、編制，乃至立法院整體之軟、硬體設施，均將面臨嚴重挑戰。但是，由於擴增員額乃係兩大政黨之政治性決定，受困於現實政治之壓力，在本條文中乃作出相應之規定。

與第三階段修憲條文相比較，本次修憲後由直轄市及縣市選出之立法委員擴增為一百六十八人，每縣市至少產生一人。平地原住民及山地原住民各由三人增為四人。僑居國外國民由六人增為八人。全國不分區則由三十人增為四十一人。後三者合計共增加十五人。區域立法委員則增加四十六人，合計共增加六十一人。

二、第㈡項規定，僑居國外國民及全國不分區均採政黨比例方式選出。另規定婦女保障名額，在五人以上十人以下者，應有婦女當選名額一人；超過十人者，每滿十人應增婦女當選名額一人。

至於區域選出之立法委員，其婦女保障名額之規定，同前。

三、為配合修憲條文第三條第二項第三款有關總統解散立法院之規定，在第㈢項中進一步規定，立法院經總統解散後，在新選出之立法委員就職前，視同休會。

四、在增修條文第二條第三項中，規定總統發布緊急命令後十日內應提交立法院追認，如立法院不同意時，該緊急命令立即失效。在第㈣項中則特別針對立法院解散後之相關規範作一規定，「總統於立法院解散後發布緊急命令，立法院應於三日內自行集會，並於開議七日內追認之」，以符合原先「十日內」之規定。

至於新選出之立法委員就職前所發布之緊急命令，則因前述之第二項業已規定，視同休會，只有在新任立法委員就職後再行追認。如立法院不同意時，該緊急命令立即失效。

五、在本次修憲中，對總統、副總統之彈劾權自監察院移至立法院，但僅限於內亂或外患罪。憲法第九十條、第一百條及增修條文第七條第一項有關規定，均停止適用。換言之，監察院對總統、副總統之彈劾權，業已取消。立法院對於總統、副總統犯內亂或外患罪行使彈劾權，嚴格說來，與憲法第五十二條之規定，實有扞格之處，第五十二條的規定是：「總統除犯內亂或外患罪外，非經罷免或解職，不受刑事上之訴究。」換言之，總統犯內亂或外患罪，應受刑事上之追究，此本屬司法權之範疇。現在修憲卻將立法院對總統之彈劾權，僅限於內亂或外患罪，這實係將彈劾權的行使範圍作了極度之減縮，將「彈劾權」與「司法權」之範圍等同於一，實係對彈劾權的曲解與設限。果如是，彈劾權已無單獨設置之必要了。

六、立法委員不受逮捕或拘禁之特權，原係以立法委員的整個任期（三年）為時間範圍，基於此，憲法第七十四條規定：「立法委員，除現行犯外，非經立法院許可，不得逮捕或拘禁。」

但是，由於有部分涉及司法案件的立委，藉此一條文之保護而拒絕出庭接受審理，此外亦因不受逮捕之特權而使法院無法令其拘提到案。因此，國民大會乃將立法委員不受逮捕與拘禁之特權，從「任期」之規定縮減為「會期」，亦即在每一會期之間的「空窗期」，仍可對其逮捕或拘禁。如此一來，涉案的立法委員在每一會期結束後的休會期，就難免於囹圄之災了。

第五條　（司法院院長、副院長、大法官之提名、任命、任期、憲法法庭之組成、違憲之定義及概算之不得刪減）

司法院設大法官十五人，並以其中一人為院長、一人為副院長，由總統提名，經國民大會同意任命之，自中華民國九十二年起實施，不適用憲法第七十九條之有關規定。

司法院大法官任期八年，不分屆次，個別計算，並不得連任。但並為院長、副院長之大法官，不受任期之保障。

中華民國九十二年總統提名之大法官，其中八位大法官，含院長、副院長，任期四年，其餘大法官任期為八年，不適用前項任期之規定。

司法院大法官，除依憲法第七十八條之規定外，並組成憲法法庭審理政黨違憲之解散事項。

政黨之目的或其行為，危害中華民國之存在或自由民主之憲政秩序者為違憲。

司法院所提出之年度司法概算，行政院不得刪減，但得加註意見，編入中央政府總預算案，送立法院審議。

本條文分為六項：

㈠司法院院長、副院長及大法官之組成。

㈡司法院大法官之任期。

㈢民國九十二年提名之大法官，有關任期之特別規定。

㈣憲法法庭之相關規定。

㈤政黨違憲之規定。

㈥有關司法概算之規定。

一、憲法第七十九條規定：「司法院設大法官若干人」。司法院組織法第三條規定：「司法院設大法官會議，以大法官十七人組織之，行使解釋憲法並統一解釋法律命令之職權。」第五條規定：「大法官之任期，每屆為九年。」上述之各項規定，在本次修憲中均已作了大幅度的改變。首先，大法官人數自十七人改為十五人，而且「以其中一人為院長、一人為副院長，由總統提名，經國民大會同意任命之」，換言之，院長、副院長均係大法官，此係過去所無之規定。由於本屆大法官的任期至民國九十二年終止，因此特別規定，第㈠項「自中華民國九十二年起實施」。

二、司法院大法官之任期原先定為九年，本次修憲將其減為八年，而且「不分屆次，個別計算，並不得連任」。作此一規定的目的，是因本條第三項規定，大法官應由總統每四年任命其中之八位，至於另外七位則係舊任（已在任四年），藉以維續其經驗傳承，避免每次任命大法官時出現新人經驗不足、青黃不接的困境。

三、基於此，在第㈢項中進一步規定，「中華民國九十二年總統提名之大法官，其中八位大法官，含院長、副院長，任期四年，其餘大法官任期為八年」。換言之，院長、副院長及其餘六位大法官任期均為四年。由於院長、副院長不受任期保障，總統將可主動更換司法院的首長、副首長，此實係本次修憲另一項特異之處❽。

---

❽ 以美國為例，最高法院大法官共九人，均為終身職，最高法院院長（具大法官身分）係由總統任命，但總統卻不可令其去職。但在我國第四次修憲後，司法院大法官受任期之保障，同具大法官身分的司法院院長、副院長卻無此一保障，總統得令其去職，這實係不合理之設計。這將使總統擁有過大的任命權，並得干預最高司法機關之運作，對司法獨立實有不良之

第㈣、㈤兩項之內容，與第三階段之修憲內容相同，請參見第三階段修憲條文第四條第㈡、㈢兩項之解釋。

四、為了保障司法獨立，改善司法人員待遇，本次修憲特別增訂本項規定，今後行政院不得刪減司法院所提之年度司法概算，但得加註意見，編入中央政府總預算案，送立法院審議。依照憲法第五十九條之規定：「行政院於會計年度開始三個月前，應將下年度預算案提出於立法院。」憲法第五十八條亦規定：「行政院院長、各部會首長，須將應行提出於立法院之……預算案……提出於行政院會議議決之。」由於本次修憲新增了本項之規定，無異已對憲法原規定之行政院職權作了若干限制，以期凸顯重視司法獨立、保障司法預算之精神。

在實際的實施經驗上，民國八十八年度中央政府總預算中，司法院及其所屬各機關預算，在歲出方面，共計為一百二十九億五千餘萬元，約占中央政府總預算案的百分之一，較八十七年度法定預算增加了三十五億二千餘萬元，增加幅度約為百分之三十七點四。但是，其中包括增列司法法務官預算一億一千餘萬元，卻引起甚大爭議，因為《法務官法》草案尚未完成立法，但卻由司法院為其預先編列預算，實有脫法之嫌。另外，各級法院增購車輛過多（共一億六千餘萬元），也引起國人詬病。不過，基於尊重司法之精神，立法院仍然對司法預算獨立編列，表達了基本敬重與肯定的態度。

第六條　（考試院之職權、院長、副院長、考試委員之提名及同意權之行使等）

考試院為國家最高考試機關，掌理左列事項，不適用憲法第八十三條之規定：

一、考試。

影響。

二、公務人員之銓敘、保障、撫卹、退休。
三、公務人員任免、考績、級俸、陞遷、褒獎之法制事項。
考試院設院長、副院長各一人，考試委員若干人，由總統提名，經國民大會同意任命之，不適用憲法第八十四條之規定。
憲法第八十五條有關按省區分別規定名額，分區舉行考試之規定，停止適用。

本條分為三項內容：
(一)有關考試院職掌之規範。
(二)考試院高層人事同意權之行使。
(三)分區考試規定之停用。
本條文在此次修憲中並無改變，請參閱第三階段修憲條文第五條之解釋。至於考試委員之名額，則仍依照憲法之原先規定，未予定額之規範。但在《考試院組織法》第三條中，則明定「考試委員名額定為十九人」。在本次修憲中，並未將名額增訂於條文之中，仍維持「考試委員若干人」之規定。

憲法第八十五條規定：「公務人員之選拔，應實行公開競爭之考試制度，並應按省區分別規定名額，分區舉行考試，非經考試及格，不得任用。」其中「按省區分別規定名額」的規定，原係為保障各省人士擔任公職之權益，但在臺澎金馬地區實施時顯有「過度保障少數」的不公平情況出現，因此近年來已不再對大陸特定省籍人士採取保障名額措施。本項則進一步將其載入憲法修正條文，使其具備合憲之基礎。

第七條（監察院之職權、院長、副院長、監察委員之產生及彈劾權之行使）

監察院為國家最高監察機關，行使彈劾、糾舉及審計權，不適用憲法第九十條及第九十四條有關同意權之規定。

監察院設監察委員二十九人，並以其中一人為院長、一人為副院長，任期六年，由總統提名，經國民大會同意任命之。憲法第九十一條至第九十三條之規定停止適用。

監察院對於中央、地方公務人員及司法院、考試院人員之彈劾案，須經監察委員二人以上之提議，九人以上之審查及決定，始得提出，不受憲法第九十八條之限制。

監察院對於監察院人員失職或違法之彈劾，適用憲法第九十五條、第九十七條第二項及前項之規定。

監察委員須超出黨派以外，依據法律獨立行使職權。

憲法第一百零一條及第一百零二條之規定，停止適用。

本條文共分六項：

㈠監察院職掌之調整。

㈡監察委員名額、任期及對監察委員同意權之行使。

㈢彈劾權行使之要件。

㈣對監察院人員彈劾之規定。

㈤監察委員獨立行使職權之規定。

㈥憲法相關條文停止適用之規定。

在本次修憲中，將監察委員對總統、副總統之彈劾權取消，並移交立法院行使。因此，在本條文中原先有關彈劾總統、副總統之規定，亦一併取消。其他規定則未改變，請參閱第三階段修憲條文第六條之說明。

第八條　（國代、立委之報酬、待遇之訂定）

國民大會代表及立法委員之報酬或待遇，應以法律定之。除年度通案調整者外，單獨增加報酬或待遇之規定，應自次屆起實施。

請參閱第三階段修憲條文第八條說明。

第九條　（省、縣地方制度之訂定）

省、縣地方制度，應包括左列各款，以法律定之，不受憲法第一百零八條第一項第一款、第一百零九條、第一百十二條至第一百十五條及第一百二十二條之限制：

一、省設省政府，置委員九人，其中一人為主席，均由行政院院長提請總統任命之。

二、省設省諮議會，置省諮議會議員若干人，由行政院院長提請總統任命之。

三、縣設縣議會，縣議會議員由縣民選舉之。
四、屬於縣之立法權，由縣議會行之。
五、縣設縣政府，置縣長一人，由縣民選舉之。
六、中央與省、縣之關係。
七、省承行政院之命，監督縣自治事項。
第十屆臺灣省議會議員及第一屆臺灣省省長之任期至中華民國八十七年十二月二十日止，臺灣省議會議員及臺灣省省長之選舉自第十屆臺灣省議會議員及第一屆臺灣省省長任期之屆滿日起停止辦理。
臺灣省議會議員及臺灣省省長之選舉停止辦理後，臺灣省政府之功能、業務與組織之調整，得以法律為特別之規定。

本條文包括下列各項：

㈠省縣地方制度之調整。
㈡省議員及省長選舉之停止。
㈢省政府功能、業務與組織之調整應以法律規範。

一、第四階段修憲的主要目的之一，是凍結臺灣省省長及省議員選舉，並將省府組織精簡化，最後達到「省虛級化」之目的。在本條文中，將憲法中第一百零八條、第一百零九條、第一百十二條至第一百十五條，以及第一百二十二條等相關之規範予以凍結，並作出下列規定：

1.「省設省政府，置委員九人，其中一人為主席，均由行政院院長提請總統任命之」。換言之，省長不再經由民選產生，而重行回到過去由總統任命的省主席時代。這說明過去十年來臺灣的民主化趨勢，已呈倒退之趨勢。所謂民主化 (democratization) 係指參政管道與參政機會的擴增。基於此，過去十餘年間將省長改為民選，總統改為直選，均係民主化進展之具體例證，但是現在卻又從修憲途徑上根本取消省長民選，另外則進一步取消省議員的選舉，實係民主參政機會銳減之明證。相對的，總統及行政院院長的人事主導權卻愈見增長，而立法院的同意權卻又取消，足見民主化進程確已萎縮逆退。

2.在省議員選舉取消之後，將省議會改為省諮議會，「置省諮議會議員若干人，由行政院院長提請總統任命之」。至於省諮議會的職掌及功能，則因「省虛級化」而同步萎縮。

3.縣議會之地位不變，議員仍維持由民選產生。

4.屬於縣之立法權，由縣議會行之。

5.縣政府之地位不變，縣長仍維持由民選產生。

6.由於「省虛級化」，中央與省、縣之關係丕變，中央與縣（市）之關係立即拉近，中央政府必須直接處理縣（市）的預算及財政資源分配問題。

7.省承行政院之命，負責其交辦監督縣自治事項。

二、依據本項規定，從民國八十七年十二月二十日，臺灣省省長及臺灣省議會議員之任期截止後，不再舉行省長及省議員選舉，省不再實施自治，省長及省議員就此亦將成為絕響。

三、在省長、省議員選舉停止辦理後，省政府之功能、業務與組織之調整，其範圍究竟如何，得以法律為特別之規定。其中尤以「省是否仍係公法人」的爭議，最為引人注目。由於本條規定「省虛級化」，並將省長、省議員選舉停辦，在修憲完成前後，已造成（當時的）臺灣省省長宋楚瑜與總統李登輝、副總統連戰、行政院院長蕭萬長等人之間持續的鬥爭、紛擾，並引發執政黨內部及朝野政黨之間一連串的政爭，影響持久而深遠。這也充分說明修憲本身即是政治權力競逐的過程。

第十條（經濟發展、與環保並重、中小企業之扶助、金融機構企業化經營、婦女之保障、全民健保、身心障礙者之保障、原住民之保障）

國家應獎勵科學技術發展及投資，促進產業升級，推動農漁業現代化，重視水資源之開發利用，加強國際經濟合作。

經濟及科學技術發展，應與環境及生態保護兼籌並顧。

國家對於人民興辦之中小型經濟事業，應扶助並保護其生存與發展。

國家對於公營金融機構之管理，應本企業化經營之原則；其管理、人事、預算、決算及審計，得以法律為特別之規定。

國家應推行全民健康保險，並促進現代和傳統醫藥之研究發展。

國家應維護婦女之人格尊嚴，保障婦女之人身安全，消除性別歧視，促進兩性地位之實質平等。

國家對於身心障礙者之保險與就醫、無障礙環境之建構、教育訓練與就業輔導及生活維護與救助，應予保障，並扶助其自立與發展。

教育、科學、文化之經費，尤其國民教育之經費應優先編列，不受憲法第一百六十四條規定之限制。

國家肯定多元文化，並積極維護發展原住民族語言及文化。

國家應依民族意願，保障原住民族之地位及政治參與，並對其教育文化、交通水利、衛生醫療、經濟土地及社會福利事業予以保障扶助並促其發展，其辦法另以法律定之。對於金門、馬祖地區人民亦同。

國家對於僑居國外國民之政治參與，應予保障。

本條文共分下列十一項：

(一)獎勵科技發展，促進產業升級。

(二)經濟與科技發展，應兼顧環境及生態保護。

(三)對中小企業之保障。

(四)公營金融機構應本企業化之原則經營管理。

(五)全民健康保險之相關規定。

(六)婦女保障及兩性平權之相關規定。

(七)身心障礙者之權益保障。

(八)教育、科學、文化預算之相關規定。

(九)多元語言文化之保障。

(十)原住民族及金門、馬祖地區人民權益之保障。

(十一)僑民參政權之保障。

本條文主要係對憲法第十三章「基本國策」中第三節「國民經濟」、第四節「社會安全」、第五節「教育文化」、第六節「邊疆地區」等相關內容之補充。由於國民大會不願讓增修條文的條文數額增加太多，因此乃將各項不同的基本國策內涵合併於同一條文中，內容十分龐雜。其中包含下列不同內涵，特分類做一整體分析。

一、本條文之前三項係針對國民經濟方面做一補充規定。包括：⑴獎勵科學技術發展及投資，促進產業升級；⑵推動農漁業現代化；⑶重視水資源之開發利用；⑷加強國際經濟合作；⑸經濟及科學技術發展，應與環境及生態保護兼籌並顧。⑹國家對於人民興辦之中小型經濟事業應扶助並保護其生存與發展。這些規定均係對憲法第十三章第三節之補充，其中有關「中小企業保障」(第㈢項)，則是本次修憲中新增之規定，旨在保障處於弱勢的中小企業，以促進其生存與發展。

二、為了改善公營金融機構的經營效率，使其符合企業化之管理原則，特制定第㈣項。為了使其更具彈性與競爭力，則明定「其管理、人事、預算、決算及審計，得以法律為特別之規定」，使其不受一般法規之束縛。

三、第㈤、㈥、㈦此三項係針對社會安全及弱勢者之人權所作之規範。內容包括：⑴推行全民健康保險；⑵促進現代和傳統醫藥之研究發展；⑶維護婦女之人格尊嚴，保護婦女之人身安全；⑷消除性別歧視，促進兩性地位之實質平等；⑸對於身心障礙者之保險與就醫、無障礙環境之建構、教育訓練與就業輔導、生活維護與救助，應予保障，並扶助其自立與發展。此係對憲法第十三章第四節之補充。

其中「身心障礙者」一辭，過去均稱之為「殘障者」，現改稱「身心障礙者」，以彰顯較高的敬意。此三項之內容基本上與前一階段修憲時規定者相仿，但在第㈦項中，增列「無障礙環境之建構」，使身心障礙者在公共環境中能得到較多的行動保障。另外，原先之「生活維護與救濟」一辭，亦改為「生活維護與救助」，以示尊重。

四、第㈧項是在此次修憲過程中，較引起爭議的一項新規定。增列之目的，是取消對教育、科學、文化預算的最低比例限制。憲法第一百六十四條的規定是：「教育、科學、文化之經費，在中央不得少於其預算總額百分之十五，在省不得少於其預算總額百分之二十五，在市、縣不得少於其預算總額百分之三十五，其依法設置之教育文化基金及產業，應予以保障。」

由於憲法本文中有此一明文規定，歷年來各級政府在編列預算時往往費盡苦心，將許多與教育、科學、文化無關的預算以「灌水」方式，勉強列入此一範疇，以免引發違憲爭議。現在則索性透過修憲，將憲法第一百六十四條之規定予以凍結，以袪除此一心頭之患。由於本項之規定乃係一種「權謀式」的憲政設計，通過之後曾引起許多教育、文化團體與人士的強烈抨擊，立法委員中亦有多人不表贊同，政府在民意壓力之下，被迫承諾仍將按照原先憲法之規定，使教育、科學、文化得維持最低比例的預算經費。

五、第㈨、㈩此二項係特別針對原住民及特殊地區民眾之權益而訂定。包括：⑴肯定多元文化，並積極維護發展原住民族語言及文化❾；⑵對於自由地區原住民族之地位及政治參與，應予保障；⑶對於原住民族的教育文化、交通水利、衛生醫療、經濟土地、社會福利事業，應予保障扶助並促進其發展；⑷對於金門、馬祖地區人民亦如同原住民族，應予保障與扶助。上述四點，均係原憲法中所無之規定，乃針對自由地區的特定情況而增列，過去幾次修憲，一直沿用舊稱「山胞」一詞。本次修憲則尊重其族群之要求，改用「原住民」此一稱謂❿。

❾ 為了保障並發展原住民族的語言與文化，立法院已通過《原住民族教育法》。

六、在海外僑民方面，憲法第一百五十一條原已就發展僑民經濟，做了規範。本條文中，則進一步明文保障其參政權利及機會。使得僑民參政權，獲得正式的憲法位階之保障，僑民得返國行使投票權（參見增修條文第二條第一項）。

由於本條文所規範者，均係「基本國策」，隨著時空環境之轉變，國民大會勢將反映民意，不斷增添新的內容。因之，今後修憲時也會與時俱新，不斷調整。但究實而論，所謂「基本國策」應是基本的國家大政方針，不同於一般之「公共政策」。而憲法則係國家根本大法，實不同於一般的法律；因之，本條文新增之規定，實不應過於瑣細，或因時空環境之影響而變動過速。否則，憲法之安定性頓失，而「基本國策」之規定也僅止於宣示性之意義，實非所宜。

第十一條　（兩岸人民關係法之訂定）

自由地區與大陸地區間人民權利義務關係及其他事務之處理，得以法律為特別之規定。

本條條文係承襲自第一階段修憲之憲法增修條文第十條。

⑩ 原住民(aboriginal people)，亦即原著居民，如加拿大的愛斯基摩人、美國的印地安人、紐西蘭的毛利人，意指在外來之主體民族遷入之前即居於該地的土著民族。臺灣地區的原住民，係指在漢人大量移居前，即已居住數百年至數千年不等的土著民族。包括平埔、泰雅、賽夏、布農、曹、邵、魯凱、排灣、卑南、阿美、雅美、太魯閣等族，其中平埔族多已漢化。原住民各族總人口約三十六萬人，其中以阿美族人口最多。

第五節　第五階段修憲內容分析

民國八十八年九月三日，國民大會在輿論強烈反對之下，以驚濤駭浪之勢，冒著全民斥責的聲浪，極其勉強的通過了第五階段的修憲條文。這是從民國八十年第一次修憲以來，最受社會非議的一次修憲。其中主要原因，是國大代表違背了「利益迴避」原則，不顧民意反對，主動將自身的任期延長達兩年之久，這不僅有違一般憲政民主國家「國會不得為自身謀利或自行延長任期」的基本原則，也公然違背憲法增修條文中第八條的明文規定：「國民大會代表及立法委員之報酬或待遇，應以法律定之。除年度通案調整者外，單獨增加報酬或待遇之規定，應自次屆起實施。」國大代表雖號稱係「無給職」，實際上近年來平均之收入（待遇），則高達每人每年新臺幣兩百餘萬元（根據政府預算編列平均計算）⓫。基於此，國大代表將自身任期延長達兩年的作法，實係一種「單獨增加報酬或待遇之規定」，實應從「次屆」國大起方得適用。但國民大會卻在民主進步黨黨團和部分國民黨代表私相授受之下，由國民大會議長蘇南成主導，以強渡關山之勢，將上述違背民意及基本正義原則的規定，硬闖過關；並從當屆起適用。結果造成全民震愕、輿論譁然。

在上述的處境之下，執政的國民黨不得不順應民情，採取斷然的處置措施。一方面否認此一修憲的正當性(legitimacy)，並且繼在野的民主進步黨及新黨立法委員之後，由國民黨籍立委領銜，連名向司法院大法官會議

⓫ 國大代表有兩位付薪之助理（每月共十萬元）。加上其他選民服務費用、出國考察經費、開會期間另支開會津貼，每月平均可支領新臺幣十七萬元以上之津貼。

針對此次修憲內容，提請釋憲。另一方面，國民黨則採取黨紀懲處措施，將國民大會議長蘇南成（係國民黨籍不分區國大代表）開除出黨，蘇南成也因其不再具國民黨籍，而喪失了國大代表資格，同時被迫辭去國大議長之職。此一因「國大自肥」而釀成的憲政亂象，確實為舉世所罕見，也充分凸顯了修憲本身的荒謬性。

在修憲案通過之後，學術界有二十六位大學校長，由臺大校長陳維昭領銜，聲明譴責國大自肥。而參與此一修憲案的部分民進黨籍國大代表，則公然聲援被國民黨懲處的蘇南成議長，並強調他們的修憲延任，是一種「必要之惡」，目的在於「終結國大」，並主張逐年減縮國大代表的名額，最後則乾脆「廢除國大」。但是，既然國大代表可以修憲自肥，甚至主動延長自己的任期，又有誰能保證日後他們不會再「修改」現階段的「承諾」，主動修訂出更嚴重的自肥條款？英國思想家愛克頓 (Lord Acton) 曾言：「權力造成腐化，絕對的權力造成絕對的腐化。」由國大此一機關獨享修憲大權，不受箝制，正是藉「修憲大權而造成腐化」。在司法院大法官會議接受了各黨籍立委聲請之釋憲案後，部分民進黨籍國大代表進一步公然威脅大法官不得作出對他們（國大代表）不利的舉動，否則將再度動用修憲權，「甚至連大法官會議一齊修掉」。這種粗鄙的語言暴力，更凸顯了部分國大代表的素質低劣、格局偏狹，也反映出「絕對的修憲權力勢將造成絕對的腐化」。

但是，國大的修憲自肥雖然以政治鬧劇告終，在其背後的政治權謀及運作過程，卻反映出主導修憲者本身的幽黯性格。

《聯合報》的一篇社論，正點出了這樣的困境⓬：「國大延任案，表面看起來是風雨漸歇，高潮已過，但箇中內情卻是漸漸才抽絲剝繭，逐一顯現。民進黨本來頗以延任案的原始提案人而沾沾自得，如今發現延任案

⓬ 見《聯合報》社論，民國八十八年九月十一日，第二版。

受全民唾棄，遂亦漸漸噤聲不語；詎料，就在此時，大家發現延任案的原始版本居然是由三位國民黨籍國代彭錦鵬、謝瑞智、柯三吉所執筆草擬，再交由民進黨提案。國民黨員為反對黨擬出這麼一個舉國唾罵的修憲提案，本來已令人難以思議，何況這三人都具教授頭銜，當初以『學者』身分受提名出任不分區國代，本應具有國民黨內的清流作用，卻可能成為考紀會所擬懲處的對象。現在延任案儼然已成『全民公敵』，學術界有二十六位大學校長，由臺大校長陳維昭領銜聯署聲明譴責國大自肥；遂使這三位『學者』和二十六位大學校長，呈現出當前知識份子風範的對比，耐人尋味。」

「國大延任案在中華民國憲政發展史上值得記下一筆，不僅因其造成『憲法破毀』而已，更因為它赤裸裸地揭示了臺灣政壇不同力量之間形似對立、實則暗通款曲，相互為用、成則唱和、敗則拆橋的虛偽面貌。在國民黨內的不同派系、不同管道之間的勢力如此；國民黨和民進黨之間如此；政治人物和『學者』之間的互利互惠關係更是如此。政客之間惟利是圖本不足怪，但以『學者』頭銜而甘為政治附庸，一方面與傳統文化對知識份子的期望不相符合，另方面卻又不幸而為當今常見的政學界奇譚寫照。」

在前節第四階段修憲條文的解析中，我們曾痛切的指出：第四階段的修憲違背了民主憲政主義基本原則，包括：修憲程序必須公正審慎、權責必須相符、政府權力必須受到限制、政府施政必須受到民意監督等等。但是，修憲的結果卻是「有責者無權，有權者無責」，而且也造成憲政體制紛亂、內閣團隊精神不足與行政倫理淪喪。但是，在第五階段的修憲任務完成後，我們並未看到上述各項問題得到任何的調整與改善，相反的，我們卻看到了一個完全不受箝制的修憲怪獸，在政治倫理與社會正義逐漸隱沒的時代裡，將憲政的基本權威摧殘殆盡，也讓國家的民主發展，籠罩著腐化的危機與幽黯的陰影。所幸的是，社會輿論與清議的鞭策，終於讓全民有機會看到這些政客的真正面貌，而「憲法破毀」的結果，也讓社會大眾逐漸體會到憲政民主的確是呵護不易。從第五階段的修憲中，我們再一次看到一段反面的歷史教材，但也更清楚的體認到「光有定期的選舉並不能帶來真正的民主」，惟有當我們正確體認到「人權保障」、「有限政府」、「民主制衡」、「權責相符」等基本憲政主義原則並促其實踐之後，憲政民主的基石才可能逐漸奠定。

第五階段修憲中的國大自肥與延任案的荒謬，正凸顯了上述憲政民主原則的正當性與迫切性，這也可視為另一次的重大的歷史教訓。

第一條（國代之人數、分配及職權）

國民大會代表第四屆為三百人，依左列規定以比例代表方式選出之。並以立法委員選舉，各政黨所推薦及獨立參選之候選人得票數之比例分配當選名額，不受憲法第二十六條及第一百三十五條之限制。比例代表之選舉方法以法律定之。

一、自由地區直轄市、縣市一百九十四人，每縣市至少當選一人。

二、自由地區原住民六人。

三、僑居國外國民十八人。

四、全國不分區八十二人。

國民大會代表自第五屆起為一百五十人，依左列規定以比例代表方式選出之。並以立法委員選舉，各政黨所推薦及獨立參選之候選人得票數之比例分配當選名額，不受憲法第二十六條及第一百三十五條之限制。比例代表之選舉方法以法律定之。
一、自由地區直轄市、縣市一百人，每縣市至少當選一人。
二、自由地區原住民四人。
三、僑居國外國民六人。
四、全國不分區四十人。
國民大會代表之任期為四年，但於任期中遇立法委員改選時同時改選，連選得連任。第三屆國民大會代表任期至第四屆立法委員任期屆滿之日止，不適用憲法第二十八條第一項之規定。
第一項及第二項之第一款各政黨當選之名額，在五人以上十人以下者，應有婦女當選名額一人。第三款及第四款各政黨當選之名額，每滿四人，應有婦女當選名額一人。
國民大會之職權如左，不適用憲法第二十七條第一項第一款、第二款之規定：
一、依增修條文第二條第七項之規定，補選副總統。
二、依增修條文第二條第九項之規定，提出總統、副總統罷免案。
三、依增修條文第二條第十項之規定，議決立法院提出之總統、副總統彈劾案。
四、依憲法第二十七條第一項第三款及第一百七十四條第一款之規定，修改憲法。
五、依憲法第二十七條第一項第四款及第一百七十四條第二款之規定，複決立法院所提之憲法修正案。
六、依增修條文第五條第一項、第六條第二項、第七條第二項之規定，對總統提名任命之人員，行使同意權。

國民大會依前項第一款及第四款至第六款規定集會，或有國民大會代表五分之二以上請求召集會議時，由總統召集之；依前項第二款及第三款之規定集會時，由國民大會議長通告集會，不適用憲法第二十九條及第三十條之規定。

國民大會集會時，得聽取總統國情報告，並檢討國是，提供建言；如一年內未集會，由總統召集會議為之，不受憲法第三十條之限制。

國民大會設議長、副議長各一人，由國民大會代表互選之。議長對外代表國民大會，並於開會時主持會議。

國民大會行使職權之程序，由國民大會定之，不適用憲法第三十四條之規定。

增修條文第一條包括了下列各項主要內容：

㈠第四屆國民大會代表的名額分配與產生方式。
㈡第五屆國民大會代表的名額分配與產生方式。
㈢國民大會代表任期與立法委員一致之規範。
㈣婦女當選名額之規範。
㈤國民大會職權之相關規範。
㈥國民大會集會程序之規範。
㈦國民大會集會時，總統國情報告之規範。
㈧國民大會設置議長、副議長之規範。

㈨國民大會行使職權之程序，由國民大會自定之。

本條第㈤至㈨項可參閱第三階段修憲第一條相關說明，其餘各項說明如下：

一、從第四屆起，國民大會代表將改為三百人（第三屆為三百三十四人），同時全部國大代表均改為由政黨比例代表方式產生，而不再經由地區選舉。換言之，所有的國大代表均係由政黨推出之比例代表，無黨籍人士將無法出任國大代表。有不少憲政學者認為，此一規範顯然與憲法第二十五條的規定不符，該條規定：「國民大會……代表全國國民行使政權」，現在修憲後卻規定國民大會代表必須是「政黨代表」，非政黨（無黨籍）代表卻排除於「國民」之外，顯然與憲法精神相違。此一疑義，確實值得國人深入思考。

至於第四屆國大代表的名額分配，在本項中則作出十分奇特的規定。雖然所有的國大代表均係由政黨比例代表名單產生，而且係依附於立法委員選舉中各政黨在地區候選人得票數的比例，但在本項中卻又細分為「地區性名額」（共一九四人）、「原住民」（共六人）、僑民（共十八人）及「全國不分區」（共八十二人）等四項。換言之，雖然第四屆國大代表均係「政黨代表」，但卻依然有「地區代表」與「全國不分區代表」之分。此一複雜而奇特之規範，究竟如何落實，還要看立法院所通過的法律規範而定。

二、第五屆國民大會代表，名額將再次縮減，改為總額一百五十人，並依附立法委員選舉之政黨比例分配當選名額。其中「地區性名額」一百人，「原住民」四人，「海外僑民」六人，「全國不分區」四十人。依照此一規定，「地區性代表」所占比例將高達三分之二，「海外僑民」名額和「全國不分區」名額均將大幅度降低。至於具體之規範，則有待立法院修法決定。

三、國大代表的任期維持為四年，立法委員的任期自三年延長為四年。但是由於自第四次修憲起，行政院院長不再由立法院同意產生，而立法院得對行政院行使不信任投票（倒閣權），一旦不信任案通過後，十日內總統得經諮詢立法院院長後，宣告解散立法院。換言之，立法委員的任期變為不固定，在四年任期中隨時可能出現被提前解散的情況。基於此，一旦立法院被解散，重新選舉並產生出新的立法院，則席次分配依附於立法委員選舉的國民大會，亦將隨之解散與重組。此一規定，實為舉世民主國家所罕見。尤其難解的是，國民大會這樣一個「政權機關」的組成，竟然是依附在立法院這樣一個「治權機關」的選舉之上，在憲政法理上更是解釋不通。修憲至此，真可說是「既無理也講不清」。憲政根本大法已亂，夫復何言！

至於本項後段所規定，「第三屆國民大會代表任期至第四屆立法委員任期屆滿之日止」，則是此次修憲最引人詬病之處。依照本次修憲條文第四條第三項之規定，「第四屆立法委員任期至中華民國九十一年六月三十日止」，第三屆國大代表也將任期延長至此日為止，比原先規定之任期「中華民國八十九年六月三十日」，足足延任達兩年之久。這種「延任自肥」的修憲措施，真是讓國人慨嘆，世人不解！

四、在婦女保障名額方面，則延續第四階段修憲之規範，在「地區性代表」及「原住民代表」方面，係「五人以上十人以下者，應有婦女當選名額一人」。依此規定，「地區性代表」中應有婦女當選名額約為三十八人，「原住民代表」中，則至少應為一人。至於「海外僑民」及「全國不分區代表」部分，則因「每滿四人應有婦女一人」的規定，則分別為至少四人及二十人。總計至少應保留婦女名額六十三人。在總額三百人當中約占五分之一強。

在國民大會選舉方式改變後，有關職權行使的規範，較受爭議者係關於「同意權」之行使。由於國大代表係依附立法委員選舉產生，且均為「政黨代表」。基於此，國民大會對於司法院大法官、考試院考試委員及監察院監察委員所行使之同意權，理應轉交由立法院行使。至於立法院如何行使這三項同意權，則應考慮由立法院推派代表，邀請社會賢達、學術界及專業界人士，分別成立三個具代表性之專業評審委員會，代表立法院進行專業性之實質審查，對被提名人進行逐一的面談，過程不對外公開，但其審查結果則報請立法院備查。此種兼顧專業性與代表性的審查方式，遠較國民大會具高度政治性、爭議性的同意權行使程序，更符合專業精神，對同意權行使對象──被提名人，亦較為尊重。這也是未來憲政改革應思考的另一項改革擬議。

第二條（總統、副總統之選舉、罷免及彈劾）

總統、副總統由中華民國自由地區全體人民直接選舉之，自中華民國八十五年第九任總統、副總統選舉實施。總統、副總統候選人應聯名登記，在選票上同列一組圈選，以得票最多之一組為當選。在國外之中華民國自由地區人民返國行使選舉權，以法律定之。

總統發布行政院院長與依憲法經國民大會或立法院同意任命人員之任免命令及解散立法院之命令，無須行政院院長之副署，不適用憲法第三十七條之規定。

總統為避免國家或人民遭遇緊急危難或應付財政經濟上重大變故，得經行政院會議之決議發布緊急命令，為必要之處置，不受憲法第四十三條之限制。但須於發布命令後十日內提交立法院追認，如立法院不同意時，該緊急命令立即失效。

總統為決定國家安全有關大政方針，得設國家安全會議及所屬國家安全局，其組織以法律定之。

總統於立法院通過對行政院院長之不信任案後十日內，經諮詢立法院院長後，得宣告解散立法院。但總統於戒嚴或緊急命令生效期間，不得解散立法院。立法院解散後，應於六十日內舉行立法委員選舉，並於選舉結果確認後十日內自行集會，其任期重新起算。

總統、副總統之任期為四年，連選得連任一次，不適用憲法第四十七條之規定。

副總統缺位時，由總統於三個月內提名候選人，召集國民大會補選，繼任至原任期屆滿為止。

總統、副總統均缺位時，由行政院院長代行其職權，並依本條第一項規定補選總統、副總統，繼任至原任期屆滿為止，不適用憲法第四十九條之有關規定。

總統、副總統之罷免案，須經國民大會代表總額四分之一之提議，三分之二之同意後提出，並經中華民國自由地區選舉人總額過半數之投票，有效票過半數同意罷免時，即為通過。

立法院向國民大會提出之總統、副總統彈劾案，經國民大會代表總額三分之二同意時，被彈劾人應即解職。

本條在第五階段修憲時並未修正，請參考第四階段修憲條文之解釋，此處不贅。

第三條　（行政院院長之任命、代理、行政院對立法院負責）

行政院院長由總統任命之。行政院院長辭職或出缺時，在總統未任命行政院院長前，由行政院副院長暫行代理。憲法第五十五條之規定，停止適用。

行政院依左列規定，對立法院負責，憲法第五十七條之規定，停止適用：

一、行政院有向立法院提出施政方針及施政報告之責。立法委員在開會時，有向行政院院長及行政院各部會首長質詢之權。

二、行政院對於立法院決議之法律案、預算案、條約案，如認為有窒礙難行時，得經總統之核可，於該決議案送達行政院十日內，移請立法院覆議。立法院對於行政院移請覆議案，應於送達十五日內作成決議。如為休會期間，立法院應於七日內自行集會，並於開議十五日內作成決議。覆議案逾期未議決者，原決議失效。覆議時，如經全體立法委員二分之一以上決議維持原案，行政院院長應即接受該決議。

三、立法院得經全體立法委員三分之一以上連署，對行政院院長提出不信任案。不信任案提出七十二小時後，應於四十八小時內以記名投票表決之。如經全體立法委員二分之一以上贊成，行政院院長應於十日內提出辭職，並得同時呈請總統解散立法院；不信任案如未獲通過，一年內不得對同一行政院院長再提不信任案。

國家機關之職權、設立程序及總員額，得以法律為準則性之規定。

各機關之組織、編制及員額，應依前項法律，基於政策或業務需要決定之。

本條文亦未修正，請參考第四階段修憲條文之解釋說明。

第四條　（立法委員之人數及分配）

立法院立法委員自第四屆起二百二十五人，依左列規定選出之，不受憲法第六十四條之限制：

一、自由地區直轄市、縣市一百六十八人。每縣市至少一人。
二、自由地區平地原住民及山地原住民各四人。
三、僑居國外國民八人。
四、全國不分區四十一人。
前項第三款、第四款名額，採政黨比例方式選出之。第一款每直轄市、縣市選出之名額及第三款、第四款各政黨當選之名額，在五人以上十人以下者，應有婦女當選名額一人，超過十人者，每滿十人應增婦女當選名額一人。

第四屆立法委員任期至中華民國九十一年六月三十日止。第五屆立法委員任期自中華民國九十一年七月一日起為四年，連選得連任，其選舉應於每屆任滿前或解散後六十日內完成之，不適用憲法第六十五條之規定。

立法院經總統解散後，在新選出之立法委員就職前，視同休會。

總統於立法院解散後發布緊急命令，立法院應於三日內自行集會，並於開議七日內追認之。但於新任立法委員選舉投票日後發布者，應由新任立法委員於就職後追認之。如立法院不同意時，該緊急命令立即失效。

立法院對於總統、副總統犯內亂或外患罪之彈劾案，須經全體立法委員二分之一以上之提議，全體立法委員三分之二以上之決議，向國民大會提出，不適用憲法第九十條、第一百條及增修條文第七條第一項有關規定。

立法委員除現行犯外，在會期中，非經立法院許可，不得逮捕或拘禁。憲法第七十四條之規定，停止適用。

本條文第三項係本次修憲中新增，其餘各項悉如第四階段修憲條文，此處不贅。新增的第三項係「延任條款」的一部分，將立法委員之任期延長五個月，自「民國九十一年一月三十一日」延至「民國九十一年六月三十日」，並將第五屆立法委員之任期延為「四年一任」。據此，國民大會代表之任期則延長達兩年之久。

此項條文引發的爭議，除立委延任不具備正當性外（許多立委均持反對意見）；另一爭議，則係此一規定是否可凍結增修條文第三條第二項第三款及第二條第五項之規定，亦即總統能否行使對立法院之「解散權」。如果第四屆立法委員任期確定是延到「民國九十一年六月三十日止」，此一任期保障條款就具備憲法的約束力。換言之，第四屆立法委員的任期就具備「剛性」的確定性。依照此一原理，立法委員在此期間將不得對行政院行使「倒閣權」，否則憲政制衡上的配套措施（立法院的「倒閣權」與行政院的「解散國會權」）就將失衡。但是，如果上述的解釋是合理與正當的話，民國八十九年總統大選之後若出現新的政治情勢，朝野政黨易位，又將如何解決？如果第五階段的修憲已將第四屆立委的任期確定為「三年又五個月」，而且不受「解散權」的規範，而立法院也不能行使「倒閣權」，則一旦出現行政院、立法院持續對峙的憲政僵局，就沒有解決憲政僵局的工具（包括「倒閣」與「解散國會」的配套設計）可資運用了。這樣的憲政解釋恐怕過於牽強，也有違憲政制衡的基本原理。

但是，如果「倒閣權」與「解散國會權」依然保留，第四屆立法委員和第三屆國大代表的任期，仍然得因立法院提前解散而提前改選，則本條中「任期至中華民國九十一年六月三十日止」的規定，就將形同具文。這樣的憲政解釋，雖然看似合理，卻又凸顯了第五階段修憲本身的輕忽草率。如果修憲條文連這麼明顯的矛盾與扞格都難以顧及，又如何能照顧到整體的憲政權威與憲法的安定性？由上述的論辯分析，益加反映出此次修憲在政治邏輯、文字著墨和法理分析上的嚴重缺憾，足為來者所戒。

第五條　（司法院院長、副院長、大法官之提名、任命、任期、憲法法庭之組成、違憲之定義及概算之不得刪減）

司法院設大法官十五人，並以其中一人為院長、一人為副院長，由總統提名，經國民大會同意任命之，自中華民國九十二年起實施，不適用憲法第七十九條之有關規定。

司法院大法官任期八年，不分屆次，個別計算，並不得連任。但並為院長、副院長之大法官，不受任期之保障。

中華民國九十二年總統提名之大法官，其中八位大法官，含院長、副院長，任期四年，其餘大法官任期為八年，不適用前項任期之規定。

司法院大法官，除依憲法第七十八條之規定外，並組成憲法法庭審理政黨違憲之解散事項。

政黨之目的或其行為，危害中華民國之存在或自由民主之憲政秩序者為違憲。

司法院所提出之年度司法概算，行政院不得刪減，但得加註意見，編入中央政府總預算案，送立法院審議。

本條未修正。請參見第四階段修憲條文第五條之解釋說明。

第六條　（考試院之職權、院長、副院長、考試委員之提名及任命）

考試院為國家最高考試機關，掌理左列事項，不適用憲法第八十三條之規定：

一、考試。

二、公務人員之銓敘、保障、撫卹、退休。

三、公務人員任免、考績、級俸、陞遷、褒獎之法制事項。

考試院設院長、副院長各一人，考試委員若干人，由總統提名，經國民大會同意任命之，不適用憲法第八十四條之規定。

憲法第八十五條有關按省區分別規定名額，分區舉行考試之規定，停止適用。

本條文未修正。請參見第四階段修憲條文第六條之解釋說明。

第七條　（監察院之職權、院長、副院長、監察委員之產生及彈劾權之行使）

監察院為國家最高監察機關，行使彈劾、糾舉及審計權，不適用憲法第九十條及第九十四條有關同意權之規定。

監察院設監察委員二十九人，並以其中一人為院長、一人為副院長，任期六年，由總統提名，經國民大會同意任命之。憲法第九十一條至第九十三條之規定停止適用。

監察院對於中央、地方公務人員及司法院、考試院人員之彈劾案，須經監察委員二人以上之提議，九人以上之審查及決定，始得提出，不受憲法第九十八條之限制。

監察院對於監察院人員失職或違法之彈劾，適用憲法第九十五條、第九十七條第二項及前項之規定。

監察委員須超出黨派以外，依據法律獨立行使職權。

憲法第一百零一條及第一百零二條之規定，停止適用。

本條文未修正。請參見第四階段修憲條文第七條之說明。

第八條 （立委及國代集會之報酬、待遇之訂定）

國民大會代表及立法委員之報酬或待遇，應以法律定之。除年度通案調整者外，單獨增加報酬或待遇之規定，應自次屆起實施。

本條文並未修正。但國大代表修憲為自身延任兩年，為立法委員延任五個月的作法，是否可視為為「增加報酬或待遇」，則有待大法官會議的解釋，方得定案。如果其解釋確定為違憲的話，此次修憲的正當性就要面臨嚴峻的挑戰了。如果解釋為「不違憲」的話，本條規範的實質約束力就將全盤淪喪。日後各種類似「自肥」的新規定，也就難以遏止了。

第九條　（省、縣地方制度之訂定）

省、縣地方制度，應包括左列各款，以法律定之，不受憲法第一百零八條第一項第一款、第一百零九條、第一百十二條至第一百十五條及第一百二十二條之限制：

一、省設省政府，置委員九人，其中一人為主席，均由行政院院長提請總統任命之。

二、省設省諮議會，置省諮議會議員若干人，由行政院院長提請總統任命之。

三、縣設縣議會，縣議會議員由縣民選舉之。

四、屬於縣之立法權，由縣議會行之。

五、縣設縣政府，置縣長一人，由縣民選舉之。

六、中央與省、縣之關係。

七、省承行政院之命，監督縣自治事項。

臺灣省政府之功能、業務與組織之調整，得以法律為特別之規定。

本條文基本上與第四階段修憲條文第九條相同，惟因臺灣省省議員及臺灣省省長之選舉業已取消，原先第二項之規定已不具時效，故予刪除。其他相關之解釋及說明，請參見第四階段修憲條文第九條之文字。

第十條（經濟發展、中小企業之扶助、金融機構企業化經營、婦女之保障、全民健保、身心障礙者之保障、原住民之保障等）

國家應獎勵科學技術發展及投資，促進產業升級，推動農漁業現代化，重視水資源之開發利用，加強國際經濟合作。

經濟及科學技術發展，應與環境及生態保護兼籌並顧。

國家對於人民興辦之中小型經濟事業，應扶助並保護其生存與發展。

國家對於公營金融機構之管理，應本企業化經營之原則；其管理、人事、預算、決算及審計，得以法律為特別之規定。

國家應推行全民健康保險，並促進現代和傳統醫藥之研究發展。

國家應維護婦女之人格尊嚴，保障婦女之人身安全，消除性別歧視，促進兩性地位之實質平等。

國家對於身心障礙者之保險與就醫、無障礙環境之建構、教育訓練與就業輔導及生活維護與救助，應予保障，並扶助其自立與發展。

國家應重視社會救助、福利服務、國民就業、社會保險及醫療保健等社會福利工作；對於社會救助和國民就業等救濟性支出應優先編列。

國家應尊重軍人對社會之貢獻，並對其退役後之就學、就業、就醫、就養予以保障。

教育、科學、文化之經費，尤其國民教育之經費應優先編列，不受憲法第一百六十四條規定之限制。

國家肯定多元文化，並積極維護發展原住民族語言及文化。

國家應依民族意願，保障原住民族之地位及政治參與，並對其教育文化、交通水利、衛生醫療、經濟土地及社會福利事業予以保障扶助並促其發展，其辦法另以法律定之。對於澎湖、金門、馬祖地區人民亦同。

國家對於僑居國外國民之政治參與，應予保障。

本條係有關國家基本政策之條文，每次修憲時均有增添。第五次增修條文增加八、九兩項，前者（第八項）係強調對社會救助、福利服務、國民就業、社會保險及醫療保健等社會福利工作的重視，政府對相關預算應優先編列。後者（第九項）則是肯定軍人對社會的貢獻，並對軍人退役後之就學、就業、就醫、就養等應予優惠與保障。兩項均屬社會福利及公共政策之範疇，對政府施政具宣示性意義。

此外，在第十一項中，增加澎湖地區，以示對離島民眾權利與福祉的重視。

第十一條 （兩岸人民關係法之訂定）

自由地區與大陸地區間人民權利義務關係及其他事務之處理，得以法律為特別之規定。

本條文未修正，請參照前文所作之解釋說明。

第六節　第六階段修憲內容分析

在第五階段修憲中，國民大會不顧民意與輿論的強烈反對，強行通過了「自肥」與「延任」條款，在上一節中，對此已有清楚的解釋與批判。儘管國民大會藉強行修憲使此一荒謬的規定「合憲化」，但終於面臨釋憲機構——司法院大法官會議的反制。大法官會議在民國八十九年三月二十二日公布的釋字第四九九號解釋令中，認為國民大會在第五次修憲時自肥與延任的作法，違背了基本的「憲政民主」原則與「程序正當」原則，應屬無效。換言之，第五次修憲中的相關規定應失其效力。緊接著，中央選舉委員會根據此一解釋，認定第三屆國民大會自行延任兩年的修憲規定（見第五階段修憲條文第四條），已失其效力，乃立即公布國民大會應於民國八十九年四月二十九日進行改選，以選出第四屆國民大會代表，並與新當選的總統、副總統，於五月二十日同時就任新職。

但是，想「延任」與「自肥」而不成的第三屆國民大會代表，立刻就對大法官會議的解釋強烈反彈。他們認為，「國民大會才是唯一合法的制憲者與修憲者」，除了國民大會之外，沒有任何其他機關可以改變此一憲政規範。換言之，國民大會「想怎麼修憲就可以怎麼修憲」，「沒有任何其他憲政機關可以制衡國民大會」。基於此，第五階段修憲時「延任」與「自肥」的規範是不可能改變的，絕沒有所謂「失其效力」的問題。更有部分國大代表揚言還要進一步修憲，廢掉大法官會議，甚至威脅大法官們，要讓最高法院取代大法官會議，成為新的釋憲機關。此外，他們也指責中央選舉委員會作了錯誤的決定，國民大會不應改選，他們延任兩年的規定應屬有效，自動延任至民國九十一年六月三十日為止。

但是，絕大部分的民意與輿論卻肯定大法官會議的釋憲文，也支持中央選舉委員會依此一解釋而決定國民大會重新改選。國民大會代表在自知理虧而正當性又嚴重不足的尷尬處境中，乃急轉直下，轉而採取了另一項殺手鐧，在考慮到自身「延任不成」與「連任困難」的雙重壓力下，他們轉而要求「自廢國大」，將國民大會改為「非常設機關」。換言之，他們決定從根本著手，再度修憲，自我了斷，取消國民大會的基本職權與定期集會之規範，讓過去歷次修憲中為國大擴權的所有規定一筆勾銷，一切歸「零」。因為，唯有讓國民大會「虛位化」，才能迫使中央選舉委員會取消「改選國大」的決定，也才能避免在四月二十九日國大代表改選時，被選民唾棄，甚至落選的現實壓力。

但是，國民大會代表的修憲想法，卻再次受到輿論與公議的交相指責，其中主要的質疑論點如次：

第一、國民大會「自廢武功」、「自行削權」的作法，固然有其背景與理由，但這卻是國大代表在「擴權」、「延任」與「自肥」不成之後的激烈轉折，凸顯了嚴重的情緒性與荒謬性。更何況，國民大會代表的任期在民國八十九年五月十九日即結束，在任期結束之前未滿兩個月之內要推動如此大幅度的修憲，是否適宜，是否真能反映「真實的民意」，而在「程序正義」上是否允當，也是有待深究的。

第二、中華民國總統在民國八十九年三月十八日完成了改選，陳水扁先生與呂秀蓮女士分別當選總統、副總統，即將在五月二十日就任。但是國民大會卻趕在總統、副總統就任之前（也是國大代表即將卸任之前），匆忙進行大幅度的修憲，卻不讓新選出的國大代表，根據最新的民意，進行慎重的修憲。這實係修憲正當性不足的另一項惡例，絕不足取。

除此之外，國民黨與民進黨兩黨國大代表，也深恐剛落選的總統候選人宋楚瑜（此時已成立了親民黨），藉國民大會的改選而成功地在政壇建立起新的橋頭堡，進而形成國、民、親三黨勢均力敵的態勢。這也是兩大黨從政治現實與權謀角度出發，亟於再度聯手修憲，迫使國大改選告停的另一項考慮因素。

基於此，儘管民意與輿論對於國民大會再度修憲的正當性嚴重質疑，但國民大會再度強渡關山，趕在任期結束之前完成了第六次修憲，並且在第四屆國民大會代表選舉之前，從修憲根本之途著手，取消了國民大會改選的憲政法源。因此，在一般憲政民主國家藉「定期改選」以反映民意、鑑別良窳的民主機制，在臺澎金馬地區卻因國大代表的權謀運作、激烈轉折，而根本改弦易轍。

到底國民大會應否維持其「政權機關」的基本功能？若從六次修憲的過程與品質分析，國民大會代表的表現的確不佳，普遍受人詬病，且與民意嚴重脫節。但此一困境同樣也出現在主要的民意機構——立法院之上。而且後者為黑金政治污染的情況更為嚴重，問政品質也廣為社會大眾所訾議。基於此，光從國民大會代表的表現不佳與民意脫節一項，實不足以構成「取消國大」的充分理由。

再就民主國家究竟應否設置「兩院制國會」分析，此實為見仁見智的問題，因為無論是「一院制」或「兩院制」，都有其成功與失敗的條件及背景。而且在實施「兩院制」的民主國家中，國會兩院的權力未必相同，有時是一強一弱，有時甚至出現「一個半國會」的特殊現象（如挪威，在大選時先統一選出一院制的國會議員，在議員就任後再劃分為兩院，三分之一擔任上議院議員，另外三分之二出任下議院議員）。

但是，根據美籍荷裔學者李帕特（Arend Lijphart）的分析[13]，在全球三十六個民主國家中，絕大部分均採行

[13] 參見 Arend Lijphart, *Patterns of Democracy: Government Forms and Performance in Thirty-Six Countries.* (Yale University

「兩院制」國會（見附表一），此一國際民主經驗的歸納，雖然不足以作為國民大會應否存在，以及設置「兩院制」國會的判準，但卻可讓吾人進一步思索：對於中華民國這樣一個新興民主政體而言，究竟應該建立起何種穩定的民主代議機制？對於未來的修憲者而言，這些國際民主發展的經驗與教訓，更是規劃未來憲政藍圖時不可忽略的參考方略。基於此，第三屆國民大會在任期結束前一、兩個月，因擴權、延任不成而急轉直下，匆忙將國民大會變為「非常設機關」的作法，實可視為另一項憲政上的錯誤示範。

附表一　全球三十六個民主國家的國會結構圖

類型
1. 強勢的兩院制：兩院職權對稱但任期不一致 澳洲、瑞士、德國、美國、哥倫比亞（一九九一以後）
2. 中度強勢的兩院制：兩院職權對稱且任期一致 比利時、日本、義大利、荷蘭、哥倫比亞（一九九一以前）、丹麥（一九五三以前）、瑞典（一九七〇以前）
3. 中度強勢的兩院制：兩院職權既不對稱且任期不一致 加拿大、法國、印度、西班牙、委內瑞拉
4. 中度強勢與弱勢之間的兩院制： 波札那、英國
5. 弱勢的兩院制：兩院職權不對稱但任期一致 奧地利、愛爾蘭、瑞典、巴哈馬、牙買加、紐西蘭（一九五〇以前）、巴貝多、千里達

Press, 1999) 第十一章。本文附表見該書頁二一二。

6. 一院半體制： 挪威、愛爾蘭（一九九一以前）
7. 一院制： 哥斯大黎加、馬爾他、丹麥、芬蘭、毛里西斯、紐西蘭、希臘、巴布亞新幾內亞、以色列、葡萄牙、盧森堡、愛爾蘭（一九九一以後）、瑞典（一九七〇以後）

說明：1.兩院制國家的國會通常分為三種類型：

①採取聯邦制，分設「參議院」（代表各州或各邦）及「眾議院」（代表全國人民，採某一人口基數為其選區劃分標準，但各州或各邦人口無論多寡，至少均有一位眾議院議員）。美國、德國、澳洲為此一類型之代表。

②採取君主立憲制度，由傳統沿襲而來，分設「上議院」（過去稱為「貴族院」）及「下議院」（過去稱為「平民院」）。英國、日本為其代表。

③多民族國家，為解決多元族裔的代表問題，設置「聯盟院」（或稱「聯邦院」）及「民族院」（以各民族為單位，設置不同名額的「民族代表」，擔任國會議員），解體前的蘇聯及南斯拉夫為其代表。

2.採行一院制的民主國家，均為人口較少的小國家，其中人口數以希臘居首（一〇五〇萬人）、瑞典居次（八八〇萬人），其餘各國人數均少於前二者，人口均較我國為少。

本表分類資料，引自 Arend Lijphart 所著：前揭書，頁二一二。標題及說明文字為本書作者所加。

第一條（國代之人數、分配及職權）

國民大會代表三百人，於立法院提出憲法修正案、領土變更案，經公告半年，或提出總統、副總統彈劾案時，應於三個月內採比例代表制選出之，不受憲法第二十六條、第二十八條及第一百三十五條之限制。比例代表制之選舉方式以法律定之。

國民大會之職權如左，不適用憲法第四條、第二十七條第一項第一款至第三款及第二項、第一百七十四條第一款之規定：

一、依憲法第二十七條第一項第四款及第一百七十四條第二款之規定，複決立法院所提之憲法修正案。

二、依增修條文第四條第五項之規定，複決立法院所提之領土變更案。

三、依增修條文第二條第十項之規定，議決立法院提出之總統、副總統彈劾案。

國民大會代表於選舉結果確認後十日內自行集會，國民大會集會以一個月為限，不適用憲法第二十九條及第三十條之規定。

國民大會代表任期與集會期間相同，憲法第二十八條之規定停止適用。第三屆國民大會代表任期至中華民國八十九年五月十九日止。國民大會職權調整後，國民大會組織法應於二年內配合修正。

增修條文第一條包括了下列各項主要內容：

(一)國民大會代表的名額、產生條件及選舉方式。

(二)國民大會之職權。

(三)國民大會集會方式及集會期限。

(四)國民大會代表之任期及其他相關規範。

一、在本次修憲後，國民大會變成「非常設」機關。只有當立法院提出憲法修正案、領土變更案，以及對總統、副總統提出彈劾案等三項後，國民大會才會擇期召開。換言之，國民大會已由過去的擴權，增設議長、副議長，每年至少集會一次，並聽取總統國情報告，改為不定期、非常設，甚至可能歸於「虛設」的備位機關。

關於國民大會產生之條件，分為三項：

(1)立法院提出憲法修憲案後，經公告半年，召開國民大會。

(2)立法院提出領土變更案後，經公告半年，召開國民大會。

(3)立法院提出總統、副總統彈劾案後，三個月內召開國民大會。

至於上列三項通過之要件，則為：

(1)修憲案：依據憲法第一百七十四條第二款之規定：「由立法院立法委員四分之一之提議，四分之三之出席，及出席委員四分之三之決議，擬定憲法修正案，提請國民大會複決。」至於國民大會行使複決權之通過要件，依一般之通例，以過半數（國大代表總額之二分之一）之多數即為通過。

(2)領土變更案：依據增修條文第四條第五項之規定：「中華民國領土，依其固有之疆域，非經全體立法委員四分之一之提議，全體立法委員四分之三之出席，及出席委員四分之三之決議，並提經國民大會代表總額三分之二之出席，出席代表四分之三之複決同意，不得變更之。」其通過之要件顯然比前一項嚴格。

(3)對總統、副總統之彈劾案：依據憲法增修條文第四條第七項之規定，「立法院對於總統、副總統之彈劾案，須經全體立法委員二分之一以上之提議，全體立法委員三分之二以上之決議，向國民大會提出」；至於國民大會通過的要件，依據憲法增修條文第二條第十項之規定，則為「國民大會代表總額三分之二同意」，被彈劾人應即解職。

關於國民大會代表選舉方式，依本項規定，係採「比例代表制」方式產生，換言之，係由各政黨推舉代表產生，至於選舉制度之相關規範，則另以法律規定。由於此一選舉法之規範尚未制定，其細節無從得知。但選舉採「比例代表」方式產生國民大會代表，則顯已違背憲法第二十五條之規定：「國民大會……代表全國國民行使政權」。因為各政黨之代表只能代表各自的政黨，甚至只代表超過當選門檻的各主要政黨（而非所有政黨），但卻不可能代表「全國國民」，此實係採取完全之「比例代表制」選舉方式的一大缺憾。

此外，由於憲法修正案、領土變更案及對總統、副總統的彈劾案均係由立法院所提出，而立法院本係政黨政治運作之中心，若此三案能得到絕大多數立委之同意，各主要政黨顯已形成共同認可之基本共識。若再要求國民大會代表「全國國民」，對此三案進行複決投票以求其慎重，避免立法院的擅權與濫權，則非政黨代表之一般國民，實應在國民大會中有其適當之代表。否則「非政黨人物」若無法在國民大會中取得一定之席位，則國民大會在行使複決投票時，實無異成為立法院各主要政黨之橡皮圖章，不過是秉承各政黨之命，虛應故事一番。如此一來，又何須召開國民大會，多一道程序？

凡是憲政民主國家，無論採取「雙國會制」或行使兩輪式的複決制（先由議會第一院通過，再由另一院通過；或先由議會通過，再交公民複決通過），無不希望藉助兩輪投票（或複決）之多重民意及複式程序，使決策更趨穩健，以避免單一機關專權、擅權。但在此次修憲中，卻決定採取完全比例代表的選舉方式，實無異戕害了一般國民及非政黨人士的參政權與代議權，誠屬嚴重之缺憾！

二、依據前項規定之召開要件，國民大會之職權已萎縮為上述三項單一任務，亦即對憲法修憲案，領土變更案及總統、副總統之彈劾案，行使複決權，並無其他職權。

三、國民大會於選舉結果確認後十日內自行集會，而無須由總統召集。但其任期僅為「一個月」，而非過去的「一任六年」或「一任四年」。這更確定國民大會「非常設機關」的基本特性。

四、在第五階段修憲時，國民大會自行延長任期的規定因違憲而屬無效，任期至八十九年五月十九日為止。國民大會組織法也因其職權大幅度萎縮，而應於兩年內配合修正。民國九十一年五月十九日，國民大會秘書處已正式結束，由立法院處理相關業務。

第二條（總統、副總統之選舉、罷免及彈劾）

總統、副總統由中華民國自由地區全體人民直接選舉之，自中華民國八十五年第九任總統、副總統選舉實施。總統、副總統候選人應聯名登記，在選票上同列一組圈選，以得票最多之一組為當選。在國外之中華民國自由地區人民返國行使選舉權，以法律定之。

總統發布行政院院長與依憲法經立法院同意任命人員之任免命令及解散立法院之命令，無須行政院院長之副署，不適用憲法第三十七條之規定。

總統為避免國家或人民遭遇緊急危難或應付財政經濟上重大變故，得經行政院會議之決議發布緊急命令，為必要之處置，不受憲法第四十三條之限制。但須於發布命令後十日內提交立法院追認，如立法院不同意時，該緊急命令立即失效。

總統為決定國家安全有關大政方針，得設國家安全會議及所屬國家安全局，其組織以法律定之。

總統於立法院通過對行政院院長之不信任案後十日內，經諮詢立法院院長後，得宣告解散立法院。但總統於戒嚴或緊急命令生效期間，不得解散立法院。立法院解散後，應於六十日內舉行立法委員選舉，並於選舉結果確認後十日內自行集會，其任期重新起算。

總統、副總統之任期為四年，連選得連任一次，不適用憲法第四十七條之規定。

副總統缺位時，總統應於三個月內提名候選人，由立法院補選，繼任至原任期屆滿為止。

總統、副總統均缺位時，由行政院院長代行其職權，並依本條第一項規定補選總統、副總統，繼任至原任期屆滿為止，不適用憲法第四十九條之有關規定。

總統、副總統之罷免案，須經全體立法委員四分之一之提議，全體立法委員三分之二之同意後提出，並經中華民國自由地區選舉人總額過半數之投票，有效票過半數同意罷免時，即為通過。

立法院向國民大會提出之總統、副總統彈劾案，經國民大會代表總額三分之二同意時，被彈劾人應即解職。

本條文內容共分十項：

㈠有關總統、副總統直選之程序規定。

㈡有關行政院院長副署權之設限。

㈢有關總統緊急權力行使之規定。

㈣有關國家安全會議與國家安全局之法定規範。

㈤總統解散立法院之程序規定。

㈥總統、副總統之任期規定。

㈦有關副總統缺位之補選規定。

㈧總統、副總統均缺位時，行政院院長代行職權及補選程序之規定。

㈨有關總統、副總統罷免案之規定。

㈩有關總統、副總統彈劾案之規定。

本條文第㈠、㈢至㈧項請參閱第四階段修憲之相關內容，其餘各項說明如下：

一、中華民國憲法基於「議會內閣制」之精神，規定「總統依法公布法律，發布命令，須經行政院院長之副署，或行政院院長及有關部會首長之副署」（憲法第三十七條），換言之，副署者負實際責任。行政院院長為最高行政首長，自應擔負公布法律與發布命令之全責。但經過歷次修憲之後，權力核心卻逐漸移向總統，尤其是總統對行政院院長，司法院院長、副院長及大法官，考試院院長、副院長及考試委員，以及監察院院長、副院長及監察委員等高層人事之提名權或任命權，均享有完全之實權。因此，總統「發布行政院院長與依憲法經立法院同意任命人員之任免命令」，無須「行政院院長之副署」。換言之，行政院院長對於這些重要職位人員之任免，均無決定權，而總統卻獨享這些人事任命權。

在民國八十一年第二次修憲時，由於取消了國民大會選舉總統、副總統之權，改由全民直選，為恐國大代表反彈，乃於憲法增修條文第十一條中規定，將司法、考試、監察三院的人事同意權移交國民大會行使。但在第六次修憲後，國民大會改為非常設機關，因此上述三院之相關人事同意權又轉交立法院行使。但詭異的是，在西方憲政民主國家國會所普遍行使的閣揆（行政院院長）同意權，竟非立法院所能掌握。這是因為在民國八十五年七月第四次修憲期間，國民黨與民進黨達成協議，民進黨同意取消立法院的閣揆同意權，而國民黨則同意取消臺灣省長選舉，並採取「精省」（將臺灣省政府虛級化）措施。在第六次修憲時，國、民兩黨的執政、在野地位互換，但依然達成政黨協議，將國民大會職權大幅度削減，並決定由立法院取得了對司法、考試、監察三院高層人事的同意權，但依然獨缺原先憲法本文規定的對行政院院長的同意權。這均係由於修憲過程一波三折、修憲主導者師心自用所致。

如果今後還有第七次、第八次的修憲，撇開政治權謀與政黨交易不論，到底立法院應該掌控哪些同意權呢？平情而論，立法院實係常設性國會，亦即政黨互動與政治決策之重心，而行政院又必須對立法院負責。因之，為了落實「責任內閣制」精神，並強化行政、立法兩院間之制衡關係，則行政院院長必須得到立法院的充分信任，因此立法院對行政院院長的同意權應予恢復。

至於司法、考試、監察三院的高層人事，因其必須超脫政黨政治，強調公正中立及專業形象，則不宜由立法委員對其直接行使同意權之審查任務。立法院應選出若干公正專業人士，組成審查委員會，對被提名之三院人員進行審慎細密之資格審查，其過程不應公開，最後則逐一進行可否同意之推薦性投票，再報請立法院進行同意權之投票。換言之，行政院院長必須肩負起最高行政首長之責，立法院之同意權實不容或缺。而司法、考試與監察三院之高層人事，則必須超越黨派、公正廉明，且饒負專業知能，因此反而不宜由立法委員對其直接行使同意權。由此看來，過去六次修憲的結果，顯然是失當而歧出的轉折。

至於「解散立法院之命令」，則應由行政院院長負其責。因此修憲取消行政院院長對此命令之副署權，已違背了權責相符的民主制衡原則，亟應補救，迅予恢復。

二、在第六次修憲中，原屬國民大會對總統、副總統之罷免權，移往立法院。這是立法院新增加的一項重要權限。由全體立法委員四分之一提議，全體立法委員三分之二同意後提出，交付全體選民投票。若經選舉人（全體選民）總額過半數之投票，有效票過半數同意罷免時，即為通過。此一程序規定十分嚴格，極不易通過。若選民通過罷免總統，依憲法第四十九條之規定：「總統缺位時，由副總統繼任，至總統任期屆滿為止。」若係副總統被罷免，則依本條文第七項規定，總統應於三個月內提名候選人，由立法院補選，繼任至原任期屆滿為止。若係總統、副總統均被罷免，則依本條文第八項之規定，應由選民直選，繼任至原任期屆滿為止。

三、憲法本文對於彈劾總統之規定，見於憲法第一百條：「監察院對於總統、副總統之彈劾案，須有全體監察委員四分之一以上之提議，全體監察委員過半數之審查及決議，向國民大會提出之。」修憲後，此一規定凍結。在第四階段修憲時進一步將此一權限移往立法院行使，條件則益趨嚴格。規定由立法院全體立法委員二分之一以上之提議，全體立法委員三分之二以上之決議，向國民大會提出，若經國民大會代表總額三分之二同意，被彈劾人應即解職（參見下文增修條文第四條第七項之說明）。

第三條　（行政院院長之任命、代理、行政院對立法院負責）

行政院院長由總統任命之。行政院院長辭職或出缺時，在總統未任命行政院院長前，由行政院副院長暫行代理。憲法第五十五條之規定，停止適用。

行政院依左列規定，對立法院負責，憲法第五十七條之規定，停止適用：

一、行政院有向立法院提出施政方針及施政報告之責。立法委員在開會時，有向行政院院長及行政院各部會首長質詢之權。

二、行政院對於立法院決議之法律案、預算案、條約案，如認為有窒礙難行時，得經總統之核可，於該決議案送達行政院十日內，移請立法院覆議。立法院對於行政院移請覆議案，應於送達十五日內作成決議。如為休會期間，立法院應於七日內自行集會，並於開議十五日內作成決議。覆議案逾期未議決者，原決議失效。覆議時，如經全體立法委員二分之一以上決議維持原案，行政院院長應即接受該決議。

三、立法院得經全體立法委員三分之一以上連署，對行政院院長提出不信任案。不信任案提出七十二小時後，應於四十八小時內以記名投票表決之。如經全體立法委員二分之一以上贊成，行政院院長應於十日內提出辭職，並得同時呈請總統解散立法院；不信任案如未獲通過，一年內不得對同一行政院院長再提不信任案。

國家機關之職權、設立程序及總員額，得以法律為準則性之規定。

各機關之組織、編制及員額，應依前項法律，基於政策或業務需要決定之。

請參閱第四階段修憲第三條之相關說明。

第四條（立法委員之人數及分配）

立法院立法委員自第四屆起二百二十五人，依左列規定選出之，不受憲法第六十四條之限制：

一、自由地區直轄市、縣市一百六十八人。每縣市至少一人。

二、自由地區平地原住民及山地原住民各四人。

三、僑居國外國民八人。

四、全國不分區四十一人。

前項第三款、第四款名額，採政黨比例方式選出之。第一款每直轄市、縣市選出之名額及第三款、第四款各政黨當選之名額，在五人以上十人以下者，應有婦女當選名額一人，超過十人者，每滿十人應增婦女當選名額一人。

立法院於每年集會時，得聽取總統國情報告。

立法院經總統解散後，在新選出之立法委員就職前，視同休會。

中華民國領土，依其固有之疆域，非經全體立法委員四分之一之提議，全體立法委員四分之三之出席，及出席委員四分之三之決議，並提經國民大會代表總額三分之二之出席，出席代表四分之三之複決同意，不得變更之。

總統於立法院解散後發布緊急命令，立法院應於三日內自行集會，並於開議七日內追認之。但於新任立法委員選舉投票日後發布者，應由新任立法委員於就職後追認之。如立法院不同意時，該緊急命令立即失效。

立法院對於總統、副總統之彈劾案，須經全體立法委員二分之一以上之提議，全體立法委員三分之二以上之決議，向國民大會提出，不適用憲法第九十條、第一百條及增修條文第七條第一項有關規定。

立法委員除現行犯外，在會期中，非經立法院許可，不得逮捕或拘禁。憲法第七十四條之規定，停止適用。

本條文內容包括：

㈠立法委員員額及其組成之相關規定。

㈡有關政黨比例代表及婦女保障名額之規定。

㈢立法院聽取總統國情報告之規定。

㈣立法院經總統解散後視同休會。

㈤領土變更案之行使規範。

㈥總統緊急命令權之相關規定。

㈦立法院對總統、副總統彈劾權行使之規定。

㈧立法委員不受逮捕或拘禁之特權。

本條文第㈠、㈥、㈧項請參閱第四、五階段修憲第四條之相關說明，其餘各項說明如次：

一、在第六階段修憲後，增列「立法院於每年集會時，得聽取總統國情報告」，這是一項十分奇特的規定。依據中華民國憲法之基本精神，總統和國民大會均屬「國家」層次，超越五院之上，代表著「政權」機制。而五院則屬「政府」層次，代表「治權」的運作。基於此，在憲法本文中，並無總統赴立法院作國情報告之規定。

但是在民國八十三年第三階段修憲時，為了讓國民大會擴權，變成每年定期開會，乃於增修條文第一條中增列「國民大會集會時，得聽取總統國情報告」。此一規定在第四、第五兩階段修憲時均予維持。但國民大會代表依法並無對總統質詢之權。換言之，總統的國情報告係形式意義大於實質意義。在第六階段修憲後，轉將總統之國情報告移至立法院，但卻無配套的質詢之權，總統並不對立法院負責。相對的，總統任命的行政院院長，卻必須接受立法院的質詢與監督，同時負政治成敗之責。基於此，本項條文的新增規定，並未改變基本的權責關係及制衡機制，可是卻增添了總統與立法院之間的形式化關係。

二、過去憲法本文中並無解散立法院的機制，從民國八十五年第四階段修憲後，總統得應行政院院長之請解散立法院，因此特別增加本項之規定，「立法院經總統解散後，在新選出之立法委員就職前，視同休會」。

三、在第六次修憲中，立法院新增了一項重要權限——領土變更之提議權。在憲法本文的規範中，此一權限本屬國民大會掌有。憲法第四條規定：「中華民國領土，依其固有之疆域，非經國民大會之決議，不得變更之。」現因修憲後國民大會不再係常設性之機關，領土變更之提議權遂轉移至立法院。經立法委員四分之一之提議，全體立法委員四分之三之出席，及出席立委四分之三之決議，領土變更案即告成立，經公告半年後，選出新的國民大會（會期最長只有一個月），對領土變更案進行複決。經國民大會代表總額三分之二之出席，出席代表四分之三之同意，此案即可通過，否則即告失敗。此一程序性規定，凸顯領土變更問題的嚴重性。

四、在第四次修憲中，將對總統、副總統之彈劾權自監察院移至立法院，但卻又將彈劾權之範圍，僅限於總統、副總統之內亂、外患。至於內亂、外患以外之行為是否可予彈劾，則曖昧不明，並曾引起輿論界及學術界之爭議。在第六次修憲後，則取消了內亂、外患等條件限制，其他違法失職行為亦可列入彈劾權之範圍，終於解決了是項爭擾。

至於彈劾之程序，則採取嚴格審慎原則。須經全體立法委員二分之一以上之提議，全體立法委員三分之二以上之決議，彈劾案方才成立。在三個月內，選出新的國民大會，再經國民大會代表總額三分之二之同意，被彈劾人應即解職。如係總統被彈劾解職，依憲法第四十九條規定，「由副總統繼任，至總統任期屆滿為止」。若被彈劾人為副總統，則依憲法增修條文第二條之規定，應於三個月內由總統提名候選人，由立法院補選，繼任至原任期屆滿為止。

第五條（司法院院長、副院長、大法官之提名、任命、任期、憲法法庭之組成、違憲之定義及概算之不得刪減）

司法院設大法官十五人，並以其中一人為院長、一人為副院長，由總統提名，經立法院同意任命之，自中華民國九十二年起實施，不適用憲法第七十九條之規定。司法院大法官除法官轉任者外，不適用憲法第八十一條及有關法官終身職待遇之規定。

司法院大法官任期八年，不分屆次，個別計算，並不得連任。但並為院長、副院長之大法官，不受任期之保障。

中華民國九十二年總統提名之大法官，其中八位大法官，含院長、副院長，任期四年，其餘大法官任期為八年，不適用前項任期之規定。

司法院大法官，除依憲法第七十八條之規定外，並組成憲法法庭審理政黨違憲之解散事項。

政黨之目的或其行為，危害中華民國之存在或自由民主之憲政秩序者為違憲。

司法院所提出之年度司法概算，行政院不得刪減，但得加註意見，編入中央政府總預算案，送立法院審議。

本條文分為六項：

㈠司法院院長、副院長與大法官之組成，以及產生之方式。

㈡司法院大法官之任期。

㈢民國九十二年提名之大法官，有關任期之特別規定。

㈣憲法法庭之相關規定。

㈤政黨違憲之規定。

㈥有關司法概算之規定。

本條文第㈠項說明如下，餘請參照第四階段修憲第五條之說明。

憲法第七十九條規定：「司法院設大法官若干人。」《司法院組織法》第三條規定：「司法院設大法官會議，以大法官十七人組織之，行使解釋憲法並統一解釋法律命令之職權。」第五條規定：「大法官之任期，每屆為九年。」上述之各項規定，在第四次修憲時已作了大幅度的改變，第六次修憲後再做調整。首先，大法官人數自十七人改為十五人，而且「以其中一人為院長、一人為副院長，由總統提名，經立法院同意任命之」，換言之，院長、副院長並為大法官，此係過去所無之規定。由於大法官的任期至民國九十二年終止，因此特別規定，本項「自中華民國九十二年起實施，不適用憲法第七十九條之規定」。此外，司法院大法官若非出自法官系統（例如學者、律師或政務官出身），則不適用憲法第八十一條有關「法官終身職」之規範，亦不得享有法官之終身職待遇。此一規範，原無須列在憲法之中，但因部分國民大會代表對大法官釋字第四九九號解釋始終難以釋懷，乃堅持將上述規定列入增修條文中，遂出現此一瑣細之規定。

第六條　（考試院之職權、院長、副院長、考試委員之提名及任命）

考試院為國家最高考試機關，掌理左列事項，不適用憲法第八十三條之規定：

一、考試。

二、公務人員之銓敘、保障、撫卹、退休。

三、公務人員任免、考績、級俸、陞遷、褒獎之法制事項。

考試院設院長、副院長各一人，考試委員若干人，由總統提名，經立法院同意任命之，不適用憲法第八十四條之規定。

憲法第八十五條有關按省區分別規定名額，分區舉行考試之規定，停止適用。

本條分為三項內容：

㈠有關考試院職掌之規範。

㈡考試院高層人事同意權之行使。

㈢分區考試規定之停用。

第㈡項說明如下，餘請參考第四階段修憲第六條之說明。

考試院院長、副院長及考試委員，過去依憲法第八十四條之規定，係由總統提名，經監察院同意任命之。修憲後因監察院不具同意權，則改交由國民大會行使。第六次修憲後再度因為國民大會已非常設之機關，遂改由立法院行使是項同意權。如前所述，考試委員本應超越黨派，獨立行使職權，則同意權實不宜由黨派色彩濃厚的立委直接行使，已如前述。

至於考試委員之名額，則仍依照憲法本文之規定，並未予定額之規範。但是在《考試院組織法》第三條中，則明定「考試委員名額定為十九人」，在歷次修憲時，均未將此名額列入增修條文之中，繼續維持著「考試委員若干人」的規定。此係與監察院部分規定「監察委員定為二十九人」不同之處。

第七條 （監察院之職權、院長、副院長、監察委員之產生及彈劾權之行使）

監察院為國家最高監察機關，行使彈劾、糾舉及審計權，不適用憲法第九十條及第九十四條有關同意權之規定。

監察院設監察委員二十九人，並以其中一人為院長、一人為副院長，任期六年，由總統提名，經立法院同意任命之。憲法第九十一條至第九十三條之規定停止適用。

監察院對於中央、地方公務人員及司法院、考試院人員之彈劾案，須經監察委員二人以上之提議，九人以上之審查及決定，始得提出，不受憲法第九十八條之限制。

監察院對於監察院人員失職或違法之彈劾，適用憲法第九十五條、第九十七條第二項及前項之規定。

監察委員須超出黨派以外，依據法律獨立行使職權。

憲法第一百零一條及第一百零二條之規定，停止適用。

本條文共分六項：

㈠監察院職掌之調整。

㈡監察委員之名額、任期及同意、任命方式。

㈢彈劾權行使之要件。

㈣對監察院人員彈劾之規定。

㈤監察委員獨立職權行使之規定。

㈥憲法相關條文停止適用之規定。

在修憲之後，監察院對總統、副總統之彈劾權均已取消，並移往立法院。在本條文中原先有關彈劾總統、副總統之規定，亦已一併取消。餘請參閱第四階段修憲第七條之解釋。

第八條　（立委及國代集會之報酬、待遇之訂定）

立法委員之報酬或待遇，應以法律定之。除年度通案調整者外，單獨增加報酬或待遇之規定，應自次屆起實施。國民大會代表集會期間之費用，以法律定之。

國民大會在第五次修憲時公然違背此一條文之規範，自行延任兩年，引起國人大譁，終於面臨大法官釋憲之裁判，最後被迫再行修憲，將國民大會改為非常設機關，即係因此一條文規範所致。

第九條　（省、縣地方制度之訂定）

省、縣地方制度，應包括左列各款，以法律定之，不受憲法第一百零八條第一項第一款、第一百零九條、第一百十二條至第一百十五條及第一百二十二條之限制：

一、省設省政府，置委員九人，其中一人為主席，均由行政院院長提請總統任命之。

二、省設省諮議會，置省諮議會議員若干人，由行政院院長提請總統任命之。

三、縣設縣議會，縣議會議員由縣民選舉之。

四、屬於縣之立法權，由縣議會行之。

五、縣設縣政府，置縣長一人，由縣民選舉之。

六、中央與省、縣之關係。

七、省承行政院之命，監督縣自治事項。

臺灣省政府之功能、業務與組織之調整，得以法律為特別之規定。

請參考第四階段修憲內容之相關解釋。

第十條　（經濟發展、中小企業之扶助、金融機構企業化經營、婦女之保障、全民健保、身心障礙者之保障、原住民之保障等）

國家應獎勵科學技術發展及投資，促進產業升級，推動農漁業現代化，重視水資源之開發利用，加強國際經濟合作。

經濟及科學技術發展，應與環境及生態保護兼籌並顧。

國家對於人民興辦之中小型經濟事業，應扶助並保護其生存與發展。

國家對於公營金融機構之管理，應本企業化經營之原則；其管理、人事、預算、決算及審計，得以法律為特別之規定。

國家應推行全民健康保險，並促進現代和傳統醫藥之研究發展。

國家應維護婦女之人格尊嚴，保障婦女之人身安全，消除性別歧視，促進兩性地位之實質平等。

國家對於身心障礙者之保險與就醫、無障礙環境之建構、教育訓練與就業輔導及生活維護與救助，應予保障，並扶助其自立與發展。

國家應重視社會救助、福利服務、國民就業、社會保險及醫療保健等社會福利工作，對於社會救助和國民就業等救濟性支出應優先編列。

國家應尊重軍人對社會之貢獻，並對其退役後之就學、就業、就醫、就養予以保障。

教育、科學、文化之經費，尤其國民教育之經費應優先編列，不受憲法第一百六十四條規定之限制。

國家肯定多元文化，並積極維護發展原住民族語言及文化。

國家應依民族意願，保障原住民族之地位及政治參與，並對其教育文化、交通水利、衛生醫療、經濟土地及社會福利事業予以保障扶助並促其發展，其辦法另以法律定之。對於澎湖、金門及馬祖地區人民亦同。

國家對於僑居國外國民之政治參與，應予保障。

本條文共分下列十三項：

(一)獎勵科技發展，促進產業升級。

(二)經濟與科技發展，應兼顧環境及生態保護。

(三)對中小企業之保障。

(四)公營金融機構本企業化之原則經營管理。

(五)全民健康保險之相關規定。

(六)婦女權益保障及兩性平權之相關規定。

(七)身心障礙者之權益保障。

(八)重視社會救助、福利服務、國民就業及相關預算之規定。

(九)對退伍軍人之權益保障。

(十)教育、科學、文化經費不再受憲法第一百六十四條規定之限制。

(十一)對多元文化及原住民文化的重視。

(十二)對原住民族及澎湖、金門、馬祖人民權益之保障。

㈢對於僑民參政權之保障。

第㈧、㈨項說明如下，餘請參閱第四階段修憲內容相關之說明。

在第五次修憲時，增列了第㈧、㈨兩項條文。第㈧項係強調對社會救助、福利服務、國民就業、社會保險及醫療保健等社會福利工作的重視，並優先編列相關之預算。第㈨項則強調對軍人的權益保障，肯定軍人對社會之貢獻。並對軍人退役後之就學、就業、就醫、就養等予優惠與保障。

此二項新增之條文均屬社會福利之範疇，與㈤、㈥、㈦等三項合併觀之，凸顯出國民大會代表對此類公共政策之高度重視。但若要求詳盡且能與時俱進，則只有經常透過修憲途徑予以變動調整，此實與憲法只對基本國策做「原則性規定」的基本原理不盡相符。

以美國修憲過程為例，一九一九年通過的修正案第十八條中規定，禁止「酒類之製造、銷售與運輸」，此即有名的「禁酒條款」，此本屬公共政策之範疇，以普通立法規範禁止即可。但在一九三三年憲法第二十一條修正案中，卻因此一禁令已經時過境遷，不合時宜，只有規定「憲法修正案第十八條自此廢止」。由此可見，在憲法條文（及修正條文）中，實不宜作受時效限制，或過為細瑣之政策規範，以免一修再修，失之粗率。

第十一條　（兩岸人民關係法之訂定）

自由地區與大陸地區間人民權利義務關係及其他事務之處理，得以法律為特別之規定。

本條條文係承襲自第一階段修憲之憲法增修條文第十條。

第七節　第七階段修憲內容分析

由於在第五階段修憲中，國民大會強行通過了「自肥」與「延任」條款，招致社會大眾的物議，並被司法院大法官會議的釋字第四九九號解釋令認定為無效；國民大會修憲的正當性 (legitimacy) 頓失。加上國民黨與民進黨唯恐其他政治勢力（如親民黨）透過國大選舉而奠定政治地位，乃聯手完成第六階段修憲，將國民大會由原先的「常設性」機關，修改為「任務型」的「非常設性」機關。

依照第六階段修憲後憲法增修條文第一條之規定，「國民大會代表三百人，於立法院提出憲法修正案、領土變更案，經公告半年，或提出總統、副總統彈劾案時，應於三個月內採比例代表制選出之。」在同一條文中，還進一步凍結了原先憲法第二十七條之規定，亦即取消了國民大會修憲之權力，而將國民大會之權限，限制為「複決立法院所提之憲法修正案」這一項，至於原先憲法所規定之「選舉、罷免總統、副總統」、「修改憲法」等權，則均予凍結。

由於國民大會不再掌握主動性的修憲權，而國民黨與民進黨這兩大政黨勢力，又已聯手達成廢除國民大會、變更選舉制度與奠定兩黨體制等共識，立法院乃於民國九十三年八月二十三日第五屆第五會期第一次臨時會第三次會議中，通過了憲法修正案（於八月二十六日公告），這是行憲以來立法院第一次提出的憲法修正案。換言之，這是行憲以來第一次非經由國民大會主動提出憲法修正案，而係由立法院提出，由國民大會進行複決。這是第七次修憲不同於前六次修憲的首要之處。

其次，由於第七次修憲係由立法院提出憲法修正案，再由國民大會複決，間隔達半年之久。對於憲法修正案之具體內容，一般社會大眾多無認識，在選舉國民大會代表時，投票率更低至二三%，足見選民對此毫不關心。但在專業的法政專家部分，則大多傾向反對意見（後文詳述），對立法院所提出之憲法修正案多不表苟同。可是，由於選民投票率過低，國、民兩大政黨又以黨紀約束黨籍國大代表，結果依然在輿論物議、社會譁然的情況下，堅持完成第七次修憲，其政治後果及憲政影響則是備受爭議。

第七次修憲一共修正第一條、第二條、第四條、第五條、第八條等五條條文，並增訂第十二條。其要旨如次⓮：

一、有關國會改革部分：

1. 立法委員任期自第七屆起由三年改為四年。

2. 立法委員總額自第七屆起由二百二十五人改為一百一十三人，即立委席次減半，其中，自由地區直轄市、縣市七十三人，每縣市至少一人。自由地區平地原住民及山地原住民各三人。全國不分區及僑居國外國民共三十四人。

3. 立法委員選舉改採單一選區兩票制，即單一選區制與比例代表制混合之兩票制。直轄市、縣市選出之區域立法委員部分，係「依各直轄市、縣市人口比例分配，並按應選名額劃分同額選舉區選出之」，採行單一選區制選舉，每一選區選出立委一人。全國不分區及僑居國外國民立法委員部分，係「依政黨名單投票選舉之，由獲得百分之五以上政黨選舉票之政黨依得票比率選出之」，採比例代表制選舉，且設有百分之五之席次分配門檻，

⓮ 此說明係根據立法院編，〈立法院憲法修正案立法經過及修正內容報告〉，民國九十四年六月。

獲得政黨選舉票百分之五以上的政黨始得分配全國不分區及僑居國外國民立委之席次。在改採單一選區制與比例代表制混合方式之選舉下，選民投票時可投二票，一票投給區域立委選舉的個別候選人，選出直轄市、縣市區域立委；一票投給政黨，選出全國不分區及僑居國外國民立委。在我國此種兩票制下，某一政黨在立委選舉中所獲得之席次，其第一張單一選區的區域選舉結果與第二張投給政黨選舉票的選舉結果是分開計算的，分別計算兩類立法委員當選人名額後，再合計其總席次。此種計算方式與日本的並立制相同，而有別於德國所採行的聯立制⑮。

4.有關婦女保障名額，由於立法委員席次減半及區域立委選舉改採單一選區制，原婦女保障名額之規定在此種情形下難以落實執行，爰加以修正，明定各政黨全國不分區與僑居國外國民立委當選名單中，婦女名額不得低於二分之一。

二、有關廢除國民大會及其職權配套修正移轉部分：

1.廢除國民大會。

2.立法院提出總統、副總統彈劾案後，原係交由國民大會議決，國民大會廢除後，改由司法院大法官組成憲法法庭審理之。

⑮ 有關「聯立制」與「並立制」的比較，參見：龔意琇，〈單一選區兩票制：並立制與聯立制之分析〉，《國政分析》〇九一—〇五四號，民國九十一年七月二十四日。並立制與聯立制都是二票混合制的一種，其設計上的不同處，在於前者將單一選區與比例代表的名額分開計算，彼此互不影響名額；而後者則合併計算，以比例代表（第二票）為主，可修正得票率與議席數的不對稱性。

3.立法院提出領土變更案後，原係由國民大會複決，國民大會廢除後，改由公民投票複決，非經中華民國自由地區選舉人投票複決，有效同意票過選舉人總額之半數，不得變更之。

4.立法院提出憲法修正案後，原係由國民大會複決，國民大會廢除後，改由公民投票複決，經中華民國自由地區選舉人投票複決，有效同意票過選舉人總額之半數，即通過之。

5.配合國民大會廢除，有關國民大會代表集會期間費用之規定予以刪除。

對於上述各項修憲內容，各黨派的政治人物與專業的法政學者，多不以為然，而且表達了強烈的質疑態度。執政的民進黨籍立委林濁水，就在國民大會修憲前夕，表達了強烈的憂慮和不滿⑯：

世界上最魯莽的修憲案即將通過，世界上最超高的修憲門檻已將誕生，增修條文第十二條與其說是修憲條款，因其門檻過高，已成禁止修憲條款，這條款已宣告，類似政府體制這類爭議性較大的議題，修憲將無法過關，所謂二階段修憲已不可能，目前因體制不明的政治亂象不但將持續，而且將持續累積動亂的能量，還將受到因這次魯莽修憲的國會選制之牽動更形擴大。

* * *

今天藍軍控制國會卻無法使綠軍就範，最重要的原因是不敢倒閣（這情形在將來恐有不同），另外就是藍軍運用國會多數的技巧仍未熟練，但這情形已逐漸轉變，兩種武器已經浮出。一是主導立法，先是全面在程序委員會封殺法案付委，結果六個會期下來，行政院賴以施政的法案逐會期減少，逼到最近已有法案是由行政部門

---

⑯ 引自林濁水，〈魯莽修憲，綠軍災難國家動亂〉，《聯合報》，民國九十四年六月六日，第十五版。

草擬委由藍軍立委提案，這一來，整個行政院的部會首長已變成藍軍立委的法案助理；二是確立單一召委制，這一來召委權力集中，將強有力控制立法、預算，這制度的力量藍軍過去不瞭解，但去年已首度提出單一召委制，如立法成功，藍軍召委將成實質部長，而行政院部會首長將成其副手。這樣將來陳、蘇、謝總統能不讓出組閣權也將成為實質的虛位元首。

不只如此，召委將擁實權而不負政策成敗之責，部長權力架空卻要負政策的全責；雙方在權責不分之下衝突角力，國政之亂將無法想像。

* * *

魯莽修憲，已成定局。對綠軍固然無非災難，但國家也同蒙其害，要避免兩年後的大災難只能寄望於三項奇蹟上：或是民進黨真的獲百分之五十五以上選票；或是所有政治領袖們痛改前非，聆聽學界和輿論界幾乎一致對目前修憲案的痛批，鼓起勇氣認錯並從善如流，以謀補救；或大法官以這次修憲既以不到百分之二十五的低投票率卻要通過超高的修憲門檻，以及修憲內容嚴重違背平等權原則而判修憲違憲。

除了政黨利害與政治版圖的考慮之外，許多憲政學者與法政專家也紛紛著文對第七次修憲表達了反對的立場。作者本人即在〈憲政改革的迷思與出路〉一文中指出⑰：

第七次修憲即將展開，任務型國大的選舉工作也將在五月十四日舉行。這是中華民國有史以來第一次完全以政黨及團體做為投票對象的選舉，而且是以「比例代表」方式分配幾席。儘管投票率可能甚低，但對各政黨

⑰ 引自周陽山，〈憲政改革的迷思與出路〉，《蘋果日報》，民國九十四年四月十八日。

及社團（包括「民主行動聯盟」等）的象徵意義，卻非同小可。這正是此次選舉的第一項重要意義。

再者，這次選舉也與過去兩居民代選舉迥異，它不是一次「藍綠對抗」的選舉，而是「大黨對抗小黨」、「強勢對抗弱勢」的新型對峙。對於第七次修憲的主要議題：㈠修改選舉制度；㈡削減立委名額（減半席次）；㈢廢除任務型國大（改採公民投票，以及由大法官會議——憲法法庭，決定是否彈劾總統和副總統）等，目前各政黨表達的態度分別是：兩大黨（民進黨和國民黨）均表贊成，各小黨（親民黨、新黨、台聯、建國黨等）則一致反對。另外，由民間學者專家和社運人士組成的「民主行動聯盟」也強烈表示反對。其中主要原因，是一旦修憲案通過，在新的立委總額（一一三席）和選舉制度之下，各小黨均將失去生存的空間；居時恐怕只剩下國民黨和民進黨這兩黨了。無怪乎，這次國大選舉和修憲任務，已成為「以大吃小」與「以強凌弱」的一場殊死戰。

但是，撇開選舉制度的利害關係不論，我們是不是能找到一些民主體制的基本運作規範，作為衡量此次修憲議題的客觀準繩呢？作者根據西方的民主經驗，進一步指出：

㈠在國會議員席次部分，一般中型的民主國家，包括 OECD（經濟合作與發展組織）的成員國，如英、法、德等國為例，大約是平均國民人口每十萬人選出一名國會議員。基於此，英國當前人口約五千八百萬人，國會議員總額為六五九人；法國人口（含海外屬地）六千零七十萬人，國民議會（即下議院）議員總額為五七七人，以臺澎金馬地區人口二千三百四十萬計，若減半為一一三人，則是明顯的不足。而且不符合上述的國際通例。

㈡國會制度在運作上，必須有足夠的議員員額和適當數額的委員會配置，始能充分發揮監督與制衡的功能。

以北歐的民主楷模——芬蘭為例，目前人口雖然僅有五百二十萬人，卻有國會議員二百人，芬蘭新憲法（二〇〇〇年制定）規定（第三十五條）「憲法委員會、外交事務委員會與財政委員會，每一委員會至少應有十七位委員，其他常設委員會至少應有十一位委員」。如果立法院在此次修憲後真的改成一一三席，以目前十二個委員會的編制而言，恐怕每一委員會平均都不足十人！這對於議會本身的運作而言，恐將失諸草率，也會影響到立法—行政二者間的有效制衡。

㈢目前立法院的客觀政治生態，是只有三分之一左右的立委以「立法問政」為其主業，其餘三分之二則以「選區服務」和「選民關係」作為主要考量，基於此《立法院議事規則》中規定，各委員會的合法出席人數是三分之一（前述的芬蘭憲法則規定應為三分之二），據此，在立委總額減半（一一三席）後，每一委員會只要有三至四人出席，即已達到法定人數。如此一來，立法問政品質到底是「向上提升」，或者是「向下沉淪」呢？恐怕更是不堪聞問了，這種憲政改革，一旦實現，真的就要釀成民主的災難了！

或許有人會辯稱，在「選制改革」與「席次減半」的配套措施下，改革應該是越改越好吧！我們看一看到底修憲條文中的「選制改革」是怎麼一回事：

㈠臺澎金馬地區分為七十三個選區，每一選區選出一位立委（即單一選區）。

㈡原住民委員六席。山地及平地各三席。

㈢全國不分區（由政黨比例代表方式產生）二十八席。

㈣海外僑民代表六席，同樣是依政黨比例代表制產生。

在上述四種類型中，前二者共占立委總額約七成，由「地區選票」選舉產生。後二者則共占三成，由「政黨比例代表制選票」產生。如果兩者所占之比例是一比一，則至少有一半的立委不必忙於選區事務和選民服務，則提升立法問政品質，就會有落實的基礎。但是，現在修憲案卻將「政黨比例代表」的總席次列為百分之三十，這不啻將讓目前「只有三分之一立委勤於問政」的政治生態，持續下去。試想：在未來的立法院裡，一一三席的立委中只有不到四十位可以專心問政，而不必忙於選區事務，這樣的國會改革真的不會越改越糟嗎？

推動修憲的國民黨與民進黨，透過第七次修憲，藉「國會減半」與「選區改制」，將使臺澎金馬地區現階段的「多黨體制」（兩大黨、兩小黨）調整為「兩黨制」（只保留國、民兩黨，其他小黨則歸於消失）。且為了戮力完成修憲任務，國民黨與民進黨均對黨籍國代祭出黨紀處分的動員令，不但不容許國大代表在行使複決權時討論修憲案的內容，而且強行規定：凡是在複決權行使時違反黨意投下反對票的國代，將立即開除黨籍，並由中央選舉委員會即時完成候補國代的遞補程序，重付投票，以保證修憲案順利過關。

這種威權式(authoritarian)的強制性手段，一方面充分反映了國、民兩大黨亟欲讓修憲案強渡關山的堅決立場，另一方面也說明在社會物議、輿論質疑的氣氛下，修憲案能否過關的確充滿變數。在國民大會第一次會議的現場（民國九十四年六月六日下午，地點是陽明山中山樓中華文化堂），一位國代向大會主席質疑《國民大會議事規則》，必須由大會主席團重新做出決定後，再報請大會同意。針對此一嚴重的程序性瑕疵，大會主席無奈的說⑱：「……對於你的意見，我可以理解。我可以告訴各位，國民大會到此即將走入歷史；既然你有這個意見，我非常了解你提出會議規則各方面有若干瑕疵，我可以理解。但事情已經到這個地步，我們只好照辦。」

⑱ 見《國民大會速紀錄》，國民大會秘書處編印，民國九十四年六月二十一日，頁二七。這次大會主席是陳金讓（國民黨籍）。

「事情已經到這個地步，我們只好照辦」這句無奈的心底話，到底指的是從第五次、第六次到第七次修憲過程中，國民大會由自行擴權、非法延任，到被迫自裁、強制縮權，乃至自我了斷、全盤虛位化，最後則走向終結的歷程？還是指國、民兩大黨強行推動修憲，並以強勢黨紀制裁，而黨員只好照辦，不得不然？或許只有當事人心知肚明，點點滴滴盡在心頭了。

但是，不管是無知、無辜或是無奈，第七次修憲畢竟已成為事實，而且國民大會確已走入歷史。而第八次修憲又已緊鑼密鼓的逐步展開，總統本人就是主要的推手。權威的憲法學者、中央研究院院士胡佛教授的一席話，或許正可以作為這一連串修憲任務的重要註腳。胡教授說⑲：「憲法的功能原在凝聚人民的國家意識，擺在眼前的現實卻是主政者以憲改之名，撕裂人民對國家的認同。……十五年來修了七次憲，如今才修完憲，總統又要推動修憲，有問題的顯然不是憲法，更嚴重的恐怕是意識型態操弄了修憲。『制度有其窮盡，徒法不足以自行』，如果政治人物乃至民眾參不透其中真意，就會一再墮入修憲的輪迴中，反而看不清楚根本的憲政問題，更無法擺脫被操弄的命運。……」

民國九十四年六月七日下午二時，國民大會終於以二四九票贊成，四八票反對，一票廢票（共發票二九八張），強行通過了第七次修憲任務。民國九十四年六月十日，以華總一義字第〇九四〇〇〇八七五五一號，公布了增修條文，其具體內容如次。

---

⑲ 楊湘鈞專訪，〈胡佛：修憲綁選舉・撕裂國家認同〉，《聯合報》，民國九十四年六月十三日，第十版。

第一條（修憲、領土變更案之複決）

中華民國自由地區選舉人於立法院提出憲法修正案、領土變更案，經公告半年，應於三個月內投票複決，不適用憲法第四條、第一百七十四條之規定。

憲法第二十五條至第三十四條及第一百三十五條之規定，停止適用。

本條文內容包括：

㈠立法院提出憲法修正案、領土變更案，以及選舉人投票複決之規定。

㈡憲法第三章「國民大會」（第二十五條至第三十四條）以及第一百三十五條停止適用之規定。

一、依第㈠項所指，在正式廢除國民大會後，憲法修正案與領土變更案均由立法院提出，經公告半年後，應於三個月之內，由中華民國自由地區選舉人投票複決。換言之，自第七次修憲完成後，憲法修正案與領土變更案通過的程序，已由「國民大會決議」，改為「立法院提出，由公民投票複決之」。由於國民大會此一「政權機關」已經廢除，由公民投票行使複決權業已取代國民大會原先的「政權」功能。但是，此一「取代」是否真能充分體現國民大會的「政權」功能呢？

若就「政權」的基本內涵而論，應包括選舉、罷免、創制、複決等四項基本權利。憲法第二十七條中即規定「關於創制、複決兩權，除前項第三、第四兩款規定外，俟全國有半數之縣、市曾經行使創制、複決兩項政權時，由國民大會制定辦法並行使之」。由此可知，在制憲當初（民國三十六年）就已預設創制與複決二權實屬缺一不可，俱為重要之「政權」內涵。但是，現在取消了國民大會及其修憲權與變更國土權，卻未賦與選舉人行使「創制」之權利，這顯然並非完整的「政權」概念的落實，更與孫中山先生所倡導的「權能區分」（「政權」與「治權」的區分）原則，有著相當大的落差。無論就三民主義所倡導的「直接民權」的行使，或西方憲政民主國家所強調的「直接民權」的落實而言，這均係嚴重之缺憾。

試想：經歷了七次的修憲，而且大費周章的廢除了國民大會，但是一般公民卻只有修憲與變更國土的「複決權」而無「創制權」。「創制權」仍然係由代議機關立法院所掌控，這豈非立法院的變相擴權？這難道不是對直接民權的限制與侵害？吾人在前揭文中指陳第七次修憲既「魯莽」又「失諸草率」，由此亦可得到證實。

我們必須強調，如果由國民大會代行創制、複決二權，係違背「直接民權」的原意（即「直接由公民行使之」）；則在第七次修憲後，將憲法規範修正為「由立法院掌握修憲與變更國土的創制權」，仍是根本違背「直接民權」的原理。這不過是「立法院藉修憲而侵奪國民大會之權限」罷了，並沒有真正增益憲法的民主基礎與民權內涵。而立法院中的兩大政黨——國民黨與民進黨利用政黨優勢與黨紀約束，強行要求該黨籍之國大代表進行包裹表決，同意立法院所提之憲法修正案，更可說是藉立法院之政黨優勢，以強凌弱，迫使弱勢的國民大會自我了斷、自絕其生路。無論從程序正義、民主正當性（democratic legitimacy）與法治（rule of law）的角度分析，這均屬不當之至，實有違憲政主義與自由民主的基本原理，令人遺憾！

二、在國民大會廢止後，憲法第三章「國民大會」也被迫失其效力，從第二十五條到第三十四條這十條條文，均一體「停止適用」。

至於憲法第一百三十五條，則是規定「內地生活習慣特殊之國民代表名額及選舉，其辦法以法律定之」。由於中華民國自由地區已有關於原住民族選舉之特別規定，實無需再另定法律，故停止適用之。

第二條（總統、副總統之選舉、罷免及彈劾）

總統、副總統由中華民國自由地區全體人民直接選舉之，自中華民國八十五年第九任總統、副總統選舉實施。總統、副總統候選人應聯名登記，在選票上同列一組圈選，以得票最多之一組為當選。在國外之中華民國自由地區人民返國行使選舉權，以法律定之。

總統發布行政院院長與依憲法經立法院同意任命人員之任免命令及解散立法院之命令，無須行政院院長之副署，不適用憲法第三十七條之規定。

總統為避免國家或人民遭遇緊急危難或應付財政經濟上重大變故，得經行政院會議之決議發布緊急命令，為必要之處置，不受憲法第四十三條之限制。但須於發布命令後十日內提交立法院追認，如立法院不同意時，該緊急命令立即失效。

總統為決定國家安全有關大政方針，得設國家安全會議及所屬國家安全局，其組織以法律定之。

總統於立法院通過對行政院院長之不信任案後十日內，經諮詢立法院院長後，得宣告解散立法院。但總統於戒嚴或緊急命令生效期間，不得解散立法院。立法院解散後，應於六十日內舉行立法委員選舉，並於選舉結果確認後十日內自行集會，其任期重新起算。

總統、副總統之任期為四年，連選得連任一次，不適用憲法第四十七條之規定。

副總統缺位時，總統應於三個月內提名候選人，由立法院補選，繼任至原任期屆滿為止。

總統、副總統均缺位時，由行政院院長代行其職權，並依本條第一項規定補選總統、副總統，繼任至原任期屆滿為止，不適用憲法第四十九條之有關規定。

總統、副總統之罷免案，須經全體立法委員四分之一之提議，全體立法委員三分之二之同意後提出，並經中華民國自由地區選舉人總額過半數之投票，有效票過半數同意罷免時，即為通過。

立法院提出總統、副總統彈劾案，聲請司法院大法官審理，經憲法法庭判決成立時，被彈劾人應即解職。

本條文內容包括：

㈠有關總統、副總統直選之程序規定。

㈡有關行政院院長副署權之設限。

㈢有關總統緊急權力行使之規定。

㈣有關國家安全會議與國家安全局之規範。

㈤總統解散立法院之程序規定。

㈥總統、副總統之任期規定。

㈦副總統缺位時之補選規定。

㈧總統、副總統均缺位時，行政院院長代行其職權及補選程序之規定。

㈨有關總統、副總統罷免案之規定。

㈩有關總統、副總統彈劾案之規定。

在第七次修憲中，僅對上述之第㈩項進行修正，其餘㈠至㈨項均請參見第六次修憲部分之相關說明。

就第㈩項言，依憲法第一百條規定，「監察院對於總統、副總統之彈劾案，須有全體監察委員四分之一以上之提議，全體監察委員過半數之審查及決議，向國民大會提出之。」修憲後，此一規定已予凍結，不再適用。民國八十六年第四次修憲後，將監察院對總統、副總統的彈劾權，移交立法院行使，監察院僅能對一般政府官員行使彈劾權，而不及於總統、副總統。

至於立法院彈劾總統、副總統之程序規定，則較原先監察院行使時之規定更為嚴格。依據憲法增修條文第四條第七項之規定，「立法院對於總統、副總統之彈劾案，須經全體立法委員二分之一以上之提議，全體立法委員三分之二以上之決議」。換言之，修憲前後對總統、副總統之彈劾權行使要件，已產生如下的變化：

(1)憲法原先之規定，係由全體監察委員四分之一之提議，全體監察委員過半數之審查及決議。

(2)修憲後之新規定，則係全體立法委員二分之一之提議，全體立法委員三分之二之決議。足見彈劾權行使之門檻設限，已大幅度提高，彈劾權行使之程序要件更趨於嚴格。

在第七次修憲廢除國民大會之後，原先歸國民大會掌握之各項權限均改由公民直接行使，並由選舉人以複決投票方式行之。但在彈劾權行使的規範上，卻改為立法院「聲請司法院大法官審理」。換言之，過去憲法與憲政體系係將彈劾案定位為由民意機關審理，按多數決 (majority) 或特別多數 (special majority) 方式決定之⑳。在

⑳ 彈劾 (impeachment) 係指立法機關對政府高層官員正式提出的司法控訴。彈劾並不一定會剝奪政府高層官員的職務，其性質接近司法審判中之起訴 (indictment)，係剝奪其職或令其去職過程中的第一步。一旦高官被彈劾後，將可能面臨立法機關的多數決投票，通常係以超過立法機關議員總額過半數或特別多數（如三分之二、四分之三，甚至五分之四）作為通過之門檻，除非高官濫權或違法的情事十分嚴重，否則應不會輕易的去職下臺。

中國古諺有云：「刑不上大夫」，對高官一向十分尊重，而彈劾權卻是淵源自英國，係國會對付高官重臣的一種重要制衡

本次修憲後，彈劾案卻改由民意機關提案，司法機關審理，性質上已改變為「司法審理」，而非「立法機關議決」（即「國會議決」）。

司法審理本身則面臨著大法官能否真正公正審理的考驗。在第四次修憲中，對司法院大法官的提名方式與任期規定，作出重大的改變。自民國九十二年起，總統提名之大法官，「其中八位大法官，含院長、副院長，任期四年，其餘大法官任期為八年」。換言之，總統在他的四年任期中，將可提名十五位大法官中的八位（超過二分之一），包括院長、副院長在內。在這樣的前提下，一旦立法院通過了對總統、副總統的彈劾案，「聲請司法院大法官審理，經憲法法庭判決成立時，被彈劾人應即解職。」此一規定，究竟能否真正落實，公平運作，迨屬疑問。因為大法官之中超過一半（八位），俱由現任總統所提名。儘管大法官有其資格要件限制，但總統在提名時必然會考慮大法官本身的政治立場、意識型態，乃至人際關係與人事背景[21]，這些因素均會影響到大法官在審理總統彈劾案時的政治立場與專業判斷。就此而論，第七次修憲時將總統、副總統的彈劾案交由大法官審理的決定，顯然未充分考慮到第四次修憲後大法官提名方式與任期改變後的政治生態，這也是一項考慮未周的憲政瑕疵。

手段。如果彈劾權行使的條件限制過於嚴苛，勢將形同虛設。而立法機關面對行政機關及高級官員違法濫權時，恐怕也就無計可施了。

[21] 以美國為例，聯邦最高法院的九位大法官俱為終身職，但可自行選擇提前退休。此時現任總統就掌握著決定最高法院日後發展方向的重要提名權。以雷根總統為例，由於在他的八年任期內，提名了多位保守派 (conservative) 大法官，扭轉了過去最高法院的自由派 (liberal) 形象，其影響持續甚久，超過二十年。

第三條（行政院長之任命、代理、行政院對立法院負責）

本條文並未修正，請參照第六階段修憲條文之相關說明。

第四條（立法委員之人數及分配）

立法院立法委員自第七屆起一百一十三人，任期四年，連選得連任，於每屆任滿前三個月內，依左列規定選出之，不受憲法第六十四條及第六十五條之限制：

一、自由地區直轄市、縣市七十三人。每縣市至少一人。

二、自由地區平地原住民及山地原住民各三人。

三、全國不分區及僑居國外國民共三十四人。

前項第一款依各直轄市、縣市人口比例分配，並按應選名額劃分同額選舉區選出之。第三款依政黨名單投票選舉之，由獲得百分之五以上政黨選舉票之政黨依得票比率選出之，各政黨當選名單中，婦女不得低於二分之一。

立法院於每年集會時，得聽取總統國情報告。

立法院經總統解散後，在新選出之立法委員就職前，視同休會。

中華民國領土，依其固有疆域，非經全體立法委員四分之一之提議，全體立法委員四分之三之出席，及出席委員四分之三之決議，提出領土變更案，並於公告半年後，經中華民國自由地區選舉人投票複決，有效同意票過選舉人總額之半數，不得變更之。

總統於立法院解散後發布緊急命令，立法院應於三日內自行集會，並於開議七日內追認之。但於新任立法委員選舉投票日後發布者，應由新任立法委員於就職後追認之。如立法院不同意時，該緊急命令立即失效。

立法院對於總統、副總統之彈劾案，須經全體立法委員二分之一以上之提議，全體立法委員三分之二以上之決議，聲請司法院大法官審理，不適用憲法第九十條、第一百條及增修條文第七條第一項有關規定。

立法委員除現行犯外，在會期中，非經立法院許可，不得逮捕或拘禁。憲法第七十四條之規定，停止適用。

本條文內容包括：

(一)立法委員員額及其產生方式。
(二)有關選舉區、政黨名單及婦女名額之規定。
(三)立法院聽取總統國情報告之規定。
(四)立法院經總統解散後視同休會。
(五)領土變更案之行使規範。
(六)總統緊急命令權之規定。
(七)立法院對於總統、副總統彈劾權行使之規定。
(八)立法委員不受逮捕或拘禁之特權。

本次修憲只更動(一)、(二)、(五)、(七)四項，其他各項請參照前次修憲之說明。

一、除了廢除國民大會之外，第七次修憲的另一項重要任務，係「國會減半」，亦即將立法委員名額自二二五席減為一半——即一一三席。「國會減半」的主要理由是為了改善國會效率，減少立委的員額和薪資，同時也為國庫節省下一大筆公帑。立法院一向被視為腐化的機關，既無議事效率，又與黑金牽扯不清，儘管國會確有其必要性，是一種「必要之惡」，但規模卻是愈小愈好。基於此，釜底抽薪、正本清源之計，乃在將國會議員總額減半，從而促成這次的「國會改革」。但另一方面，減半之後的國會對行政機關而言則會因其員額與規模的不足，而無法有效的扮演監督制衡的角色。

對於這種以「國會改革」為名的修憲舉措，絕大部分的憲政專家與法政學者均不以為然，在立法院第五屆立委所提的各種修憲案中，也有不少提案反對這種「席次減半」的主張㉒。但最後這些方案均不敵「國會減半」這個目標明確、言簡意賅的口號，而成為第七次修憲的改革標的。事實上，從民國八十一年迄今，立委名額從一六一位（第二屆）到一六四位（第三屆），再改為民國八十六年第四次修憲後的二二五位（自第四屆到第六屆），其員額究竟應如何訂定，始終言人人殊，莫衷一是。但基本上，若根據一般中型民主國家（人口在六千萬人以下，一千萬人以上），則從每十萬國民中產生一位國會議員，應屬合宜。本書在分析第四次修憲時曾指出，立法院應維持第三屆時一六四人的規模，不必擴增。基於此，若能在前述由立委所提的修憲方案中，以一百五十人

㉒ 例如民進黨立委柯建銘等八十四人擬具的「中華民國憲法增修條文第四條條文修正草案」，就將立法院席次定為一五〇人。而親民黨立委呂學樟等七十一人擬具的「中華民國憲法增修條文部分條文修正草案」，則將立委席次定為一九六人，均非「國會減半」的一一三席。

至二百人為規劃方案，擇一行之，實不難形成共識，並據之作為推動國會法制改革的藍本。

但是，此次修憲卻罔顧學術界與輿論界的反對意見，也未採納其他立委的折衷方案，而堅持以「國會減半」為改革方案。對於此一方案的利弊得失，我們且以舉例的方式，選擇全球三十一個重要國家的國會制度與選舉方式作一比較（見附表二）。從此一比較中，可以得到以下幾項結論：

(1)在這三十一國中，只有奧地利、澳大利亞、比利時、智利、芬蘭、荷蘭、斯里蘭卡與瑞典等八國人口比中華民國少，但這八國的國會議員人數，均較第七次修憲後的一一三席為多。在這三十一國中，中華民國新的國會席次位居倒數第一，其規模比所有人口數相似的國家均要少得多。

(2)若以人口一千萬至三千萬的國家作為比較之基準，則澳大利亞（二〇〇九萬人／共二二六席）、荷蘭（一六四〇萬人／共二二五席）、斯里蘭卡（二〇〇六萬人／共二二五席）、烏茲別克（二六八五萬人／共二二〇席）等四國的數據顯示，中華民國的國會席次若維持為二二五席，正好居於中位數 (median)，並不嫌多。相反的，若減為二分之一（即一一三席），則顯得規模不足，難以承擔國會有效監督政府的制衡性任務。

(3)在人口不足一千萬的國家，包括芬蘭（五二二萬人／二〇〇席）、瑞典（九〇〇萬人／三四九席）等老牌民主政體，和中華民國類似，係採單一國會制 (unicameralism)，但其席次卻遠遠超過第七次修憲後的一一三席。由此可知，儘管同樣是採取「一院制」的國會體制，仍應維持二〇〇席左右的規模，才能充分發揮國會監督與制衡的功能。北歐的民主經驗，也證明了第七次修憲以「國會減半」為改革藍圖，是失之輕率，而且有害於民主運作的危險作法。

(4)所有人口超過五千萬的大型民主國家，包括德國（八二四三萬人／七二五席）、法國（六〇七〇萬人／八九八席）、義大利（五八一〇萬人／九四五席）、英國（六〇四四萬人／一二六四席），其國會規模均超過五〇〇席，為我國立法院（第四屆至第六屆）席次（二二五席）兩倍以上。但卻絲毫不因為其規模大、席次多，而影響權力制衡品質。由此可知，所謂「議席減半、效率提升」之說根本站不住腳。

附表二　世界各國國會席次與產生方式一覽表

國名	人口	國會席次：一院／兩院	產生方式
1. 奧地利	八一八萬人	兩院制：共二四七席 I 聯邦院（六四席，一任四至六年） II 國民院（一八三席，一任四年）	I 由各邦任命 II 直選產生
2. 澳大利亞	二〇〇九萬人	兩院制：共二二六席 I 參議院（七六席，一任三或六年） II 眾議院（一五〇席，一任三年）	I 直選產生 II 直選產生
3. 比利時	一〇三六萬人	兩院制：共二二一席 I 參議院（七一席，一任四年） II 眾議院（一五〇席，一任四年）	I 其中四〇席直選產生；三一席間接選出 II 直選，根據比例代表制原則分配議席
4. 巴西	一八六一一萬人	兩院制：共五九四席 I 參議院（八一席，一任八年） II 眾議院（五一三席，一任四年）	I 直選（絕對多數產生） II 依比例代表制產生
5. 加拿大	三二八〇萬人	兩院制：共四一三席 I 參議院（一〇五席，終身職，通常服務至七十五歲退休）	I 由總督任命（經總理建議） II 直選產生

		II 眾議院（三〇八席，一任五年）	
6. 智利	一五九八萬人	兩院制：共一六八席 I 參議院（四八席，一任八年） II 眾議院（一二〇席，一任四年）	I (1)三八席由直選產生(2)九席為總統任命(3)另外一席為任滿六年的前任總統，任期為終身 II 直選產生
7. 中國大陸	一三〇六三一萬人	一院制：二九八五席 人民代表大會（一任五年）	間接產生，由省、市、自治區人代會代表選出
8. 中華民國	二二八九萬人	I 新制——一院制：一一三席 立法院（一任四年） II 舊制——一院制：二二五席 立法院（一任三年）	I (1)七九席由直選產生(2)三四席由比例代表選舉產生，依政黨比例代表制分配 II (1)一七六席由直選產生(2)四九席由間接選舉產生，依政黨比例代表制分配
9. 芬蘭	五二二萬人	一院制：二〇〇席 國會（一任四年）	直選，依比例代表制分配議席
10. 法國	六〇七〇萬人	兩院制：共八九八席 I 參議院（三二一席，一任九年） II 眾議院（五七七席，一任五年）	I 由選舉人團間接選舉產生，每三年改選三分之一 II 直選產生，在單一選區中獲得絕對多數者當選
11. 德國	八二四三萬人	兩院制：共七二五席 I 參議院（六九席，依各邦規定） II 眾議院（六五六席，一任四年）	I 由各邦（共十六邦）所任命 II 單一選區和政黨比例代表名單各占一半席次
12. 印度	一〇八〇二六萬人	兩院制：共七九五席 I 參議院（二五〇席，一任六年） II 眾議院（五四五席，一任五年）	I 一二席由總統任命，其他則由各州議會選出 II 二席由總統任命，其餘由直選產生
13. 義大利	五八一〇萬人	兩院制：共九四五席	I 二三二席由直選產生；八三席按地區

國家	人口	國會組成	產生方式
		Ⅰ參議院（三一五席，一任五年；卸任總統擔任參議員，則為終身職） Ⅱ眾議院（六三〇席，一任五年）	比例代表制產生 Ⅱ四七五席由直選產生；一五五席按地區比例代表制產生
14. 大韓民國	四八四二萬人	一院制：二九九席 國民議會（一任四年）	二四三席由單一選區選出；五六席按比例代表制選出
15. 墨西哥	一〇六二〇萬人	兩院制：共六二八席 Ⅰ參議院（一二八席，一任六年） Ⅱ眾議院（五〇〇席，一任三年）	Ⅰ九六席由直選產生；三二席按政黨得票比例分配 Ⅱ三〇〇席由直選產生；二〇〇席按政黨得票比例分配
16. 日本	一二七四一萬人	兩院制：共七二二席 Ⅰ參議院（二四二席，一任六年） Ⅱ眾議院（四八〇席，一任四年）	Ⅰ一四四席為直選（多席次選區）；九八席為比例代表，三年改選一半 Ⅱ三〇〇席為直選（單一席次選區）；一八〇席為比例代表選制；分由十一個地區選出
17. 荷蘭	一六四〇萬人	兩院制：共二二五席 Ⅰ第一院（七五席，一任四年） Ⅱ第二院（一五〇席，一任四年）	Ⅰ由十二個省議會間接選出 Ⅱ由直選產生
18. 巴基斯坦	一六二四一萬人	兩院制：共四四二席 Ⅰ參議院（一〇〇席，一任四年） Ⅱ國民議會（三四二席，一任四年，其中女性代表六〇席，少數民族代表一〇席）	Ⅰ由各省議會間接選出 Ⅱ由直選產生
19. 菲律賓	八七八五萬人	兩院制：共二六〇席 Ⅰ參議院（二四席，一任六年） Ⅱ眾議院（憲法規定不超過二五〇席，目前為二三六席，一任三年）	Ⅰ由直選產生，每三年改選一半 Ⅱ二一二席由選區選舉產生；二四席由政黨名單產生

20. 波蘭	三八六三萬人	兩院制：共五六〇席 I 參議院（一〇〇席，一任四年） II 眾議院（四六〇席，一任四年）	I 以各省為單位，以絕對多數方式產生 II 依比例代表制選舉產生
21. 俄羅斯	一四三四二萬人	兩院制：共六二八席 I 參議院（一七八席，一任四年） II 眾議院（亦稱杜馬，共四五〇席，一任四年）	I 由八十九個聯邦主體任命，每一個聯邦主體分配二席 II 二二五席由單一席次選區選出；另外二二五席依政黨比例代表方式產生
22. 西班牙	四〇三四萬人	兩院制：共六〇九席 I 參議院（二五九席，一任四年） II 眾議院（三五〇席，一任四年）	I 二〇八席由直選產生；五一席由地方議會任命 II 由直選產生，依政黨比例方式分配
23. 斯里蘭卡	二〇〇六萬人	一院制：二二五席 國會（一任六年）	由直選產生，依照比例代表制在各地區分配議席
24. 南非	四四三四萬人	兩院制：共四九〇席 I 參議院（九〇席，一任五年） II 國民議會（四〇〇席，一任五年）	I 由九個省的省議會間接選舉產生，每一省分配一〇席 II 直選產生，依比例代表制分配議席
25. 瑞典	九〇〇萬人	一院制：三四九席 國會（一任四年）	依照比例代表制選舉產生
26. 泰國	六五四四萬人	兩院制：共七〇〇席 I 參議院（二〇〇席，一任六年） II 眾議院（五〇〇席，一任四年）	I 由直選產生 II 由直選產生
27. 土耳其	六九六六萬人	一院制：五五〇席 大國民議會（一任五年）	由直選產生
28. 烏克蘭	四七四二萬人	一院制：四五〇席 最高議會（一任五年）	由直選產生，依比例代表制分配議席

29. 英國	六〇四四萬人	兩院制：共約一二六四席 I 上議院（約五〇〇位封爵，九二位世襲貴族，二六位教士） II 下議院（六四六席，一任五年）	I 任命或世襲產生 II 由直選產生，每一選區選出一席
30. 美國	二九五七三萬人	兩院制：共五三五席 I 參議院（一〇〇席，一任六年） II 眾議院（四三五席，一任二年）	I 由直選產生，每一州選出二席，每兩年選出總額三分之一的參議員 II 由直選產生，每一選區選出一位眾議員
31. 烏茲別克	二六八五萬人	兩院制：共二二〇席 I 參議院（一〇〇席，一任五年） II 眾議院（一二〇席，一任五年）	I 八四席由地方議會選出；一六席由總統任命 II 由直選產生

除了「國會減半」的爭議之外，另一項引人詬病的修憲措施，是將立委總額（一一三席）中的絕大部分席次（共七十九席，占七成），列入區域選舉名額，並採取單一選區制。而政黨比例代表名單（包括「全國不分區」和「僑居國外國民」，共三四席），則僅占總額的三成。此一制度設計，是模倣自日本式的「並立制」而非德國式的「聯立制」。對於眾多小黨而言，若係採取德國式的「聯立制」，其中單一席次選區 (singular-seat constituency) 和政黨比例代表名單 (party proportionate list) 各占五〇％，則小黨生存空間尚不致被過度壓縮。因為小黨雖然不易在「第一票」即單一席次的選區中獲勝，導致其獲得之席次 (seats) 往往低於所獲選票 (votes) 之比例㉓；但因「第二票」即政黨比例代表名單的補償作用，仍然可以維持一定的席次，而不致倏爾銷亡。但在日本式的「並

㉓ 以英國為例，由於選區制度係採「單一選區」制，確實造成小黨生存不易。第三大黨自由與社會民主黨 (Liberal & Social Democratic Party) 即曾拿下二二％的選票，卻僅獲四％的席次。此即「立足點不平等」、「票票不等值」的選制困境。

立制」之下，則因單一席次選區所占比例過高，則維持其生存底線之立足點將嚴重失衡，對小黨而言將是嚴重的斲傷，同時也使局部的民意無法正確反映在席次上。但正因第七次修憲係由國民黨和民進黨這兩大政黨所主導，因而即使可能造成「席次不足，選票浪費」的不公平競賽環境，仍勉予強行通過。除非真有奇蹟出現，否則「多黨體制」恐將走向終結矣。

依據本項之規定，臺澎金馬地區的「直轄市、縣市共選出七十三人。每縣市至少一人」。據此，依據民國九十四年的人口數據，下列各縣市將只有一席立法委員，亦即：金門縣、連江縣、澎湖縣、臺東縣、花蓮縣、宜蘭縣、基隆市、新竹市、新竹縣和嘉義市。在這些縣市以外，凡選民數超過三十萬五千人的縣市，將有超過一席的立委名額。但如何劃分選區？選區劃分原則如何公平公正？選區劃分應由誰來負責，由誰來監督？則充滿著爭議性。

依照目前輿論界與學術界的看法，選區劃分工作應依循下列幾項原則㉔：

⑴選區劃分應以「專法規範」方式完成立法，並在中央選舉委員會之外，另成立超然中立、獨立運作的專責機關（可定名為「選區規劃委員會」），專門負責選區規劃工作，而不涉及實際選務。

⑵明定選區規劃應依循「縣市保障」、「席次與選舉人人口數比例接近」與「票票等值」等原則辦理。避免為特定人物劃分對其有利之選區（即所謂「傑利蠑螈法案」(gerrymandering)㉕），並應定期檢討，重新調整選區。

㉔ 參考陳華昇、陳朝政，〈健全立委選區劃分法制之建議〉，《國政評論》，內政評〇九四—〇三三號，民國九十四年七月八日。

㉕ 「傑利蠑螈法案」係一八一二年美國麻薩諸塞州長傑利為了政黨私利，將選區分割得有如蠑螈的形狀，故取州長 (Gerry) 與蠑螈 (Salamander) 之名合組成以譏諷之。

(3)選區規劃方案應經立法院同意，「選區規劃委員會」委員應依政黨比例推薦，由行政院院長提名，經立法院同意任命之。但立法院對於選區規劃方案，應以「全案接受」或「全案否決」方式決定可否，而無權要求作部分修正，以免圖利個人，影響到選區規劃的公正性。

二、在第七次修憲之後，由於第二項規定「各政黨當選名單中，婦女不得低於二分之一」，因此在「全國不分區及僑居國外國民共三十四人」中，至少將有十七位係女性立委。這是基於兩性平權與尊重女性權益而作出的新規定。

三、關於修憲之門檻，由於國民大會已被廢除，立法院提出之領土變更案（由全體立委四分之一之提議，四分之三之出席，及出席立委四分之三之決議提出之），將先公告半年，再由選舉人投票複決之。有效同意票必須超過選舉人總額之過半數。若以二〇〇五年六月之數據為準，此一「總額過半數」之門檻，約為八百三十七萬人。除非係高度之政治動員，否則將難以通過。但因「變更領土」本身即是亟應慎重考慮的重大決定，將其程序要件訂定得十分嚴謹，也是必要的。

四、同理，立法院對於總統、副總統的彈劾案，也因國民大會的廢除，而改為「聲請司法院大法官審理」。請參見前文第二條之說明。

第五條　（司法院院長、副院長、大法官之提名、任命、任期、憲法法庭之組成、違憲之定義及概算之不得刪減）

司法院設大法官十五人，並以其中一人為院長、一人為副院長，由總統提名，經立法院同意任命之，自中華民國九十二年起實施，不適用憲法第七十九條之規定。司法院大法官除法官轉任者外，不適用憲法第八十一條及有關法官終身職待遇之規定。

司法院大法官任期八年，不分屆次，個別計算，並不得連任。但並為院長、副院長之大法官，不受任期之保障。

中華民國九十二年總統提名之大法官，其中八位大法官，含院長、副院長，任期四年，其餘大法官任期為八年，不適用前項任期之規定。

司法院大法官，除依憲法第七十八條之規定外，並組成憲法法庭審理總統、副總統之彈劾及政黨違憲之解散事項。

政黨之目的或其行為，危害中華民國之存在或自由民主之憲政秩序者為違憲。

司法院所提出之年度司法概算，行政院不得刪減，但得加註意見，編入中央政府總預算案，送立法院審議。

本條文僅在第四項中增列司法院大法官「組成憲法法庭審理總統、副總統之彈劾」，請參見第二條第十項及第四條第七項之說明。其他各項請參見第六階段修憲之說明。

第六條　（考試院之職權、院長、副院長、考試委員之提名及任命）

本條文未修正，請參照第六階段修憲之說明。

第七條　（監察院之職權、院長、副院長、監察委員之產生及彈劾權之行使）

本條文未修正，請參照第六階段修憲之說明。

第八條　（立法委員報酬、待遇之決定）

立法委員之報酬或待遇，應以法律定之。除年度通案調整者外，單獨增加報酬或待遇之規定，應自次屆起實施。

由於國民大會業已廢除，原條文中之規定，「國民大會代表集會期間之費用，以法律定之」，在此次修憲中亦同步刪除。

第九條　（省、縣地方制度之訂定）

本條文未修正，請參照第六階段修憲之相關說明。

第十條　（經濟發展、中小企業之扶助、金融機構企業化經營、婦女之保障、全民健保、身心障礙者之保障、原住民之保障等）

本條文俱為重要之國策與公共政策之相關內涵。過去由國民大會修憲期間，幾乎每一次修憲時都會增添一些新的內容。第七次修憲改為由立法院提出修憲案，由於立委本身即負責公共政策之推動、監督與立法等相關工作，故未再增添任何新的內容。請參見歷次修憲之相關說明。

第十一條（兩岸人民關係法之訂定）

本條文未修正，請參照第六階段修憲之說明。

第十二條（憲法修改之程序）

憲法之修改，須經立法院立法委員四分之一之提議，四分之三之出席，及出席委員四分之三之決議，提出憲法修正案，並於公告半年後，經中華民國自由地區選舉人投票複決，有效同意票過選舉人總額之半數，即通過之，不適用憲法第一百七十四條之規定。

本條文係新增，由於國民大會業已廢除，修憲任務改為經「立法委員四分之一之提議，四分之三之出席，及出席委員四分之三之決議」，提出「憲法修正案」。這是對於修憲任務的第一階段規範。

若依據修憲後立法院總額一一三席作分析，只要有二十九位（即總額四分之一）立委提議，即可提出憲法修正案之草案；接著，若有八十五位（即總額四分之三）立委之出席，及其中六十四位（即八五席的四分之三）

的同意，此憲法修正案即告成立。由此看來，在新的國會結構下，立法委員推動修憲的門檻實在不高。

至於修憲的第二階段規範，即憲法修正案「於公告半年後，經中華民國自由地區選舉人投票複決，有效同意票過選舉人總額之半數，即通過之。」依據民國九十四年之選舉人數，約為一千六百七十五萬人（總人口為二千二百八十九萬人），則至少要有八百三十七萬選舉人投票贊成，修憲案才能通過。就此而論，第一階段之修憲由立法院主導，因其門檻不高，困難度並不大。但第二階段則牽涉到全民動員，殊屬不易。基於此，儘管陳總統已提出另一階段的修憲規劃，但究竟如何落實，如何推動，恐怕仍屬未定之天。

附錄五　中華民國憲法及增修條文

中華民國憲法

民國三十五年十二月二十五日國民大會制定
三十六年一月一日國民政府公布
同年十二月二十五日施行

中華民國國民大會受全體國民之付託，依據　孫中山先生創立中華民國之遺教，為鞏固國權，保障民權，奠定社會安寧，增進人民福利，制定本憲法，頒行全國，永矢咸遵。

第一章　總　綱

第　一　條　中華民國基於三民主義，為民有、民治、民享之民主共和國。

第二條　中華民國之主權屬於國民全體。

第三條　具有中華民國國籍者為中華民國國民。

第四條　中華民國領土，依其固有之疆域，非經國民大會之決議，不得變更之。

第五條　中華民國各民族一律平等。

第六條　中華民國國旗定為紅地，左上角青天白日。

第二章　人民之權利義務

第七條　中華民國人民，無分男女、宗教、種族、階級、黨派，在法律上一律平等。

第八條　人民身體之自由應予保障，除現行犯之逮捕由法律另定外，非經司法或警察機關依法定程序，不得逮捕拘禁。非由法院依法定程序，不得審問處罰。非依法定程序之逮捕、拘禁、審問、處罰，得拒絕之。

人民因犯罪嫌疑被逮捕拘禁時，其逮捕拘禁機關應將逮捕拘禁原因，以書面告知本人及其本人指定之親友，並至遲於二十四小時內移送該管法院審問。本人或他人亦得聲請該管法院，於二十四小時內向逮捕之機關提審。

法院對於前項聲請，不得拒絕，並不得先令逮捕拘禁之機關查覆。逮捕拘禁之機關，對於法院之提審，不得拒絕或遲延。

人民遭受任何機關非法逮捕拘禁時，其本人或他人得向法院聲請追究，法院不得拒絕，並應於二十四小時內向逮捕拘禁之機關追究，依法處理。

第九條　人民除現役軍人外，不受軍事審判。

第十條　人民有居住及遷徙之自由。

第十一條　人民有言論、講學、著作及出版之自由。

第十二條　人民有秘密通訊之自由。

第十三條　人民有信仰宗教之自由。

第十四條　人民有集會及結社之自由。

第十五條　人民之生存權、工作權及財產權，應予保障。

第十六條　人民有請願、訴願及訴訟之權。

第十七條　人民有選舉、罷免、創制及複決之權。

第十八條　人民有應考試、服公職之權。

第十九條　人民有依法律納稅之義務。

第二十條　人民有依法律服兵役之義務。

第二十一條　人民有受國民教育之權利與義務。

第二十二條　凡人民之其他自由及權利，不妨害社會秩序公共利益者，均受憲法之保障。

第二十三條　以上各條列舉之自由權利，除為防止妨礙他人自由、避免緊急危難、維持社會秩序或增進公共利益所必要者外，不得以法律限制之。

第二十四條　凡公務員違法侵害人民之自由或權利者，除依法律受懲戒外，應負刑事及民事責任。被害人民就其所受損害，並得依法律向國家請求賠償。

第三章　國民大會

第二十五條　國民大會依本憲法之規定，代表全國國民行使政權。

第二十六條　國民大會以左列代表組織之：

一　每縣市及其同等區域各選出代表一人，但其人口逾五十萬人者，每增加五十萬人，增選代表一人。縣市同等區域以法律定之。

二　蒙古選出代表，每盟四人，每特別旗一人。

三　西藏選出代表，其名額以法律定之。

四　各民族在邊疆地區選出代表，其名額以法律定之。

五　僑居國外之國民選出代表，其名額以法律定之。

六　職業團體選出代表，其名額以法律定之。

七　婦女團體選出代表，其名額以法律定之。

第二十七條　國民大會之職權如左：

一　選舉總統、副總統。
二　罷免總統、副總統。
三　修改憲法。
四　複決立法院所提之憲法修正案。

關於創制、複決兩權，除前項第三、第四兩款規定外，俟全國有半數之縣、市曾經行使創制、複決兩項政權時，由國民大會制定辦法並行使之。

第二十八條 國民大會代表每六年改選一次。

每屆國民大會代表之任期，至次屆國民大會開會之日為止。

現任官吏不得於其任所所在地之選舉區當選為國民大會代表。

第二十九條 國民大會於每屆總統任滿前九十日集會，由總統召集之。

第 三 十 條 國民大會遇有左列情形之一時，召集臨時會：

一　依本憲法第四十九條之規定，應補選總統、副總統時。
二　依監察院之決議，對於總統、副總統提出彈劾案時。
三　依立法院之決議，提出憲法修正案時。
四　國民大會代表五分之二以上請求召集時。

國民大會臨時會，如依前項第一款或第二款應召集時，由立法院院長通告集會。依第三款或第四款應召集時，由總統召集之。

第三十一條　國民大會之開會地點，在中央政府所在地。

第三十二條　國民大會代表在會議時所為之言論及表決，對會外不負責任。

第三十三條　國民大會代表，除現行犯外，在會期中，非經國民大會許可，不得逮捕或拘禁。

第三十四條　國民大會之組織、國民大會代表之選舉罷免及國民大會行使職權之程序，以法律定之。

第四章　總　統

第三十五條　總統為國家元首，對外代表中華民國。

第三十六條　總統統率全國陸海空軍。

第三十七條　總統依法公布法律，發布命令，須經行政院院長之副署，或行政院院長及有關部會首長之副署。

第三十八條　總統依本憲法之規定，行使締結條約及宣戰、媾和之權。

第三十九條　總統依法宣布戒嚴，但須經立法院之通過或追認。立法院認為必要時，得決議移請總統解嚴。

第四十條　總統依法行使大赦、特赦、減刑及復權之權。

第四十一條　總統依法任免文武官員。

第四十二條　總統依法授與榮典。

第四十三條　國家遇有天然災害、癘疫或國家財政經濟上有重大變故，須為急速處分時，總統於立法院休會期間，得經行政院會議之決議，依緊急命令法，發布緊急命令，為必要之處置，但須於發布命令後一個月內，提交立法院追認。如立法院不同意時，該緊急命令立即失效。

第四十四條　總統對於院與院間之爭執，除本憲法有規定者外，得召集有關各院院長會商解決之。

第四十五條　中華民國國民年滿四十歲者，得被選為總統、副總統。

第四十六條　總統、副總統之選舉，以法律定之。

第四十七條　總統、副總統之任期為六年，連選得連任一次。

第四十八條　總統應於就職時宣誓，誓詞如左：

「余謹以至誠，向全國人民宣誓，余必遵守憲法，盡忠職務，增進人民福利，保衛國家，無負國民付託。如違誓言，願受國家嚴厲之制裁。謹誓。」

第四十九條　總統缺位時，由副總統繼任，至總統任期屆滿為止。總統、副總統均缺位時，由行政院院長代行其職權，並依本憲法第三十條之規定，召集國民大會臨時會，補選總統、副總統，其任期以補足原任總統未滿之任期為止。總統因故不能視事時，由副總統代行其職權。總統、副總統均不能視事時，由行政院院長代行其職權。

第五十條　總統於任滿之日解職，如屆期次任總統尚未選出，或選出後總統、副總統均未就職時，由行政院院長代行總統職權。

第五十一條　行政院院長代行總統職權時，其期限不得逾三個月。

第五十二條　總統除犯內亂或外患罪外，非經罷免或解職，不受刑事上之訴究。

第五章　行政

第五十三條　行政院為國家最高行政機關。

第五十四條　行政院設院長、副院長各一人，各部會首長若干人，及不管部會之政務委員若干人。

第五十五條　行政院院長，由總統提名，經立法院同意任命之。

立法院休會期間，行政院院長辭職或出缺時，由行政院副院長代理其職務，但總統須於四十日內咨請立法院召集會議，提出行政院院長人選，徵求同意。行政院院長職務，在總統所提行政院院長人選未經立法院同意前，由行政院副院長暫行代理。

第五十六條　行政院副院長、各部會首長及不管部會之政務委員，由行政院院長提請總統任命之。

第五十七條　行政院依左列規定，對立法院負責：

一　行政院有向立法院提出施政方針及施政報告之責。立法委員在開會時，有向行政院院長及行政院各部會首長質詢之權。

二　立法院對於行政院之重要政策不贊同時，得以決議移請行政院變更之。行政院對於立法院之決議，得經總統之核可，移請立法院覆議。覆議時，如經出席立法委員三分之二維持原決議，行政院院長應即接受該決議或辭職。

三　行政院對於立法院決議之法律案、預算案、條約案，如認為有窒礙難行時，得經總統之核可，於該決議案送達行政院十日內，移請立法院覆議。覆議時，如經出席立法委員三分之二維持原案，行政院院長應即接受該決議或辭職。

第五十八條 行政院設行政院會議，由行政院院長、副院長、各部會首長及不管部會之政務委員組織之，以院長為主席。

行政院院長、各部會首長，須將應行提出於立法院之法律案、預算案、戒嚴案、大赦案、宣戰案、媾和案、條約案及其他重要事項，或涉及各部會共同關係之事項，提出於行政院會議議決之。

第五十九條 行政院於會計年度開始三個月前，應將下年度預算案提出於立法院。

第 六 十 條 行政院於會計年度結束後四個月內，應提出決算於監察院。

第六十一條 行政院之組織，以法律定之。

第六章　立　法

第六十二條 立法院為國家最高立法機關，由人民選舉之立法委員組織之，代表人民行使立法權。

第六十三條 立法院有議決法律案、預算案、戒嚴案、大赦案、宣戰案、媾和案、條約案及國家其他重要事項之權。

第六十四條 立法院立法委員依左列規定選出之：

一　各省、各直轄市選出者，其人口在三百萬以下者五人，其人口超過三百萬者，每滿一百萬人增選一人。

二　蒙古各盟旗選出者。

三　西藏選出者。

四　各民族在邊疆地區選出者。

五　僑居國外之國民選出者。

六　職業團體選出者。

立法委員之選舉及前項第二款至第六款立法委員名額之分配，以法律定之。婦女在第一項各款之名額，以法律定之。

第六十五條　立法委員之任期為三年，連選得連任，其選舉於每屆任滿前三個月內完成之。

第六十六條　立法院設院長、副院長各一人，由立法委員互選之。

第六十七條　立法院得設各種委員會。

各種委員會得邀請政府人員及社會上有關係人員到會備詢。

第六十八條　立法院會期，每年兩次，自行集會，第一次自二月至五月底，第二次自九月至十二月底，必要時得延長之。

第六十九條　立法院遇有左列情事之一時，得開臨時會：

一　總統之咨請。

二　立法委員四分之一以上之請求。

第七十條　立法院對於行政院所提預算案，不得為增加支出之提議。
第七十一條　立法院開會時，關係院院長及各部會首長得列席陳述意見。
第七十二條　立法院法律案通過後，移送總統及行政院，總統應於收到後十日內公布之，但總統得依照本憲法第五十七條之規定辦理。
第七十三條　立法委員在院內所為之言論及表決，對院外不負責任。
第七十四條　立法委員，除現行犯外，非經立法院許可，不得逮捕或拘禁。
第七十五條　立法委員不得兼任官吏。
第七十六條　立法院之組織，以法律定之。

第七章　司　法

第七十七條　司法院為國家最高司法機關，掌理民事、刑事、行政訴訟之審判及公務員之懲戒。
第七十八條　司法院解釋憲法，並有統一解釋法律及命令之權。
第七十九條　司法院設院長、副院長各一人，由總統提名，經監察院同意任命之。
司法院設大法官若干人，掌理本憲法第七十八條規定事項，由總統提名，經監察院同意任命之。
第八十條　法官須超出黨派以外，依據法律獨立審判，不受任何干涉。
第八十一條　法官為終身職，非受刑事或懲戒處分或禁治產之宣告，不得免職，非依法律，不得停職、轉任或減俸。

第八十二條　司法院及各級法院之組織，以法律定之。

第八章　考試

第八十三條　考試院為國家最高考試機關，掌理考試、任用、銓敘、考績、級俸、陞遷、保障、褒獎、撫卹、退休、養老等事項。

第八十四條　考試院設院長、副院長各一人，考試委員若干人，由總統提名，經監察院同意任命之。

第八十五條　公務人員之選拔，應實行公開競爭之考試制度，並應按省區分別規定名額，分區舉行考試。非經考試及格者，不得任用。

第八十六條　左列資格，應經考試院依法考選銓定之：

一　公務人員任用資格。

二　專門職業及技術人員執業資格。

第八十七條　考試院關於所掌事項，得向立法院提出法律案。

第八十八條　考試委員須超出黨派以外，依據法律獨立行使職權。

第八十九條　考試院之組織，以法律定之。

第九章　監　察

第九十條　監察院為國家最高監察機關，行使同意、彈劾、糾舉及審計權。

第九十一條　監察院設監察委員，由各省市議會、蒙古西藏地方議會及華僑團體選舉之。其名額分配，依左列之規定：

一　每省五人。

二　每直轄市二人。

三　蒙古各盟旗共八人。

四　西藏八人。

五　僑居國外之國民八人。

第九十二條　監察院設院長、副院長各一人，由監察委員互選之。

第九十三條　監察委員之任期為六年，連選得連任。

第九十四條　監察院依本憲法行使同意權時，由出席委員過半數之議決行之。

第九十五條　監察院為行使監察權，得向行政院及其各部會調閱其所發布之命令及各種有關文件。

第九十六條　監察院得按行政院及其各部會之工作，分設若干委員會，調查一切設施，注意其是否違法或失職。

第九十七條　監察院經各該委員會之審查及決議，得提出糾正案，移送行政院及其有關部會，促其注意改善。

監察院對於中央及地方公務人員，認為有失職或違法情事，得提出糾舉案或彈劾案，如涉及刑事，應移送法院辦理。

第九十八條　監察院對於中央及地方公務人員之彈劾案，須經監察委員一人以上之提議，九人以上之審查及決定，始得提出。

第九十九條　監察院對於司法院或考試院人員失職或違法之彈劾，適用本憲法第九十五條、第九十七條及第九十八條之規定。

第一百條　監察院對於總統、副總統之彈劾案，須有全體監察委員四分之一以上之提議，全體監察委員過半數之審查及決議，向國民大會提出之。

第一百零一條　監察委員在院內所為之言論及表決，對院外不負責任。

第一百零二條　監察委員，除現行犯外，非經監察院許可，不得逮捕或拘禁。

第一百零三條　監察委員不得兼任其他公職或執行業務。

第一百零四條　監察院設審計長，由總統提名，經立法院同意任命之。

第一百零五條　審計長應於行政院提出決算後三個月內，依法完成其審核，並提出審核報告於立法院。

第一百零六條　監察院之組織，以法律定之。

第十章　中央與地方之權限

第一百零七條　左列事項，由中央立法並執行之：

一　外交。

二　國防與國防軍事。

三　國籍法及刑事、民事、商事之法律。

四　司法制度。

五　航空、國道、國有鐵路、航政、郵政及電政。

六　中央財政與國稅。

七　國稅與省稅、縣稅之劃分。

八　國營經濟事業。

九　幣制及國家銀行。

十　度量衡。

十一　國際貿易政策。

十二　涉外之財政經濟事項。

十三　其他依本憲法所定關於中央之事項。

第一百零八條 左列事項，由中央立法並執行之，或交由省縣執行之：

一 省縣自治通則。
二 行政區劃。
三 森林、工礦及商業。
四 教育制度。
五 銀行及交易所制度。
六 航業及海洋漁業。
七 公用事業。
八 合作事業。
九 二省以上之水陸交通運輸。
十 二省以上之水利、河道及農牧事業。
十一 中央及地方官吏之銓敘、任用、糾察及保障。
十二 土地法。
十三 勞動法及其他社會立法。
十四 公用徵收。
十五 全國戶口調查及統計。
十六 移民及墾殖。

十七　警察制度。
十八　公共衛生。
十九　振濟、撫卹及失業救濟。
二十　有關文化之古籍、古物及古蹟之保存。
前項各款，省於不牴觸國家法律內，得制定單行法規。

第一百零九條

左列事項，由省立法並執行之，或交由縣執行之：
一　省教育、衛生、實業及交通。
二　省財產之經營及處分。
三　省市政。
四　省公營事業。
五　省合作事業。
六　省農林、水利、漁牧及工程。
七　省財政及省稅。
八　省債。
九　省銀行。
十　省警政之實施。
十一　省慈善及公益事項。

十二　其他依國家法律賦予之事項。

前項各款，有涉及二省以上者，除法律別有規定外，得由有關各省共同辦理。

各省辦理第一項各款事務，其經費不足時，經立法院議決，由國庫補助之。

第一百十條　左列事項，由縣立法並執行之：

一　縣教育、衛生、實業及交通。

二　縣財產之經營及處分。

三　縣公營事業。

四　縣合作事業。

五　縣農林、水利、漁牧及工程。

六　縣財政及縣稅。

七　縣債。

八　縣銀行。

九　縣警衛之實施。

十　縣慈善及公益事業。

十一　其他依國家法律及省自治法賦予之事項。

前項各款，有涉及二縣以上者，除法律別有規定外，得由有關各縣共同辦理。

第一百十一條　除第一百零七條、第一百零八條、第一百零九條及第一百十條列舉事項外，如有未列舉事項發生時，其事務有全國一致之性質者屬於中央，有全省一致之性質者屬於省，有一縣之性質者屬於縣。遇有爭議時，由立法院解決之。

第十一章　地方制度

第一節　省

第一百十二條　省得召集省民代表大會，依據省縣自治通則，制定省自治法，但不得與憲法牴觸。
省民代表大會之組織及選舉，以法律定之。

第一百十三條　省自治法應包含左列各款：
一　省設省議會，省議會議員由省民選舉之。
二　省設省政府，置省長一人，省長由省民選舉之。
三　省與縣之關係。
屬於省之立法權，由省議會行之。

第一百十四條　省自治法制定後，須即送司法院。司法院如認為有違憲之處，應將違憲條文宣布無效。

第一百十五條　省自治法施行中，如因其中某條發生重大障礙，經司法院召集有關方面陳述意見後，由行政院院長、立法院院長、司法院院長、考試院院長與監察院院長組織委員會，以司法院院長為主席，提出方案解決之。

第一百十六條　省法規與國家法律牴觸者無效。

第一百十七條　省法規與國家法律有無牴觸發生疑義時，由司法院解釋之。

第一百十八條　直轄市之自治，以法律定之。

第一百十九條　蒙古各盟旗地方自治制度，以法律定之。

第一百二十條　西藏自治制度，應予以保障。

第二節　縣

第一百二十一條　縣實行縣自治。

第一百二十二條　縣得召集縣民代表大會，依據省縣自治通則，制定縣自治法，但不得與憲法及省自治法牴觸。

第一百二十三條　縣民關於縣自治事項，依法律行使創制、複決之權，對於縣長及其他縣自治人員，依法律行使選舉、罷免之權。

第一百二十四條　縣設縣議會，縣議會議員由縣民選舉之。屬於縣之立法權，由縣議會行之。

第一百二十五條　縣單行規章，與國家法律或省法規牴觸者無效。

第一百二十六條　縣設縣政府，置縣長一人。縣長由縣民選舉之。

第一百二十七條　縣長辦理縣自治，並執行中央及省委辦事項。

第一百二十八條　市準用縣之規定。

第十二章　選舉、罷免、創制、複決

第一百二十九條　本憲法所規定之各種選舉，除本憲法別有規定外，以普通、平等、直接及無記名投票之方法行之。

第一百三十條　中華民國國民年滿二十歲者，有依法選舉之權。除本憲法及法律別有規定者外，年滿二十三歲者，有依法被選舉之權。

第一百三十一條　本憲法所規定各種選舉之候選人，一律公開競選。

第一百三十二條　選舉應嚴禁威脅利誘。選舉訴訟，由法院審判之。

第一百三十三條　被選舉人得由原選舉區依法罷免之。

第一百三十四條　各種選舉，應規定婦女當選名額，其辦法以法律定之。

第一百三十五條　內地生活習慣特殊之國民代表名額及選舉，其辦法以法律定之。

第一百三十六條　創制、複決兩權之行使，以法律定之。

第十三章　基本國策

第一節　國　防

第一百三十七條　中華民國之國防，以保衛國家安全，維護世界和平為目的。
國防之組織，以法律定之。

第一百三十八條　全國陸海空軍，須超出個人、地域及黨派關係以外，效忠國家，愛護人民。

第一百三十九條　任何黨派及個人不得以武裝力量為政爭之工具。

第一百四十條　現役軍人不得兼任文官。

第二節　外　交

第一百四十一條　中華民國之外交，應本獨立自主之精神，平等互惠之原則，敦睦邦交，尊重條約及聯合國憲章，以保護僑民權益，促進國際合作，提倡國際正義，確保世界和平。

第三節　國民經濟

第一百四十二條　國民經濟應以民生主義為基本原則，實施平均地權，節制資本，以謀國計民生之均足。

第一百四十三條　中華民國領土內之土地屬於國民全體。人民依法取得之土地所有權，應受法律之保障與限制。私有土地應照價納稅，政府並得照價收買。
附著於土地之礦及經濟上可供公眾利用之天然力，屬於國家所有，不因人民取得土地所有權而受影響。

土地價值非因施以勞力資本而增加者，應由國家徵收土地增值稅，歸人民共享之。

國家對於土地之分配與整理，應以扶植自耕農及自行使用土地人為原則，並規定其適當經營之面積。

第一百四十四條　公用事業及其他有獨占性之企業，以公營為原則，其經法律許可者，得由國民經營之。

第一百四十五條　國家對於私人財富及私營事業，認為有妨害國計民生之平衡發展者，應以法律限制之。

合作事業應受國家之獎勵與扶助。

國民生產事業及對外貿易，應受國家之獎勵、指導及保護。

第一百四十六條　國家應運用科學技術，以興修水利，增進地力，改善農業環境，規劃土地利用，開發農業資源，促成農業之工業化。

第一百四十七條　中央為謀省與省間之經濟平衡發展，對於貧瘠之省，應酌予補助。

省為謀縣與縣間之經濟平衡發展，對於貧瘠之縣，應酌予補助。

第一百四十八條　中華民國領域內，一切貨物應許自由流通。

第一百四十九條　金融機構，應依法受國家之管理。

第一百五十條　國家應普設平民金融機構，以救濟失業。

第一百五十一條　國家對於僑居國外之國民，應扶助並保護其經濟事業之發展。

第四節　社會安全

第一百五十二條　人民具有工作能力者，國家應予以適當之工作機會。

第一百五十三條　國家為改良勞工及農民之生活，增進其生產技能，應制定保護勞工及農民之法律，實施保護勞工及農民之政策。

婦女兒童從事勞動者，應按其年齡及身體狀態，予以特別之保護。

第一百五十四條　勞資雙方應本協調合作原則，發展生產事業。勞資糾紛之調解與仲裁，以法律定之。

第一百五十五條　國家為謀社會福利，應實施社會保險制度。人民之老弱殘廢，無力生活，及受非常災害者，國家應予以適當之扶助與救濟。

第一百五十六條　國家為奠定民族生存發展之基礎，應保護母性，並實施婦女、兒童福利政策。

第一百五十七條　國家為增進民族健康，應普遍推行衛生保健事業及公醫制度。

第五節　教育文化

第一百五十八條　教育文化，應發展國民之民族精神，自治精神，國民道德，健全體格與科學及生活智能。

第一百五十九條　國民受教育之機會，一律平等。

第一百六十條　六歲至十二歲之學齡兒童，一律受基本教育，免納學費。其貧苦者，由政府供給書籍。已逾學齡未受基本教育之國民，一律受補習教育，免納學費，其書籍亦由政府供給。

第一百六十一條　各級政府應廣設獎學金名額，以扶助學行俱優無力升學之學生。

第一百六十二條　全國公私立之教育文化機關，依法律受國家之監督。

第一百六十三條　國家應注重各地區教育之均衡發展，並推行社會教育，以提高一般國民之文化水準，邊遠及貧瘠地區之教育文化經費，由國庫補助之。其重要之教育文化事業，得由中央辦理或補助之。

第一百六十四條　教育、科學、文化之經費，在中央不得少於其預算總額百分之十五，在省不得少於其預算總額百分之二十五，在市、縣不得少於其預算總額百分之三十五，其依法設置之教育文化基金及產業，應予以保障。

第一百六十五條　國家應保障教育、科學、藝術工作者之生活，並依國民經濟之進展，隨時提高其待遇。

第一百六十六條　國家應獎勵科學之發明與創造，並保護有關歷史、文化、藝術之古蹟、古物。

第一百六十七條　國家對於左列事業或個人，予以獎勵或補助：

一　國內私人經營之教育事業成績優良者。

二　僑居國外國民之教育事業成績優良者。

三　於學術或技術有發明者。

四　從事教育久於其職而成績優良者。

第六節　邊疆地區

第一百六十八條　國家對於邊疆地區各民族之地位，應予以合法之保障，並於其地方自治事業，特別予以扶植。

第一百六十九條　國家對於邊疆地區各民族之教育、文化、交通、水利、衛生及其他經濟、社會事業，應積極舉辦，並扶助其發展，對於土地使用，應依其氣候、土壤性質，及人民生活習慣之所宜，予以保障及發展。

第十四章　憲法之施行及修改

第一百七十條　本憲法所稱之法律，謂經立法院通過，總統公布之法律。

第一百七十一條　法律與憲法牴觸者無效。

法律與憲法有無牴觸發生疑義時，由司法院解釋之。

第一百七十二條　命令與憲法或法律牴觸者無效。

第一百七十三條　憲法之解釋，由司法院為之。

第一百七十四條　憲法之修改，應依左列程序之一為之：

一　由國民大會代表總額五分之一之提議，三分之二之出席，及出席代表四分之三之決議，得修改之。

二　由立法院立法委員四分之一之提議，四分之三之出席，及出席委員四分之三之決議，擬定憲法修正案，提請國民大會複決。此項憲法修正案，應於國民大會開會前半年公告之。

第一百七十五條　本憲法規定事項，有另定實施程序之必要者，以法律定之。

本憲法施行之準備程序，由制定憲法之國民大會議定之。

中華民國憲法增修條文

民國八十年五月一日總統令公布
八十一年五月二十八日總統令修正公布
八十三年八月一日總統令修正公布
八十六年七月二十一日總統令修正公布
八十八年九月十五日總統令修正公布
八十九年四月二十五日總統令修正公布
九十四年六月十日總統令修正公布第一、二、四、五、八條；並增訂第一二條條文

為因應國家統一前之需要，依照憲法第二十七條第一項第三款及第一百七十四條第一款之規定，增修本憲法條文如左：

第一條　中華民國自由地區選舉人於立法院提出憲法修正案、領土變更案，經公告半年，應於三個月內投票複決，不適用憲法第四條、第一百七十四條之規定。

憲法第二十五條至第三十四條及第一百三十五條之規定，停止適用。

第二條　總統、副總統由中華民國自由地區全體人民直接選舉之，自中華民國八十五年第九任總統、副總統選舉實施。總統、副總統候選人應聯名登記，在選票上同列一組圈選，以得票最多之一組為當選。在國外之中華民國自由地區人民返國行使選舉權，以法律定之。

總統發布行政院院長與依憲法經立法院同意任命人員之任免命令及解散立法院之命令，無須行政院院長之副署，不適用憲法第三十七條之規定。

總統為避免國家或人民遭遇緊急危難或應付財政經濟上重大變故，得經行政院會議之決議發布緊急命令，為必要之處置，不受憲法第四十三條之限制。但須於發布命令後十日內提交立法院追認，如立法院不同意時，該緊急命令立即失效。

總統為決定國家安全有關大政方針，得設國家安全會議及所屬國家安全局，其組織以法律定之。

總統於立法院通過對行政院院長之不信任案後十日內，經諮詢立法院院長後，得宣告解散立法院。但總統於戒嚴或緊急命令生效期間，不得解散立法院。立法院解散後，應於六十日內舉行立法委員選舉，並於選舉結果確認後十日內自行集會，其任期重新起算。

總統、副總統之任期為四年，連選得連任一次，不適用憲法第四十七條之規定。

副總統缺位時，總統應於三個月內提名候選人，由立法院補選，繼任至原任期屆滿為止。

總統、副總統均缺位時，由行政院院長代行其職權，並依本條第一項規定補選總統、副總統，繼任至原任期屆滿為止，不適用憲法第四十九條之有關規定。

總統、副總統之罷免案，須經全體立法委員四分之一之提議，全體立法委員三分之二之同意後提出，並經中華民國自由地區選舉人總額過半數之投票，有效票過半數同意罷免時，即為通過。

立法院提出總統、副總統彈劾案，聲請司法院大法官審理，經憲法法庭判決成立時，被彈劾人應即解職。

第三條　行政院院長由總統任命之。行政院院長辭職或出缺時，在總統未任命行政院院長前，由行政院副院長暫行代理。憲法第五十五條之規定，停止適用。

行政院依左列規定，對立法院負責，憲法第五十七條之規定，停止適用：

一　行政院有向立法院提出施政方針及施政報告之責。立法委員在開會時，有向行政院院長及行政院各部會首長質詢之權。

二　行政院對於立法院決議之法律案、預算案、條約案，如認為有窒礙難行時，得經總統之核可，於該決議案送達行政院十日內，移請立法院覆議。立法院對於行政院移請覆議案，應於送達十五日內作成決議。如為休會期間，立法院應於七日內自行集會，並於開議十五日內作成決議。覆議案逾期未議決者，原決議失效。覆議時，如經全體立法委員二分之一以上決議維持原案，行政院院長應即接受該決議。

三　立法院得經全體立法委員三分之一以上連署，對行政院院長提出不信任案。不信任案提出七十二小時後，應於四十八小時內以記名投票表決之。如經全體立法委員二分之一以上贊成，行政院院長應於十日內提出辭職，並得同時呈請總統解散立法院；不信任案如未獲通過，一年內不得對同一行政院院長再提不信任案。

國家機關之職權、設立程序及總員額，得以法律為準則性之規定。

各機關之組織、編制及員額，應依前項法律，基於政策或業務需要決定之。

第四條　立法院立法委員自第七屆起一百一十三人，任期四年，連選得連任，於每屆任滿前三個月內，依左列規定選出之，不受憲法第六十四條及第六十五條之限制：

一　自由地區直轄市、縣市七十三人。每縣市至少一人。

二　自由地區平地原住民及山地原住民各三人。

三　全國不分區及僑居國外國民共三十四人。

前項第一款依各直轄市、縣市人口比例分配，並按應選名額劃分同額選舉區選出之。第三款依政黨名單投票選舉之，由獲得百分之五以上政黨選舉票之政黨依得票比率選出之，各政黨當選名單中，婦女不得低於二分之一。

立法院於每年集會時，得聽取總統國情報告。

立法院經總統解散後，在新選出之立法委員就職前，視同休會。

中華民國領土，依其固有疆域，非經全體立法委員四分之一之提議，全體立法委員四分之三之出席，及出席委員四分之三之決議，提出領土變更案，並於公告半年後，經中華民國自由地區選舉人投票複決，有效同意票過選舉人總額之半數，不得變更之。

總統於立法院解散後發布緊急命令，立法院應於三日內自行集會，並於開議七日內追認之。但於新任立法委員選舉投票日後發布者，應由新任立法委員於就職後追認之。如立法院不同意時，該緊急命令立即失效。

立法院對於總統、副總統之彈劾案，須經全體立法委員二分之一以上之提議，全體立法委員三分之二以上之決議，聲請司法院大法官審理，不適用憲法第九十條、第一百條及增修條文第七條第一項有關規定。

立法委員除現行犯外，在會期中，非經立法院許可，不得逮捕或拘禁。憲法第七十四條之規定，停止適用。

第五條　司法院設大法官十五人，並以其中一人為院長、一人為副院長，由總統提名，經立法院同意任命之，自中華民國九十二年起實施，不適用憲法第七十九條之規定。司法院大法官除法官轉任者外，不適用憲法第八十一條及有關法官終身職待遇之規定。

司法院大法官任期八年，不分屆次，個別計算，並不得連任。但並為院長、副院長之大法官，不受任期之保障。

中華民國九十二年總統提名之大法官，其中八位大法官，含院長、副院長，任期四年，其餘大法官任期為八年，不適用前項任期之規定。

司法院大法官，除依憲法第七十八條之規定外，並組成憲法法庭審理總統、副總統之彈劾及政黨違憲之解散事項。

政黨之目的或其行為，危害中華民國之存在或自由民主之憲政秩序者為違憲。

司法院所提出之年度司法概算，行政院不得刪減，但得加註意見，編入中央政府總預算案，送立法院審議。

第六條　考試院為國家最高考試機關，掌理左列事項，不適用憲法第八十三條之規定：

一　考試。

二　公務人員之銓敘、保障、撫卹、退休。

三　公務人員任免、考績、級俸、陞遷、褒獎之法制事項。

考試院設院長、副院長各一人，考試委員若干人，由總統提名，經立法院同意任命之，不適用憲法第八十四條之規定。

憲法第八十五條有關按省區分別規定名額，分區舉行考試之規定，停止適用。

第七條　監察院為國家最高監察機關，行使彈劾、糾舉及審計權，不適用憲法第九十條及第九十四條有關同意權之規定。

監察院設監察委員二十九人，並以其中一人為院長、一人為副院長，任期六年，由總統提名，經立法院同意任命之。憲法第九十一條至第九十三條之規定停止適用。

監察院對於中央、地方公務人員及司法院、考試院人員之彈劾案，須經監察委員二人以上之提議，九人以上之審查及決定，始得提出，不受憲法第九十八條之限制。

監察院對於監察院人員失職或違法之彈劾，適用憲法第九十五條、第九十七條第二項及前項之規定。

監察委員須超出黨派以外，依據法律獨立行使職權。

憲法第一百零一條及第一百零二條之規定，停止適用。

第八條　立法委員之報酬或待遇，應以法律定之。除年度通案調整者外，單獨增加報酬或待遇之規定，應自次屆起實施。

第九條　省、縣地方制度，應包括左列各款，以法律定之，不受憲法第一百零八條第一項第一款、第一百零九條、第一百十二條至第一百十五條及第一百二十二條之限制：

一　省設省政府，置委員九人，其中一人為主席，均由行政院院長提請總統任命之。

二　省設省諮議會，置省諮議會議員若干人，由行政院院長提請總統任命之。

三　縣設縣議會，縣議會議員由縣民選舉之。

四　屬於縣之立法權，由縣議會行之。

五　縣設縣政府，置縣長一人，由縣民選舉之。

六　中央與省、縣之關係。

七　省承行政院之命，監督縣自治事項。

臺灣省政府之功能、業務與組織之調整，得以法律為特別之規定。

第十條

國家應獎勵科學技術發展及投資，促進產業升級，推動農漁業現代化，重視水資源之開發利用，加強國際經濟合作。

經濟及科學技術發展，應與環境及生態保護兼籌並顧。

國家對於人民興辦之中小型經濟事業，應扶助並保護其生存與發展。

國家對於公營金融機構之管理，應本企業化經營之原則；其管理、人事、預算、決算及審計，得以法律為特別之規定。

國家應推行全民健康保險，並促進現代和傳統醫藥之研究發展。

國家應維護婦女之人格尊嚴，保障婦女之人身安全，消除性別歧視，促進兩性地位之實質平等。

國家對於身心障礙者之保險與就醫、無障礙環境之建構、教育訓練與就業輔導及生活維護與救助，應予保障，並扶助其自立與發展。

國家應重視社會救助、福利服務、國民就業、社會保險及醫療保健等社會福利工作，對於社會救助和國民就業等救濟性支出應優先編列。

國家應尊重軍人對社會之貢獻，並對其退役後之就學、就業、就醫、就養予以保障。

教育、科學、文化之經費，尤其國民教育之經費應優先編列，不受憲法第一百六十四條規定之限制。

國家肯定多元文化，並積極維護發展原住民族語言及文化。

國家應依民族意願，保障原住民族之地位及政治參與，並對其教育文化、交通水利、衛生醫療、經濟土地及社會福利事業予以保障扶助並促其發展，其辦法另以法律定之。對於澎湖、金門及馬祖地區人民亦同。

國家對於僑居國外國民之政治參與，應予保障。

第十一條　自由地區與大陸地區間人民權利義務關係及其他事務之處理，得以法律為特別之規定。

第十二條　憲法之修改，須經立法院立法委員四分之一之提議，四分之三之出席，及出席委員四分之三之決議，提出憲法修正案，並於公告半年後，經中華民國自由地區選舉人投票複決，有效同意票過選舉人總額之半數，即通過之，不適用憲法第一百七十四條之規定。

政治學

薩孟武　著

本書以統治權為中心觀念，採國法學的寫作方式，共分為五章：一是行使統治權的團體——國家論；二是行使統治權的形式——政體權；三是行使統治權的機構——機關論；四是國民如何參加統治權的行使——參政權論；五是統治權活動的動力——政黨論。書中論及政治制度及各種學說，均舉以敷暢厥旨，並旁徵博引各家之言，進而批判其優劣，是研究政治學之重要經典著作。

批判社會學（修訂三版）

黃瑞祺　著

本書旨在社會學的脈絡裡，探討批判理論的精義及其來龍去脈；同時關注批判理論對於傳統社會學的啟示及衝擊。本書的旅程從定位批判社會學開始，在社會學的三大傳統之間，來釐清批判社會學的地位和意義。繼則試圖站在批判理論的立場上來評述主流社會學（主要是功能論和實證論）。再則從容有度地探批判理論的興起、義蘊以及進展。最後則是從批判社會學的立場來拓展知識社會學的關注和架構。

社會學概論（增訂二版）

蔡文輝、李紹嶸　編著

誰說社會學是一門高深、難懂的枯燥學科？本書由社會學大師蔡文輝與李紹嶸兩位教授聯合編著，作者透過簡明、生動的文字，搭配豐富、有趣的例子，帶領讀者一步步進入社會學的知識殿堂，清楚認識「社會學基本概念」，了解「社會團體與社會不平等」、「社會制度」與「社會變遷」等重要社會學議題。

社會學概論——蘇菲與佛諾那斯的生活世界

王崇名 著

您也許聽過「蘇菲的世界」，但您知道什麼是「佛諾那斯」嗎？「蘇菲」與「佛諾那斯」結合之後的生活，又是個什麼樣的世界？蘇菲 (Sophia) 與佛諾那斯 (Phronesis) 皆源自於希臘文，分別代表了「知識」與「實踐」的意思。社會學不能僅止於蘇菲的世界，還必須兼具佛諾那斯——基於自我認識的強烈欲求而生的實踐。本書即是要教大家如何從切身的日常生活出發，來認識與實踐「社會學」，這是國內社會學書籍中前所未見的大膽嘗試。

進出「結構—行動」的困境——與當代西方社會學理論論述對話（修訂二版）

葉啟政 著

本書意圖對現代西方社會學理論從事知識社會學式的剖析，以指陳其論述背後之一些基本哲學人類學上的預設、基本思考模式和塑造的歷史條件等等。同時，循此分析的線索，針對晚近西方社會學理論企圖彌補結構功能論之缺失所提出之「結構／施為」的論爭進行闡述，並用來證成西方社會學理論思考的一貫特色。最後，以「孤獨」與「修養」二概念為主軸，提出一個另類的思考線索來經營有關「社會」圖像的理解，並以此做為與西方社會學理論思考接續與分離的轉折點。